KB131907

이홍구 선생 미수 기념 문집

* 본 도서에 수록된 논문은 각 편의 논문 기준에 따라 교정되었으므로, 기호 및 단위가 상이함을 미리 밝힙니다.

이홍구 선생 미수 기념 문집

대전환기의 한국 민주정치

이정복 외 16인 지음

중앙books

차 례

1부 한국정치

2부 평화통일

한국정치

동북아 정치질서의 변화와 한국의 선택

이정복(서울대 명예교수)

1 서언

후쿠야마는 냉전이 끝나가는 1989년에 "역사의 종언(End of History)"을 선언하였다.[1] 이제 인류가 어떤 정치체제에서 사는 것이 좋으냐의 문제를 둘러싼 이데올르기적 투쟁은 자유민주주의체제가 오랜 기간 동안의 군주독재체제와의 투쟁, 제1차 대전 이후 파시즘체제와의 투쟁, 그리고 제2차 대전 이후 소련 공산

---

1) Francis Fukuyama, "The End of History?" *The National Interest,* No.16 (Summer), 1989, pp. 3–18.

당의 전체주의적 독재체제와의 투쟁에서 승리함으로써 끝났다는 것이다.

자유민주주의체제가 다른 체제들과의 이데올르기적 투쟁에서 승리한 것은 자유민주주의체제만이 인간의 동등한 가치를 인정하고 헤겔이 말하는 주인-노예관계를 청산하는 체제이기 때문이다. 헤겔에 의하면 인간 사회는 오래전부터 주인과 노예로 구성되어 주인만 인간으로 인정(recognition)을 받고 노예는 그러한 인정을 받지 못하는 사회였고, 역사는 주인-노예관계를 없애고 모든 사람들이 동등하게 인정을 받는 사회를 수립하기 위한 투쟁과정(struggle for recognition)이었다.[2] 후쿠야마가 말하는 역사의 종언은 헤겔이 말하는 역사의 투쟁과정이 이제는 끝났다는 것을 의미한다.

후쿠야마는 역사를 경제적 이익의 분배를 둘러싼 계급투쟁의 과정이라고 보기보다는 헤겔과 같이 인정을 받기 위한 투쟁과정이라고 보고 있다. 현재 경제학을 포함한 사회과학은 인간행동의 결정요인이 경제적 이익을 중심으로 하는 utility maximization이라고 가정(assume)하고 있으나 그는

---

2) Alexander Kojeve, *Introduction to the Reading of Hegel* (New York: Basic Books, 1969).

utility보다는 플라톤이 인간행동의 결정요인이라고 처음 주장한 thymos(self-esteem, 자존심, 명예)가 더 중요하다고 가정(assume)하고 있다. utility maximization의 가정으로는 왜 많은 사람들이 억울한 일을 당하면 자살을 택하고 그가 속한 민족이나 국가를 위해 목숨을 바치는지 설명하기 어렵다. 목숨을 바친 다음에는 utility maximization은 존재하지 않는다. 그들은 utility maximization이 아니라 자기의, 혹은 자기가 속한 집단의 자존심이나 명예를 지키기 위해 자살을 택하고 목숨을 바치는 것이다. 인간의 행동을 결정하는 요인으로는 욕망과 이성에 기반한 utility maximization뿐만 아니라 자존심과 명예, 즉 thymos가 있는 것이다. 우리는 이 thymos를 인간이 실현하고자 하는 궁극적 목적가치이고 utility는 이 목적가치를 실현하기 위한 수단가치라고 볼 수 있다. 헤겔이 말하는 recognition은 이 thymos와 같은 것이다.[3]

후쿠야마는 자유민주주의체제의 원칙을 국제질서에도 적용하여 자유민주주의 국제질서에서는 모든 국가들이 국력의 차이에도 불구하고 동등한 가치를 인정받기 때문에 그들은 서로 싸

---

3) Francis Fukuyama, Identity: *The Demand for Dignity and the Politics of Resentment* (New York: Farrar, Straus and Giroux, 2018).

우지 않고 평화를 유지한다고 주장하였다. 현실적으로 이러한 자유민주주의 국제질서는 독재국가들이 잔존해 있어 달성되고 있지 않지만 후쿠야마는 이것도 인류가 달성해야 할 역사의 끝, 혹은 목표(End of History)라고 말하고 있다.[4] 이러한 주장은 국가들 간의 갈등과 전쟁의 원인을 그들 간의 관계의 특성에서 찾는 현실주의, 신자유주의, 구성주의 국제정치 이론과 달리, 국내 정치체제의 성격에서 찾는 주장으로 후쿠야마가 처음 한 것은 아니다. 룻소, 칸트, 윌슨 대통령도 국가들 간의 갈등과 전쟁의 원인을 국내정치체제의 성격에서 찾았다. 전쟁을 없애고 평화를 유지하기 위해서는 룻소는 국가 개조가 필요하다고, 칸트는 1795년에 쓴『영구 평화론』에서 모든 국가들의 정치체제가 왕정이 아니라 공화정으로 바뀌어야 한다고, 윌슨 대통령은 민주주의를 확산시켜야 한다고 각각 주장하였다.[5]

이 주장은 자유민주주의체제가 수립되기 시작한 200여 년 전부터 오늘에 이르는 기간까지 일어난 전쟁을 경험적 자료로 하

---

4) Francis Fukuyama, *The End of History and the Last Man* (New York: The Free Press, 1992).

5) Michael Doyle, "Kant, Liberal Legacies, and Foreign Affairs," Part I and Part II, *Philosophy and Public Affairs*, Vol.12, No.3 (Summer 1983), pp. 205–235 and No.4 (Fall 1983), pp. 323–353.

는 최근의 많은 연구들이 자유민주주의 국가들은 서로 전쟁하지 않지만 비자유민주주의 국가들과는 전쟁을 한다는 사실을 확인함으로써 더욱 설득력 있는 주장이 되었다.[6] 그렇다면, 민주주의 국가들은 왜 서로 전쟁을 하지 않는가? 민주평화론자들은 대체로 다음과 같은 두 가지 이유를 든다. 첫째, 민주주의 국가는 인권을 존중하고 대화와 타협을 중요하게 생각하는 정치 규범과 문화를 가지고 있다. 둘째, 민주주의 국가는 권력분립제도를 가지고 있고 언론의 자유가 보장되어 의사결정이 모두 투명하게 공개되기 때문에 국가수반이 혼자 마음대로 전쟁을 하겠다는 결정을 내리지 못한다. 독재국가는 이 두 가지 요소를 결여하고 있기 때문에 독재자는 보다 쉽게 전쟁을 일으킬 수 있다.[7]

자유민주주의체제가 인류의 이데올르기적 진화의 끝이라고 해서 자유민주주의체제가 이제는 완성되었다는 것도 아니고 또 이 체제가 사회적 비리와 모순이 없는 체제라는 것도 아니다. 자유민주주의체제는 이 체제의 이상인 자유와 평등, 혹은 인간

---

6) Bruce Russet, *Grasping the Democratic Peace: Principles for a Post-Cold War World* (Princeton: Princeton Univ. Press, 1993).

7) John M. Owen, "How Liberalism produces Democratic Peace," *International Security*, Vol.19, No.2 (Fall 1994), pp.87-125.

의 동등한 가치의 실현과 수많은 사회적 비리와 모순의 해결을 위해 앞으로도 부단히 노력해야 하지만 이 체제의 이상 자체에는 아무 문제가 없다는 것이다. 자유민주주의체제는 자유와 평등, 혹은 인간의 동등한 가치를 억압하는 세습적 군주제, 파시즘 전체주의체제, 공산 전체주의체제와는 근본적으로 다른 체제이고 이러한 체제들은 자유민주주의체제의 적(enemy)들이다.

자유민주주의의 승리가 역사의 끝이라고 해서 그것이 앞으로 자유민주주의의 후퇴는 없을 것이라는 것을 뜻하지는 않는다. 자유민주주의체제도 일시적으로 권위주의체제나 독재체제로 후퇴할 수 있으나 자유민주주의 실현이라는 역사의 끝(End), 다시 말해 목표(End)를 향한 노력이나 투쟁은 멈추지 않고 계속될 수밖에 없다. 모든 인간이 인간으로서의 존엄성을 지키면서 자유롭게 살 수 있는 정치체제는 자유민주주의체제 이외에는 없다는 것이 역사적으로 판명되었기 때문이다.

후쿠야마가 30여 년 전에 역사의 끝을 선언할 때 자유민주주의가 현재 완성된 것도 아니고 일시적 후퇴도 있을 수 있다는 것을 주장했지만 그는 자유민주주의의 발전 전망에 대해 낙관적인 기대를 가시고 있었디. 그 당시 자유민주주의 국가의 수는 100여 개로 증가하였고 앞으로는 모든 국가가 자유민주주의체제를 채택할 수밖에 없을 것이라는 예측이 지배적이었다. 동구의 거의 모든 나라들에서 공산 전체주의체제가 무너지고 민주주의체제가 수립되었고 70여 년 동안 공산주의, 즉 전체주의적 독재체제를 선도해 오던 구소련, 러시아에서도 이 체제가 붕괴하고 민주주의체제가 수립되었다. 동북아시아에서는 오랫동안 일본만이 자유민주주의 국가였으나 후쿠야마의 선언 직전 해인 1988년에 한국도 자유민주주의체제를 수립하였다. 중국은 공산당 일당전체주의체제를 유지했지만 1978년 덩샤오핑이 개혁개방 정책을 채택한 이후 경제적 자유화 노선을 유지하였고 이 노선은 1989년 청년 학생들에 의한 천안문의 대규모 민주화 시위로 이어졌다. 당시 덩은 이 시위를 무력으로 진압하였지만 중국도 결국에는 자유화, 민주화의 길로 나갈 수밖에 없을 것이라는 예측이 힘을 얻고 있었다. 북한은 공산당 간부들과 일반 인민들 간의 주인-노예관계가 세계 어느 나라보다도 뚜렷한 시대착오적인 세습적 전체주의 독재체제를 가지고 있었으나 이 체제가 붕괴하는 것은 시간문제일 것이라는 예측도 나오고 있었다. 이러한 상황에서 후쿠야마의 "역사의 끝" 선언은 매우 설득력 있는 메시지였고 이 메시지를 담은 15페이지에 불과한 에세이가 그를 세계적인 자유민주주의 이론가로 등장시켰다.

그러나 후쿠야마가 이상 소개한 바와 같은 역사의 끝을 선언한 이후 30여 년이 지난 현재, 상황은 반전되고 있다. 후쿠야마의 선언을 전후해서 민주주의체제를 채택한 나라들에서 민주주의의 후퇴가 일어나고 있다. 러시아가 채택한 민주주의는 푸틴의 등장과 더불어 영구적인 일인독재체제로 이미 전락하였다. 미국, 영국, 독일, 프랑스와 같은 자유민주주의의 보루 국가들에서는 인종주의적 정치세력이 그 세를 확장하여 자유민주주의에 충격을 주고 있다. 동북아시아에서는 한국과 일본이 현재 자유민주주의체제를 유지하고 있지만 이 두 나라의 민주주의도 각각 친북 노선과 수정주의 사관과 같은 커다란 도전에 직면해 있다. 중국은 자유화, 민주화의 길로 발전하지 않고 중국 공산당에 의한 일당독재체제를 더욱 강화하고 있고, 자유화, 민주화를 탄압하는 노선을 더욱 노골적으로 채택하고 있다. 북한은 붕괴하지 않고 핵을 보유한 세습적 전체주의 독재국가로 그 체제를 다시 공고화하고 있다.

자유민주주의의 이와 같은 후퇴로 국제질서도 자유민주주의적 국제질서로 발전하지 못하고, 자유민주주의를 옹호하는 미국과 이에 동조하는 국가들이 한편이 되고 이를 반대하는 중국과 이에 동조하는 러시아가 다른 한편이 되어 대결하는 신냉전 체제로 전락하고 있다.

역사에서 30여 년은 매우 짧은 기간이고, 특히 후쿠야마, 혹은 헤겔의 가설을 테스트하기에는 너무나 짧은 기간이다. 그러나 우리는 이 짧은 기간 동안에 역사가 왜 후쿠야마가 전망한 대로 진행되지 못하고 후퇴하였는가에 대해서 검토해볼 필요가 있다. 역사는 짧은 기간의 축적으로 이루어지기 때문이다. 이 글은 이와 같은 역사의 후퇴를 동북아시아를 구성하는 한국, 일본, 중국, 북한, 특히 중국을 중심으로 해서 살펴보고, 이 상황에서 한국은 어떠한 대내, 대외 노선을 택해야 될 것인가에 대해 논의하고자 한다.

2. 동북아 국내정치질서의 변화

동북아의 구성 국가들은 서로 다른 국내정치질서를 유지하고 있다. 현재 중국과 북한은 전체주의적 독재체제를, 한국과 일본은 자유민주주의체제를 각각 가지고 있다. 민주평화론자들의 주장에 따르면 서로 다른 체제의 국가들은 상호 간 평화를 유지하기 어렵고 전쟁에 말려들 위험성을 가지고 있다. 그러나 이웃 국가들의 정치체제의 성격이 국가들 간의 평화와 전쟁에만 영향을 미치는 것이 아니다. 그것은 각국의 국내정치질서에도 커다란 영향을 미친다.

전체주의적 독재체제를 가지고 있는 나라들은 이웃 나라의 정치체제를 자기들 체제와 비슷하게 만들면 좋겠다는 강렬한 욕망을 가지고 있다. 이웃 국가가 그 구성원들이 비밀투표로 통치자를 선출하고 자유와 인권을 보호받는 자유민주주의체제를 가지고 있고, 전체주의적 독재국가의 구성원들이 이를 부러워하게 된다면, 그것은 전체주의적 독재체제에 심각한 위협이 되기 때문이다. 자유민주주의의 주권재민 원칙은 그 자체가 중국과 같은 독재체제에는 커다란 위협이다. 그것은 중국 인민들이 홍콩의 반정부 시위에서 보는 바와 같이 자유를 구가하고 이에 대한 정부의 탄압에 저항하게끔 만들 뿐만 아니라 티베트족이나 위구르족이 중국으로부터 독립하여 그들 자신의 나라를 만들겠다는 희망이나, 중국으로부터 영구히 독립하겠다는 타이완 독립운동에 정당성을 부여하는 정치원칙이기 때문이다. 자유민주주의의 이러한 위협 때문에 전체주의적 독재국가들은 자유민주주의체제를 가지고 있는 이웃 국가에 자기네들을 지지하는 정치가들을 육성하여 이 체제를 전복하고자 노력할 수밖에 없다.

전체주의적 독재국가의 통치자들이 자유민주주의 국가에 그들에게 우호적인 정치가들을 육성하지 않는다 해도 자유민주주의 국가에서는 그들을 지지하는 정치가들이 자생적으로 생겨나게 마련이고 이러한 정치가들은 최악의 경우에는 전체주의적 독재국가들의 통치자들과 손잡고 자유민주주의의 전복을 기도할 수 있다. 이러한 정치가들의 목표는 국가이익이 아니라 사적 권력이익이고 이들은 이를 위해 국가이익을 팔아먹는 것이다. 이들은 물론 사적 이익을 위해 그렇게 한다고 말하지 않는다. 이들은 온갖 사술을 동원하여 이러한 기도를 정당화하고 이들이 통제할 수 있는 대중 통신매체들을 통해 대중들을 설득한다. 사술에 능한 정치가들은 이러한 대중 설득에 성공하고 자유민주주의를 파괴하는 데 성공할 수도 있다.

이러한 정치가들은 그들 자신이 자유민주주의 국가를 파괴하고 자신들의 권력 유지라는 사적 이익을 위해 독재국가에 나라를 팔아먹고 있다는 의식을 가지고 있지 않다. 그들은 나라를 위해 그렇게 한다는 허위의식을 가지고 있고 그 의식은 어느 누구도 무너뜨리지 못할 정도로 강고하다. 매국노 이완용은 처음에는 고종의 충신이고 독립협회 초대 위원장을 지낼 만큼 애국자였으나 일본에 나라를 팔아먹는 데 앞장섰고 그는 죽을 때까지 그 자신의 매국행위를 조금도 인정하지 않고 그것이 오직 조선과 조선 황실을 위한 애국행위였다고 스스로 굳게 믿었다.

전체주의적 독재국가들에서도 이 체제를 반대하고 이웃 국가의 자유민주주의체제를 지지하는 정치세력이 나타나서 전체주의적 독재체제를 전복시키려고 기도할 수 있다. 그러나 전체주의적 독재체제는, 자유민주주의 전복세력의 활동까지도 관용하는 자유민주주의체제와는 달리, 그 체제를 전복할 수 있는 잠재력을 가진 세력을 시초부터 철저하게 탄압하고 있다.

이웃 국가들의 국내정치질서가 서로에게 미치는 이와 같은 영향 때문에 우리는 이웃 국가들의 국내정치질서가 어떻게 변화하고 있는지에 대해 항상 촉각을 세워야 된다.

(1) 중국의 국내정치질서 변화

1980년대 말 동구라파와 소련의 공산당 일당 전체주의체제가 누적된 내부 모순으로 모두 무너져버린 데 반해 중국과 북한의 공산당 일당 전체주의체제는 무너지지 않았다. 중국과 북한은 동구와 소련에서의 공산주의체제 붕괴와 민주화의 세계적 물결 속에서 나름대로 살아남는 길을 모색하는 데 성공하였다.

중국은 덩샤오핑이 마오체퉁이 죽은 후인 1978년에 생존전략으로 개혁개방정책을 채택하고 공산당의 통치체제를 개혁하였다. 덩은 중국 공산당의 권력구조를 마오 시대의 일인독재체제로부터 집단지배체제로 개혁하였고, 1982년 헌법에는 국가주석의 두 번 이상 연임을 금지하고, 당 규약에는 70세나 두 기 이상이 되면 정치국원을 할 수 없다는 조항도 신설하였다. 그러나 이러한 개혁 이후 중국 정치의 보다 획기적인 민주화가, 즉 서구식 자유민주주의의 도입이 필요하다는 주장이 중국의 지식인들과 청년 학생들에게서 나왔고, 중국 공산당의 총서기가 이에 동정적인 태도를 보이는 사태까지 1980년대에 벌어졌다. 1986년 안후이성 허페이의 과학기술대학 학생들이 시작한 민주화 시위가 우한, 창사, 상하이, 베이징까지 확산되었을 때 당시 중국 공산당의 총서기였던 후야오방은 이를 진압하지 않고 타협적인 태도를 보였고, 그다음 1989년에 천안문 광장에서 대규모 민주화 운동이 벌어졌을 때 당 총서기였던 자오쯔양도 이를 대화와 설득을 통해 해결하려는 유화적인 태도를 보였다. 덩은 이러한 민주화 운동을 무력으로 진압하고 이들을 당 총서기직에서 해임시켰다. 그는 중국 사회주의가 시장경제를 발전시켜가야 하지만 마르크스 레닌주의와 마오쩌둥 사상, 그리고 공산당 일당지배체제는 양보할 수 없는 원칙이라는 것을 천명하였다. 그는 중국에 개혁개방이 필요하나 그것이 서구의 자유민주주의를 향한 개혁개방이어서는 안 된다는 것을 분명히 하였다.

1990년대 장쩌민 시대와 2000년대 후진타오 시대의 20년 동안 덩의 개혁개방정책은 가속화되고 이러한 정책에 힘입어 중국은 경제대국으로 부상하였다. 장과 후 시대에 공산당 일당독재체제는 안정을 유지했다. 특히 괄목할 만한 점은 장에서 후, 그리고 후에서 시진핑으로의 권력 승계가 헌법과 당규에 있는 대로 이루어지고 그것도 주석이 헌법에 따라 물러나면 그의 부주석이 주석이 되었다는 점이다. 중국 정치의 권력 승계가 제도화되고 예측 가능한 것이 된 것이고, 마오 시대의 일인지배체제를 극복하는 공산당 내 정치발전이라고 볼 수 있다. 이 시대에 1980년대에 일어났던 바와 같은 민주화 운동은 일어나지 않았다. 그러나 중국의 정치발전 방향에 대해서는 식자들 간, 혹은 중국 공산당 내부에 여러 논의가 있었고 이러한 논의가 심한 탄압을 받지는 않았다. 서구식 자유민주주의론, 권위주의체제로 경제성장을 먼저 달성해야 한다는 신권위주의론, 자유민주주의에 앞서 법치의 확립이 시급하다는 법치론, 베트남 공산당처럼 중국 공산당도 간부들을 일인의 후보가 아니라 복수의 후보들 중에서 투표로 선출해야 한다는 당내 민주주의론 등 여러 정치발전 방안들이 인구에 회자되었다.[8]

다른 한편 1990년대의 장쩌민 시대부터는 서양의 문물을 적극적으로 수용해야 한다는 요구가 강했던 1980년대의 후야오방, 자오쯔양 시대와는 달리 중화민족주의가 대두하였다. 중국의 전통과 문화를 중요시하고 서양의 문물도 무조건 수용해서는 안 된다는 자세가 나타났다. 이러한 중화민족주의 정서는 1996년 센가쿠 열도에 대한 일본 정부의 국유화로 촉발된 반일정서, 1997년 미국에 대해 『노라고 말할 수 있는 중국』이라는

---

8) 서진영, 『21세기 중국정치』(서울: 폴리테이아, 2008).

책의 출판, 1999년 미국의 유고 벨그라드 중국 대사관 오폭사건, 그리고 무엇보다도 중국 경제의 계속되는 고도성장으로 더욱 확산되었다.

이와 아울러 중국은 중국문화를 전파하기 위해 후진타오 시대인 2007년에 공자학원(Confucious Institute) 본부를 베이징에 두고 세계 각국에 그 나라의 고등교육기관과 합작으로 공자학원을 설치했다. 현재 중국은 아시아 32개국에 110개소, 아프리카 32개국에 46개소, 유럽 40개국에 169개소, 미주 18개국에 157개소, 오세아니아주 3개국에 18개소의 공자학원을 합작 운영하고 있다. 한국에는 22개의 공자학원이 있다. 대부분의 나라들에서 공자학원이 잘 운영되고 있으나 공자학원이 중국 공산당의 선전도구 역할을 한다는 의혹이 일어나 퇴출되기도 했는데, 2013년 캐나다 맥마스터 대학, 2014년 미국의 시카고 대학과 펜실베니아 대학, 2015년 스웨덴의 스톡홀름 대학은 중국과의 계약을 해지하였다.

2010년대의 시진핑 시대는 중국이 제2의 경제대국이 되고 미국과 경쟁하는 G2 관계가 수립되기 시작하는 시대이다. 시진핑은 일대일로 프로젝트 착수, 아시아 인프라은행 창설, 그리고 역내 포괄적 경제동반자 협정(Regional Comprehensive Economic Partnerhsip) 추진으로 미국의 패권에 도전하고 미국과 신형 대

국관계를 이룩하겠다고 공언하고 있다. 그는 덩의 도광양회 노선을 버리고 중국의 힘을 과시하는 노선을 택하고 있다.

그러나 이러한 경제발전이 중국의 신권위주의론자들의 예측과 같이 중국 정치의 발전을 가져오지 못했다. 오히려 후퇴를 가져왔다. 시진핑은 집권한 후 반부패 운동을 벌여 정적들을 제거하고 중국의 통치체제를 마오 시대의 일인지배체제로 회귀시킬 수 있는 제도개악을 단행하였다. 2017년 제19차 중국공산당 전국대표대회는 그 이전 대회와는 달리 2022년 그를 이을 차기 후계자를 정하지 않았고 당장에 "시진핑 신시대 중국 특색 사회주의 사상"이라는 문구를 넣어 개인숭배의 길을 열어 놓았다. 실제로 현재 8900만 중국 공산당 당원들은 당장과 시진핑 어록의 두 가지를 공부해 하나를 이루자는 양학일주(兩學一做)를 해야 한다. 그리고 2018년 전국인민대표대회는 국가주석을 두 번 이상 연임해서는 안 된다는 조항을 헌법에서 삭제하였다. 시진핑 개인숭배와 영구 집권을 가능케 하는 이러한 제도개악은 중국 공산당에서 일인독재체제의 폐해를 없애려 했던 덩의 정치 노선에 배치되는 것이다. 이뿐만 아니라 최근 시진핑은 홍콩의 민주화 시위를 무력으로 진압하고 민주세력을 탄압하는 국가보안법을 통과시켰고, 서방진영은 이러한 처사가 영국이 홍콩을 중국에 이양할 당시 중국이 약속한 일국 이체제 원칙을 위반하는 것이라고 비난하고 이에 대한 제재 움직임을 보이고 있다.

중국은 현재 14억이 넘는 인구를 가지고 있고 그중 93%가 한족이고 7%를 56개의 소수민족이 차지하고 있다. 시진핑은 과거 중국이 서구 열강과 일본에 짓밟힌 것에 대해 분노하고 있는 한족의 민족적 정서를 자극하고 그들의 민족적 자존심을 고양하는 방법으로 그의 통치 기반을 확장하고 있다. 그는 마르크스 레닌주의와 마오 사상의 계급투쟁 정치가 아니라 한족의 민족적 자존심을 고양하는 정체성(Identity) 정치로 중국 인민의 광범위한 지지를 받고 있고, 이러한 정체성 정치가 일당독재체제의 기반으로 작용하고 있다.

시진핑 시대에 들어와서 민주화 운동의 잠재력은 더욱 위축되었고, 자유민주주의의 도입을 주장하는 담론은 탄압을 받고 있고, 중국 공산당의 일당독재체제나 시진핑의 일인독재체제를 중국식 민주주의로 미화하는 담론이 확산되고 있다. 이러한 담론은 민주주의를 하는 방식은 나라마다 다르기 때문에 서구의 자유민주주의를 보편적 이상으로 따르는 것은 미신이고 또 공산당 지배의 중국식 민주주의가 서구의 자유민주주의보다 더 나은 업적을 내고 있다고 주장하고 있다. 냉전 종식을 전후해서 탄생한 많은 자유민주주의 국가들이 업적을 내지 못하고 실패했기 때문에 중국은 자국의 모델을 아시아, 아프리카 국가들에

게 자유민주주의의 대안 모델로 제시하고 있다.[9]

　이렇게 볼 때 중국에서 민주화 운동이 천안문의 민주화운동 이후 더 이상 발전하지 못하고 중국식 일당독재체제가 공고화된 이유는 개혁개방정책의 경제적 대성공, 민주화 운동에 대한 탄압, 중화민족주의의 대두와 같은 내부적 요인에 있다는 것을 알 수 있다. 그러나 이와 못지않게 중요한 요인은 중국 밖 자유민주주의 국가들의 중국 인민들에 대한 Demonstration Effect가 약화되었다는 데에도 있다. 자유민주주의는 자유민주주의 국가의 수가 1970년의 35개에서 2000년대 초에는 120개가 될 정도로 그 확산이 빨랐으나 자유민주주의 국가들은 업적 면에서나 도덕적으로나 많은 맹점을 보였다. 신생 자유민주주의 국가들은 아프가니스탄이나 이라크에서 보는 바와 같이 통치체제 자체를 독자적으로 확립하지 못했다. 라틴 아메리카의 베네주엘라같이 좀 역사가 있는 민주주의 국가들은 통치자의 포퓰리즘 때문에 경제가 파탄에 이르는 경우가 많았다. 가장 부유한 자유민주주의의 선도국가인 미국조차도 2008년 금융위기를 맞았고 이는 자유민주주의 국가의 프레스티지에 커다란 타격이었다.

---

9)　김재관, "시진핑 체제의 탄력적 권위주의 행보를 어떻게 볼 것인가?" 「계간 철학과 현실」 2018년 가을호, pp.116–137.

자유민주주의체제는 업적 면에서만 문제를 보인 것이 아니다. 도덕적으로도 문제를 보였다. 미국, 독일, 프랑스, 영국, 오스트리아, 덴마크, 네델란드 등과 같이 자유민주주의의 역사가 오래된 나라들에서 무슬림 교도들이나 이민자들을 배척하고 백인 우월주의를 주창하는 정치가와 정당들이 세력을 확장하였고 이민의 나라 미국에서조차 그러한 경향을 보이는 트럼프가 대통령에 당선되었다.

　자유민주주의체제의 이와 같은 맹점을 목격한 중국의 지도자들은 자기네 체제가 자유민주주의체제보다 낫다는 주장을 내놓게 되었고, 일반 국민들과 청년 학생들도 상당수 1980년대와는 달리 자유민주주의에 대한 매력을 적지 않게 잃고 자기네 체제를 옹호하고 자유민주주의를 비난하기 시작했다.

　중국의 자유민주주의에 대한 공격은 앞으로 더 커질 것이다. 통치자를 국민들이 자유비밀투표로 선출하는 자유민주주의는 근본적인 의미에서 중국의 집권계급인 중국 공산당 간부들에게 커다란 위협이기 때문이다. 그것은 중국 공산당 일당 지배의 정통성(legitimacy)을 빼앗아갈 뿐만 아니라 타이완, 티베트, 신장에 대한 중국의 주권을 뒤흔드는 요인이다. 앞으로 중국 공산당은 생존을 위해서 이러한 자유민주주의에 대한 반대 투쟁을 강화할 수밖에 없다.

(2) 북한의 국내정치질서 변화

북한은 지난 70년 동안 세습적인 일인독재체제를 유지해 왔다. 공산 독재국가들 중 할아버지에서 아들로, 그리고 아들에서 손자로 권력이 세습된 국가는 북한 이외에는 없다. 공산당 일당 국가들도 북한을 제외하고는 모두 당 내에서 집권자 교체를 경험했고, 이 점에서 북한은 공산국가들 중에서도 예외적이고 시대착오적인 국내정치질서를 가지고 있다. 북한의 김씨 집안이 이렇게 오래 집권하고 있는 것은 중국 공산당과 같이 경제적 업적을 쌓았기 때문이 아니다. 북한은 세계에서 가장 가난한 나라들 중 하나이고 1990년대 중반 "고난의 행군" 시대에는 북한이 인정하는 통계로 200만 명이 굶어 죽었다. 그 이후 북한 인민들은 감시망을 피해 북한을 떠나기 시작했고 현재 한국에는 3만 명 정도의 탈북자들이 있다. 북한 인민들 중 김씨 집안에 조금이라도 비판적인 사람들은 정치범 수용소에 갇혀 있고 그 숫자도 15만 명에 달한다고 한다. 김정은 시대에는 그의 이복형, 김정남이 말레이시아 공항에서 독살 당했고 그의 고모부, 장성택이 북한에서 무자비하게 사살되었다. 북한 인민들은 이로부터 무한한 공포감을 느끼고 있다. 북한은 최악의 빈곤 국가이고 인권 탄압 국가이고 공포 국가이다. 북한은 김정은을 정점으로 하는 소수의 엘리트 집단만이 잘살고 나머지 인민들은 노예같이 사

는 현대판 노예사회이다.[10]

소련과 동구의 공산주의 국가들이 내부 폭발로 붕괴할 때 북한도 어떠한 방식으로든 곧 망할 것이라고 생각했던 사람들도 있다. 그들은 이러한 나라가 망하지 않는 것이 이상하다고 생각했다. 그렇다면, 이와 같은 실패 국가가 망하지 않고 지속되는 이유는 어디에 있는가? 그것은 김일성, 김정일, 김정은의 폐쇄 사회 전략과 핵 포기에 대한 가짜 약속 전략에 있다. 북한은 그 사회가 세계에서 가장 폐쇄적인 사회이다. 북한 사회는 외부의 영향으로부터 철저히 차단된 사회이다. 북한은 자유롭게 그 인민들이 외국으로 나가지도 못하고 또 외부 사람들이 들어가지도 못하는 나라이다. 북한 인민들은 한국 국민들이 어떻게 살고 있는지, 혹은 세상이 어떻게 바뀌고 있는지 충분히는 잘 모르고 살고 있다. 그들은 우물 안의 개구리들처럼 수령을 찬양하면서 노예같이 살고 있다. 북한의 김씨 정권은 북한 사회가 우물 안의 개구리 사회처럼 남도록 철저히 통제해 왔다. 중국의 덩은 중국 인민들을 빈곤으로부터 구제하기 위해 개혁개방정책을 택했으나 북한의 김일성, 김정일, 김정은은 그러한 정책을 택하지 않았다. 그러한 정책을 택한다면 중국에서처럼 비약적인 경제

---

10) 태영호, 『3층 서기실의 암호』(서울: 기파랑, 2018).

발전을 이룰 수도 있겠지만 그것은 곧바로 그들의 몰락을 가져올 수밖에 없다고 판단했기 때문이다. 북한은 경제발전을 위해 개방정책을 펴면 세습 왕조가 무너지고, 세습 왕조 유지를 위해 폐쇄 노선을 지키면 경제가 망하는 모순에 빠져 있다.

한국은 북한과 정치체제가 다르지만 경제 분야에서 기능적 협력을 이룩하고자 오래전부터 북한에 대해 포용정책, 혹은 햇볕정책을 채택해 왔다. 이러한 정책의 결과로 남북한 간에는 박정희 시대부터 오늘에 이르기까지 여러 번에 걸쳐 많은 접촉과 교류가 있었다. 그러나 북한은 이러한 접촉과 교류를 1, 2년 한 다음에는 무슨 핑계를 대서든 다시 끊어버리는 전략을 반복해서 채택했다. 이러한 접촉과 교류가 계속되면 그것이 북한 사회를 깨우쳐 김씨 정권이 도전을 받는 계기가 될까 우려했기 때문이다. 동서독의 기능적 협력이 동독을 서독에 흡수 통일시킨 바와 같이 남북한 간의 기능적 협력도 북한을 한국에 흡수 통일시키는 계기가 될까 봐 북한은 항상 노심초사하고 있다.

북한은 지난 50년간 핵무기를 개발하지 않겠다고, 혹은 핵무기를 폐기하겠다고 여러 번 약속했으나 이 약속을 지키기는커녕 오히려 이 약속을 빌미 삼아 김대중, 노무현 정권으로부터 수십억 달러에 달하는 경제협력을 얻어냈고 그 돈으로 핵무기 개발에 박차를 가할 수 있었다고 볼 수 있다. 북한은 한국과

1992년 한반도 비핵화 공동선언을 했으나 이를 지키지 않고 핵 개발을 은밀히 추진했고, NPT(핵비확산조약)에 가입하고서도 이를 위반하고 핵무기 개발에 이용될 수 있는 플루토늄을 축적했고, 1994년에는 이를 포기하겠다는 제네바 합의를 미국과 해놓고서도 우라늄 농축기술에 기반한 핵무기 개발을 시작하여 이 합의가 깨지게 했다. 2005년에는 북한은 한국, 일본, 미국, 중국, 러시아와 함께 경제, 외교, 안보 면에서 여러 보상을 단계적으로 받고 핵도 동시에 단계적으로 포기하겠다는 9·19 공동선언에 합의했으나 이 선언도 지키지 않았다. 이 선언에서 북한은 핵시설 폐쇄, 불능화, 핵의 전면 폐기의 3단계를 거쳐 핵 폐기를 하고 이와 병행해서 한국과 미일중러는 각 단계에 상응한 보상을 하기로 합의했었다. 그러나 북한은 영변의 냉각탑을 폭파하는 쇼를 보여주었을 뿐 불능화에 필요한 북한 핵에 대한 모든 신고를 하지 않아서 이 선언은 유명무실한 선언이 되어 버렸다. 현재 북한은 핵 개발을 완성했고 이를 포기하겠다고 선언했으나 아직 북한이 가지고 있는 핵 물질과 무기에 대한 신고조차 하고 있지 않다. 북한이 어떤 단계에서 이를 신고한다 하더라도 북한은 다음 단계에서 얼마든지 핵 포기를 무효화할 수 있고, 과거 행적으로 볼 때 그럴 확률이 거의 100%이다.

북한의 이러한 과거 행적 때문에 비핵화 문제에 대해 미국은 검증 가능한 일괄타결 정책을 가지고 있는 데 반해 북한은 단계별 타결이라는 과거 방식을 고수하고 있다. 문재인 정권은 미국과 협력하여 북한에 대한 압력을 가중시키기보다는 북한의 타결 방식에 호의를 나타내고 미국이 이 방식을 수용하도록 압력을 가하고 있다.

북한은 핵 개발을 하고 이를 포기하라는 미국의 압력에 대해서는 벼랑 끝 전술을 채택해서 미국이나 한국이 북한의 요구를 먼저 수용하도록 유도함으로써, 다시 말해 북한이 미국이나 한국이 무시할 수 없는 핵 강국이 되었다고 선전함으로써 북한 인민들의 지지를 끌어올려왔다. 최근에도 북한은 이와 같은 핵전략을 성공적으로 수행하였다. 북한의 김정은은 국제사회에서 잔혹무도한 독재자의 오명밖에 가지고 있지 않았는데, 트럼프 대통령은 비핵화에 대한 아무 구체적 약속도 사전에 받지 않고 2018년 싱가폴에서 그와 회담함으로써 그를 세계적인 지도자의 반열에 올려놓았다. 그 후 2019년 트럼프 대통령은 아무 성과 없이 김정은과 하노이에서 두 번째 회담을 하고 판문점에서 세 번째 만남으로써 김정은의 국제적 지위를 다시 고양시키는 우둔한 역할만을 하였다.

트럼프와 김정은의 정상회담은 김정은이 먼저 추진한 게 아니라 문재인 대통령의 안보보좌관 정의용의 아이디어로 추진된 것이라는 것이 최근 트럼프의 안보보좌관을 지낸 볼턴의 회고록에서 밝혀졌다. 문재인 대통령과 정의용은, 미국 언론의 표현을 빌리면, 김정은의 국제적 지위를 pariah에서 주요 player로, 그의 국내적 지위를 미국 대통령과 같은 위상을 갖는 세계적 지도자로 격상시키는 역할을 하였다. 문 정권의 정책으로 그는 이복형과 고모부를 죽인 살인마가 아니라 미국 대통령이 그와의 관계를 "We fell in love."라고 말하는 지도자가 되었다. 그러나 문 정권의 김정은에 대한 이와 같이 막대한 봉사는 오히려 김정은에게 더 힘을 실어줘 2019년 북한의 대남기구인 조국평화통일위원회는 문 대통령을 "삶은 소대가리"에 비유하고, 2020년 그의 여동생 김여정은 문 정권과는 상대하지 않겠다고 공언하고 우리 자금으로 건설한 개성의 남북연락공동사무소를 폭파하게까지 만드는 역효과를 내었다.

문재인 대통령은 2020년 10월 현재 북한으로부터 이와 같은 모욕을 당하면서도 친북 노선으로 유명한 인사들을 북한 관계 요직에 포진시키고 김정은에게 남북관계 개선을 호소하고 있다. 그러나 문재인 대통령의 이러한 노력에도 불구하고 2020년 9월 22일에는 북한은 북한 해역으로 들어간 우리 공무원을 사살하고 시신을 불로 훼손하는 야만적 행위를 자행하였다. 문 정권은 우리 공무원이 사살되기 전에 충분한 시간이 있었음에도 그의 구조를 북한에 요청하지 않았고, 그를 확실한 증거 없이 처음부터 월북자로 몰고, 그 후 제대로 된 사과문이 아닌 통지문에 감격하는 상식으로 이해하기 어려운 반응을 보였다. 문 대통령은 북한이 대한민국의 비무장 민간인을 사살한 다음 날인 9월 23일 유엔 화상연설과 10월 8일 Asia Society 화상연설에서 두 번이나 연달아 북한과 종전선언을 하자고 호소하였다. 자국 국민이 사살당한 다음 날에 사살 국가에게 종전선언을 하자고 조르는 대통령을 한국 이외에 어디에서 찾아볼 수 있겠는가?

문 대통령이 이렇게 된 원인은 어디에 있는가? 국제정치학자 김영호 교수는 그 원인을 문 대통령의 참모들이 아니라 문재인 개인에게서 찾고 있다. 그는 문 대통령이 지난 70년간 한반도의 평화를 지켜준 안보체제를 파괴하고자 하는 분명한 계획을 가지고 있다고 주장하고 있다. 문 대통령이 2020년 광복절 경축사에서 북한을 나치 팟쇼세력이 사용한 용어인 "생명…공동체"라고 표현하고 9월 23일과 10월 8일 계속해서 종전선언을 호소한 것은 바로 이러한 계획의 일환이라는 것이다.[11] 그러나 문 대통령이 이렇게 된 것은 한국은 자유민주주의 국가이고 북한은 독재국가라는데도 있다. 트럼프 대통령은 비핵화 협상이 잘 되고

---

11) 김영호 교수의 세상 읽기, 2020년 10월 9일 아침, YouTube.

있지 않는데도 불구하고 여론과 선거를 의식해서 김정은과의 관계 개선을 꾀하였고 문재인 대통령도 북한이 비핵화를 하지 않더라도 그와의 관계를 정상화해야겠다는 대북 노선을 가지고 있다. 제1야당은 이를 비난하고 있고 국민들도 지켜보고 있기 때문에 문 대통령은 비핵화 문제에 있어 북한에게 속더라도 북한과의 관계를 개선하여 제1야당과 많은 국민들의 비난을 극복하고 지지율을 높이고자 노력하고 있다. 북한은 자유민주주의 국가의 이와 같은 약점을 십분 이용하고 있다.

문 정권이 북한의 개혁개방을 유도할 수 있다면 그것은 한국과 미국의 대성공이 될 것이다. 개혁개방은 공산독재체제에 대한 북한 인민들의 대대적인 저항을 불러일으키고 김정은의 운명을 루마니아의 차우세스쿠와 같이 만들 것이기 때문이다. 그러나 북한의 김정은과 노동당은 이를 잘 알고 있기 때문에 그러한 노선을 택하지 않을 것이다. 김정은의 북한은 현재 수십 개의 핵폭탄과 ICBM도 보유하고 미국 대통령과 일 대 일로 만난 지위도 확보하여 김일성, 김정일의 북한보다 군사적, 정치적으로 더 강경하고 위협적인 전체주의적 독재국가, 혹은 좌파 팟쇼국가로 변화하였다.

(3) 한국의 국내정치질서 변화

한국은 자유민주주의 체제의 수립을 1948년부터 시도했지만 실제로는 40년간 권위주의체제를 가지고 있다가 1988년부터 명실공히 자유민주주의체제를 갖게 되었다. 한국이 이와 같은 정치발전을 한 것은 권위주의 정권들이 한국경제를 비약적으로 발전시킨 업적에 기반한 것이었다. 한국은 경제발전이 민주화를 가져온다는 가설이 맞아떨어지는 경우이다. 그러나 한국의 민주화가 경제발전에 따라 저절로 이루어진 것은 아니다. 민주화를 위한 한국 국민들의 오랜 투쟁 끝에 군부 중심의 권위주의가 종식되고 국민들의 선택이 중요한 자유민주주의가 자리 잡게 된 것이다. 그런데 이 오랜 투쟁에서 주도적인 역할을 한 세력은 청년 학생들이었다. 민간 권위주의 정권인 이승만 정권을 무너뜨린 1960년 4·19의 주역도, 군부 권위주의 정권인 박정희 정권 붕괴의 계기가 된 1979년 부마사태의 주역도, 마찬가지 군부 권위주의 정권이었던 전두환 정권이 자유민주주의를 수용하도록 만든 1987년 6월 항쟁의 주역도 모두 청년 학생들이었다.

민주화 투쟁의 주도세력이 청년 학생들이었지만 이 청년 학생들을 민주화 투쟁으로 이끈 주역이 있고 우리들은 이 주역들의 정치적 성향에 주목할 필요가 있다. 유럽과 미국과는 달리 한국에서는 학생운동의 주역들이 정계에 진출하여 한국정치에서 상당한 역할을 하고 있기 때문이다. 현재 1960년대, 1970년대 학생운동의 주역들은 대부분 은퇴자의 생활을 하고 있으나 1980년대 학생운동의 주역들은 정계에서 중요한 역할을 담당하고 있다. 이 주역들을 한국 사회에서는 운동권이라고 부르는데, 당시 이 운동권은 NL(National Liberation)파와 PD(People's Democracy)파의 두 그룹으로 구성되어 있었다. NL파는 김일성 주체사상을 믿고 한국에서 미국을 쫓아내는 것을 제1의 투쟁 목표로 삼는 그룹이었고, PD파는 자본가 계급을 타도하는 것을 제1의 투쟁 목표로 삼는 그룹이었다. 1960년대와 1970년대의 학생운동가들은 자유민주주의 이념을 가지고 반독재 투쟁을 이끌었으나, 1980년대의 학생운동가들은 NL과 PD라는 이념을 가지고 투쟁을 이끌었다. 일반 청년 학생들의 대부분은 이러한 이념의 신봉자들이 아니고 자유민주주의의 신봉자들이었으나 그들의 지도부는 NL과 PD 이념의 신봉자들이었다. 학생운동의 지도자들이 이러한 이념을 신봉하게 된 것은 전두환 정권의 폭압 정치에 전적으로 그 책임이 있다. 전두환 정권의 광주 대학살 사건이 그들을 절망시키고 불행히도 북한의 김일성 주체사상이나 인민민주주의에서 희망을 찾게 만들었다고 볼 수 있기 때문이다. 일반 학생들은 대부분 이러한 이념을 받아들이지 않았지만 그들의 지도 아래 반독재 투쟁을 전개하였다. 이러한 학생운동을 지지한 일반 국민들은 학생운동의 지도부가 이러한 이념을 가지고 있다는 것을 몰랐고 안다 하더라도 학생들의 낭만주의에서 나온 치기로 생각하고 별로 괘념치 않았다. 그런데 이들이, 특히 과거의 NL파 그룹 출신들이, 현 정부와 여권에서 중요한 역할을 담당하고 있고, 한국 국민들은 그들이 혹시라도 30년 전에 신봉하던 이념의 영향을 받고 있는 것은 아닌가 하고 우려하고 있다.

우리들은 현 정권 사람들이 대한민국의 정통성에 대해 과거 정권들과는 다른 해석을 제시하고 있다는 것에 대해서도 우려하지 않을 수 없다. 과거 정권들은 독재정권이었든 민주적 정권이었든 모두 대한민국의 건국일을 1948년 8월 15일이라고 생각하고 이를 대대적으로 기념하였으나 현 정권은 건국일을 1919년 임시정부 수립일이라고 보고 8월 15일을 건국일로는 특별히 기념하고 있지 않다. 이 점에 있어 그들은 1998년에 건국 50주년을 성대하게 기념한 김대중 대통령과도 전혀 다르다. 그들은 이승만 대통령의 건국 업적, 박정희 대통령의 산업화 업적을 인정하지 않고, 일생을 반일 투쟁에 바친 이승만 대통령까지 친일파라고 비난하면서 두 대통령의 독재적 성격만을 부각시키고 있다. 그들은 이승만 시대가 끝난 지 60년이 넘었고, 박정희 시대가 끝난 지 40년이 넘었으나 이 두 대통령의 공과를 다른 나라의 통치자들과 비교해서 객관적으로 보기를 거부하고 있다. 업적에 있어 이승만과 박정희는 북한의 김일성, 김정일보다는 100배 이상 큰 업적을 낸 통치자들이었다는 것을 인정하기 싫어하고 있다. 그들의 일본관도 과거 정권들과는, 특히 김대중 대통령과는 전혀 다르다. 김대중 대통령은 일본과 관계 개선을 통해 우리보다 경제적으로 앞서 있는 일본의 협력을 얻으려고 노력했으나 문재인 대통령은 북한과 협력함으로써 일본을 능가할 수 있다는 터무니없는 주장을 하고 마치 반일을 국시로 하고 있는 것 같기도 하다.

문재인 대통령은 취임 초부터 광복군 부사령관과 임시정부 군무부장을 지냈지만 1948년 남북협상 때 월북하여 북한의 노동상을 지낸 김원봉을 존경한다고 공언하였고, 이에 따라 보훈처는 그를 독립유공자로 지정하려고 한다는 소문도 나돌았다. 또 문 대통령은 북한의 김영남과 김여정 앞에서 북한의 프락치 정당인 통혁당의 지도자였던 신영복을 존경한다고 말하고 그가 쓴 글씨 앞에서 기념촬영까지 하였다. 김원봉이나 신영복이나 인간적으로 둘 다 훌륭한 인물들이고 남북 분단의 희생물로 북한의 노동상이 되고 통혁당의 지도자가 되었을지 모르지만 대한민국의 대통령이 대한민국을 부정했던 인사들을 국민들 앞에서 존경한다고 공언하는 것은 그 의도가 무엇인지 이해하기 어렵다.

이뿐만 아니라 현 정권의 출범 직후 나온 여권의 헌법 개정 논의에서 자유민주주의의 자유를 빼자는 주장, 또 역사교과서 집필에 있어서 자유민주주의와 병행해서 민주주의도 써야 한다는 주장, 다시 말해 자유민주주의가 아닌 민주주의도 민주주의라는 주장이 나와서 한국의 식자층들은 행여나 이것이 자유민주주의의 부정으로 이어지는 것은 아닌가 하고 걱정하고 있다. 또 여당의 대표였던 이해찬은 앞으로 여당이 정권을 내주지 않고 20년, 30년 집권해야 한다고 누차 강조했는데, 이러한 장기 집권은 자유민주주의 절차로는 성립하기 어려운 것이기 때문에 이러한 발언도 자유민주주의의 장래에 대한 위협으로 들리기도 한다. 문재인 정권 초기에 정부는 남북회담의 취재에 있어 탈북자 출신 기자는 취재를 금지하는 사례가 있었는데, 이것도 자유민주주의의 가장 중요한 원칙인 언론의 자유를 침해하는 사례이다. 최근 정부는 북한의 자유화 운동을 주도하고 있는 단체들의 대북 전단 살포를 금지하고 이들에 대해 해산명령을 내렸는데, 이것도 대한민국 헌법에 보장된 언론의 자유와 결사의 자유를 침해하는 사례이다. 여당인 더불어민주당이 장악하고 있는 국회는 얼마 전 대북 전단 살포를 불법화하는 법을 통과시켰고 경찰은 이를 어기고 대북 전단을 살포한 박상학 자유북한운동연합 대표를 이 법에 따라 조사하고 있다. 또 가짜 뉴스를 규제하는 법을 제정해야 한다는 논의도 집권 여당 내에서 나왔는데, 이러한 법도 제정된다면 언론의 자유를 침해하기 위해 악용될 소지가 많다. 더불어민주당은 이미 5·18 비판 금지법도 통과시켰다. 한국 민주화의 결정적인 기폭제가 되었던 5·18 민주화 운동을 북한의 개입이 있었다는 등의 주장으로 폄훼하는 것은 잘못된 일이나 이를 법으로 금지하는 것은 표현의 자유를 제한하는 위험성이 있기 때문에 더 잘못된 일이다.

현재 정부는 출범 이래 과거 10년 보수세력 집권기의 적폐를 법적으로 청산해야 한다고 주장해 왔다. 이 기간의 두 대통령이 모두 감옥에 갔고, 전임 대법원장도 구속기소 되었다. 또 박근혜 대통령 때의 요직을 맡았던 인사들도 여러 명 직권남용 혹은 뇌물죄로 감옥에 있거나 감옥에 갔다 나왔다. 법을 위반했다면 법의 심판을 받아야 하지만 혹시라도 과거 정부와의 정치적 차이를 법적으로 처리하는 관행이 한국정치에 생긴다면 이것은 자유민주주의의 핵심인 평화적 정권교체를 어렵게 만드는 사태를 발생시킬 수도 있어 걱정하지 않을 수 없다.

최근에는 문재인 정권의 핵심 인사들이 권력남용, 부정부패, 문서위조, 회계부정, 선거개입 등의 의혹을 받고 있고 윤석열 검찰총장은 산 권력의 비리도 수사하라는 대통령의 분부에 따라 이의 수사에 적극적인 자세를 나타내었으나 대통령을 보좌

하는 핵심 참모들이 이에 크게 반발하여 그를 좌절시키고 있다. 결국 윤석열은 산 권력에 대한 수사를 하는 데 있어 추미애, 박범계 법무부 장관의 견제와 간섭을 견디지 못하고 자진사퇴하고 말았다. 적폐 청산은 좌우 노선이나 진보-보수의 노선이 아니나 그들은 이를 진영논리로 둔갑시켜 그들의 적폐를 희석하고자 노력하고 있다. 박근혜 정권의 적폐 청산에는 적극적이던 현 정권이 그들 자신의 적폐 청산에는 적극적으로 저항하는, 내가 하면 로맨스이고 남이 하면 불륜이라는, 내로남불 현상이 정치권에 만연되어 있다. 이전 집권세력과 현 집권세력은 법 앞에 평등하지 않다. 이전 집권세력은 법의 과도한 지배를 받지만 현 집권세력은 법의 지배를 별로 받지 않는다. 대법원장 김명수도 전교조, 이재명, 은수미 판결 등에 있어 "내 편 합법, 네 편 불법"이라는 "코드 판결을" 하고 있다는 비판을 받고 있다.[12] 여당은 공직자수사처법을 통과시켜 산 권력에 대한 수사는 이제 검찰이 아니라 공수처에서 하게 되었다. 공수처 신설도 산 권력을 수사하기보다는 산 권력에 대한 검찰의 수사를 막기 위한 방편이 아니냐는 비판이 야권과 언론계로부터 쏟아져 나오고 있다. 문재인 정부의 여당은 2020년 1월 13일 검경 수사권을 조정하

---

[12] 조선일보, "김영수 대법의 법해석 '내편 합법, 네편 불법'", 2020년 9월 5일.

는 법을 통과시킴으로써 경찰의 권한을 강화하고 검찰의 권한을 약화시켰는데, 법무부 장관 박범계는 부패, 경제, 공직자, 선거, 방위산업, 대형 참사의 6대 범죄에 대한 검찰 형사부의 수사도 장관이나 검찰총장의 승인을 받아야 가능하다는 안을 2021년 5월 말 꺼내놓았다. 이 안도 검찰의 산 권력 수사를 완전히 무력화시키려는 의도가 아니냐는 의구심을 일반 검사들 간에 야기시키고 있다.

많은 국민들의 정치적 판단도 옳고 그르냐의 기준보다는 우리 편이냐 아니냐를 기준으로 해서 분열되고 있다. 문재인 대통령을 지지한 유권자들은 총 유권자의 42%이고 그를 반대한 유권자들은 58%이다. 문 대통령은 처음에는 그를 반대한 국민들도 섬기겠다고 약속했었으나 이 약속을 지킨 적이 없다. 그는 국민 통합의 정치가 아니라 오히려 미국의 트럼프 대통령과 비슷하게 국민 분열의 전략을 적극적으로 구사하고 있다. 문재인 대통령은 그의 페이스북에 의사 파업의 짐을 떠안고 고생하고 있는 간호사들의 노고를 치하하는 글을 올려 의사와 간호사들을 이간질하고 있다는 비판을 받기도 하였다.

여당은 2020년 4·15 국회의원 선거에서 단순다수 투표제의 도움을 받아 의석수에 있어 압승을 거두었다. 문재인 정부가 코로나 재난지원금으로 나누어 준 가구당 60만 원의 현금도 여당의 압승에 공헌한 한 요인이라고 볼 수 있다. 그리고 여당은 압승을 거두었다고 해서 그간의 국회 운영 관례를 깨고 있다. 오랫동안 여당은 국회의 법사위원장 자리를 야당에게 내주었었으나 이를 깨고 법사위원장 자리를 차지하였고, 관례에 따른 심의와 토론을 거치지 않고 부동산관계법을 강행 처리하였다. 관례는 자유민주주의 운영에 매우 중요하다. 영국의 여왕은 항상 총선에서 승리한 다수당의 총재를 수상으로 임명하는데 이는 관례로 그렇게 하는 것이지 성문화된 법에 따라 그렇게 하는 것이 아니다, 영국 여왕이 이 관례가 법에 없다고 하여 깬다면 영국 민주주의는 운영이 안 될 것이다.

많은 정치이론가들이 자유민주주의의 가장 큰 맹점이 다수의 횡포(tyranny of the majority)라고 지적하였다. 국회의 다수당은 유태인들을 학살하고 그들의 재산을 몰수하는 법을 제정한 히틀러의 나치당처럼 어떤 종류의 사람들을 구속하거나 죽이고 그들의 재산을 빼앗는 법을 제정할 수 있는 국회의원 수를 가지고 있다. 그러나 이것은 다수당의 횡포라고 아니할 수 없다. 자유민주주의는 이러한 다수의 횡포를 막기 위해서 삼권분립 제도와 법치 제도를 가지고 있다. 그러나 현재 문재인 정권은 행정부, 사법부, 입법부의 삼권을 장악하고 있고 이러한 상황에서 판사와 검사들도 친정부파와 사법부의 독립성을 지키려는 사람들로 분열되어 법치주의도 붕괴 도중에 있다. 현 체제가 좌파 유신체제 비슷하게 전락하지 않을까 걱정하지 않을 수 없다. 사실상 현 정부는 50% 이상의 국민 지지로 선출된 정부가 아니라 그 이하의 지지로 선출된 소수파 정부이기 때문에 현 정부가 횡포를 자행한다면 그것은 엄밀히 말해 소수에 대한 다수의 횡포가 아니라 다수에 대한 소수의 횡포이다.

한국은 민주화 이후 첫 10년은 보수세력이, 그다음 10년은 언론계의 명명에 따르면 소위 진보세력이, 그 이후 10년은 다시 보수세력이, 그리고 현재는 다시 진보세력이 집권을 하고 있다. 이 둘을 갈라놓는 기준은 여러 가지가 있지만 그중 가장 중요한 것은 대북정책이다. 북한에 대해 아주 포용적인, 혹은 북한의 요구를 일방적으로 많이 수용하는 세력이 진보세력이고, 그렇지 않은 세력이 보수세력이다. 이 문제에 있어 양자 간의 차이는 메꾸기 어려울 정도로 크다. 보수세력은 현재 진보세력이 나라를 북한의 김정은에게 바치고 있다고까지 비난하고 있고, 진보세력은 이는 냉전시대의 색깔론적 사고의 산물이라고 비난하고 있다. 보수세력과 진보세력의 이와 같은 메꾸기 어려운 차이도 한국 자유민주주의의 앞날을 어둡게 만들 수 있는 요인 중 하나이다. 과거 한국의 민주화를 위해 활동했던 인사들로 구성된 대한민국수호 비상국민회의는 현 정권이 자유민주주의체제를 전복시키려는 것은 아닌가 하고 크게 우려하고 있다. 이 회의의 공동대표인 노재봉 교수는 "과거에는 자유민주주의라는 전제에서 보수나 진보로 나뉘었으나 현 정권에서는 이런 전제가 허물어져 정치적 대립구도는 보수 대 진보가 아니라 자유민주주의 대 전체주의의 대립구도로 보아야 한다고" 주장하고 있다.[13]

현 정부는 국가정보원의 대공수사권을 경찰로 이관하였다. 한국은 북한의 간첩들이 활동하기 좋은 환경을 가지고 있고 국가정보원의 이들에 대한 수사권마저 경찰로 넘어간다면 한국은 그야말로 북한 간첩의 천국이 될 것이다. 현 정부가 무슨 의도를 가지고 국가정보원의 북한 감시능력을 뿌리째 뽑아버리려고 하는지 이해하기 어렵다.

언론계가 친북적인 세력을 진보세력이라고 부르는 것은 언어 자체를 잘못 사용하는 것이다. 어떻게 시대착오적인 전체주의적 독재체제의 세습적 우두머리에게 친근함을 나타내는 세력을 진보세력이라고 부를 수 있는가? 말의 왜곡된 사용은 한국정치의 왜곡된 모습을 반영하는 것 이외에 아무것도 아니다.

---

13) 조선일보, "최보식이 만난 사람: 노재봉 전 국무총리", 2020년 8월 24일.

(4) 일본의 국내정치질서 변화

일본은 동북아에서 자유민주주의의 역사가 가장 긴 나라이다. 일본은 1930년대 후반에 군부 중심의 군국주의체제를 갖고 있었으나 그 이전에 자유민권운동, 다이쇼 민주주의, 헌정옹호운동으로 대표되는 자유민주주의 전통을 갖고 있고, 패전 직후에는 과연 자유민주주의가 일본에 확립될 수 있는가에 대해 회의도 있었으나 현재는 명실공히 자유민주주의체제를 수립, 운영하고 있다. 일본은 자유민주주의체제로 한때는 미국에 도전하는 제2의 경제대국이 될 만큼 눈부신 경제발전을 이룩했고, 이러한 경제발전은 자유민주주의체제를 더욱 공고하게 만들었다.

일본은 냉전시대에는 보수세력과 진보적인 사회주의 세력이 집권 경쟁을 하였으나 보수세력인 자유민주당이 계속 집권하였다. 그 후 포스트 냉전시대에 들어와서 진보적인 사회주의 세력은 냉전시대에 일본 국민들로부터 받았던 지지를 잃어 그 세력이 크게 약화되었고, 집권 경쟁은 보수세력들 간에 일어나 자유민주당은 야당이 되기도 하였었으나 2012년 이래 공명당과 함께 연립하여 다시 집권당이 되었다.

일본은 대표적인 자유민주주의 국가이나 자유민주당의 수정주의 역사관은 한국이나 중국 국민들이 일본 자유민주의에 대한 매력을 잃도록 하는 것은 아닌가 하는 우려를 금할 수 없다.

자유민주주의가 동북아에서 승리하기 위해서는 서구의 자유민주주의뿐만 아니라 일본의 자유민주주의도 한국이나 중국 국민들의 선망의 대상이 되어야 하는데 일본 역사에 대한 일본 집권당의 수정주의적 해석은 일본을 이러한 선망의 대상으로 떠오르는 것을 막고 있다.

일본은 자유민주주의체제를 확고하게 정착시켰지만 동북아의 자유민주 진영을 이끄는 역할을 잘 하고 있지 못하다. 이것은 현재 독일이 나치 독일의 과거에도 불구하고 EU와 유럽 민주주의 국가들을 이끌고 있는 것과는 대조적인 상황이다.

3. 동북아 국제정치질서의 변화

제2차 세계대전이 종료된 이래 현재까지 동북아의 국제정치질서는 그 구성국들이 다른 구성국들의 주권을 존중하는, 혹은 침해하기 어려운 유럽식의 국제정치질서인 웨스트팔리아 체제라고 말할 수 있다. 이 체제를 깨뜨리는 국가는 다른 국가들의 제재를 받기 때문에 이 체제를 쉽게 깨뜨릴 수 없다. 러시아가 우크라이나를 침공하여 크리미아 반도를 합병한 것에 대해 미국과 서유럽 국가들이 경제제재를 가하는 것은 이것을 그대로 두면 모든 국가들의 주권을 동등하게 존중하는 웨스트팔리아 체제를 침식하게 되고 이것은 전 세계를 다시 약육강식의 세계로 만들 것이기 때문이다. 동북아에서도 구성 국가들 간의 영토 분쟁이 무력 충돌로 이어지지 않는 것은 이 웨스트팔리아 체제가 유지되고 있기 때문이다. 동북아에 이 체제를 무너뜨리려는 시도가 없었던 것은 아니다. 북한과 중국은 이 체제를 무너뜨리려는 모험을 여러 번 했으나 이는 미국의 개입으로 저지되었다. 미국은 1950년에 북한의 한국 침략을 저지했고, 그 후 중국의 타이완 위협, 북한의 대남 군사도발, 센가쿠 열도를 둘러싼 일중 간의 대립이 무력 충돌로 이어지지 못하게 막는 역할을 하고 있다. 종전 후 70년 이상 지속된 동북아의 웨스트팔리아 체제는 미국, 한국, 일본, 북한, 중국 간의 세력 균형과 미국의 균형자 역할에 의해 유지되어 온 체제이다.

그러나 이 체제는 동북아의 오랜 역사의 관점에서 볼 때는 변종이라고 아니할 수 없다. 동북아는 역사적으로 2000년 이상 중화질서 속에 있었기 때문이다. 한국과 중국이 비난하고 있는 일본 제국주의 질서는 반세기도 존속하지 못하였고 현재의 일본 국민들은 이 때문에 불필요한 고통을 받았다고 생각하고 있다. 2000년 이상의 역사를 가진 중화질서는 지난 1세기 동안 고사상태에 있었으나 그 뿌리는 2000년 이상 자란 뿌리이고 오늘날 중국의 통치자들이 동경하는 질서이다. 이 중화질서는 현재의 동북아의 세력균형질서와는 정반대되는 질서이기 때문에 우리는 이 질서가 다시 대두할 위험성에 대해 심히 우려하지 않을 수 없다. 일본도 이에 대해 우려하고 있겠지만 한국은 지난 2000년 동안의 한중관계를 회고해 본다면 일본보다 더 크게 우려하지 않을 수 없다.

중화질서는 중국을 우주의 중심으로 생각하고 그 밖의 지역은 야만, 즉 오랑캐로 보는 중화사상에 기반한 질서이다. 이러한 중화사상은 춘추전국시대에는 오랑캐를 타도해야 할 대상으로 보는 존왕양이(尊王攘夷)사상으로, 한대에 와서는 오랑캐를 중국문화로 교화시켜야 한다는, 다시 말해, 이(夷)를 화(華)로 변화시켜야 한다는 왕화(王化)사상으로 나타났다.[14] 중국의 최고 통치자는 천하를 다스리는 천자(天子)로서 그의 힘이 미치는 곳은 어느 곳이나 다스렸고 중국 밖의 지역의 독자적인 정치권력은 인정하지 않았다. 중국 밖의 지역은 그 지역의 중국문화 습득 정도에 따라 계서화되어 있었고, 중국은 경제적 부와 문화적 우수성으로 인해 그 밖의 지역을 흡인하는 매력을 가지고 있었다.

---

14) 신봉수, "동아시아 국제관계와 화이유교규범의 변화." 서울대 국제문제연구소 편, 『동아시아 전통지역질서』, 2010, p. 45.

중국의 천자는 중국 밖 지역의 통치자들에게 조공을 요구했고 이에 순응하지 않으면 군사적 징벌을 내렸다. 이러한 관례가 공식화되고 제도화된 것이 조공체제이고 이 체제는 명나라 시대에 확립되어 청나라 시대까지 존속하였다. 중국 주위에 있는 대부분의 나라들이 조공을 받쳤고 조선은 대표적인 조공국가였다. 1818년 청나라 기록에 의하면 조선은 1년에 네 번, 유구와 안남은 2년에 한 번, 시암은 3년에 한 번, 라오스와 버마는 10년에 한 번 조공을 바치도록 되어 있다. 일본은 이 기록에 없다. 조공국들의 사신들은 북경을 방문하여 천자에게 아홉 번 절을 하고 조공을 받쳤고, 천자는 조공국에 답례품을 주었고 지정된 장소에서의 중국과의 무역을 허락했다. 조공국이 중국에 이러한 예를 표하면 중국은 조공국의 내정에 대체로 간섭하지 않았다. 일본은 그 주위의 바다가 중국의 공격을 막아주는 역할을 했기 때문에 이러한 조공국으로 전락하지 않고 독립을 유지할 수 있었다.[15]

명청기의 중화질서는 중국과 그 외 나라들 간의 관계가 철저하게 계서적인 불평등 질서였다. 이 질서는 중국이 천하이기 때

---

15) John K. Fairbank, ed., *The Chinese World Order* (Cambridge: Harvard Univ. Press, 1968), pp.1-19.

문에 다른 나라의 주권 같은 것은 개념적으로도 존재가 불가능한 질서였다. 이러한 불평등 질서는 중화사상을 지지하고 불평등한 사회적 관계를 합리화해 주는 유교 교리와도 합치하는 것이었다. 그러나 놀라운 사실은 이러한 불평등 질서를 조선의 사대주의에서 볼 수 있는 바와 같이 조공국들이 규범적으로 옳다고 자발적으로 믿었다는 것이다. 중국문화가 너무 찬란하여 조선은 이에 스스로를 함몰시켰고, 명나라가 망한 후에는 조선이 명나라 대신 소중화라고 하는 의식에 사로잡혀 결국에는 청 태종에게 조선의 국왕, 인조가 세 번 큰 절을 하고 아홉 번 머리를 땅에 닿게 하는 수모를 당하였다. 일본도 중국문화에 매료되었으나 조선과는 달리 이에 무비판적으로 빠지지는 않았다.

이러한 중화질서 속에서 한일관계는 어떠했는가? 명청기의 조선과 도꾸가와 일본은 그 직전에 도요토미 히데요시의 조선 침략이 있었지만 대체로 상호 간 대등한 입장에서 평화로운 관계를 유지했다. 조선은 도꾸가와 일본에 총 12회의 조선통신사를 보냈다. 조선통신사는 막부의 장군이 바뀌면 이를 축하하기 위해 보내는 사절이었다. 이 시대의 한일관계에서는 호칭의 문제가 있었으나 문제로 부각되지 않았다. 조선은 막부의 장군을 "일본국 대군"이라고 호칭했는데, 일본에서 대군은 제후들의 장으로 국왕과 대등하거나 높은 지위를 가리켰고 조선에서는 국왕이 신하에게 내리는 칭호로 왕보다 낮은 지위를 가리켰다. 양국은 대군이라는 호칭에 대해 각각 자기들에게 편리한 해석을 하였고 양국 간의 교섭창구가 대마도 번이었기 때문에 이것이 문제가 되지는 않았다. 그러나 명치 일본이 출범한 후에는 이 호칭이 곧 문제가 되었다. 일본은 왕정복고를 알리기 위해 조선에 직접 국서를 보냈는데, 그 국서에 "황(皇)", "칙(勅)" 등의 문자가 있었다. 조선은 이러한 문자들은 천자인 청나라의 황제만이 사용할 수 있는 용어라고 하여 화이질서의 관점에서 국서의 수리를 거부했다.

다시 말해, 2000년이라는 긴 기간 동안 동북아에 존속한 국제질서는 천하 중국, 이에 정치적·정신적으로 종속되었던 한국, 독립적인 일본, 비교적 대등한 한일관계를 그 특징으로 가지고 있다. 이것은 현재 규범적인 의미에서 대등한 한중관계를 지지하고 있는 웨스트팔리아 체제와는 그 종류가 다른 체제였다. 그렇다면 동북아에는 왜 이러한 중화질서가 수립되어 오래 지속되었는가? 그것은 동북아는 유럽에서 웨스트팔리아 체제의 수립을 초래시킨 조건인 다극적 권력구조를 가지고 있지 않았기 때문이다.

웨스트팔리아 체제는 1618년부터 1648년까지의 30년 동안 신성로마제국의 황제 계승 문제를 둘러싸고 일어난 유럽 국가들 간의 전쟁의 결과로 수립된 체제이다. 이 전쟁은 카톨릭 국가들과 신교 국가들 간의 갈등에 그 주원인을 두고 있었기 때문에 종교전쟁이라고 부르나 이 전쟁은 신성로마제국의 각국에 대한 영향력을 현저하게 감소시키고 개개국의 독립성을 강화시켰다. 이 전쟁이 끝난 이후에는 카톨릭과 신교의 갈등은 국가들 간의 갈등요인으로서는 점점 그 중요성을 잃었고 각국들 간의 세력균형이 중요한 문제로 등장했다. 이 전쟁은 30년이라는 긴 세월 동안 지속되었고 인구의 4분의 1에 달하는 전사자가 나오는 등 그 전화가 대단히 처참하였다. 이 전쟁의 양측은 어느 한 측의 승리를 어렵게 만드는 세력균형을 이루고 있었고 이 전쟁을 종결시킨 웨스트팔리아 평화조약은 각국의 주권을 인정하고 다른 국가들은 그 국가의 내정, 즉 국내정책과 종교에는 간섭하지 않는다는 약속을 한 조약이다. 이 조약체제는 유럽 국가들 간에 세력균형이 있어야 그 유지가 가능하고, 이 균형이 깨지면 그 유지도 깨지는 체제였다. 이 체제는 이 체제의 1차적 구성국의 힘이 패권국가가 될 정도로 강해지거나 그 2차적 구성국이 힘이 강해져 1차적 구성국의 지위에 오르려고 할 때 위협을 받는다. 이 체제는 18세기에 프랑스의 루이 14세가 유럽의 패권을 장악하려고 할 때 이 체제의 구성국들이 연합하여 이를 좌절시키고, 프러시아의 프레데릭 대왕이 프러시아의 강화된 국력에 상응하는 지위를 요구했을 때는 이를 수용하여 그들 간의 관계를 재조정함으로써 지속될 수 있었다. 30년 전쟁 이후 신성로마제국은 개별 국가들에 대한 통제력을 잃었고, 이들 국가들 간의 세력 경쟁이 전쟁으로 치닫는 것을 막기 위해 나타난 체제가 웨스트팔리아 세력균형질서였다. 이 질서는 어떤 도덕적 통찰력에서 나온 것이 아니고 유럽의 권력정치 현실에서 전쟁을 방지하기 위해 나온 질서였다. 이 세력균형체제는 나폴레옹의 유럽 정복전쟁으로 무너졌다가 그의 패전 후 열린 비엔나 회의 이후 100년간 유럽에서 전쟁을 막는 역할을 했다. 그러나 이 체제는 그 이후 제1, 2차 세계대전은 막지 못했다. 대전 종료 후에는 이 체제가 다행히도 현재까지 유지되고 있고 이 체제가 유지되는 근본적인 기반은 미국이 이 세력균형질서의 구성요소로 참가하여 현명한 정치적 리더십을 발휘했다는 데 있다.[16]

유럽에서 1648년에 웨스트팔리아 체제가 나타난 기반은 당시 유럽 여러 국가들 간에 힘의 균형이 있고 어느 한 나라도 패권적 지위를 가질 수 있을 만큼 강하지는 못했다는 데 있다. 그리고 유럽의 국가들 간의 이와 같은 다극적 힘의 구조는 오늘날

---

16) Henry Kissinger, *World Order* (New York: Penguin Books, 2014), pp. 31–41.

에도 지속되고 있다. 동북아에는 19세기까지의 2000년 동안 중국이라는 하나의 거대한 국가가 한국이나 일본과는 비교가 안 될 정도로 강력한 국력을 가지고 패권을 행사해 왔기 때문에 세력균형질서가 수립되지 못하고 중화질서가 유지되어왔으나 유럽에는 17세기 중반 이래 오늘날까지 프랑스, 독일, 영국, 이태리, 오스트리아, 스페인 등의 여러 나라들 중 어느 나라도 패권적 지위를 독점할 수 없어 그 대신 세력균형질서가 유지되어 온 것이다.

한마디로 말해, 웨스트팔리아 세력균형체제는 유럽 국가들 간의 균형된 국력관계를 반영한 체제이고, 중화질서는 동북아 국가들 간의 비균형적 국력관계를 반영한 체제이다. 이 웨스트팔리아 체제는 키신저가 지적한 바와 같이 민주정치제도와 더불어 서구가 발전시킨 두 가지의 중요한 정치제도 중 하나이나 종전 후에 이 제도를 비서구 지역인 동북아도 채택하게 되었고 이 제도의 주권 존중 원칙은 현재 모든 국가들이 동의하는 보편적 규범이다.

문제는 중국의 국력이 동북아에서 패권적 지위를 차지할 만큼 커졌을 때 중국이 웨스트팔리아 체제의 규범을 지키고 이에 따라 한국을 중국과 대등한 주권국가로 대우할 것인가의 여부이다. 원나라의 고려 지배, 명, 청과 조선의 조공관계라는 역사를 생각하면 우리는 이에 대해 의심을 가지지 않을 수 없고, 현재에도 중국이 한국을 대등하게 대우하고 있지 않다는 다음과 같은 징후가 나타나고 있어 이러한 의심을 계속 가질 수밖에 없다.

첫째는 2002년 이래 진행되고 있는 중국의 "동북 변경지역의 역사와 현상에 관한 체계적인 연구", 즉 동북공정 프로젝트이다. 이 프로젝트는 중국의 동북지역, 특히 고구려, 발해가 중국 고대 국가의 영토였다는 것을 주장하는, 다시 말해, 한반도가 중국에 속해 있었다는 것을 강조하는 역사 왜곡 프로젝트이다.

둘째는 미국이 한국에 사드를 배치했을 때 중국이 한국에 보인 강압적인 경제보복이다. 중국은 한국 관광을 금지하고 롯데의 중국 영업을 불가능하게 만들었다.

셋째는 시진핑 주석이 트럼프 대통령을 만났을 때 한반도가 역사적으로 중국에 속했었다고 말했다는 설이다. 이 설이 사실이라면 이 발언은 과거 한반도가 중국에 속했었으니 앞으로도 한반도는 중국의 영향권으로 인정해 달라는 얘기로밖에 들리지 않는다.

넷째는 2017년 12월 한국의 문재인 대통령이 중국을 방문했을 때에 나타난 그에 대한 홀대이다. 그는 열 번의 식사 중 한 번만 시진핑 주석과 함께 하고 아홉 번은 혼자 식사를 했고 중국 공안이 수행 기자단을 구타하는 사건까지 일어나, 이것은 한국을 얕보는 자세가 아니냐는 논란이 한국에서 일어났다. 문 대통령에 대한 대우는 2018년 10월 25일, 26일 중국을 방문한 아베 수상에 대한 대우와 비교하면 그 차이가 크게 드러난다. 아베 수상은 시진핑 주석, 리커창 총리, 리잔수 전국인민대표대회 위원장과 각각 단독으로 만났고 시 주석과 리 총리와는 이틀 동안 세 차례의 식사를 하였다.

다섯째, 중국의 일반 네티즌들도 한국을 깔보는 경향을 나타내고 있다. 2020년 10월 7일 한국의 방탄소년단(BTS)은 한미 우호관계에 공헌했다고 해서 미국의 코리아 소사이어티(Korea Society)로부터 밴플리트상을 받았고 그 수상 소감 중에는 "6·25 전쟁 때 한국과 미국이 함께 시련을 겪었다"는 발언이 포함되어 있었다. 중국의 네티즌들은 이 발언에 대해 "중국군의 희생을 무시했다"고 맹비난하고 중국의 관영매체 환구시보는 12일 중국 네티즌들의 이와 같은 움직임을 보도하고 "BTS가 6·25 전쟁 당시 미군이 침략자였음에도 미국의 입장에만 맞춰 발언했다"고 북한의 남침이라는 역사적 사실에 위배되는 비난을 하였다. 중국 네티즌들의 이와 같은 소동에 BTS를 광고 모델로 내세운 삼성전자와 현대자동차 등 한국 기업들은 중국에서 운영하는 공식 쇼핑몰과 소셜 미디어에서 BTS 관련 제품을 삭제했다.

여섯째, 최근 중국은 한국과의 합의를 일방적으로 무시하는 행동을 보이고 있다. 한국과 중국은 2020년 5월 패스트트랙(입국절차 간소화) 제도에 합의했다. 삼성전자는 이 합의에 따라 임직원 200명을 전세기 2대에 태우고 11월 13일 삼성 공장이 있는 중국의 시안과 톈진으로 가려고 했으나 중국은 이의 운항을 사전 통보도 없이 취소하였다.

일곱째, 중국의 외교관들은 한국에 대해 예의를 차리지 않는다는 인상을 주고 있다. 왕이 중국 외교부장은 2019년 12월 방한 때에는 한국 인사 100명을 갑자기 오찬에 초청해 놓고 37분 늦게 나타났고, 2020년 11월 26일에는 강경화 외무부 장관과의 회담에 24분 지각했다. 중국 공산당 내 서열이 높은 외교 담당 정치국원인 양제츠는 2020년 8월 방한 때 부산으로 와 서훈 안보실장이 그곳으로 내려오게 하고 한국의 고위인사들을 예방하지 않았고, 왕이는 중국 공산당 중앙위원으로 서열 25위 밖에 있지만 한국에서는 서열 1, 2위를 비롯해 만나고 싶은 인사들을 다 만나고 갔다.

중국의 한국에 대한 이와 같은 홀대에도 불구하고 현 정권은 문재인 대통령 방문 시에는 오히려 중국의 부당한 처사를 변호하였고 문재인은 중화질서를 재현하고자 하는 중국의 꿈이 한국의 꿈이라고까지 그의 연설에서 강조하였다. 이뿐만 아니라 그는 한국이 사드의 추가 배치를 금하고 미국의 미사일 방어전략에 참여하지 않고 한미일 동맹을 하지 말라는 중국의 삼불(三不) 요구를 수용하였다. 이러한 정책을 채택하고 말고는 앞으로 한국이 자주적으로 결정해야 되는 중요한 잇슈인데도 불구하고 중국의 요구를 수용한 것은 대통령이 스스로 자기 나라의 주권을 포기하는 처사나 다름없다.

문 정권은 중국의 일방적 삼성 전세기 운항 취소에 대해서도 이를 변호하였다. 한 신문은 "중국이 코로나 우려로 전세기 운항을 취소할 수는 있다. 하지만 우리에게 사전 통보하고 이해를 구하는 것이 그렇게 어려운 일인가? 이조차 하지 않은 것은 한국과 한국 정부, 한국민에 대한 최소한의 존중이 없기 때문이다"라고 지적하고, "(운항 취소에 대해) 우리 외교부는 '최근 중국은 해외 유입 코로나 확진자가 증가함에 따라 국적, 기업인 여부와 관계없이 방역을 강화하고 있다'고 했다. 또 중국 대변인으로 나선 것이다. 공산당 정부와는 무관하다고 두둔까지 했다. 지난달 중국이 북한의 6·25 남침을 왜곡하는 발언을 쏟아냈는데도 항의 논평 하나 내지 않았다. 대한민국 정부가 아니다"라는 요지의 사설을 실었다.[17]

---

17) 조선일보, 사설 "중 또 일방 약속 파기, 정부는 또 중 대변, 한국인 능멸 말라", 2020년 11월 14일 A27.

문 정권은 자발적으로 중국에 대해 저자세를 유지하고 있을 뿐만 아니라 중국의 패권으로 이어질 수 있는 대북한 정책도 펴고 있다. 많은 국제정치 전문가들이 그의 대북정책이 종국에는 미군 철수로 이어져 한국의 안보를 위태롭게 하고, 동북아에서 웨스트팔리아 체제를 무너뜨리고 중화질서의 수립을 도와주는 결과를 가져오지 않을까 걱정하고 있다.

문 정권은 북한이 비핵화를 시작하기도 전에 북한과 종전선언을 제의했고, 미국도 이를 따르라고 요청하고 있다. 한국은 먼저 종전선언을 하면 이것이 북한의 비핵화를 촉진할 것이라고 주장하면서 트럼프 대통령도 이러한 입장을 수용하라는 외교적 노력을 하였다. 미국이 먼저 종전선언을 해도 그 이후 북한이 비핵화를 하지 않으면 이를 폐기하면 될 것이기 때문에 아무 문제가 없다고 주장하였다. 이뿐만이 아니라 문재인 대통령은 북한에 대한 국제사회의 제재 완화가 북한의 비핵화를 위해 당장 필요하다고 주장하고 이를 미국과 유럽 국가들이 수용하도록 설득하는 외교적 노력도 기울였다. 문 대통령은 북한이 비핵화를 하고 앞으로는 경제발전에 치중하겠다는 김정은의 거짓말을 무슨 이유에서인지 믿고 싶어 하고 있고, 북한이 요구하는 것을 수용하는 방법을 찾아왔다. 문 대통령이 그러한 방법을 찾는 데 실패한 것은 트럼프 대통령이 김정은과 친선관계를 유지하면서도 그가 모든 주요 핵시설의 신고와 폐쇄와 같은 비핵화를 향한 뚜렷한 움직임을 보이기 전에는 북한에 대한 제재를 풀어 줄 수 없다는 자세를 유지했기 때문이다. 미국의 공화당과 민주당, 그리고 유럽의 여러 나라들의 지도자들도 모두 이러한 자세를 유지하고 있고 문 대통령의 노력을 이해할 수 없다는 입장을 나타내고 있다. 문 대통령은 영변 핵시설 폐쇄의 대가로 제재를 풀어달라는 김정은의 제안을 트럼프 대통령이 하노이 회담에서 수용하기를 간절하게 기대했지만 그렇게 되지 못했다. 민주당의 바이든 대통령은 후보 때부터 김정은을 강도(thug)라고 불렀고 북한의 비핵화도 트럼프와는 달리 아래로부터의 실무회담을 통해서 추구할 것이다. 문 정권 사람들은 그가 과거 민주당의 클린턴 대통령이 김대중 대통령의 햇볕정책을 수용했던 것처럼, 문 정권의 친북적 요구를 수용할 것이라는 희망을 가지고 있다.[18]

과거 북한은 여러 번에 걸쳐 비핵화를 하겠다고 말을 했고 이에 기반해 한국은 경제적 지원을 했으나 이 말을 행동으로 실천한 경우는 한 번도 없었다. 남북한 간의 관계에서는 의도보다

---

18) 사람 사는 세상 노무현재단, 10. 4. 13주년 특집방송―1부, 유시민, 문정인, 정세현, 이종석, 김준형, YouTube.

능력이 더 중요하다. 남북한 간의 군사력의 차이가 있으면 북한이 진정으로 평화적인 의도를 가지고 있다고 해도 위험하다. 북한의 의도는 여러 가지 이유로 얼마든지 바뀔 수 있기 때문이다. 현재 북한은 핵무기 소유로 남한보다 군사적으로 우위에 있다. 그리고 최근 재래식 무기의 사용을 제한하는 남북한 간의 군사적 합의는 한국이 우위에 있는 군사적 능력을 사용하지 못하게 제한하는 것이기 때문에 우리에게 불리하다. 이렇게 볼 때, 한국의 정책은 우리의 안보능력을 약화시키고 북한의 안보능력을 제고시키는 역설적 결과를 초래할 위험성을 내포하고 있다.

이러한 상황에서 한국에 주둔해 있는 미군은 한국의 열세를 보완해 주는 최종적 보루이나, 우리는 이마저도 믿을 수 없는 상황에 처해 있다. 이미 지적한 바와 같이 문재인 대통령이 2020년 1년 동안 북한으로부터 여러 가지 수모를 당했음에도 불구하고 종전선언 우선정책을 고수하고 있기 때문이다. 트럼프 대통령은 북한이 비핵화 리스트를 먼저 내놓으면 이를 제거하는 데 걸리는 기간과 상관없이 북한과의 종전선언에 응하겠다는 정책을 표명했고 북한은 미국이 종전선언을 먼저 하면 이 리스트를 내놓겠다고 맞섰었다. 그러나 문 대통령은 트럼프가 반대하고 북한이 주장하는 노선을 지지하였다. 미국 대통령 선거를 3주 앞두고 문 대통령의 안보실장 서훈은 미국을 방문하여 다시 한번 폼페오 국무장관과 이 문제를 논의했으나 폼페오는 비핵화 없는 종전선언에 반대한 것 같다. 설사 북한이 미국의 요구를 수용하고 이에 따라 미국이 종전선언을 한다고 해도 이는 한국의 안보에는 커다란 위협이 될 것이다. 종전선언은 미북 간의 평화협정으로 이어지고 평화협정은 미군 철수로 귀결될 가능성을 다분히 가지고 있기 때문이다.

설상가상으로 문 대통령은 미국으로부터 전시작전권을 조기에 환수하기 위해 온갖 노력을 기울이고 있다. 이승만 대통령은 한국전쟁 당시 한국의 안보를 보다 효율적으로 지키기 위해 우리의 전시작전권을 미국에 이양하였고, 이에 대한 미국과의 환수 협의는 노무현 대통령 때 활발하게 진행되다가 이명박, 박근혜 대통령 때에는 중단되었고 현재 다시 활발하게 진행되고 있다. 한국군의 원로들은 대부분 전시작전권 환수가 한국의 안보를 위태롭게 한다고 반대하고 있다. 미국은 한국이 자주적인 방위태세의 강화를 포함하는 여러 가지 군사적 조건들을 구비하면 전시작전권을 한국에 이양한다는 정책을 가지고 있고 문 정권도 이에 동의한 바 있다. 그러나 언론 보도에 따르면 2020년 10월 14일 제51차 한미안보협의회에서 국방부 장관 서욱은 이러한 조건과 관계없이 환수 스케줄을 짜겠다고 나와 조건 충족을 강조한 미국 국방장관 에스퍼와 충돌하였다고 한다.

전후 일본은 헌법 제9조에서 전쟁권을 포기한 평화헌법을 제정하고 경제발전을 최우선 과제로 추진하기 위해 외교안보는 미국에 맡기는 요시다 노선을 채택했다. 일본은 평화헌법과 요시다 노선으로 대성공을 거두어 1967년에 세계 제2의 경제대국이 되었고 1980년대에는 일본이 미국을 능가하는 경제대국으로 발전할 것이라는 예측까지 나왔었다. 그러나 일본 경제는 1990년대, 2000년대의 20년 동안 침체했고 그간 중국이 일본을 대치해서 제2의 경제대국이 되었다. 그뿐만 아니라 중국은 이미 핵무기도 보유하고 있고 군사력도 날로 강해지고 있다. 이에 덧붙여 북한도 핵무기 개발을 완성했다. 포스트 냉전시대에 들어와 일본은 요시다 노선을 버리고 외교안보에도 관심을 기울이지 않을 수 없는 상황에 처하게 된 것이다. 일본은 1997년에 자국에 대한 직접 공격뿐만 아니라 주변 지역에서의 유사 사태 시에도 서로 협력한다고 미일방위협력지침을 개정하고, 2001년 미국의 9·11 사건 이후에는 자위대의 평화유지 활동을 허용하는 법안을 통과시키고 아프가니스탄과 이라크에 자위대를 파견하는 등 미국과의 동맹관계를 강화하고 있다. 현재 일본은 중국을 견제하기 위한 미국의 인도-태평양 전략에 협력하고 있고 미국, 일본, 호주, 인도가 참여하는 쿼드 플러스(Quad Plus) 회의에도 적극적으로 참여하고 있다. 미국으로부터 북한과의 종전선언을 끌어내고, 미국이 가지고 있는 전시작전권을 하루 빨리 이양받으려고 하고, 미국의 인도-태평양 전략과 쿼드 플러스 회의 참여를 거부하고, 서둘러서 한미동맹을 약화시키고 있는 오늘날의 한국과는 매우 대조적이다. 자민당 정권은 일본을 전쟁권을 갖는 정상국가로 만들기 위해 평화헌법을 개정하겠다는 결의를 강력하게 표명하고 있다. 일본은 비핵화조약에 서명했지만 원자력발전소에서 나오는 사용 후 핵연료를 재처리해 나오는 플루토늄을 14톤이나 가지고 있고 언제든 필요하면 핵무기를 제조할 수 있는 능력을 가지고 있다. 일본은 유사시에 일본의 안보를 지킬 수 있는 독자적 능력을 갖추기 위해 준비하고 있다.

일중관계는 센카쿠 열도를 둘러싼 영토분쟁 때문에 최악으로 추락했었으나 2018년 10월 26일 아베 수상이 중국을 방문하여 시진핑 주석과 2000억 위안(약 32조 7720억 원) 규모의 통화스와프, 차관급 전략대화 등 대화채널 복원, 50여 건 약 20조 원 규모의 제3국시장 공동 진출에 합의함으로써 그 관계가 다시 정상화되었다. 그러나 일중 간의 센카구 열도 영유권 문제, 역사 문제, 북한의 비핵화 문제 등에 대해서는 서로 간 메우기 어려운 간극이 있다.

한일관계는 문재인 정권의 출범과 동시에 아주 나빠지고 있다. 한일관계는 일본의 한국에 대한 식민지 지배 청산 문제를 둘러싼 문제 때문에 지난 70여 년 동안 갈등하면서도 안보협력, 경제협력, 사회문화적 협력은 계속하는 관계였다. 그러나 최근 이러한 관계에 금이 가는 현상이 나타나고 있다. 문 대통령의 위안부 문제에 대한 한일 합의 파기와 대법원의 징용 판결은 한국 정부에 대한 일본의 불신감을 고조시키고 있다. 일본은 정권이 바뀔 때마다 골(goal)대를 바꾸는 한국을 신뢰할 수 없다고 불만을 토로하고 있다. 안보협력은 미국을 주로 매개로 한 안보협력이었고 한때는 양국 간의 직접협력의 방향으로 움직인 때도 있었으나 일본은 노무현 정권 때부터 북한에 대한 정보교환에 있어 한국을 믿지 못하겠다는 태도를 보였다. 문 대통령은 북한과 평화체제를 수립하면 일본과의 안보협력이 필요 없다고 생각하고 있을는지 모르겠다. 2018년 가을에는 한국이 제주 국제관함식(International Fleet Review)에 일본 함대는 욱일기를 게양하지 말라고 요청하여 일본이 참여하지 않는 사태가 벌어졌는데, 이것도 한일 간의 안보관계에 있어 바람직하지 못한 일이다. 그런 일이 없어야겠지만 혹시라도 북한이 한국을 다시 침략한다면 한반도에서의 미군의 작전수행을 위해서는 일본의 협력이 절대적으로 필요하다.

한일 간의 밀접한 경제관계는 계속되고 있으나 양국 간의 통화스와프가 위안부 문제 때문에 체결되지 못하였고, 이것은 한국 경제가 금융위기에 빠지면 커다란 문제가 될 것이다. 일본은 앞서 언급한 바와 같이 중국과는 2013년에 폐기된 통화스와프 규모보다도 10배나 더 큰 통화스와프를 2018년 일중 정상회담에서 체결하였다. 한국의 정권 담당자들은 현재 외화보유고도 4000억 달러에 달하니 일본과 이러한 금융협력이 없어도 된다고 생각하고 있을지 모르겠으나, 만일 그렇다면 이는 단견이다. 설상가상으로 일본은 2019년 한국에 대해 전략물자의 수출규제 정책을 채택했고 한국은 이에 대해 지소미아(GSOMIA, General Security of Military Information Agreement) 폐기 위협으로 대응하고 있다.

최근 한국 정부와 일본 정부와의 대립과는 대조적으로 한일 간의 사회문화 관계는 한국 사회에 일본문화를 개방한 20년 전 '김대중-오부치 한일 파트너십 공동선언' 이래로 커다란 발전을 보였다. 일본에서 한류가 유행했고 한국에서도 일본의 대중문화를 적극적으로 받아들였다. 이러한 교류의 결과 방일 한국인과 방한 일본인의 수도 증가하였다. 1991년에 100만 명이던 방일 한국인의 수는 2005년에 200만 명, 2015년에 400만 명, 2017년에 700만 명 이상을 기록했고 방한 일본인의 수는 1999년에 200만 명, 2009년에 300만 명, 2017년에는 231만 명을 기록했다. 그러나 한일 간에 독도문제, 역사문제, 위안부 문제가 불거진 이래 일본 사회에서는 혐한론이 거세게 일어났고 한국 사회에서도 시민단체의 주도로 반일 감정이 커졌다. 이것은 대만과는 대조적이다. 대만은 한국과 마찬가지로 일본의 식민지였으나 대만 국민들은 여론조사에서 일본에 대해 한국보다 훨씬 더 높은 호감도, 훨씬 낮은 혐오도를 보이고 있다. 또 한국에서는 일본 식민 지배를 직접 받았거나 일본을 좀 아는 나이가 든 사람들보다 이러한 경험이 없고 일본을 잘 모르는 젊은 사람들이 더 많이 일본에 대해 혐오감을 나타내고 있다.[19]

역사상 오랜 기간 동안 동북아는 국가들 간의 계서가 규범적으로 불평등한 중화질서가 지배하는 지역이었고, 유럽은 이 계서가 규범적으로 평등한 웨스트팔리아 체제가 지배하는 지역이었다. 제2차 세계대전의 종료 이래 유럽의 웨스트팔리아 체제가 보편규범이 되어 동북아도 이러한 질서를 갖게 되었다. 그러나 우리들은 앞으로 동북아의 과거 역사가 반복되는 것은 아닌지 걱정하지 않을 수 없다. 전체주의적 독재국가인 중국이 패권을 장악한다면 그 패권은, 동북아의 역사를 되돌아보면, 웨스트팔리아 체제 속에서의 패권이 아니라 규범적으로도 불평등한 중

---

19) 윤대엽, "한일관계와 시민사회", 현대일본학회, 『김대중—오부치 공동선언 20주년 기념 학술회의 논문집』, 2018, pp. 39–52.

화질서 속에서의 패권이 아닐까 하는 의구심과 경계심을 버릴 수 없다. 여기서 문제가 되는 나라는 한국이다. 한국은 과거 조선과 마찬가지로 중화질서 속의 종속적 한국으로 전락할 가능성을 가지고 있기 때문이다.

지난 70여 년 동안 한국과 북한이 중국으로부터 독립적으로 주권국가로서의 위상과 지위를 유지한 것은 한국에 미군이 주둔해 있고 한미동맹이 있고 그 뒤에 일본이 있기 때문이었다. 다시 말해, 미군, 한미동맹, 그리고 그 뒤의 일본은 한국이 중국에 대해 가지고 있는 leverage이다. 북한이 중국에게 전략적으로 중요하게 된 것도 이러한 한국을 견제하여 중국의 안보에 공헌하는 역할을 하기 때문이었다. 그러나 한국에서 미군이 철수하고 한미동맹이 없어지면 한국은 중국에 대해 아무런 leverage도 갖지 못하게 되고 중국은 이러한 한국을 존중할 이유를 찾지 못하고 종속적 이웃 국가로 대하기, 이미 그러한 징후를 보이기 시작했지만, 시작할 것이다. 한미동맹의 이와 같은 중요성에도 불구하고 현 정권은 정기적인 한미 연합훈련을 축소하였고, 2020년 8월 29일 괌에서 열린 한미일 국방장관 회의에 참석하지 않았고, 또 현 정권의 인사들은 경제를 중국과 함께 해야 한다는 것을 강조하고 미군이 감축되어도 좋다는 등의 발언을 계속 하고 있다. 문재인 정권은 미국과 중국 사이에서 미국으로부터 멀어지고 중국에 기우는 대외정책을 채택하고 있는 것으로 보인다.

한국이 이렇게 되면 북한도 중국에 대해 가지고 있는 현재의 전략적 중요성을 잃게 될 것이다. 한국이 미군 철수로 이어질 수 있는 정책을 추진하면 미국은 한국으로부터 멀어지고 일본도 한국에 별 관심을 갖지 않을 것이다. 미국과 일본에게 한국은 중국과 맞서는 전초이기 때문에 중요한데, 한국의 정책으로 미군이 철수하게 되면 미국과 일본은 한국에서 전략적 중요성을 볼 수 없게 될 것이다. 이렇게 되면, 한국과 북한은 동북아에서 낙동강 오리알 신세가 되고 중화질서 속에 편입되는 이외에는 선택이 없는 처지에 놓이게 될 것이다. 한반도의 주도권을 한국이 잡든, 북한이 잡든 이에 상관없이 한국과 북한은 그러한 처지에 직면할 것이다.

문 정권의 목표가 친중국 노선으로 중국에 좀 더 가까이 다가가고 미국과의 동맹관계는 없애는 것이 아니라 좀 약화시키고 이에 기반해서 한국의 국익을 중국으로부터건 미국으로부터건 최대한 확보하는 것이라고 한다면 이것은 국제정치의 현실을 모르는 판단이다. 한국이 인도-태평양 전략과 같은 반중 연합전선에 참여하면 중국의 적이 될 것이라고 말하는 문 정권 사람들의 말도 틀린 말이다. 양 세력의 중간에서 어느 세력에도 끼지 못하고 왔다 갔다 하면 양 세력으로부터 모두 환영을 받지 못하고 국제적으로 외톨이 신세가 될 것이다. 한국은 앞으로 자유민주주의 통일이 될 때까지는 지난 70년간 한국에 평화와 번영을 가져다 준 현 동맹체제를 유지, 강화하는 노선을 추구해야 한다. 그것이 중국의 반발을 초래할 수도 있지만 한국이 강력한 동맹체제 안에 있는 경우에는 그 반발은 일시적 반발에 머무를 것이다. 한국에 대한 동맹국들의 지지가 확고하다면 중국은 크게 반발하지 못할 것이고, 그렇지 않다면 중국은 크게 반발하고 보복할 것이다. 한국에 대한 동맹국들의 지지가 확고하면 중국의 한국에 대한 반발이나 보복은 중국에 대한 동맹국들의 반발과 보복을 불러올 것이기 때문이다.

경제 규모가 날로 커져가고 있는 중국은 일본에 위협이 되겠지만 800년 전 원나라 시대부터 일본이 중국의 압박에도 불구하고 독립적 지위를 유지한 것처럼, 앞으로 먼 장래에 미군이 일본에서 철수한다 해도, 일본은 중국의 영향권에 들어가지 않고 독립적인 일본으로 남아 중국과 자웅을 겨룰 것이다. 이러한 질서 속의 한일관계는 아마도 과거 중화질서 속에서의 한일관계와 유사하게 전개될 가능성이 크다.

후쿠야마가 역사의 끝을 선언할 당시 동북아의 국제질서는 자유민주주의적 질서로 발전할 가능성을 가지고 있었다. 중국이 천안문의 민주화 시위를 무력으로 진압했음에도 불구하고 동북아 구성국들의 관계는 개선되는 경향을 보였다. 북한의 핵이 문제였지만 1994년 미북 간의 제네바 합의로 이 문제도 해결되어가는 것같이 보였다. 그러나 중국은 시진핑 시대에 들어와 정치적 자유화를 탄압하고 공산당 독재체제를 강화하고 중화질서를 다시 수립하기 위한 대외정책을 펴기 시작했다. 북한도 더욱 적극적으로 핵 개발을 하여 현재 핵폭탄을 20개 이상 보유하고 있다고 한다. 중국과 북한의 이와 같은 변화는 자유민주주의 국가인 한국, 일본, 미국과 대립하는 상황을 야기할 수밖에 없으나 문재인 시대에 들어와 자유민주주의 국가인 한국이 전체주의적 독재국가인 중국과 북한의 대내외 정책에 동조하고 같은 자유민주주의 국가인 일본과 극심하게 대립하는 과거에는 없던 상황이 전개되고 있다. 유럽에서는 여러 자유민주주의 국가들이 자유와 인권을 탄압하는 푸틴의 러시아에 단합해서 대항하고 있는데, 동북아에서는 자유민주주의 국가인 한국과 일본이 자유와 인권을 철저하게 탄압하는 일당독재국가인 중국과 북한에 단합해서 대항하고 있지 못하다. 이러한 상황은 동북아의 웨스트팔리아 체제를 파괴하고 중화질서의 수립에 도움을 줄 것이고, 이러한 중화질서가 수립된다면 한중관계는 원, 명, 청나라 시대의 조공관계의 종속적인 한중관계와 비슷하게 전락할 것이다.

4. 결어: 한국의 선택

자유민주주의를 향한 역사의 발전이 후퇴하고 있는 동북아에서 한국은 어떠한 선택을 해야 할 것인가? 자유민주주의의 후퇴 대열에 서야 할 것인가, 전진 대열에 서야 할 것인가? 두말할 나위도 없이 한국은 자유민주주의의 전진 대열에 서야 한다. 이 길이 대한민국 건국 이래 우리들 모두가 추구해 온 길이다.

자유민주주의는 자유주의와 민주주의가 결합된 체제이다. 대체로 자유주의는 평등보다 자유를 더 강조하고 민주주의는 자유보다 평등을 더 강조한다고 볼 수 있다. 그러나 자유를 더 강조하면 불평등이 심화되고 평등을 더 강조하면 자유가 손상되는 경우가 많다. 다시 말해, 양자의 가치는 상호 충돌하는 경우가 많다. 자유민주주의는 이 상호 충돌하는 두 가치를 최대한 실현하는 것을 그 목표로 삼고 있다. 자유만 보장하고 평등을 무시한다면, 혹은 평등만 보장하고 자유를 무시한다면 자유민주주의는 유지될 수 없다. 자유민주주의 국가에서 권력 장악을 둘러싸고 서로 대립하는 정치세력은 사회 구성원들 모두의 자유와 평등을 최대한 보장하는 균형점을 각각 제시하고 자기네가 제시하는 균형점이 최선의 길이라고 국민들을 설득하여 권력을 장악하고자 노력한다. 그러나 이렇게 해서 권력을 장악한 정치세력은 그들이 제시한 균형점이 사회 구성원 모두의 자유와 평등을 최대한으로 보장하는 점이었다는 것을 집권 기간 동안의 결과로 증명해 보여야 한다. 그들이 제시한 균형점이 결과에 있어 실제로는 사회 구성원들의 자유와 평등을 그 이전보다도 오히려 손상시키는 결과를 내었다면 그들은 다음 번 선거에서 권력을 잃고 그들과는 다른 균형점을 제시하는 라이벌 정치세력이 권력을 장악하게 될 것이다. 자유민주주의체제는 이와 같은 정권교체의 반복을 통해 사회 구성원들이 그들의 삶에 필요한 자유와 평등 가치를 최대한으로 확보하는 체제이다. 간단히 말해, 자유민주주의는 정권교체가 반복되는 체제라고 보아도 무방하다.

그러나 자유민주주의는 정권교체가 반복적으로 일어나는 체제일 뿐만 아니라 집권세력이 삼권분립체제와 법치주의, 그리고 사회 구성원들의 언론, 출판, 결사의 자유의 견제를 받는 체제이다. 동서고금, 체제 여하를 막론하고 권력은 항상 절대화되고 부패하는 경향이 있고 이를 막기 위해서 자유민주주의는 삼권분립, 법치주의, 언론, 출판, 결사의 자유를 보장하는 체제이다. 집권세력이 이와 같은 제도의 견제를 받지 않는다면 정권교체가 어려워지고 자유민주주의는 왜곡되고 종국에는 부정될 것이다.

한국은 1987년 민주혁명으로 국민들이 최고 권력자를 직접선거로 선출하는 민주적 절차를 수립했지만 군부통치시대의 일인

지배체제와 종속적인 사법부라는 통치구조는 그대로 계승하였다. 최고 권력자들은 민주적으로 선출되었지만 이와 같은 군부 통치시대의 통치구조를 개혁하지 않았다. 그것이 그들의 권력 욕구에 유리한 구조였기 때문이었다. 한국의 자유민주주의는 권력 수립 절차는 민주적으로 되었지만 통치구조는 군부독재시대의 구조인, 절차와 구조의 갭이 있는, 자유민주주의이다. 최고 권력자가 잘못 마음을 먹으면 이 절차 자체도 부정할 수 있는 통치구조를 가지고 있는 자유민주주의이다. 다행히도, 노태우, 김영삼, 김대중, 노무현, 이명박, 박근혜 시대에는 이러한 불상사가 일어나지 않았다. 그러나 문재인 시대에 들어와 한국의 정치 엘리트들은 자기편은 무조건 옳고 상대편은 무조건 틀리다는 적과 동지의 관계로 양극화되었고 국민들도 상당수 그렇게 양극화되어 있다. 이러한 상황에서 정부 여당은 민주주의 원칙에 위배된다고 볼 수 있는 공수처 법, 대북전단 금지법, 5.18법 등을 야당과 타협 없이 일방적으로 밀어붙이는 "다수의 횡포"를 자행하고 있다는 비판도 받고 있다. 한국 정치의 양극화와 "다수의 횡포"는 한국 민주주의를 위협하고 있다. 우리들은 이러한 위협이 현실이 되는 불상사가 일어나지 않도록 최대의 노력을 경주해야 할 것이다.

한국은 대외 노선에 있어서는 자유민주주의의 가치를 공유하는 국가들과 같은 대열에 서는 대외관계를 유지하여 동북아에서도 역사의 끝이 올 수 있도록 장기적인 전략을 수립하고 이를 방어적 자세에서 조용히 실천에 옮겨야 한다. 이러한 과업을 이룩하는 데에는 몇 년이나 몇십 년을 상회하는 오랜 기간이 필요하겠지만 한국은 미국, 일본과 자유와 인권을 존중하는 자유민주주의 국가로서의 정체성을 공유하고 강화해야 한다. 자유와 인권을 침해하는 국가에 대해서는 도덕적으로 과감하게 맞설 수 있어야 한다. 한국은 미일과 이러한 정체성을 공유하고 있었기 때문에 양국으로부터 경제협력과 안보협력을 받을 수 있었다. 오늘날 자유와 인권을 부정하는 일당, 혹은 일인 전체주의 정권의 부상은 한미일 삼국의 자유민주주의 전선 강화를 요구하고 있다.

주미 대사 이수혁은 2020년 10월 12일 국정감사에서 "한국이 70년 전에 미국을 선택했다고 해서 또 선택해야 하냐"고 말했지만 앞으로 한국은 미국을 또 선택하고 동북아로부터 미군의 감축이나 철수를 막는 정책을 채택해야 할 것이다. 물론 미군이 한국에 영원히 주둔하지는 않을 것이다. 언젠가는 철수할 것이다. 그러나 한국이 미군의 철수를 재촉하는 정책을 미리 서둘러서 채택할 필요는 없다. 현재의 한미동맹체제는 지난 70년 이상 한국의 평화와 번영을 보장한, 이미 테스트를 받아 그 효과가 증명된 안보체제이기 때문이다. 그러나 무슨 이유에서인지 문재인 정권은 한미동맹이 중요하다고 말로는 하지만 실제로는 이를 약화시키는 방향으로 움직이고 있다. 문 정권의 종전선언, 전시작전권 회수, 평화유지군으로 미군의 역할 전환, 동북아 안보공동체 수립 등의 구상은 그 실현 여부를 떠나서 실현된다 하여도 그 안보효과는 불확실하기 때문에 그것은 현재의 한미동맹체제와 미군의 전시작전권 행사체제보다 훨씬 못한 체제이다.

한국에서는 미국이 중국을 견제하기 위해서도 미군 철수를 하지 않을 것이라고 말하는 사람들이 많다. 그러나 이것은 미국을 충분히 알지 못해서 하는 말이다. 미국의 국방성과 국무성은 1945년 한국 점령 때부터 미군 철수 문제로 대립하였었다. 국방성은 남한의 전략적 가치를 크게 보지 않아 미군 철수를 주장했고 국무성은 미국이 일단 커미트를 한 나라를 포기하면 미국의 대외정책 수행이 어려워진다는 근거에서 미군 철수를 반대하였었다. 이러한 대립 속에서 미국은 결국 1949년에 미군 철수를 하였고 국무장관 애치슨은 한국이 미국의 방위선 밖이라는 선언까지 하게 된 것이다. 이것이 미국의 북한 침략 유도정책이었다고 주장하는 사람들도 있지만 이러한 주장은 억지이다. 이것이 명실공히 미국의 대아시아 전략이었다.

그렇다면, 미국은 1950년 북한이 남침했을 때 왜 즉각 개입하였는가? 키신저는 이 개입이 전략적 계산보다는 미국의 도덕적 원칙에 더 많이 기반하고 있는 개입이었다고 보고 있다. 그는 미국이 약한 신생 자유민주주의 국가인 한국을 보호해야 한다는 도덕적 원칙에서, 이러한 국가에 대한 공산세력의 무력 침공을 그대로 놔두어서는 안 된다는 도덕적 의무감에서 즉각 미군을 한국에 보냈다고 해석하고 있다. 김일성이 스탈린의 승인을 받고 남침을 감행한 것은 도덕적 원칙이 미국 대외정책의 중요한 원칙들 중 하나라는 것을 간과한 데서 나온 것이라고 지적하고 있다.[20]

그러나 키신저는 몇 년 전부터 북한의 비핵화를 미군 철수와 교환해서 해결하라는 의견을 내놓고 있다. 북한이 비핵화를 하지 않으면 한국과 일본도 핵무기를 앞으로 개발할 수 밖에 없고, 이는 중국의 핵심 국가이익과 배치되므로, 이 문제를 평화적으로 해결하는 길은 북한의 비핵화와 미군 철수를 교환하는 데 있다는 것이다. 키신저가 미군 철수는 동북아에서의 중국의 패권을 보장하고 자유민주주의 전선을 약화시키는 일이나 다름이 없다는 것을 모를 리 없다. 그럼에도 불구하고 그가 이러

---

20) Henry Kissinger, *Diplomacy* (New York: Simon & Schuster, 1994), pp.473–492.

한 주장을 하는 것은 미군을 철수하여 동북아를 중국의 영향권 (sphere of influence)으로 넘겨주고 미국이 중국과 평화로운 관계를 유지하는 것이 미국의 국가이익과 배치하지 않는다고 보고 있고 있기 때문이다. 과거 키신저가 제안한 바 있는 미중의 공진화(co-evolution) 전략에도 미국이 중국에게 이러한 정도까지는 양보해도 좋다는 생각이 깔려 있다. 그리고 이러한 생각은 키신저 혼자만의 생각이 아니고 미국의 전략가들 중 방어적 현실주의자들은 대체로 이러한 생각을 가지고 있다.

특히 트럼프는 20세기 이후 미국 외교정책의 특성이었던 자유민주주의를 보호하고 확산시킨다는 도덕적 원칙을 버리고 그 이전의 고립주의 노선으로 기우는 정책을 구사하였다. 대부분의 국가들이 외교정책을 도덕적 원칙을 가지고 결정하지 않기 때문에 미국의 도덕적 외교정책을 국제정치학자들은 American exceptionalism이라고 부르는데, 트럼프는 이와 달리 미국이 앞으로는 다른 나라들이 자유와 인권을 탄압하든 말든, 독재를 하든 말든 상관하지 않겠다고 선언하고, 동북아와 유럽의 미국 동맹국들이 미국을 이용만 해 먹었다고 맹비난하고 한미동맹, 일미동맹, NATO를 뒤흔드는 발언을 쏟아냈었다. 이 발언은 동맹국이 가상 적국으로부터 침략을 받았을 때 미국이 과연 동맹국으로 이에 적극적으로 개입할 것인가에 대해 의심을 갖게 만들고, 미국의 동맹국을 침략하여도 미국이 개입하지 않을 것이라고 믿고 가상 적국이 침략을 감행하게 만들 수도 있는 위험한 발언이었다.

트럼프는 안보문제에 대해 초등학교 5, 6학년생 정도의 이해력밖에 가지고 있지 않다고 그의 국방장관인 마티스가 말했다고 우드워드는 그의 저서 『Fear』(2018)에서 지적하였다. 우드워드는 트럼프가 한국에 왜 미군이 주둔해 있느냐고 물어서 3차대전을 막기 위해서 주둔해 있다고 마티스가 답변했다고도 기술하고 있다. 그러나 마티스와의 이러한 대화 이후에도 트럼프는 한국에서 미군을 철수하고 싶다고 공개적으로 여러 번 발언하였다. 그는 아프가니스탄에 5,000명의 미군만 남겨두고 나머지는 모두 철수시켰고 미군의 완전 철수를 탈레반 반군 세력에게 약속하였고 독일에 주둔해 있는 미군 병력의 거의 3분의 1에 달하는 12,000명을 철수시키겠다고 공언하였다.

바이든 대통령은 후보 때부터 이와 같은 트럼프의 신고립주의적 대외정책을 맹비난하고 동맹 국가들과 국제기구들을 존중하고 미국이 주도적 역할을 해서 창립해 놓은 WTO와 같은 국제기구로부터 탈퇴하지 않고 파리기후협약에도 다시 가입하겠다고 공언하였던 만큼 미국의 대외정책은 트럼프 이전 상태로 복원될 것이다. 그러나 바이든이 트럼프가 탈레반 반군 세력에게 약속한 아프가니스탄으로부터의 미군 철수를 실행에 옮겨 아프가니스탄 정부의 즉각적인 붕괴를 초래시킨 사실과 지난번 미국 대통령 선거에서 바이든이 반대한 트럼프의 대외정책을 미국 국민들의 반에 가까운 사람들이 지지했다는 사실은 미국에서 앞으로 다시 신고립주의적 대외정책이 나올 수 있는 기반이 되는 만큼 한국은 미국의 대외정책에 더욱 세심한 주의를 기울여야 할 것이다.

미어샤이머와 같은 미국의 공세적 현실주의자들은 방어적 현실주의자들과는 다른 생각을 가지고 있다.[21] 중국은 국력이 미국을 능가하면 미국의 지배적 위치에 도전해서 미국 대신 자기들이 세계 패권을 장악하려고 할 것이기 때문에 중국에 양보해서는 안 되고 중국이 더 국력을 신장하기 전에 견제해야만 된다고 주장하고 있다. 공세적 현실주의자들은 한국으로부터의 미군 철수를 반대할 것이다. 그러나 한국이 미군 철수를 요구한다면 미국은 자유민주주의 국가이기 때문에 이를 수용할 것이다.

한국과 일본은 현재 극심하게 대립하고 있는데 양국은 이를 극복하고 동북아의 패권주의의 등장을 반대하고 웨스트팔리

---

21) John Mearsheimer, *The Tragedy of Great Power Politics* (New York: W.W. Norton, 2001).

아 체제의 공고화를 위해 함께 노력해야 한다. 패권주의의 부정과 웨스트팔리아 체제의 유지는 모든 국제관계가 규칙과 규범에 의거해 운영되는 rule-based 국제질서의 환경 속에서 가능할 것이다. 이러한 의미에서 한국과 일본은 국제관계 일반에 rule-based 국제질서를 수립하는 데 함께 공헌해야 할 것이다. 한일 양국이 이와 같은 목표를 향해 협력하기 위해서는 20여 년 전 김대중 대통령과 오부치 수상의 공동선언을 따르면 될 것이다. 이 선언은 (1)양국 간 대화채널의 확충, (2)국제사회의 평화와 안전을 위한 협력, (3)경제분야에서의 협력관계 강화, (4)범세계적 문제에 관한 협력, (5)국민교류 및 문화교류의 촉진 등 5개 협력분야를 포함하고 이의 실천을 위한 43개 항의 행동계획을 제시하고 있다.

한국에게는 현재의 안보체제가 그 어떠한 다른 안보체제보다 그 효과가 확실한 안보체제라고 해서 한국이 미국이나 일본에 일방적으로 경사되는 외교안보정책을 가져야 한다는 말은 아니다. 한국은 미일과 자유민주주의의 가치를 공유해 가면서 동시에 미국과 중국 사이에서, 혹은 일본과 중국 사이에서 균형을 찾아 외교안보정책을 수립해야 한다. 양자 사이의 어느 지점이 이러한 균형점인가는 사안에 따라 다르고 이를 찾고 만드는 일은 매우 어려운 일이다. 경륜과 지혜가 있는 통치자만이 이를 찾고 만들어낼 수 있을 것이다. 그러나 외교안보정책에서 균형을 찾는 일을 노무현 대통령의 균형자론과 혼동해서는 안 된다. 노 대통령의 균형자론은 한국의 국력을 고려할 때 그러한 역할을 하는 것이 불가능한 주장이다.

한미일 삼국이 동북아에서 역사의 끝이 올 수 있도록 함께 노력해야 한다고 해서 이것을 중국이나 북한에 대해서 냉전시대의 봉쇄전략 비슷한 것을 채택하자는 주장으로 오해해서는 결코 아니 될 것이다. 그것은 실현될 수 없을 뿐만 아니라 바람직하지도 않다. 한미일 삼국은 각각 중국과 현재의 협력관계를 유지하고 더욱 발전시켜 나가면서 역사의 끝을 향해 함께 협력해야 한다.

한국의 대북한 정책도 북한과의 대화를 부정하고 대결 일변도로 나가자는 것은 결코 아니다. 이명박, 박근혜 대통령과 부시, 오바마 대통령은 북한에 대해 대화 노력을 충분히 하지 않아 그 결과로 오늘날의 핵 무장 북한에 직면하게 된 것이다. 그러나 그렇다고 해서 지난 70년 동안 한국의 안전을 보장해 준 안보체제를 무지막지하게 허물고 말뿐인 북한의 비핵화 약속을 호의적으로 수용하는 우를 범해서는 아니 될 것이다. 또 자기 나라 국민들의 자유와 인권을 탄압하고 그들을 노예같이 통제하고 있는 북한의 집권자를 마치 민족적 자존심의 보호자인 양 찬양해서도 아니 될 것이다.

한국 지방자치와 민주주의: 30년의 성과와 과제

안청시(서울대 정치외교학부 명예교수)

1. 들어가며: 지방자치와 민주주의

한국의 지방자치는 헌법상의 보장을 받아 1949년 지방자치법이 제정, 공포됨으로써 그 법적 근거를 확보하였다.[1] 그러나 남한 단독정부 수립을 강행한 이승만 초대 대통령으로서는 지방자치보다는 국론을 통일하고 튼튼한 국가를 건설하는 것이 최

---

[1] 한국의 지방자치법은 헌법 8장 제96조 및 97조의 규정에 따라 제헌국회에서 제정되었다. 전문 7장 156조 부칙 6조로 구성되어 있는 이 지방자치법은 1949년 7월 4일에 법률 제32호로 공포되었다. 이 법은 당시의 남한 행정구역인 1특별시, 9도, 19시, 134군, 75읍, 144면을 자치단체의 규모나 성격에 구분 없이 획일적으로 적용하게 만든 개괄적 위임주의에 입각하고 있다.

우선 과제였다. 국내외의 정세가 불안하고 치안이 확보되지 않았다는 이유로 연기된 지방자치는 1952년 전쟁 중인 피난 수도 부산에서 이승만의 정치 기반 확보라는 필요성에 따라 지방의회 의원선거를 실시하게 되었다.[2] 지방자치는 열악한 정치·사회적 환경에도 불구하고 제1, 2공화국에서 시행되어 왔으나 1961년 5·16 군사혁명정부가 지방의회의 기능을 정지시켰다. 잠정적인 중단으로 생각했던 지방자치는 그로부터 30년 만인 1991년에 다시 부활되었다.[3] 2021년은 30년 만에 첫 의회를 소집했던 1991년으로부터[4] 또다시 30년을 맞이하면서 지방자치가 성숙기로[5] 접어들지 않을까 기대되는 뜻깊은 해이기도 하다.

---

2) 손봉숙 한국지방자치연구, (서울: 삼영사, 1985) p. 23

3) 한국의 근대적 지방자치는 1948년 「제헌헌법」 제8장의 지방자치 규정을 근거로 제정된 1949년 7월 4일 「지방자치법(법률 제32호)」을 시작으로 볼 수 있으며, 1950년 한국전쟁의 발발로 지방의원 선거를 실시하지 못하였다가 1952년 임시수도였던 부산에서 지방선거 실시가 공포되었고, 같은 해 한강 이남 지역에서 기초의원 선거와 광역의원 선거가 최초로 실시되었다. 1960년 4·19 이후 민주당 정부가 들어서고 그해 11월 지방의회와 단체장을 모두 직선제로 선출하는 민선 지방자치제의 기틀을 마련하고 12월 직선제 지방선거가 실시되었으나 이듬해 1961년 발족된 군사혁명위원회는 지방의회 해산을 단행하였다(군사혁명위원회 포고 제4호).

4) 1987년 6월 항쟁 이후 실시된 제9차 개헌에 지방자치제 실시가 반영되었고, 1988년 5월 1일 시행된 지방자치법의 전면 개정으로 지방의회제의 폐기를 규정하고 그 기능을 감독청에 맡겼던 「지방의회에 관한 임시조치법」이 폐지되고 지방의회가 부활하게 되었다.

2020년 12월에 최종 통과된 개정 지방자치법은 2022년부터 효력을 발생한다. 개정된 지방자치법의 범위와 수준을 두고 여전히 완전한 민주적인 지방자치를 시행하기에는 미흡하다는 평가가 적지 않다. 그러나 지방자치단체 입장에서는 함께 제정된 자치경찰법 등과 함께 적지 않은 변화가 전망된다. 개정된 지방자치법에서는 주민의 조례개폐 청구권 연령이 낮아지고, 직접 발안 제도가 도입되는 등 주민 참정권이 보다 확대되고, 지방의회의 인사권이 독립됨과 동시에 투명성과 책임성 확보를 위한 여러 보완장치가 마련되기도 했다. 그간 지방자치법 개정에 미온적이었던 정부가 제출한 지방자치법 개정안이 30년 만의 전부 개정안이라는 점에서 큰 의미가 있다. 국회에 제출된 2018년 11월부터 최종 가결된 2020년 12월 2일까지 2년여에 걸쳐 전국적 토론이 진행되고, 개정 요구들이 가시화되는 과정을 통해 지방자치가 다시 한번 정치적 주요 의제로 부상될 수 있었다.

90년대 이후 한국의 지방자치를 둘러싼 정치·경제·사회적 환경의 변화는 급격했다. 이는 세계화와 정보화에 따른 정부 기능 재편의 불가피성, 시민사회의 급성장, 자치행정 및 주민 참여

---

5) 안청시 외, 한국지방자치와 민주주의: 10년의 성과와 과제,(서울: 나남출판, 2002): 당시 필진은 지방자치 재도입으로부터 다시 10년이 되는 2011년을 내다보며 지방자치의 성숙기가 되기를 희망했었다.

에 대한 요구 증대, 공공 서비스 공급에 있어 경쟁원리의 도입과 시장의 강화 추세 등으로 요약될 수 있을 것이다. 그간의 지방자치와 지방행정이 이러한 다양한 변화와 요구에 적절히 부응하지 못함에 따라 정부로서도 자치법의 전부 개정의 필요성이 불가피해진 것이다. 한국 정치 연구에서도 지방자치는 소외되어 지방자치와 지역정치, 지방행정 등의 분야는 거론조차 되지 않았다. 사실 한국의 초기 지방자치는 단순히 지방행정 조직에 그치는 것이 아니라 이승만 정권을 지탱해주는 정치적 조직으로 성장하고 기능했었다.[6] 따라서 한국 정치학이 지방자치를 민주주의와 정치 발전이라는 차원에서 정치학의 주요 연구 대상으로 접근하는 것이 지방자치를 제대로 정착시키는 데도 크게 도움이 되었으리라 생각한다.

본 논문에서는 지방자치 재도입의 원년이었던 1991년과 30년만의 지방자치법 전면 개정으로 또 다른 분기점이 되는 2021년의 정치과정을 살펴보고 지방 민주화와 지방정치의 관점에서 한국 지방자치가 성장하지 못하고 정체되어 온 한계와 지방분권적 자치로 나아가기 위한 선결과제를 중점적으로 고찰해보고자 한다.

---

6) 손봉숙, 위의 책 p. 17

2. 지방자치 30년을 돌아보다

1) 지방자치 재도입의 정치과정

지방자치 재도입의 정치과정을 논하기에 앞서 제1, 2공화국에서 시행된 지방자치를 먼저 짚고 넘어가 보자. 초대 지방의회가 구성된 1952년은 초대 이승만 대통령의 임기가 만료되는 해이기도 하다. 당시 국회는 이승만에게 별로 우호적이지 않았다. 국회 간선제로는 자신의 재선이 위태롭다는 것을 인식한 이승만은 자신이 주도하여 자유당을 창당하여 대통령 직선제로의 개헌을 노리고 있었다. 그러나 급조된 자유당이 지방조직까지 당세를 확장할 시간이 부족하자 이승만은 지방의회를 구성하여 이를 직선제 개헌을 위한 전국적 지지 기반으로 활용하고자 하였다. 당시가 전시임을 감안한다면 우리의 지방자치는 그 시작부터 집권자의 정치적 필요에 따라 시행에 들어간 불행한 사례로 기록되고 말았다.[7]

그나마 시행되던 지방자치는 1961년 군사혁명정부에 의해 전면 중단되었다. 이에 그치지 않고 박정희 정권은 1972년에 개정된 제7차 헌법(1972. 12. 27.) 부칙 제10조에서 "이 헌법에 의한

---

[7] 손봉숙, 위의 책, p.236.

지방의회는 조국 통일이 이루어질 때까지 구성하지 아니한다"
고 규정함으로써 지방의회 구성을 멀찌감치 미루어 버렸다. 그
러나 8년 후인 1980년 제8차 헌법 개정(1980. 10. 27.)에서 기존
부칙 10조를 "이 헌법에 의한 지방의회는 지방자치단체의 재정
자립도를 감안하여 순차적으로 구성하되 그 시기는 법률로 정
한다"고 하여 지방의회의 구성 시기를 국회의 결정으로 넘겨버
렸다. 이 부칙에 따른다 해도 당시 재정자립도가 90%를 넘는 서
울특별시와 직할시 등은 자치 구성의 요건을 갖추고 있었다. 당
시의 국회는 소위 "통법부"라는 오명에서 크게 벗어나지 못하
던 시기로 여당의 반대로 부속입법은 무산되고 지방의회는 회
생 불가한 것으로 판단되었다. 그러나 지방자치 부활을 위한 야
권의 지속적인 요구에 따라 1984년 11월 23일 당시 3당인 민정
당, 민한당, 국민당 간부회의에서 1987년 상반기부터 지방자치
를 부분적으로 실시하기로 정치적 타결을 보게 되었다.[8]

　1987년 대통령 선거에서는 모든 후보가 지방자치 재도입을
공약으로 제시하였다. 6·29선언을 통해 지방자치 이행을 약속
하고 당선된 노태우 대통령은 여소야대 상황이었던 13대 국회
에서 야3당이 지방선거 실시에 합의하고[9] 1989년 3월 국회에서

---

8) 상동, p. 239.

가결시킨 지방자치법을 포함한 7개 법안에 대해 거부권을 행사하였다. 야당의 거센 반발로 같은 해 12월 노태우 대통령과 야 3당 총재의 합의로 지방선거 실시를 명시한 지방자치법 개정안이 국회를 통과하였으나 1990년 1월 3일 민자당 등 3당 합당으로 국회 구성은 여대야소로 재역전되었고, 노태우 대통령은 국가경제 안정을 명분으로 지방선거를 또다시 연기하였다. 이에 대해 1990년 10월 김대중 총재는 지방자치 수호라는 명분을 걸고 단식에 돌입하여 13일째인 10월 20일 여당으로부터 지방선거 실시를 약속받았다. 당시 여당은 1991년 상반기에 지방의회 선거를 1995년 6월에 자치단체장 선거 실시에 합의하였으나, 1992년 신년 기자회견에서 노태우 대통령은 또다시 지방자치단체장 선거 연기를 발표하였고 이후 여·야 간 극심한 정치적 공세와 폭로[10] 등의 진통을 겪은 후 1994년 3월이 되어서야 1995

---

9) 1988년 제13대 국회의원 선거에서 평화민주당(김대중 총재), 통일민주당(김영삼 총재), 신민주공화당(김종필 총재) 야3당이 국회 의석 과반을 차지하였다. 그리고 1988년 제9차 개정 헌법에서는 본문 내용은 그대로 둔 채, 부칙 제10조가 삭제되어 지방의회 재도입을 위한 헌법적 장벽이 제거되었다.

10) 1992년 제14대 총선에서 당시 한준수 연기군수가 관권선거 제보를 감행하였다. 청와대 총무수석 출신의 여당 후보를 당선시키기 위해 청와대 감사관 및 행정수석비서관 및 내무부 장관, 충남도지사의 명령에 따라 조직적으로 금품을 살포하는 등 대대적 관권 부정선거를 저질렀다고 증거자료까지 제시하였으며 이 공익제보의 결과 노태우 대통령은 탈당 후 중립내각을 구성하겠다는 약속까지 하며 상황을 모면하려하였지만, 한 군수는 이후 국회의원선거법 위반으로 파면을 당하는 등 고초를 겪었다.

년 전국 동시 지방선거 실시에 합의하였다.

　여당은 3당 합당으로 거대 의석을 확보하였음에도 1992년 국회의원 선거에서 과반 의석을 점하지 못하여 불안한 가운데에 대통령 선거까지 연이어 치르며 3자 구도에서 당시 김영삼 후보가 42% 득표로 당선되었다. 관권선거를 둘러싼 잡음과 공세 속에서 실시된 당시 선거는 영남 대 호남이라는 지역 프레임이 어느 때보다도 강하게 작용하였던 선거로 인식되었다. 관선 단체장은 내무부의 행정지휘 체계하에 있어서 여당 입장에서는 정권 수호의 입장에서도 단체장을 민선으로 전환하는 지방자치 실시를 쉽게 수락하기 어려웠을 것이다. 제1야당의 입장에서는 관권선거의 매개체로 인식되었던 지방자치단체장을 민선으로 전환하지 않는다면 정권교체는 결코 불가능하다는 인식하에 지방선거의 전면 실시에 사활을 걸었다고 할 수 있다. 지방자치 실시에 대해 제1야당 입장에서는 관권선거를 막을 수 있는 방편으로 인식하였을 것이다. 지방선거 실시를 수차례 거부하고 지연시켰던 여당과 지방선거 전면 실시에 사활을 걸었던 야당의 입장에서도 주민자치의 활성화 및 지방분권 자치공동체, 지방 민주화에 대한 구체적인 고민의 흔적은 찾아보기 힘들다. 지방자치라는 것은 지방의회를 구성하고 의원과 단체장을 주민 직선으로 선출하는 선거제도 이상의 국가 행정 및 재정운영 체계의 틀을 전환하는 제도적 고민이 함께 수반되어야 함에도 불구하고, 우리의 지방자치 재도입의 역사는 중앙정치의 행위자들을 중심으로 지극히 정치적인 이유에서 시작되었고 그와 관련한 구체적인 논의가 지방선거 도입 이후 전혀 진전되지 않았다는 데 가장 큰 한계가 있었다.

지방자치 재도입의 원년인 1991년은 새해 벽두부터 지방의회 의원선거가 각종 언론의 1면을 장식할 정도로 주목을 받았다. 보수정치권에서는 지방의회 의원선거가 진정한 풀뿌리 민주주의의 실현 차원보다는 다음 해의 총선과 연이은 대통령 선거의 전초전이 될 것이라는 비관적 우려를 내놓는가 하면, 언론에서도 이러한 현상을 두고 "정치권이 모두 지자제 선거에 정치생명을 걸고 달려든다"라는 표현도 서슴지 않았다.[11] 부정적 여론은 다소 억측들까지 양산시켰는데, 지자제 선거를 계기로 대규모 통화 증발이 이루어지고 이럴 경우 선거 인플레로 인한 고물가 억제에 상당한 부담 요인으로 작용할 것이라는 경제전문가의 칼럼도[12] 눈에 띈다.

---

11) 연합뉴스, 1991년 1월 2일 자.

12) 본 칼럼에서는 지자제 선거로 인해 엄청난 규모의 돈이 풀려나갈 것이라는 추정과 함께 심지어는 선거 인플레가 그해 물가관리의 성패를 좌우할 최대의 복병이 될 것이라고까지 주장하고 있다. 연합뉴스, "새해 경제를 진맥한다."(1991년 1월 3일 자) 참조.

지방자치의 재도입에 대한 집권 여당 측의 우려와 부정적 인식과는 달리, '87년 민주화 운동을 주도하였던 시민사회계는 물론이고 상대적으로 보수적인 시민사회계에서도 단연 화두는 지방자치제 선거였다. 시민사회계는 선거 과정에 시민사회의 다양한 참여를 견인하고 기성정치인 중심의 정치문화를 개혁함으로써 인적 세대교체 내지는 시민 정치의식의 성숙을 위한 계기로 삼을 것을 주장하며 범시민사회연합 공명선거 운동을 본격화시켰다.[13] 범종교계와 범시민사회의 공명선거 운동체인 공명선거실천시민운동협의회는 지방자치 선거까지 관권과 금권 및 불법 선거 등 기성정치 문화에 잠식된다면 한국의 민주주의는 더욱더 혼란에 빠질 수밖에 없으며, 30년 만에 부활한 지방자치 선거가 정치문화 개혁의 분기점이 될 수 있도록 시민사회계가 철저히 감시하고 참여하겠다는 의지를 분명히 밝혔다. 이들의

---

13) 기독교 19개 교단은 1991년 1월 12일 서울 사랑의 교회에서 「공명선거실천기독교대책위원회」를 발족시킴으로써 종교계에선 처음으로 공명선거 운동을 시작하였다. 불교계도 같은 달 21일 불교계 단체와 원로 스님들로 구성된 공정선거감시단 구성을 시작하였으며, 천주교계도 뒤이어 공명선거 운동에 참여하였다. 당시 기독교 대책위의 입장문에서 "지자제 선거가 금권과 관권이 난무하고 불법 타락선거로 전락할 경우 이 땅의 민주주의는 혼미를 거듭하게 될 것이고 민족의 앞날은 일대 위기를 맞게 될 것이다. 이 땅에 진정한 민주주의의 기틀을 마련키 위해~"라고 선언하고 있다. 이후 다양한 시민사회단체가 연대하여 공명선거실천시민운동연합을 만들고 각종 선거에서 공명선거를 위한 파수꾼 역할을 감당해 왔다.

목소리는 당연히 정부와 보수정당을 향해 있었다.

1987년 개정 헌법은 대통령 직선제와 지방자치제 재도입이라는 중대한 진전을 이루기는 하였으나 지방자치단체의 입법권과 재정권, 조직권조차 국회와 중앙정부가 독점하도록 설계되어 지방자치단체는 자치권 없이 중앙정부의 위탁기관과 같은 역할을 수행한다는 비판적 시각이 지배적이었다.[14] 단체장은 주민 직선제로 선출하지만, 전국 광역자치단체와 기초자치단체는 행정안전부의 소관법률과 시행령, 심지어는 시행지침에 따라 획일화된 행정·재정 체계로 관리된다는 사실도 지방자치를 표방하는 국가로서 모순적인 모습이다. 현행 법령의 테두리 안에서 자율성을 발휘할 여지가 거의 없기 때문이다. 입법의 경우 헌법 제117조에서 법령의 범위 내에서만 조례를 제정할 수 있게 제한해 놓았고, 상위법에서 규정한 자치사무조차도 위임이 없는 한 지방자치단체가 자율적으로 그 어떤 입법적 행위도 적극적으로 설계할 수 없도록 규정해 놓았다. 뿐만 아니라, 법률에서 지방자치단체의 조례로 정하도록 한 사항에 대해서도 해당 법률의 시행령에서 구체적인 사항들을 획일적으로 규정함에 따라 조례로 정할 수 있는 사항을 이중적으로 침해하는 것이 관례

---

14) 2019년 기준 광역자치단체의 사무 중 국가 위임사무 비율은 50~60%에 달한다.

적으로[15] 되어 왔다. 국가 단위와 지방 단위의 위계적 법률체계로 인하여 지방자치단체 조례는 중앙 행정기관의 내규 및 지침보다도 구속력이 없다. 지방자치단체와 지방의회가 주민의 삶에 직결되어 있는 다양한 업무를 수행하고 주민과 소통하는 과정에서 주민으로부터 제안되는 다양한 입법적 요구가 조례 작성과정에서 상위법의 적용 및 위임 여부를 따지다 보면 아무런 실효성 없는 형식적 조례로 변질될 수밖에 없었다.

지방자치가 실시된 지 30여 년이 지났음에도 불구하고 지방으로의 권한 이양 수준이 현저히 진전되지 못한 이유는 지방분권이 중앙정부와 지방자치단체 간 행정·재정적 사무의 배분에 국한된 채 제도 행정의 틀 내에서만 머물러 지역 주민에게까지는 그 효능감이 도달하지 못했기 때문이다. 시민사회조차도 이러한 구체적 수준에까지 개입하여 지방자치 운동을 전개하고 의제를 이끌어가지는 못하였다.[16] 한국의 지방자치는 공장에서 제품을 만들어내듯 강 시장-약 의회 모델로 획일화되어 있으

---

15) 이를 행정입법에 의한 자치입법권 침해라고 표현하고 있다. 최근 개정되어 2021년부터 시행될 지방자치법 개정안에서는 행정입법에 의한 자치입법권 침해금지가 법문에 규정되었는데 정부안에는 포함되어 있지 않았지만, 정청래 국회의원이 발의한 개정안과 병합심사 과정에서 추가 반영되었다.

16) 분권형 개헌을 제기한 노무현 정부 등에서 전문가를 중심으로 시민운동연합체가 결성되기도 하였지만 주로 개헌운동에 초점을 맞추어 왔다.

며, 이러한 현상이 비정상적으로 받아들여지지도 않았다. 지방자치단체는 행정안전부의 예산편성지침에서 정한 기준과 비목 외에는 어떠한 예산도 편성할 수 없으며, 행정안전부 규정에 맞지 않으면 조직과 정원을 단 한 명도 추가할 수도 없다. 지방자치단체의 규모 및 인구 구성학적 특징, 산업구조 등과 상관없이 단체장에게 모든 권한이 집중되어 있으며 지방의회는 부속기관에 불과하다. 지방이라고 하면 흔히 지방정부가 아닌 지방의회(local council)를 지칭하는 것으로 이해되는 유럽의 지방자치 선진국들과는 대비된다. 이러한 구조는 사실상 지방자치가 아니라 정부 입장에서 각 지방자치단체를 효과적으로 통제할 수 있는 지방 행정체계와 구별하기 어렵다.

2) 자치권의 원천과 지방 민주화

지방 권한의 원천에 관해서는 유럽의 지방자치 전통에서 두 가지의 큰 흐름을 발견할 수 있는데 영국적 전통과 유럽 대륙의 전통으로 구분된다. 영국적 전통에서는 주민과 지방정부의 관계가 바탕이 되며 주민이 지방정부에 어떻게 참여하는가가 중심 의제로 발전해 온 지방자치라고 할 수 있다. 여기서 지방정부는 주로 지방의회를 지칭하는 것인데, 주민의 자발적 의사와 책임하에 그들이 선출한 대표자를 통하여 지방의 사무를 처리하며 지방정부의 자치권은 원천적으로 주민이 부여한 것이라는 자연법적·관습법적 전통에 기반하고 있다. 그런데 지방자치 모국이라 불리는 영국에서도 지속적인 지방자치 개혁이 실시되어 왔다. 지방자치는 주민 참여 민주주의를 실현하는 운영체제이지 그 자체가 효율성과 재정 혁신을 담보하는 것은 아니기 때문에 정치·경제·사회적 환경의 변화에 따라 지속적 혁신을 도모해 온 것이다.[17]

유럽 대륙을 대표하는 프랑스에서는 1980년대 초반부터 헌법상 지방자치단체의 자율적 행정을 보장하고 지방의회의 권위도 존중되고 있지만 기본적으로 지자체의 행정 범위 및 권한, 재원이 국가의 주권적 통제에 종속된다는 사실 역시 분명히 하고 있다.[18] 즉, 프랑스적 전통에서는 지방정부가 국가로부터 자치권을 부여받아 주민에게 최상의 행정 서비스를 제공할 수 있는 방안을 찾아가는 것이 지방분권의 주요 의제였다. 외형적으로는 한국 사회와 가장 유사한 형태를 보여준 프랑스는 2003년 지방분권 개헌을 통해 헌법 제1조에서 "프랑스는 지방분권적으로 조직된다"고 선언하고 지방정부의 입법, 재정, 조직권을 헌법에 명

---

17) 최진혁, "21세기 지방자치의 현대적 경향", 한국지방자치학회보 제27권 제3호, 2015.9.

18) 프랑스 헌법 제34조

시함으로써 이전과는 차원이 다른 지방분권이 추진될 수 있었고 지방자치가 새로운 통치시스템으로 전환되었다.

한국 사회보다 상대적으로 오랜 자치의 경험이 있는 유럽 주요국의 지방자치 특성에서 관찰할 수 있는 것은 지방자치 및 지방분권이 제도가 아니라 주민 참여 민주주의를 실현하는 가치이자 목표로 인식된다는 것이다. 세계적 경제위기 및 다양한 정치사적 흐름 속에서 각국은 지방자치 및 지방분권 정책을 지속적으로 수정하고 혁신하면서 궁극적으로는 주민의 능동적 참여를 견인하는 제도의 강구를 통해 다양한 행정 수요에 대응해 왔다. 지방자치 선진국의 경험을 보면 풀뿌리 지방자치의 활성화를 위해서는 우리 읍·면·동 단위에서 주민자치의 실질적 역할이 요구되며, 자치단체 또는 자치정부를 형성할 수 있어야 한다. 그러나 우리의 경우 자발적 지역공동체가 매개되어야 할 주민자치회 역시 중앙정부가 획일적 기준으로 도입을 주도하는 제도의 산물이기 때문에 사실상 준행정기관으로 볼 수밖에 없다. 지역공동체 역시 특정 지역을 제외하고는 자발적이지 않다. 마을공동체로 명명된 지역공동체 활성화 법안 및 지원제도도 원칙적으로 중앙정부가 주도하여 진행해 왔다. 지역공동체는 자치의 주요한 근원이자 동력으로 자발적 주민의 결사체임이 전제되어야 한다. 인위적 지원제도로 활성화한다면 결국 이익단체의 전유물이 될 수밖에 없으며 결과적으로 행정기관과 다를 바가 없다.

한국 지방자치는 30년 전 정치권이 정치적 이해타산의 결과 재도입에 합의하고 최소한의 자치와 분권만을 허용한 채 서둘러 시작한 1991년에서 제도적으로는 큰 진전이 없었다. 지방자치가 민주주의의 중요한 제도라는 것에 대해 반론을 제기하는 사람들은 거의 없겠지만 그 실시를 둘러싼 현실적 상황에 대한 해석이나 이해관계에 있어서 차이가 있었다. 지방자치의 도입이 주민 참여의 증진과 주민자치에 바탕을 둔 민주주의의 심화라는 의제에는 동의하지만 지방자치단체 간 효율성과 형평성의 문제를 초래할 것이라는 주장에 대해서는 쉽게 부인하기 어렵다. 지방자치의 최우선 가치는 지방의 민주성을 심화·확충시킬 수 있는 방향으로 발전되어야 하는 것이며, 동시에 정부의 효율성과 형평성 가치를 균형적으로 추진할 수 있도록 노력하여야 한다. 즉, 효율성과 형평성을 이유로 지방자치가 원천적으로 지연되거나 보류될 수 없다는 것이다. 지방자치는 민주주의가 추구해야 할 가치이며 효율성과 형평성은 정책적으로 보완해야 함을 의미한다.

3) 역대 정부의 지방분권의 정치과정

역대 정부에서 지방자치법 외에 중앙정부가 지방정부에 권한을 이양하고 지방분권을 효율적으로 추진하기 위한 법률적 토대로서 제정 및 개정한 법률들의 연혁은 다음의 표와[19] 같다. 중앙정부와 지방정부 간 사무 및 권한 이양에 관한 최초의 법률은 김대중 정부에서 추진한 「중앙 행정권한의 지방이양 촉진 등에 관한 법률」(1999. 1. 29. 제정)로 법문에 지방분권이라는 용어가 등장하지는 않지만 제1조 목적조항에서 '중앙 행정기관의 권한 중 주민의 복리 증진과 지역의 발전에 이바지할 수 있는 권한을 지방자치단체에 최대한 이양'하기 위함이라고 밝힘으로써 지방분권의 가치를 표방한 기본법률임을 알 수 있다. 주요 내용은 법률명에서 알 수 있듯이 중앙 행정기관 권한의 지방 이양 목적과 필요성, 추진체계[20] 설치 등으로 구성되어 있다.

---

19) 역대 정부(1991년~ 현재) 지방분권 관련법 연혁은 다음의 표와 같다.

법률명	제정 · 전부 개정
중앙행정권한의 지방이양촉진 등에 관한 법률	1999.01.
지방분권특별법	2004.01.
지방분권촉진에 관한 특별법	2008.02.
지방 행정체제 개편에 관한 특별법	2010.10.
지방분권 및 지방 행정체제 개편에 관한 특별법	2013.05.
지방자치분권 및 지방 행정체계 개편에 관한 특별법	2018.03.

20) 김대중 정부의 지방분권 추진기구는 대통령 소속 지방이양추진위원회이다.

노무현 정부에서는 위 법률 개정 없이 시행령 개정으로 김대중 정부의 지방이양 정책의 실효성을 높이는 한편 「지방분권특별법」을 별도 제정하여 국가지방분권추진의 틀을 제시하였다. 현행 지방분권특별법의 주요 골자가 이 법에서 시작되었다. 이명박 정부에서는 이를 「지방분권촉진에 관한 특별법」, 「지방 행정체제 개편에 관한 특별법」으로 개편 추진하였는데, 큰 틀에서의 변화보다는 지방분권 추진 실적의 정기적 공표 및 지방자치단체의 사전 협의 기능 명시 등을 보완하였다. 박근혜 정부에서는 이 두 개의 법률을 통합하여 「지방분권 및 지방 행정체제 개편에 관한 특별법」으로 다시 개편 추진하였고 대통령 소속 지방자치발전위원회를 추진기구로 설치하였다.

박근혜 정부 지방분권특별법의 기본이념은 대체로 역대 정부에서 추진한 지방분권 관련 방향에서 크게 벗어나지 않는다. 정책 과제는 크게 4개 분야로 대별되는데 a) 강력한 지방분권 기조 확립과 실천 b) 자치기반 확충 및 자율과 책임성 강화 c) 주민 중심 생활자치·근린자치 실현 d) 미래지향적 지방 행정체제 구축이다. 자치입법권 확대를 위해서 현행 지방자치법 제22조에서 조례 제정 범위를 "법령의 범위 안에서 그 사무에 관하여~"로 한정한 것을 "법령을 위반하지 않는 범위 내로~" 변경하여 현행 헌법의 틀 안에서 범위를 확대하고 제22조에 항을 신설하여 법률에서 조례에 위임한 사항을 하위법령인 대통령령이나 부령에서 이중으로 제한해온 기존 사례를 금지하는 "행정입법에 의한 자치입법 침해금지" 조항 신설 추진을 밝히고 있다. 아쉽게도 이 계획은 당시 정부에서 결실을 보지는 못했으나 추진계획과 세부 입법계획까지[21] 상세히 제안되었다는 점에서 고무적이었으나 결과적으로 실행까지 이어진 정책은 거의 없었다.

문재인 정부의 최초 자치분권계획은 2017년 10월 26일 지방자치의 날 기념에서 "연방제 수준의 지방분권"을 실행하겠다는 선언이었다. 이 자리에서 문 대통령은 개헌 의제 가운데 지방분권 의제가 가장 중요하다고 강조하였다. '내 삶을 바꾸는 자치분권'을 비전으로 '연방제에 버금가는 강력한 지방분권'을 목표로 5가지의 핵심전략을 제시하였는데 ① 중앙권한의 획기적 지방이양 ② 강력한 재정분권 추진 ③ 자치단체의 자치 역량 제고 ④ 풀뿌리 주민자치 강화 ⑤ 네트워크형 지방 행정체계 구축이다. 비전과 목표는 분명히 달라졌지만 핵심전략을 비교할 경우 이전 정부와의 차별성을 확인하기는 쉽지 않다. 대통령 임기 1년이 경과할 무렵 「지방자치분권 및 지방 행정체제 개편에 관한

---

21) 관련 입법계획으로 2013년 8월 유승우 국회의원에 의해 제출된 지방자치법 개정안 추진사항임.

특별법」개정을 추진하였는데, 기존 법률의 '지방분권'을 '지방자치분권'으로 변경하고 추진기구로서 '대통령 소속 자치분권위원회'(이하 '자치분권위') 설치가 주된 내용이었다. 자치분권위로 재편하면서 2018년 8월에 발표한 「자치분권종합계획안」은 문 정부가 비전으로 제시한 "강력한", "연방제에 버금가는" 지방분권이라는 타이틀을 의심할 만큼 진전된 것이 없었다. 행정안전부가 당초에 제시하였던 자치분권 로드맵과 달라진 것은 핵심과제의 우선순위가 '중앙권한의 획기적 지방이양'에서 '주민주권 구현'으로 변경되었고 자구가 수정된 정도였다.

　세부계획에서 이전 정부의 지방자치 발전계획에서 고찰한 '자치입법권' 관련 조항을 찾아보았으나, 문 정부의 자치분권종합계획에서는 아예 누락되어 있다. 뿐만 아니라 그해 11월에 제출한 「지방자치법 전부개정안」 정부안에도 자치입법권 조항은 누락되어 있었다. 현행 자치입법권은 이미 대법원 판례상 "법령을 위반하지 않는 범위 내에서"로 해석되고 있기 때문에 헌법 개정 없이도 조례의 범위를 확대하는 것에 문제가 없을 뿐만 아니라, 이전 정부에서는 이에 더하여 행정입법에 의한 자치입법 침해금지 조항의 신설도 추진되었으나 문 정부의 추진계획에는 이것도 누락되어 있다. 자치입법권은 분권적 자치의 가장 기본적인 가치라고 할 수 있다. 국회가 매년 제출된 법안의 1/3밖에는 처리하지 못하는 상황에서[22] 위계적 법률체계를 통해서 중앙 행정기관이 지방자치단체를 통제하고 국회는 법률안 처리 불능의 상태까지 맞이하게 되었다. 지방자치법과 자치분권종합계획안에서 누락된 자치입법권이 대통령이 발의한 「헌법 개정안」에서는 어떻게 반영되었는지를 살펴보았으나 헌법 개정안에서도 자치입법권에 대해 매우 유보적이었다. 당시 국회 헌법개정특별위원회에서 제안한 자치입법권은 그야말로 헌법 개정이 아니면 불가능한 매우 진전된 안이었다. 지방의회를 지방정부의 입법기관으로 인정하고 지방의 법률과 중앙의 법률의 영역과 범위를 정하며, 중앙정부에 전속적 입법권이 있는 영역을 제외하고는 중앙정부와 지방정부의 입법이 상호 경쟁할 수 있는 방안도 제안되었다. 헌법개정특별위원회의 이와 같이 진전된 제안에도 불구하고 문 대통령의 헌법 개정안에 반영된 자치입법권은 그 범위나 적용 등의 수준이 지방자치법 개정사항만으로도 갈음될 내용이었다.

2018년 11월 행정안전부가 국회에 제출한 지방자치법 전부개정안은 지역 기반 정치인들의 이해관계와 관련된 특정 이슈를

---

22) 제20대 국회 임기 만료로 폐기된 법률은 1만 5262건이며 처리율은 36%에 불과하였다. 국회의안정보시스템 참조.

중심으로[23] 한 내부적 공방만 주고받다가 제20대 국회 임기 만료로 폐기되었다. 제21대 국회 구성 직후 지방자치법은 정부 신속처리법안 목록에 포함되어 즉시 제출된 바 있다. 지난 2020년 12월 14일 30년 만에 전면 개정된 지방자치법은 2018년 11월 13일 정부가 최초 입법예고한 안과 거의 유사하다.[24] 정부는 그 개정 이유에서 '획기적인 주민주권을 구현'하고, '주민 중심의 지방자치를 구현'함[25]이라고 밝힘으로써 주민주권과 주민 중심 지방자치를 거듭 강조하였으나 국회 심의과정에서 주민자치회 근거조항은 삭제되었고, 특례시도 도입 근거만 남겨둔 채 별도의 법률을 통해서 구체적인 사항을 정하기로 하였다. 지방자치단체 및 의회와 관련한 규정도 정부안과 병합 심사되었던 일부 개정안들과의 절충안이라고도 할 수 없는 수준에서 졸속 처리되는 등 이해당사자라고 할 수 있는 각급 지방자치단체와 지방의회, 주민 누구도 만족할 수 없는 수준의 개정이었다.[26]

집권 초반부터 지방분권 개헌과 연방제적 지방분권을 강조하

---

23) 전부개정안 형식으로 제출된 지방자치법의 많은 쟁점 가운데에서도 여야 국회의원들의 관심은 유일하게 특례시 관련 조항에 집중되었다.

24) 제20대 국회에서 제안된 안과 달라진 점은 특례시 요건을 100만에서 50만 이상도 가능한 것으로 변경한 것임.

25) 행정안전부 공고 제2018-676호, 「지방자치법」 전부개정법률(안) 입법예고 (2018. 11. 13.)

였던 문재인 정부의 지방자치는 슬로건과 달리 목표 설정과 실행력 측면에서 이전 정부와 크게 구별되지 않는다. 연방제 수준의 강력한 지방분권은 대통령의 연설과 선언 속에서 잠시 피었다 사라졌을 뿐 대통령이 제안한 「헌법」 개정안과 30년 만에 전부개정안으로 발의된 「지방자치법」에도 연방제가 표방하는 독립적·능동적 지방정부, 다양성이 허용되는 지방자치, 지역주민 공동체 중심의 정치체제의 단초는 거의 발견할 수 없었다. 노무현, 이명박, 박근혜, 문재인 정부로 정권이 교체되면서 각 정부에서 표방하는 지방자치 슬로건은 분명 달랐지만 그 하위 핵심과제 및 세부 추진과제에 있어서는 큰 차이가 없었다.

노무현 대통령은 김대중 정부의 중앙권한 지방이양 추진체계를 유지하는 한편, 「지방분권특별법」 제정을 통해 지방자치란 중앙사무의 지방이양 업무를 넘어서는 큰 틀에서의 체제 개편 패러다임이라는 틀을 제시하였다고 평가할 수 있다. 노무현 정부에서 확정한 지방분권의 기본이념과 추진과제는 박근혜, 이명박, 문재인 정부를 이어오는 동안 각각 표방하는 슬로건만 달

---

26) 지방자치법 전부개정안이 가결된 지 2개월이 채 되지 않은 2월 8일까지 국회 행정안전위원회에 접수된 지방자치법 일부 개정 법률안은 총 21건이나 되는데, 대부분의 법률안이 최근 개정된 전부개정안 심사과정에서 누락된 조항을 보완하는 법률안들이다. 국회의안정보시스템 참고.

라졌을 뿐, 큰 틀에서의 변경이 없었다. 지방분권의 기본이념과 국가와 지방자치단체의 책무, 사무 배분의 원칙, 지방분권 추진 과제, 추진기구 및 절차 등 지방분권특별법의 주요 골자는 현재까지도 유지되고 있으며, 박근혜 정부의 지방자치발전위원회가 작성한 지방자치발전계획 역시 이 법률의 주요 핵심과제를 충실히 이행하는 내용으로 작성되었음을 확인할 수 있다. 오히려 문재인 정부에서 작성된 종합계획 및 시행계획이 법률에서 규명된 핵심과제조차도 충분히 반영하지 못하는 등 구체적 실행계획에서 직전 정부의 틀을 크게 벗어나지 못한 점은 납득하기 어렵다. 실행계획 작성의 주체가 행정당국이라고 할 때, 임명직 기관장의 역할이 아쉽다. 행정당국이 정권을 이어가며 관련 실행계획 사본을 재탕하거나 퇴보된 안을 작성해도 기관장이 이를 제대로 검증하지 못하고 있다.

　이러한 한계에도 불구하고 21대 국회에서 문재인 정부는 지방자치법 전부개정안 가결에 성공하였다. 개정 법안의 최우선 과제였던 주민자치 조항은 삭제되었지만, 주민의 조례 발의 청구권 및 개폐 청구권, 참정권 확대 등 주민 참정권이 확충되고 지방자치단체 기관 구성의 다양화 근거, 지방의회 인사권 독립 등 일부 제도에 진전이 있었다. 정부는 30년 만의 지방자치법 가결을 전면에 내세우며 마치 지방자치 숙원과제가 해결된 것으로 홍보하였지만 자치의 핵심적 과제가 누락된 개정 지방자치법만으로 정부가 표방하는 지방분권 자치로의 이행은 불가할 것으로 판단된다. 다소 제한적이지만 헌법 개정이 아니어도 자치입법권과 자치조직권은 지방자치법에서 충분히 확충할 수 있음에도 누락되었고 지방분권법에서 정한 과제도 다 반영하지 못한 정부안은 국회 심사과정에서 더 축소되어 통과되었다.

한편, 대통령 집권 초반부터 지방분권의 필수 기반이라고 강조한 재정분권도 중단 위기에 놓여 있다. 2018년 10월 자치분권 로드맵의 일환으로 「재정분권 추진방안」을 발표하고 자치분권위원회 산하 재정분권TF를 통해서 문재인 정부의 2단계 재정분권 완성을 위한 지방세 확충방안과 그로 인한 국세의 지방이양 효과, 지방세입 확충 효과, 지방정부 간 세입 격차 해소, 다른 세목의 지방이양을 통한 지방세 확충 등 다각적인 논의를 전개하겠다는 의지를 밝혔다. 10개월간의 치열한 논의 끝에 TF가 도출한 재정분권 추진방안에 따르면 지방재정은 약 3조 4000억 원 규모의 순 확충이 가능하지만 이로 인한 8조 8000억 원의 내국세입 감소로 인해 연동 감소되는 지방교부세와 지방재정교부금이 각각 약 1조 7000억 원, 1조 8000억 원을 재원 보전하는 방안이 함께 제시되어 있다. 그러나 위 TF에서 확정된 방안은 중앙정부 간 합의 결렬로 최종적으로 확정되지 못하고 국무조정실에 묶여 있는 상태이다.

중앙과 지방의 합리적 역할 분담이 전제되지 않는 한 지방분권과 자치는 불가능하다. 지방분권과 자치는 행정안전부와 지방정부 간의 단순한 사무이양에 국한되지 않는다. 이양 대상 업무는 전체 중앙 행정기관에 걸쳐 있으며 이것은 결국 각 중앙 행정기관의 인력과 조직, 예산에서의 상당한 감축을 의미하는 것이다. 지방분권은 지방 행정체제 개편만으로는 결코 해답을 얻을 수 없다. 지방분권은 그 자체가 국가 행정체제 개편인 것이다.

3. 지방자치와 민주주의: 30년을 내다보다

1) 지방자치와 중앙정치

1987년 "대통령 직선제 개헌"을 요구하며 한국 사회는 민주 대 반민주의 구도하에 전국이 민주화 요구로 들끓었다. 제9차 개헌 이후 30여 년이 지나는 동안 한국의 민주주의는 상당한 정도의 절차적 정당성을 확립할 수 있게 되었다. 국회와 사법부의 독립성과 권한이 상대적으로 강화되었고 시민단체와 언론의 자율성도 확대되었다. 시민사회단체가 대거 제도권으로 진입하면서 시민사회의 저변이 약화된 것을 우려할 사이도 없이 2016년 촛불집회를 통한 시민들의 평화적 저항의 물결은 1987년 직선제 개헌을 주도한 시민운동 세력에게 또 다른 질문을 던지고 있었다. 당시와 비교하면 선거는 확실히 자유롭고 공정해졌으며, 불가능해 보였던 정권교체도 3차례나 있었다. 지난 30여 년간 한국 정치는 전반적으로 민주주의가 진전되었다고 평가할 만하다. 그런데 유독 지방자치는 왜 현저히 진전되지 못하였는가?

첫째, 역사적으로 한국 지방자치의 도입과정은 정치적 이해관계에 따른 절충의 산물이었다. 지방자치가 민주주의의 기본적 수단 및 내용으로 간주되어 왔기 때문에 근대 입헌국가의 출범과 함께 대의민주주의의 일환으로 도입되었지만,[27] 지방자치는 중요한 정치적 격변기마다 정치권으로부터 주민과 정치, 주민과 국가를 이어주는 참여민주주의의 실체로 설득되고 한편으로는 전략적 협상 카드로 활용되어 왔던 측면이 있다. 현실적으로 위로부터 중앙권력에 의해 주어지다 보니 제도화되는 과정에서도 국민 대중이나 지역 주민의 요구 및 이해관계보다는 중앙 행정권력과 정치권력의 정치적 이해관계가 주로 반영될 수

---

27) 1948년 제정·공포된 대한민국 헌법은 제8항을 지방자치조항으로 설정하고, 제96조와 97조에 지방자치제의 실시를 명시하였다.

밖에 없었다.[28]

둘째, 현행 지방자치제도는 자치권이 사실상 작동되지 않는다. 지방자치는 분권과 참여를 위한 제도적 장치일 뿐만 아니라 그 실시과정을 통해 주민의 참여의식과 능력을 향상시키는 교육 및 훈련의 장이 되기도 한다. 지방자치가 이론처럼 중앙정치의 폐해를 극복할 수 있다면 그것은 지방이 중앙 행정권력 및 중앙정치로부터의 개입이 최소화되고 지방정치 전 과정에서 주민이 능동적으로 참여할 수 있는 지역자치 생태계를 구축함으로써 가능할 것이다. 지방자치가 중앙정치의 폐해를 극복하는 과정이라고 하지만, 그렇다고 해서 지방자치가 중앙정치의 수준을 하루아침에 앞서가기는 불가능하다. 결국 한국의 지방자치는 중앙정치의 발전과 상호관계를 맺으면서 중앙정치의 수준 안에서 전개될 수밖에 없다.[29] 제9차 개헌 이후 한국 정치에서 권력 분산과 분권은 괄목할 만큼 진전되어 왔으며, 그 과정에서 시민사회의 역할 역시 컸다. 그러나 수평적 분권의 진전에 비하여 수직적 분권은 별다른 진전이 없었다. 자치입법권, 자치조직권, 재정분권, 지방의회 자율성과 독립성 등 자치권을 구성하는

---

28) 안청시·김만흠, "지방자치와 지방선거", 「전환기의 지방자치」, pp. 282–284.

29) 안청시·김만흠, 앞의 책, pp. 267–272.

어떤 요소도 갖추지 못하였다. 지방자치는 지방의 민주화이지만 반드시 중앙권력 및 중앙정치로부터의 권력이양이 전제되어야 가능하다. 중앙 행정권력 및 중앙정치는 지방자치라는 의제 앞에서 항상 '시기상조' 혹은 '역량 부족' 등을 내세우며 권한이양을 쉽게 지연시켜왔다. 중앙권력의 입장에서는 통제 가능하고 표준화된 행정이 정책 수행에 효율적일 것이라고 간주하므로 자치의 확장에 앞서 '국정 통일성', '사전 협의', '투명성', '공개' 등의 행정용어를 등장시키며 분권의 본질에 반하는 가치를 동시에 재생산해왔다.

셋째, 현행 지방분권 실행 논리는 정치권보다는 행정권력에 포위되었다. 지방자치 도입 및 재도입의 정치과정이 정치적 절충의 산물이다 보니 지방자치 제도화 과정에서 실행력을 담보하지 못하였다면 오늘날 지방분권이 큰 걸음을 떼지 못하는 주된 장벽은 바로 비대해진 중앙 행정체제에 있다. 1948년 정부 수립 이후 우리의 정부조직은 무려 60차례 이상이나 개편되었다. 문민정부 이후에도 김영삼 정부 4회, 김대중 정부 3회, 노무현 정부 5회, 이명박 정부 3회, 박근혜 정부 2회 등 단임제 대통령 체제하에서도 정부조직 개편이 매우 빈번하였음을 알 수 있다. 상대적으로 진보적 정부가 들어설 때마다 거론되는 것이 '작은 정부론'이었으며, 인수위원회나 행정쇄신위원회 등을 통해 정부조직 개편에 관한 여러 혁신안들이 제안되었지만 정부조직은 단 한 번도 감축된 적이 없었다. 심지어는 IMF 위기 상황에서 정권을 획득한 김대중 대통령의 경우 임기 시작 전부터 이미 정부조직 개편에 대한 많은 논의를 양산하였는데, 국가 전반에서 강제되어 온 '구조조정'의 일환으로 정부 차원에서도 행정지원인력 1만 명 감축, 기능이 비대화된 부처의 통폐합 및 기능조정, 내무부의 지방자치청 격하 등 작은 정부 지향의 혁신적 안이 제안되었지만 규모 면에서는 큰 변화가 없었다.[30] 그중에서도, 현행 행정안전부를 지방자치청 혹은 지방자치처로 축소 개편할 필요성에 대해서는 역대 정부에서 지속적으로 제기되었으나 단 한 번도 실행된 적이 없다. 지방자치제 재도입 과정에서도 당시 내무부 조직 개편은 집권 여당에서부터 제기된 바 있으며,[31] 1996년 총선을 앞둔 시점에서는 당시 모든 야당이 내무부, 총무처 폐지 등에 한목소리를 내고 지방자치청 신설을 주장

---

30) 위 견해는 정부의 조직개편의 규모와 횟수에 한정한 것이며 질적 분석은 고려하지 않았음.

31) 1991년 10월 22일 당시 내무부 국정감사에서는 대통령 선거를 앞두고 내무부가 관변단체들에 거액의 보조금을 지급한 이유와 지방자치단체에 지급한 특별교부금의 사용 내역 등에 대한 야당 의원들의 집중 질의가 이어졌으며, 이 과정에서 여당인 민자당 소속 이정수 의원은 지방자치제도의 체계적 정비와 관리를 위해 지방자치청을 발족해야 하고 내무부 산하 중앙선관위를 국무총리실 산하로 격상 운영해야 한다고 방어하였다.

하였다. 정부의 조직 개편이 단행되면 해당 중앙부처의 인력과 조직, 예산의 향방을 두고 소속 공무원들은 크게 동요하게 되어 있다. 사업이 축소된다는 것은 인력과 조직의 감축을 동반하는 것이고 정권이 조직 개편이라는 큰 그림 하에 혁신을 단행하고자 하여도 막상 행정부처의 인원과 조직을 순 감축하는 것은 쉬운 일이 아니다.

노무현 전 대통령이 한 기자회견에서 "부처 합쳐서 큰 부처 만드는 것이 작은 정부 하는 겁니까? 부처가 커지면 정부의 효율이 향상되고 대국민 서비스가 향상됩니까?"[32]라고 반문한 것처럼 우리 정부조직 개편의 역사는 점점 비대한 행정기관을 양산해온 구조였다. 주민과 직접 대면하는 지방자치단체에 상당한 업무와 그에 맞는 예산을 이양하려면 결국 각 중앙 행정기관의 인력과 조직, 예산의 축소가 전제되어야 하는데 어떤 중앙 행정기구도 스스로 이러한 결정을 단행하지 못하는 것이다. 지방분권을 위해서는 지방 행정체제 개편이 아닌 중앙 행정체제 개편이 선행되어야 하는 이유이다.

2) 지방자치와 민주주의: 선결과제

---

32) 〈정부조직 개편 관련 노무현 대통령 기자회견 전문〉, 2008년 1월 28일 자 청와대.

첫째, 입법시스템의 개혁이 필요하다. 역사적으로 중앙집권적 체제를 강조해 온 정부는 효율성을 강조하였다. 중앙정부 주도의 표준화된 서비스 제공이 강조되고 가장 믿을 만하며 오차가 적은 서비스라고 강조해 왔다. 행정 단위의 규모가 클수록 효율적인가? 지난 2019년 11월 제20대 국회 마지막 정례회의 최대 입법 이슈는 「도로교통법」이었다. 보다 안전한 도로교통법 개정으로 도로에서 어린이의 희생을 방치하지 않겠다는 의지를 담아 희생된 어린이들의 부모가 당사자로 참여한 법안이었지만 최종 개정되기까지 많은 우여곡절이 있었다. 여야 국회의원들이 도로교통법 가결을 주요 정치법안과 연계하여 협상 카드로 활용하는 바람에 법안 가결이 계속 지연되고 희생 어린이 부모들은 국회 법안 심의 현장에서 무릎을 꿇고 국회의원들을 향해 법안 통과를 호소하며 피켓시위를 이어가야 했다.[33] 당시 통과된 도로교통법 개정 주요 내용을 보면, 스쿨존 내 과속 단속 카메라 설치 의무화, 과속방지턱과 속도 제한·안전표지 우선 설치, 경사진 주차장에 미끄럼 방지 고임목 설치 및 안내판 설치

---

[33] 문재인 대통령은 2019년 12월 2일 수석·보좌관회의에서 "20대 국회는 파행으로 일관했으며, 입법과 예산의 결실을 거두어야 할 시점에 오히려 마비 사태를 맞았다. 안타까운 사태로 아이들을 떠나보낸 것도 원통한데 아이들을 협상 카드로 사용하지 말라는 절규까지 하게 만들어선 안 된다. 아이 부모들의 절절한 외침을 무겁게 받아들이는 국회가 되어야 할 것"이라고 이례적으로 국회를 정면 비판하였다.

의무화 등의 내용이 주요 골자다. 이 입법사항들이 과연 국회가 아니면 심의·의결할 수 없는 내용인가?

상대적으로 작은 영토이지만 우리나라는 지방자치단체의 특성에 따라 다양한 형태의 지형을 보유하고 있고 인구 구성학적 특성도 다양하다. 도로의 사정도 각각 달라서 여러 지역에 걸쳐 있는 고속도로 및 자동차 전용도로가 아니라면 해당 지방자치단체의 법규로 특성에 맞게 관리할 수 있게 해주어야 한다. 주민의 안전한 보행과 이동을 위해 필수적인 법률 제·개정이 국회에서만 가능하도록 한 현행 입법시스템은 동맥경화에 걸려 이제 원활하게 작동하지 않는다. 상정된 법안의 약 70%를 법안 심사조차도 해보지 못하고 폐기하는 비생산적 입법부가 되어 버렸다. 주민 생활에 밀착된 법률은 과감히 구분하여 자치법규로 이관하거나 지방 법률로 지정하여 중앙정부 및 국회, 지방이 동시에 제출하되 심의 및 의결권은 지방의회로 이관하고 심의 과정에서 중앙정부 및 국회 의견이 효과적으로 반영될 수 있도록 제도화하는 방안을 강구하여야 한다.

지방자치는 주민자치의 정치철학이다. 주민자치의 철학은 주민의 대표인 의회가 존중되는 가치를 기반으로 하므로 대통령과 지방자치단체보다 국회와 지방의회가 더 중요하게 인식되는 시점이 이상적 민주주의에 더 근접하는 때일 것이다. 한국 사회는 여전히 국회보다 대통령이, 지방의회보다 단체장이, 가깝게는 주민자치회보다 동장의 권한이 더 권위 있고 존중받는 경우라고 할 수 있다. 지방분권적 자치가 공동체의 발전과 주민 모두에게 더 큰 행복을 가져다줄 것으로 확신한다면 국회에 권위를 부여하고 절차적 민주주의 확보를 위해 온 시민사회가 적극적으로 개입했던 것처럼 이제 지방의회에 더 큰 힘을 실어주어 비대해가는 지방자치단체를 적정하게 견제할 수 있는 위상을 부여하여야 한다.

둘째, 재정분권의 조속한 추진이 필요하다. 현 정부는 자치분권 로드맵에서 강력한 지방분권 실현을 위해 강력한 재정분권 추진을 설정하였다. 국세와 지방세 비율을 8:2에서 1단계 7:3을 거쳐 2단계 6:4 달성을 목표로 지방소비세 및 지방소득세 비중 확충, 국고보조사업 개편 등의 계획이 제시되었다. 1단계 재정분권 실행으로 지방소비세 세율 10% 인상, 8조 5000억 원 이양 등이 추진되어 국세와 지방세 8:2 비율은 2020년 12월 말 기준 7.5:2.5 수준에 머무르고 있다. 기초연금 국가 사업화를 골자로 자치분권위원회가 마련한 2단계 재정분권은 2020년 10월에 발표 예정이었으나 현재 정부 내 이견으로 최종안 발표가 계속 지연되고 있다. 현 정부에서 '강력한 재정분권'을 강조한 이유는 지방자치단체의 재정자율성을 높이는 동시에 책임성을 부과하여 주민의 삶에 직접적 영향을 미치는 지방자치단체가 보다 자율적·창의적 방식으로 주민들의 높은 행정 및 복지 수요에 대응할 수 있는 최소 기반을 조성하기 위한 것이다. 2단계 재정분권은 지방의 재정 자립을 위한 매우 기초적인 수준의 재정분권임에도 좌초위기에 놓여 있다. 자치분권위원회에서 확정된 안은 국무회의를 거쳐 대통령께 보고하게 되어 있으나, 6개월이 경과하도록 국무회의에서 다루어지지 못하고 있다. 대통령의 실질 임기가 1년여를 앞두고 있는 시점에서 임기 말 현상이라는 평가도 피할 수 없다. 지방분권법에 의해 국가 권한의 이양계획이 확정되고 실질적으로 사무가 이양되고 있으며, 2020년 6월부터 공식 시행되는 자치경찰사무 등 지방분권 추진에 수반되는 재정분권의 원활한 추진이 시급한 상황이다.

국가가 직접 집행하고 각종 교부금을 신설하여 지방자치단체를 재정적으로 종속시켜왔던 정책을 언제까지 효율적으로 운영해 갈 수 있을 것인가? 중앙정부가 효율성과 형평성을 명분으로 예산과 재정을 주도해 왔지만 한국 사회는 지금 비대해진 대도시와 지방 소멸이 공존하고 있다. 한국지방행정연구원과 한국고용정보원에서 각각 분석한 바에 따르면 30년 안에 소멸할 지방자치단체의 개수가 84여 개에 이른다고 한다. 인구 소멸지역과 대도시의 동시적 증가는 자치권 강화를 통한 지방자율성 및 지방민주주의 강화에 관해 심각한 과제를 던지는 문제이다. 중앙집권화된 국가사무로는 다양한 지방의 문제에 해답을 제시할 수 없다. 표준화와 통일성으로는 더 이상 주민의 다양한 수요와 요구에 대응할 수 없다. 과감한 재정분권이 수반되는 지방분권을 통해서 더 늦기 전에 지방자치가 자율성과 독립성을 기반으로 경쟁하고 성장할 수 있게 전향적 결단이 필요하다.

셋째, 국가 행정체제 개편이 선행되어야 한다. 1987년 이후 지금까지도 민주적 변화의 주도권은 대통령과 국가부문에 주어져 있었으며, 각종 제도와 과정을 운용하는 원칙은 점진적이고 그 방식은 상명하달에 의존해 왔다. 국가부문에 대한 개혁의 경우 정치부문의 개혁보다 더 제한적이다. 역대 정부를 거쳐 오면서 여러 지도자들이 집권 초반에 국가부문에 대한 개혁을 표방하지만 그 결과는 목표 대비 대부분 유보적이거나 제한적이었다. 이것은 한국 사회의 민주화 진전이 왜 점진적이었는지 그 단초를 푸는 중요한 논점이 될 것이다. 그동안의 경험적 결과에 비추어보면, 정치적 민주화는 일단 달성되었다고 하더라도 이를 실행하기 위해서는 재정 개혁 프로그램이 동반되어야 하는데 원활하지 않았다. 민주주의의 공고화와 제도적 정착은 긴 조정과정을 필요로 하며 그 지난한 과정에서 개혁 프로그램을 주도하는 정치세력들은 국가 주도의 경제정책을 궤도 수정하거나 경제개혁을 단행하고자 하는 의지를 충분히 관철해내지 못한다. 그 이유는 정치부문에서 선임된 기관장들이 국가부문 전반에 팽배해 있는 관료의 권위주의와 중앙 행정기관의 부처 이익을 타파할 정치적 역량 대결에서 늘 실패해 왔기 때문이다. 국가부문의 각 기관장은 재임 기간 동안 소속 기관의 혁신보다는 조직을 확장하고 친정 리더십을 구축하는 일에 더 기여해 왔다.

현행 지방분권의 기본법은 「지방자치분권 및 지방 행정체제 개편에 관한 특별법」(약칭: 지방분권법)으로 명칭에서 알 수 있듯이 지방분권과 지방 행정체제 개편을 종합적·체계적으로 추진하기 위한 법률이다. 여기서 지방 행정체제란 지방자치 및 지방행정의 계층구조, 지방자치단체의 관할구역 등의 일련의 체제를 지칭하는 것이다. 제3조 3항에서는 지방자치단체는 국가가 추진하는 지방 행정체제 개편에 적극 협조하여야 한다는 책무까지 두었다. 지방행정체제 개편은 지방만의 리그로는 불가능하다. 국가 행정체제 전반의 재조정 및 개혁이 선행되지 않는다면 지방분권의 취지에 부합하는 지방 행정체제 개편이 불가능하기 때문이다. 대통령 소속 기구이면서도 행정안전부의 소속 기관처럼 기능하고 있는 자치분권위원회는 지금이라도 국가 행정체제 개편을 통한 지방분권 혁신방안을 대통령에게 제안해야 할 것이다.

지방분권이 명실상부하게 실행되기 위해서는 중앙정부에 집중된 권력과 그 자원이 지방에 효율적으로 분산·이양되고 현행보다 지방자치단체의 자율성이 더욱 보장되어야 한다. 중앙정부와 지방정부의 권한이양 수준과 범위도 중앙정부의 일방적 선택으로 주어져서는 안 된다. 지방자치단체라고 하면서도 지난 30년간 중앙정부의 위임사무를 처리하고 자치사무의 경우도 시행령과 하위법령으로 통제되어 왔던 경험 때문에 지방정부는 사실상 종속적인 관계였다. 중앙 행정체제에 대한 상당한 개편과 감축이 전제되지 않는 한 지방 행정체제 개편은 그 범위가 매우 제한적이고 형식적일 수밖에 없다. 중앙의 행정사무가 대거 지방으로 이양된다면 중앙의 행정체제 개편이 당연한 흐름이 될 수밖에 없으므로 중앙 행정체제 개편이 전제된 지방 행정체제 개편 즉, 국가 행정체제 개편이 지방분권의 주요 목적사업이 되어야 할 것이며, 그 주체는 행정안전부가 아닌 대통령 소속 자치분권위원회가 되어야 할 것이다.

현 정부가 표방한 지방자치 비전인 '연방제 수준에 버금가는 지방분권'적 자치를 실행하기 위해 필요한 위 선결과제들은 여전히 중앙권력의 선택과 결정에 달려 있는 것이 현실이다. 이런 맥락에서 보면 지방자치는 정치의 민주화를 위한 수단이기도 하지만 그 수단이 효과적으로 작동하기 위해서는 동시에 중앙정치의 민주성이 요구된다고 할 것이다. 즉, 지방자치의 실시를 통한 민주화의 진전과 중앙정치의 민주화를 통한 지방자치의 발전은 상호 순환적 관계에 있는 것이다. 지금까지 지방자치단체에 권한을 부여하고 지방의회의 독립성과 자율성을 확충해야 한다는 요구 앞에서 항상 중앙정치의 폐단과 국회의 폐단을 언급하며 지방자치에서는 유독 탈정치, 정치적 중립 등의 요소를 강조해 왔던 행정주의적 관점 역시 지양되어야 한다.[34]

---

34) 안청시·김만흠, 앞의 글, pp. 6-7, 310-313.

경제단체와 한국정치: 고도 성장기 경제단체의 이익집단화 과정

장달중(서울대 정치외교학부 명예교수)

1. 정치체제와 경제발전

정권교체가 몇 번 일어난 오늘의 한국 정치다. 정치학 교과서에서 말하는 정치권력에 대한 경제세력의 길항관계가 구조적으로 정립된 민주주의가 정착되었을 법하다. 하지만 현실은 어떤가. 정치세력에 대한 경제세력의 권력관계는 매우 불균형적이다. 경제의 엄청난 성장과 발전에도 불구하고 경제세력은 아직 정치권력에 예속적인 상태에서 벗어나지 못하고 있다. 경제단체가 이익단체로 발돋움하기 시작한 초기의 주종관계가 그대로 유지되고 있는 느낌이다.

한국정치 123

"다원화와 흡수"의 이론으로 불리는 낙관론 모델에 따르면 경제적 성장과 사회적 동원(social mobilization)은 사회 정치세력의 확산을 가져올 뿐만 아니라 이 새로운 사회세력은 정치권력에 저항하며 권력의 공유를 요구하는 대항 엘리트를 만들어 내는 것으로 되어 있다. 권위주의적인 정치권력은 이러한 요구를 더 이상 억제할 수 없기 때문에 억압을 완화하고 참여와 대표의 제도화를 시도한다는 것이다.[1]

　　그러나 민주화 과정을 보면 이러한 현상은 필연적으로 나타나는 것은 아니다. "권위주의와 배제"의 모델에 의하면 경제발전은 권력 공유의 압력을 증가시키지만 정치권력은 경제성장을 다원화의 촉진제로서보다는 억제용으로 이용한다는 것이다. 오도넬의 관료적 권위주의(bureaucratic authoritarianism)는 경제성장과 민주주의 간의 선순환적 관계를 강조한 다원화 이론을 비판하며 오히려 경제발전과 권위주의 간에 높은 상관관계가 나타나고 있음을 강조하고 있다.[2] 그에 의하면 우리나라와 같은 후발 산업

---

1) 고전적인 저작으로는 Seymour Lipset, Political Man(New York, 1959)을 들 수 있다.

2) Guillermo O'donnell, Modernization and Bureaucratic Authoritarianism (Berkeley, 1973)

화 국가에서는 경제발전에 따른 자본의 집중과 심화(deepening)의 필요성에 따라 분배와 소비를 억제하고 사회정치적 세력의 요구를 억제하는 권위주의 정치가 지속된다는 것이다.

하산이 지적하고 있듯이 한국이나 대만의 경우는 분명 패러독스적인 현상이기도 하다. 이 패러독스는 경제성장과 정치적 권위주의 간의 상관관계에 관한 것이다. 과연 오도넬이 지적하듯이 고도 경제성장은 정치적 권위주의를 수반하는가, 아니면 정치적 권위주의는 경제발전과는 상관없이 발생하는 것인가. 하산은 한국 정치의 패러독스는 고도의 정치적 권위주의 틀 속에서 움직이는 민간경제 활동의 결과라고 보고, 이 패러독스에 대한 해답은 계급갈등이나 다원주의적 압력을 배제시키는 대중민족주의와 경제적 목표에 대한 정부와 민간의 합의인 것 같다고 주장하고 있다.[3]

그러나 왜 고도 경제성장과 몇 번의 정권교체에도 불구하고 정치체제는 늘 권위주의의 틀에서 벗어나지 못하고 있는가? 경

---

3) Parez Hasan, Korea: Problems and Issues in a Rapidly Growing Economy(Boltimore, 1976), P.255.

제발전이 사회정치적 동원의 수준은 물론 새로운 사회세력의 확산을 촉발시켜 정치체제에 대한 자유화의 압력을 증가시켜왔음을 부인할 수는 없다. 반면 권위주의적 국가체제의 강화를 시도하는 세력도 이에 못지않게 확대되어왔던 것이다. 심화되는 불균형 현상과 경제발전을 앞질러 가는 정치 사회적 동원 현상을 관료적 권위주의로 해결하려 했기 때문이었다. 자연 관료적 권위주의에 의한 통제와 포섭이 민주화의 압력을 앞질러 가고 있었던 것이다. 때문에 한국 정치는 경제발전에도 불구하고 정치권력과 경제세력 간의 길항적 균형관계보다는 정치권력이 지배하고 경제사회세력이 순응하는 정치적 권위주의의 패턴이 지속되게 되었던 것이다.

그러나 관료적 권위주의는 이를 지탱할 정치적 하부구조를 결여하고 있었기 때문에 경제발전으로 생성된 사회세력의 편제화를 시도하기도 쉽지 않았고, 또 경제 사회집단의 자율성을 허용하기도 어려운 상황에 처하게 되었다. 이러한 딜레마를 해결하기 위해 등장한 것이 이른바 코포라티즘(corporatism)에 의한 경제 사회집단의 통제체제였다. 즉 국가 권력 기구에 종속된 정당, 낮은 수준의 정치 사회적 동원, 그리고 국가 관료를 중심으로 한 지배체제의 구축이었던 것이다.

경제세력의 정치권력에의 "순응적 종속(responsive depen-dence)"은 임종철 교수의 지적처럼 1970년대와 80년대에 걸쳐 나타난 이른바 '官因性 질병'의 필연적 산물이기도 했다.[4] 정부에 의한 투자 자원, 즉 은행 융자나 외국 자본에 대한 통제는 기업을 형성할 수도 또 파산시킬 수도 있는 무기였던 것이다.

2. 경제발전과 경제적 결사체의 형성

선진 자본주의 이론가들은 자발적인 경제적 결사집단 (business associations)이야말로 민주주의 제도화의 중요한 구조적 요인이라고 말한다. 주지하다시피 토크빌에 의해 유명해진 결사체 이론에 따르면 결사체 조직이 민주주의 유지에 중요한 이유는 결사체가 합리적 결정과 효과적인 행동에 필요한 사실적 지식의 제공과 이해의 메카니즘으로 작용하기 때문이라는 것이다.

결사적 이익집단의 민주적 성격과 효과에 대한 주장은 결사체의 자발성에 대한 두 가지의 측면을 강조하고 있다. 첫째는

---

4) 임종철, "불황:官因性 질병", 동아일보, 1982.4.6.

결사체 집단의 형성이 회원들의 독립적 행위에 의한 것이어야 하며 결코 정치권력의 사주에 의한 것이어서는 안 된다는 점이다. 둘째, 멤버십은 언제나 선택적일 수 있어야 한다는 것이다. 이러한 주장에 비추어보면 우리나라 경제적 결사체들에게서 행동의 자유를 발견하기란 쉽지 않다는 것을 알 수 있다. 명목적으로는 자발적이지만 사실상 권력에 의해 규제되고 통제된 측면이 강했기 때문이다.

우리나라의 고도 경제 성장기 조직이나 예산 규모 및 기능 면에서 실질적인 결사체로 발돋움한 대표적인 집단으로는 경제 4단체를 들 수 있다. 이들 경제 4단체는 효과적인 제도화와 행동에 필요한 적응성과 자율성 그리고 응집력은 결여하고 있었지만, 한국 경제를 움직이는 재계의 대표적인 이익집단으로 힘과 압력을 행사하고 있었다. 그러나 상공회의소와 중소기업협동조합중앙회 등은 법정단체로서 정부의 직접적인 엄호와 규제를 받고 있었기 때문에 전경련만이 실제로 재계의 힘과 영향력을 발휘할 수 있는 압력단체로 평가받을 수 있었다.[5]

---

5) 임묘민, "전경련의 내막", 신동아(1983,3), "재벌과 권력/전경련의 갈등", 신동아(1983,4). 배병휴, "재벌: 전경련의 실상", 월간조선(1980,3) pp.293-4.

산업화 과정에서 우리나라 경제적 결사체의 형성과 발전에 결정적인 영향을 미친 것은 공공정책이었다.[6] 일반적으로 이익집단은 공공정책 형성에 영향을 미칠 수도 있지만, 반대로 그들이 영향을 미치고자 하는 바로 그 공공정책에 의해 형성된다. 이유는 간단하다. 공공정책은 이익집단의 동원 수준에 영향을 미칠 뿐만 아니라 이익집단이 이용하고자 하는 접근 채널을 결정하고, 이익명시(interest articulation)의 집단행동 스타일을 조건지우기 때문이다. 따라서 사회와 경제에 대한 정부의 개입과 이익집단에 대한 정부의 태도는 이익집단의 수는 물론 활동범위까지 결정할 수 있었던 것이다.

고도 성장기 관료적 권위주의 체제에 의한 집단활동 규제와 통제의 주된 무기는 공공정책이었다. 노동조합은 전통적으로 정부의 간섭과 규제를 받아왔기 때문에 정치적 자율성을 누리기가 어려웠다. 파업과 생산 중단 등과 같은 위험을 방지하기 위해 노사관계의 모든 국면을 규제 통제하는 법률들이 계속 제정되고 시행되는 현실이었다.[7] 경제단체들도 크게 다르지 않았다.

---

6) 사공일과 존스, 경제개발정책과 정부 및 기업가(서울, 1981)

7) 김윤환, "한국노동 운동의 역사적 과제와 방향", 김윤환 외, 한국경제의 전개과정(서울, 1981) 김수곤 편, 노사관계: 정책과제와 방향(서울,1983)

정부에 의한 희소자원의 독점적 사용을 기본으로 한 공공정책
은 소수의 지배 엘리트에 의한 정책 결정을 초래했을 뿐만 아니
라 경제단체들의 행동을 규제하는 정부의 권한을 확대시켰다.

우선 독점적 자원 배분의 정치는 경제적 결사체들의 단결과
발전에 심각한 영향을 미쳤다. 희소재원의 독점적 사용은 소수
재벌에 의한 독과점 현상을 초래했을 뿐만 아니라 정부 계약이
나 인허가, 외환금리 및 기타 정부 지원 분야에서 친정부적 기
업에는 특혜가 베풀어진 반면, 반정부적 기업에는 특혜가 거부
되었던 것이다.[8] 두 번째로 국가 주도적 공공정책은 이익 분배
를 개별 기업에 대한 선택적 특혜의 형태로 집행함으로써 기업
들에 의한 결사체로서의 집단적 이익 도모를 어렵게 만들었다.
세 번째로 관료적 재원 분배의 독점 현상은 정부와 개별 기업
간의 유착현상을 만들어 냄으로써 결사적 집단행동을 어렵게
만들었다.

여기서 중요한 것은 결사체의 행동 패턴이 집단행동에 의한
이익추구가 아니라 개별 통신망을 이용한 네트워크의 형성으로

---

8) 전철환, "특혜의 정치, 특혜의 경제", 신동아(1978.9)

나타났다고 하는 점이다. 한 조사보고서는 실제로 전경련 멤버들이 정부에 영향을 미치는 중요한 방법 중의 하나는 제도적이고 집단적인 공식 채널이 아니라 비공식적인 개인 채널이었다고 지적하고 있다.[9] 이러한 개별 네트워크 중심의 기업 이익추구는 결사적 조직으로서의 집단적 이익 정의는 물론 리더십의 선출, 권력의 분배 및 절차문제를 포함한 분쟁의 해결까지 어렵게 할 수밖에 없었다. 전경련도 예외가 아니었다. 정부의 공공정책 테두리 속에서 특혜를 둘러싸고 갈등을 노정시켰을 뿐만 아니라, 결사체의 독자적인 이익추구보다는 정부의 이해와 일치하는 선에서 기업 이익을 추구하는 패턴을 보여 왔던 것이다.[10]

결론적으로 보면 한국에 있어서 결사적 이익집단의 형성과 활동에 관한 정부의 공공정책의 결과는 경제 사회 중심 세력들을 정부에 예속시키는 코포라티즘적 체제의 탄생이었던 것이다. 어떻게 보면 경제적 결사체와 정부 간의 이러한 코포라티즘적 관계는 한국의 전 정치과정을 특징짓는 현상일 수도 있다.

---

9) 전경련, 전경련의 발자취, 1961–1977(서울 1978). PP.101–103.

10) 임묘민, 전경련의 갈등. PP.314–15.

3. 경제적 결사체와 한국 정치

지금 경제단체의 정치적 영향력에 대한 평가는 크게 양극화되어 있는 게 현실이다. 한편에서는 정부의 공공정책이 경제적 결사체의 이익표명 조건과 스타일을 결정지어 왔기 때문에 이익집단의 영향력은 거의 없었다고 주장한다. 경제발전이 사회경제세력의 창조물로 이해되기보다는 국가 공공정책의 결과로 간주되고 있는 우리나라의 상황에서는 이익집단의 기능이 "정부화(governmentalization)"되는 현상을 면하기 어려웠기 때문에 경제계의 정치적 영향력은 미미한 수준에 머물렀다는 것이다.[11] 이러한 주장을 뒷받침하는 다른 하나의 중요한 변수로는 국민 일반의 반기업적 정서를 들고 있다. 기업의 공공정책에 미치는 영향력이 증대되어 왔음도 사실이지만 기업의 활동에 대한 부정적인 국민정서가 워낙 강했기 때문에 경제적 결사체의 정치적 영향력은 제한될 수밖에 없었다는 것이다.[12]

---

11) 사공일과 존스. 앞의 책. 장달중 "산업화와 이익집단", 한국정치학회보(1985). 제 19집

12) 진념. "정부의 역할과 민간 주도 경제운용과제", 전경련(1984.10) 이 토론에 참가한 현대차량의 정문도 사장은 기업이 자생적 뿌리를 내릴 수 없는 이유로 기업의 불건전한 방법을 통한 성장과 이에 대한 정부의 간섭과 규제를 들고 있다.

이에 반해 "정권은 유한하지만, 기업은 무한하다"는 표현이 보여주듯 정부를 경제세력의 도구로 간주하는 주장도 재벌 기업의 비대화와 더불어 등장하기 시작했던 것이다. 급진세력들에 강조되어온 이와 같은 주장은 경제발전에 따라 경제적 계급이 여타 계급에 비해 비대해진 힘을 정치적 자산으로 사용하고 있다는 것이다. 하지만 적어도 고도 성장기까지만 해도 일반적인 관측은 이익집단으로서의 경제적 결사체는 정치체제에 순응적 복종을 통해 권력구조에 적응하는 패턴을 보인 것으로 이해되고 있다.

A) 한국 정치체제와 정책결정 구조

정치체제의 속성은 이익집단의 이익표명 패턴은 물론 이익집단이 이용할 수 있는 접근 채널에도 영향을 미친다. 우리나라의 경우는 여러 형태의 정치체제를 경험했다. 하지만 정부 형태에 상관없이 지속되어온 정치체제의 특징적 현상은 고도로 중앙집권화된 행정부 중심의 정책결정 체제였다. 이렇게 중앙집권화된 정치체제의 지속은 자연 경제적 결사체의 발전과 역할 및 영향력 행사에 중요한 변수가 되지 않을 수 없었다.

정치과정은 개인이나 집단이 권력배분 과정에 영향을 미치려고 행동할 때 발생한다. 경제적 압력단체들은 "누가 무엇을 원하는가"라는 고전적 의문을 제기함으로써 정치적 환경을 이용하려 한다. 이에 반해 정치권력은 다양한 이익들을 종합 일반화하여 정부 계획에 수용할 뿐만 아니라, 최대의 만족도가 모든 집단에 배분될 수 있도록 경쟁적 이해를 조정하여 국가자원을 활용하려 한다. 이것이 바람직한 이익대표의 패턴이다.

하지만 고도로 중앙집권화된 정책결정 과정과 경제정책에 의한 규제와 통제는 결사체에 의한 효과적인 기능적 이익표명의 결집을 제약해왔다. 의회가 정책결정의 장을 제공하지 못하고 행정부의 거수기 역할에 머물렀던 정치과정 속에서는 압력단체의 결속력과 힘은 사회 경제세력의 독자적인 이익보다는 국가와의 관계에 의해 규정될 수밖에 없었던 것이다.[13] 선진 산업민주주의 국가에서는 사회경제적 문제의 해결 수단으로 정부기관과의 접촉 채널이 제도적으로 기능하고 있다. 즉 이해 요구와 갈등을 해결하기 위한 일상화(routinization)의 과정이 제도화되어 있다는 말이다. 하지만 우리나라에서는 이러한 일상화의 제도적 과정이 없다 보니 문제 해결은 늘 정치적 세력의 동원으

---

13) 사공일과 존스, 앞의 책 참조

로 나타나는 현상을 보여 왔던 것이다. 물론 경제적 결사체에 의한 이익대표의 불완전성은 국가 주도적 후발 산업화의 피할 수 없는 산물이었는지도 모른다. 시민혁명을 경험하지 못한 우리나라에서는 경제사회 세력이 국가를 형성한다는 개념은 사실상 존재하지 않았기 때문이다. 국가란 경제 사회세력들이 정치의 영역에서 지배체제를 확립하려는 제도적 장치이다. 하지만 우리나라에서는 이와는 반대로 국가의 목적과 정통성이 "국가가 사회를 형성한다"는 명제를 탄생시켰던 것이다. 이른바 "발전 지향형 국가(developmental state)"[14]의 패턴을 보였던 것이다. 발전 지향형 국가의 요체는 정책의 우선순위를 개별 이익의 차원으로 끌어 내리려는 사회 경제적 이익집단들로부터 독립된 정책 주권을 확보하는 데 있다. 기존 자원을 효율적으로 동원하여 산업화를 달성하기 위해서는 경제사회 세력의 주장이 억제되지 않으면 안 되었기 때문이다. 이러다 보니 국가의 정책이 경제 사회세력의 이익과 영향력을 증대시키기는 했지만 그것은 어디까지나 정치권력의 틀 속에서 이루어질 수밖에 없었던 것이다.

---

14) Chalmers Johnson, MITI:and the Japanese Miracle(Stanford, Cal.,1982)

B) 경제단체의 정치적 역할

압력단체로서 경제단체의 정치적 영향력 행사 패턴은 어디까지나 국가의 전반적인 경제정책과 양립할 수 있는 차원에서 모색되는 모습을 보였다. 그러나 이러한 국가정책과의 양립을 통한 이익 추구는 흔히 자유주의 시각에서 제기하는 이른바 국가와의 권력 공유를 의미하는 것은 아니었다. 어디까지나 정치권력의 틀 속에서 자체 이익 추구에 몰두하는 종속적 패턴의 특징을 보였던 것이다.[15] 말할 필요도 없이 이익집단의 주요 관심사는 정책결정자들에게 영향을 미쳐 그들에 유리한 공공정책을 이끌어 내는 데 있다. 이를 위해 이익집단들은 정치과정의 충원 (recruitment) 단계에서부터 개입할 필요성을 느낀다. 정당을 지원하거나 선거에 출마한 후보자들에게 자금을 지원함으로써 영향력을 행사하려 한다. 하지만 고도 성장기 관료권위주의적 정치체제의 특성을 감안할 때 경제단체가 의회나 정당, 혹은 선거에 크게 관심을 기울이지 않았던 것은 당연한 현상이었는지도 모른다. 때문에 집단적인 행동보다는 개별적인 채널을 통한 이익 추구 패턴이 대세였던 것이다. 경제인의 눈으로 보면 정치라

---

15) 상공회의소, "자유기업주의의 창달을 위한 제언: 제12대 국회에 바란다", pp.52–55.

고 하는 것은 비합리적인 돈의 낭비처럼 보이게 마련이다. 돈을 경제에 투자하면 생산이 증대되고 고용이 창출되지만 선거에 그만한 돈을 들여 봐야 하등의 생산, 고용효과가 나타나지 않기 때문이다. 하지만 정치는 "안심하고 사업할 수 있기 위한" 최대의 조건인 것이다. 이러한 최대 조건을 확보하기 위한 경제단체의 정치적 역할은 대체로 세 가지 형태로 나타났다. 첫째는 경제단체에 의한 정국 수습 시도이다. 경제단체에 의한 최초의 정치행동은 1963년 3월 민정이양을 둘러싸고 혼미해진 정국 수습을 위한 한국경제인협회의 정국 수습결의문 채택이었다. 이것은 분명 한국 이익집단의 활동사에 기록될 중요한 사건이었다. 이렇게 시작된 경제단체들의 정치활동은 1967년 6월 21일 '현 시국수습에 대한 담화'의 발표로 더욱 적극성을 띠고 나타났다. "6·8선거"의 불미스러운 사태에 대한 개탄과 공분을 공공연하게 표명하고 나섰던 것이다.[16] 그러나 이러한 경제단체의 정치 활동 시도는 3선 개헌과 더불어 거의 자취를 감추었다. 이후로는 제한된 범위 내에서 정부 여당의 조치에 대해 지지 성명 발표 수준을 벗어나지 못하는 모습이었다.[17] 두 번째의 방법으로

---

16) 전경련 20년사, p.458.

17) 상공회의소 90년사(1976년) 하권 참조

는 선거나 의회활동에의 참여를 통한 정치적 영향력 행사이다. 우리 정치사에서 경제단체가 집단적으로 정치에 직접 참여하는 경우는 매우 제한적으로 나타났다. 경제계는 경제계의 입장을 제시하고 생존을 보장받기 위해 정치과정에의 참여를 적극적으로 모색하기도 했다. 실제 경제단체는 1963년 민정이양과 더불어 경제계 대표를 각 당에 비례대표로 추천할 것을 논의하기도 했다. 하지만 이러한 제안은 회원들의 찬성을 얻지 못했다. 더 이상 경제계의 직접 참정론은 거론되지 않게 되었다.[18] 경제계의 직접 참정론이 수그러지게 된 이유로는 우선 권위주의 정치체제가 부과하는 보복의 두려움을 들 수 있다. 때문에 직접적인 참정보다는 막후에서 자신들의 이익을 보호해 줄 수 있는 강력한 정치적 후견세력을 형성하는 것이 더욱 안전하였던 것이다. 두 번째로는 선거에서 기업인이 당선될 수 있는 확률이 별로 크지 않았다는 사실을 들 수 있다. 확고한 지지 기반을 가졌던 지주계급과는 달리 경제계는 반기업정서에 시달리고 있었던 것이다. 여기에 국가 주도적 개발체제 하에서 안전판 역할을 할 수 없는 의정활동에 직접 참여하는 것이 별 의미가 없어 보인 것도 간과할 수 없는 현실이었다. 그래서 경제계가 선택한 방식은 막

---

18) 임모민, 전경련의 내막, p.350.

후에서 영향력을 미칠 수 있는 간접적인 방식이었다. 직접적인 정치참여보다는 정당과 선거운동에 대한 자금 지원을 통한 영향력 행사였다. 여기서 중요한 것은 지금까지 개인적인 친분이나 이해관계에 의해 비공식적으로 이루어지던 정치자금 지원을 양성화하는 것이었다. 재계의 정치자금 양성화 움직임은 1968년 7월 "정경간담회 결성결의"로 구체화되어 나타났다. 일본 경단련을 모델로 한 정경간담회는 정치자금의 지원을 통해 정치권력에 영향력을 행사하려는 우리나라 압력단체로서의 첫 구상이기도 했다.[19] 하지만 이러한 전경련의 시도는 정국 변화의 파고를 넘지 못했다.

4. 결어

경쟁적 정치체제에서는 이익집단이 여론이나 정당, 선거, 입법과정에 영향력을 미칠 수 있다. 하지만 우리나라에서는 지난 반세기간의 노력에도 불구하고 경제단체는 이익단체로서 효과적인 조직 능력과 집단행동 능력을 발휘할 수 없었다. 이러한 정치권력과 경제단체 간의 주종관계는 의회정치의 큰 틀에 변

---

19) 전경련 20년사, p.458.

화가 없는 한 지속될 것으로 보인다. 자본주의의 성숙과정에서 발생하는 두 개의 현상, 즉 대규모 전문이익 집단의 형성과 국가권력의 편재화 현상은 이익집단에 의한 정치과정에의 영향력 행사를 일반화시키지만, 우리의 경우는 아직 이런 패턴과는 상당한 거리가 있어 보인다.

이홍구의 "사회적 보전 공리"와
한국 민주주의에 대한 하나의 성찰

최장집(고려대 정치외교학과 명예교수)

들어가는 말

이 글의 목적은, 이홍구의 1968년 미국 예일대학 정치학과 박사 논문 "사회적 보전과 정치 발전"(Social Conservation and Political Development)을 현재의 시점으로 불러들여 그것이 무엇을 말하는지 살펴보고, 그 의미를 현재 한국 민주주의 현실에서 성찰해 보려는 데 있다.[1]

이 논문에서 그는 한 나라의 정치사회적 발전에서 그 실체적 또는 본질적 가치를 구현하는 중심 개념으로서 "사회적 보전의 공리"(axiom of social conservation)를 설정한다. 그리고 이 원리

를 한 나라의 정치 발전을 평가할 수 있는 중심 기준으로 제시
한다. 이 논문에서 필자는 50여 년 전에 쓰여진 선생의 박사 논
문이 민주주의의 건강한 발전이 요구되는 오늘의 한국 정치 현
실에서 어떤 의미를 가지며, 한국의 정치 발전에 무엇을 기여할
수 있는가를 살펴보고자 한다.

이 글은 크게 세 부분으로 구성된다. 첫 번째는 "사회적 보전
과 정치 발전"이라는 제목의 논문이 무엇을 말하는지 알기 위해
그 내용을 간략하게 소개하는 장(章)이다. 두 번째 장에서는 저
자가 왜 사회적 보전에 관한 질문을 던지게 되었는가에 대해 필
자의 관점에서 그 숨은 의미를 발견해 보고자 한다. 이 장은 저
자의 논문을 한국의 역사적 조건, 즉 현대 또는 현재 한국 민주
주의의 조건으로 불러들이기 위한 예비적 검토의 성격을 갖는
다. 세 번째는 1장과 2장에서 밝힌 논문의 주제와 의미가 한국
의 민주화와 현재 민주주의의 맥락에서 어떤 함의를 갖는지를
발견해 보려는 장이라 하겠다.

---

1) 이 논문은 효당 이홍구 교수님(필자의 논문에서는 저자 또는 선생이라고 부른
다)의 미수(米壽)를 축복하기 위한 기념논문집에 게재하기 위해 쓰여진 것이다. 필
자가 인용하는 저자의 텍스트는 효당 이홍구 선생 문집 간행위원회 편, 『이홍구 문
집 V: *Social Conservation and Political Development*』(나남출판, 1996)에 수록된
"Social Conservation and Political Development", pp. 15–192이다. 필자는 이
텍스트를 인용할 때 "Social Conservation and...."로 간략히 표기한다.

1장 이홍구 저 "사회적 보전과 정치 발전"의 요지

선생의 논문은 일본의 메이지이신(明治維新)을 역사적 사례로 하여 일본의 근대화 혁명이 어떻게 성공할 수 있었나 하는 문제를 탐구한다. 그러나 이 논문은 메이지이신을 주제로 인물이나 리더십 또는 정치제도 개혁이나 발전에 초점을 두며 평면적인 수준에서 이를 서술하는 연구들과 크게 다르다. 메이지이신에 관한 대다수 연구들과 완전히 다른 성격, 다른 수준의 논문이라 하겠는데, 서술 내용 면에서 저자 스스로 일련의 질문들을 던지고 그에 답하는 과정에서 분석적으로 변수들 사이의 인과관계나 상관관계를 밝히는 방식으로 씌어졌다. 방법론에 있어서도 지난 세기의 60년대에 그 학문적 발전의 절정을 이뤘던 근대화 이론을 활용했다. 요약하기도 이해하기도 쉽지 않은, 매우 다층적이고 복잡한 층위들 간의 상호관계를 치밀하게 분석한, 높은 수준의 이론적 이해를 필요로 하는 철학적이고 정치이론적이며 분석적인 논문이다.

일본에서 구체제를 대표하는 도쿠가와 막부 정부가 밀려오는 서구 문명과 기술 발전에 어떻게 성공적으로 대응해 근대화를 성취할 것이냐 하는 난제에 대한 해결책이 곧 메이지이신이다. 이에 대해 논문의 전체 주제를 구성하는 문제는 두 가지로 압축된다. 첫 번째 문제는 서구 선진문명에 저항할 것이냐, 수용할 것이냐이다. 그다음 수용키로 했다면, 뒤따르는 두 번째 문제는 그 내용은 어떤 것이어야 하는가로, 전면적 서구화와 전통의 유지 사이에서의 선택이라 할 수 있다. 이에 대해 일본이 내놓은 해답은 서구화는 서구화지만, 전면적 서구화가 아닌 전통의 유지를 통한 서구화였다. 그러나 이것은 완전히 이율배반적인 것, 상충하는 것을 취합하는 일이다. 한편으로는 문명과 기술 발전의 우위를 실현한 압도적인 서구 문명을 수입해야 하고, 다른 한편으로는 자신들의 정체성을 유지해야 하는 상호 모순적인 과제를 어떻게 해결할 것인가 하는 문제이기 때문이다. 분명 그것은 엄청난 난제가 아닐 수 없다. 둘 사이의 모순적 관계를 결합하는 것은 요시다 쇼인(吉田松陰)과 더불어 메이지이신의 지적·정신적 지도자인 사쿠마 쇼잔(佐久間 象山)의 "동도서기"(東道西器)라는 말을 통해 잘 표현된다. 여기서 메이지이신을 통해 일본이 추구했던 것은, 이론적으로 헤겔 변증법의 두 대립적 요소 사이의 조화 또는 조정(Versöhnung/ reconciliation)이란 말로 표현할 수 있겠다.[2]

---

2) Michael O. Hardimon, *Hegel's Social Philosophy: the Project of Reconciliation* (Cambridge University Press, 1994). 또한 헤겔의 이 조화 개념은 존 롤스의 도덕 철학 강의에서 중요한 테마로 제시된다. John Rawls, *Lectures on the History of Moral Philosophy* (Harvard University Press, 2000), pp. 331-336.

메이지이신은 두 가지 상반된 내용을 지닌 변화의 결합이다. 한편으로는 형태상으로 왕정복고(후코/復古)의 의미를 갖지만, 그 이상으로 유신(維新)이라는 말뜻대로 혁신을 의미하는 역사적 대사건이기 때문이다. 어떤 면에서 왕정복고와 유신이라는 말은, 하나의 말로 표현될 수도 있고, 상호 중첩되는 것으로 이해할 수도 있다. 예컨대, 메이지 정체(polity)는 이른바 "폐번치현"(廢藩置縣)을 통해 천황을 통치체제의 정점으로 삼아 중앙집중화를 실현해 근대국가의 틀을 만들었다. 그러나 근대화한 일본의 권력구조는 형태는 변했을지 모르지만, 메이지이신 이전, 도쿠가와 막부 시기와 그에 앞선 일본 통치체제에서 중앙과 지방 및 사회의 하위 부문이 권력을 분점하는 구조적 특성은 유지했다. 라인하르트 벤딕스를 비롯한 구미의 여러 일본 연구자들은 일본 전통사회의 구조적 특성을 상호 모순적인 두 말을 결합한 "중앙집중화된 봉건주의"(centralized feudalism)로 특징지어 설명하기도 했다.[3] 이 말은 중앙 권력과 지방 및 사회 권력 간 분점의 지속성을 표현한 개념으로 이해할 수 있다. 이는 메

---

3) Reinhard Bendix, *Kings or People: Power and the Mandate to Rule* (University of California Press, 1978), p. 432. 또한 S. N. Eisenstadt, *Japanese Civilization: A Comparative View* (University of Chicago Press, 1996), p. 264. "중앙집중화된 봉건체제" 개념은 구미의 여러 일본 연구자들의 문헌들에서도 나타난다.

이지 정체에서 통치구조는 중앙으로 집중됐지만, 그것은 유럽과 같은 절대왕정 체제가 아니며 상당 수준의 지방자치가 유지되어 서로가 공존할 수 있는 체제의 특성을 지칭한다는 점에서 중요한 개념이다. 선생의 논문을 통해 특징화되는 메이지 체제의 통치구조와 정부 형태 역시 그러한 요소들을 포함하고 있다.

저자는 메이지 정체에 대해 그 기본정신으로부터 시작해, 그 혁명의 성격을 상층 엘리트가 주도한 보수 혁명으로 특징지으면서, 그 정치체제의 성격을 아리스토텔레스의 정체 분류방식에 따라 "과두정"(oligarchy)이라고 말한다.[4] 천황을 중심에 둔 왕정복고 체제라 하더라도 결코 전제정은 아니라는 뜻이다. 선생의 논문에서는 메이지 정체의 천황 중심 통치구조와 운영 원리, 헌법, 내각의 구조와 역할, 의회 설치와 정당 허용 등 정치제도를 구성하는 그 모든 것들이 서구 문명의 수입을 통한 서구화와 일본 전통의 유지라는 모순적 원리를 풀어나가는 기제들로 제시된다. 저자는 메이지 정체가 그런 과업을 성취해 나간 것을 정치 발전이라 정의하며, 이 과업을 얼마나 잘 성취했는가를 평

---

4) Aristotle, *Politics*, Stephen Everson, ed.(Cambridge University Press, 1996), Book IV, 1289a25–40.

가하려는 것이 이 논문의 내용이다.

그리하여 논문의 중심축을 이루는 테마는 제목이 말하듯 "사회적 보전의 공리"이다. 이것은 두 말로 구성된다. 하나는 사회적 보전이고 다른 하나는 공리 내지 원리이다. 여기서 "사회적 보전"은 말 그대로 사회적 가치를 포함하여 사회적인 것을 보전한다는 의미를 지닌다. 그것은 한 사회가 역사적 시간을 통해 형성하고 경험하고 발전시켜온 특정 형태의 사회 구성과 그것이 동반하는 문화, 사회적 윤리 체계, 마음과 정신의 습관을 포괄한다. 따라서 그것은 곧 역사적 공동체를 말하는 것이며, 그런 공동체의 유지나 창출을 전제로 한다. 요컨대 정치적인 것에 우선하는 사회적 목적인 것이다. 다음으로 자명한 이치를 뜻하는 "공리"는 자명하기 때문에 왜 자명한가를 증명할 필요는 없다. 그저 자명하기 때문에 그것을 원리로 삼는 것이다. 따라서 저자의 사회관과 정치관은 어떤 보편적이고, 당위적이고, 선험적인 원리로부터 도출되는 이상적 사회의 모습을 실현코자 하는 것이 아니다. 이 점에서 선생이 정치를 이해하고 평가하는 방식 내지 철학적 판단의 관점은, 사물의 이상적 본질을 발견코자 하는 플라톤이나 천부인권의 평등한 자연권을 전제로 하는 홉스, 로크, 루소 같은 철학자들과 다르다. 그리고 그 연장선상에서 선험적 이성 비판을 중시하는 칸트와 같은 철학을 공유하지도 않는다. 논문을 통해 드러나는 선생의 철학적 정향은, 아리스토텔레스나 흄, 버크, 몽테스큐, 헤겔같이 경험(주의)적이고 사회중심적이며 변증법적 또는 대화적(dialogic) 정치와 사회 변화에 대한 이론 정향에 가깝다. 필자는 선생의 논문을 관류하는 정치철학은 아리스토텔레스의 정치에 대한 관점, 즉 "자연적으로 존재하는 것들 사이에 도시(국가)가 존재한다"는 것과 "인간은 태생적으로 정치적 동물이다"라는 말을 통해 잘 표현될 수 있다고 믿는다.[5] 자연적이라는 말과 정치적 동물이라는 말은 그로부터 성장이 시작한다는 것, 그러므로 시민적 삶을 향해 발전코자 하는 정치적 충동을 지닌다는 의미에서 규범적인 동시에 경험적인 요소를 함축한다.[6]

저자의 정치철학적 관점과 방법론적 관점은 전부 7장으로 구성된 논문의 처음 두 장에서 잘 드러난다. 저자는 이성과 윤리는 인간의 사유를 통해 경험 이전에 주어지고 터득되는 것이 아

---

5) Aristotle, ibid., Book 1, 1253a1.

6) Richard Kraut, *Aristotle: Political Philosophy* (Oxford University Press, 2002), p. 247. Steven B. Smith, *Political Philosophy*, "Aristotle's Science of Regime Politics" (Yale University Press, 2012), p.71.

니라, 사회 속에 살면서 사회 또는 공동체 속에서 역사적으로 경험될 때, 비로소 그런 사회 속에서 개개인이 자기 행위의 규범과 가치를 발전시키며 윤리적인 인간이 될 수 있다고 생각한다. 따라서 아리스토텔레스가 말하듯 폴리스의 출현은 자연적인 것이고 인간을 정치적 동물로 규정한다면, 도시는 인간들이 그들의 자연적 목적(telos)을 성취하고 완성할 수 있다는 점에서 자연적이다. 그리고 또한 그들이 도시에서의 삶을 만들어 가기 위해 참여하는 것이 인간의 탁월함을 성취하는 데 필요하기 때문에 정치적 동물이다. 저자는 이러한 관점에서 메이지이신이라는 역사적 사례를 이상적인 정치 변화의 모델로 제시하며 구체적인 상황의 정치적 조건에서 그것이 어떻게 정합성 내지 효용성을 갖는가를 보여주려 한다. 논문의 처음 두 장은, 논문 전체를 관류하는 중심 주제를 압축한 장으로 쉽게 이해하기 어려운 부분이다. 독자들이 긴장해서 집중하지 않고 그냥 논문을 읽어나간다면 저자가 말하려는 의미를 이해하기 어렵거나 놓치기 쉽다. 여기서 저자는 사회적 보전의 공리를 제시하면서 그 의미를 혼동하지 않아야 한다고 강조한다. 이 문제에 대해 저자는 이렇게 말한다. "하나의 정체가 사회적 보전의 공리를 자명한 이치로 받아들인다면, 정치 과정의 구성 요소와 성격은 어떤 것일 수 있는가? 그것은 무엇이 사회의 궁극적인 가치인가를 처방하는 것이 아니라, 무엇이 사회의 궁극적인 가치인가에 답하기 위해 이 원리의 의미 있는 작용에 그것이 절대적으로 필요하다는 점"을[7] 이해하는 것이다. 그의 논리를 따라가면, 사회적 보전 공리의 한 측면이 정치의 사회적·역사적 기반이자 자원으로서 정치의 범위를 한정하고 규정하는 역할을 갖는다면, 다른 한 측면은 정치적 리더십이 작용하면서 창출하는 효과 내지 결과를 의미한다. 이렇게 양자 사이의 상호관계 방식이 다른 결과를 만들어낼 수 있다. 메이지이신이라는 역사적 사례에서 정치 발전이란 이 둘 사이의 동학이 만들어낸 결과물이다. 저자는, 메이지이신은 세계 역사에서 보수 혁명을 통해 근대화와 민주화에 성공한 (1920년대 다이쇼 민주주의, 전후 민주주의를 암묵적으로 포괄하면서) 대표적인 사례라고 말한다. 선생의 논문은 사회적 보전의 공리를 실현한다는 기준을 통해 메이지 정체와 그 정치 과정을 평가하고자 했다. 저자는 자신의 평가 기준이 국가 공동체의 한 측면에 불과하지만, 메이지 정체의 역사적 성취가 정치 발전의 근본적 특징을 보여주는 사례라고 말하며 분명하게 긍정적으로 평가한다.

---

[7] "Social Conservation and....", pp. 19–20.

2장 논문이 던진 문제는 왜 한국 학계에서 더 탐구되지 않았나?

선생은 왜 자신의 "사회적 보전의 원리"를 끌어내기 위해 메이지 체제를 역사적 사례로 삼았을까? 물론 일본이 근대화를 지향하는 비서구 국가들 가운데 자립적인 근대화에만 성공했던 것이 아니다. 일본은 "메이지 시기"(1868-1912년)를 통한 근대화에 이어 다이쇼 민주주의 시기(1912년-1930년대 초)를 통해 근대화를 지향했던 비서구 국가들 중에서 천황제하의 엘리트 과두정을 기반으로 민주주의를 정착시키는 단초를 여는 데 성공했다. 중국이나 베트남 또는 북한과 같이 아시아에서 근대화에 이르는 공산주의 경로를 연구 주제로 선택하지 않는 한, 전통사회에서 근대 사회로의 이행 모델로 메이지이신을 연구 주제로 삼는 것은 자연스러운 것이라고 이해할 수 있다. 일본은 후발 산업화에 성공한 국가이자 후발 민주주의 국가로서 유럽 이외 지역에서 유일하게, 점진적인 방법으로 왕정, 귀족정을 거쳐 민주주의를 성취한 것으로, 왕정과 의회주의가 병행하는 영국의 경로를 닮은 것이라고 할 수 있다. 그와 동시에 비스마르크하의 독일제정의 권위주의적 근대화 과정을 결합한 것으로 볼 수 있다. 그렇다고 필자는 선생이 메이지이신을 사회적 보전의 모델로 삼은 의도는 단순히 거시 비교역사의 관점에서 동아시아에서 유일한 성공 사례를 서구 국가들과 비교하며 그 차이점과 유사점을 발견하기 위한 학문적 관심의 산물만은 아니었을 것이라고 생각한다. 여기에서 필자는 논문 저자로서의 선생이 그런 학문적 문제의식을 포함하여 다른 어떤 것에서 대안을 발견하고 그것을 탐구하는 작업을 통해 진정으로 말하고자 하는 무엇인가를 제시하려 했던 것은 아닌가 하는 일종의 가상적인 질문을 던져보게 된다. 필자는 사실상 모든 사회과학자들은, 그의 학문적 관심사나 대상이 무엇이든 궁극적으로 자기 나라의 문제를 발견하고 그에 대한 해답을 찾으려는 의도를 마음속에 갖고 있다고 생각한다. 논문의 저자가 자신이 공부하고 논문을 쓰려는 시점에, 만약 한국의 근대화와 정치 발전, 민주화를 이해하고 한국의 역사적 경험을 토대로 그에 대한 대안을 제시할 수 있었을까? 그렇다면 1960년대 군부 엘리트가 주도하는 권위주의적 정치환경하에서 무엇을 어떻게 해야 할까. 이런 가정 하에 한국의 근대화 또는 민주화를 강건하게 발전시킬 수 있는 조건을 살펴볼 수 있는 대안적 모델 사례로서 메이지이신을 제시한다고 해서 무엇이 이상할까.

또 다른 측면에서 이렇게 질문해 볼 수 있다. 일본에서 메이지이신이 나타났던 시기 한국에서 근대화를 창출해낼 수 있는 조선 전통사회의 정치적 조건은 어떠했나? 조선 왕조가 일본과 같이 스스로 근대화를 도모할 수 있는 정치적, 사회적 자원을 갖지 못했던 것은 두루 아는 사실이다. 갑신정변이 보여주듯 정치적, 사회적 기반을 갖지 못한 소장 사대부 관료를 중심으로 한 소수의 상층 엘리트들이 쿠데타를 통해 위로부터 혁명을 도모했을 때, 그 기획의 현실성은 그만두고라도 아이디어의 현실성이라도 존재했는가. 서구 제국주의와 일본의 침탈에 맞서 대원군과 보수적 유림이 외세의 침탈에 대응하기 위해 "위정척사"를 모토로 내걸었던 수구적 대응 또한 현실성을 가질 수 없었다. 위정척사와 의병운동의 연장선상에서 복벽운동(復辟運動) 또한 현실성이 없기는 마찬가지였다. 그렇다면 동학혁명으로 대표되는 농민 반란을 통한 밑으로부터의 민중혁명이 대안이 될 수 있었을까. 그것은 국내적 조건에서는 현실성을 갖고 그 정신을 인정할 수 있을지 몰라도, 농민혁명으로 수립된 정부가 제국주의 열강의 침탈에 맞서며 국제정치 문제를 다룰 수 있다고 생각하기는 어렵다. 다른 한편, 조정의 애국자들이 외교적 노력을 통해 열강에 대응하며 내부적으로 입헌군주제적 정치 변혁을 시도할 수는 있었을지 몰라도, 그것을 성공시킬 만한 국가적 자원이나 여력을 갖지 못한 현실에서는 희망의 표출 이상일 수 없었다. 여러 방향에서 대안을 모색할 수 있고 실제로도 그런 시도가 있었지만, 조선조 말 근대화에 이르는 대안들은 그 어느 것도 현실성을 갖지 못했다.

만약 선생과 같이 지금으로부터 반세기 전인 60년대 후반 한 정치학자가 논문을 통해 한국 사회와 그 전통으로부터 사회적 보전의 공리를 주제로 어떤 정치(학)적 테제를 이론적으로 제시한다고 할 때, 그것은 가능할 수 있었을까? 기본적으로 "사회적 보전"은 한국 사회가 문자 그대로 보존할 만한 한국민들의 마음과 감성의 습관으로부터 정신적, 문화적, 윤리적 자원을 유지하거나 발전시킬 때 가능한 일이다. 그것을 자원으로 하여 정치적, 인간적 행위의 규범들을 찾아내고 발전시키며 그로부터 정치발전을 위한 사회적 기초를 발견하는 것이 가능했었는지 자문하게 된다. 사회적 보전 공리를 말할 수 있는 사회적 조건은, 공동체의 구성원들이 오랜 역사적 시간을 통해 공유하게 되는 행위 규범을 만들어내고 그것이 사회의 도덕적 자원이 될 수 있을 때 가능한 것이다. 보전이라는 개념은 공동체 구성원들의 산 경험을 통해 그런 규범을 공유하고 축적하는 시간을 필요로 한다. 이 개념은 역사, 즉 과거에 대한 공통의 경험에서 생성되는 자원이기 때문이다.

3장 한국 민주주의의 발전과 "사회적 보전공리"의 균형적 병립을 위하여

이 장에서는 선생의 논문이 중심 개념으로 다룬 사회적 보전 공리를 전후 현대 한국 국가의 형성과 민주화 과정으로 불러들여, 그 개념의 유용함을 살펴보고자 한다. 말할 것도 없이 전후 한국 정치와 민주주의 발전이 담고 있는 문제들은 선생의 논문 주제를 구성하는 일본의 메이지이신을 통한 근대화 혁명과 완전히 다른 정치사회적 환경과 역사적 조건의 산물이다. 따라서 선생의 사회적 보전 공리를 한국 정치와 역사라는 다른 맥락에 적용할 수 있는 방식으로 그 의미를 재해석하며 질문을 재구성하지 않으면 안 될 것이다. 선생의 논문에서 가장 중심적인 명제 중의 하나는 정치에 우선하는 사회의 보전이다. 그것은 "다양한 선택지들 가운데서 특별한 행동 양식과 내용을 선택하는 위치에 있었던 것은 일본 사회였다"라는 말을 통해 명료하게 드러난다.[8] 넓은 의미에서 사회는, 역사를 통해 형성되고 유지돼 온 민족의식을 공유하고, 국민적/민족적 정체성을 의식하고 보존하는 국민적, 민중적 삶의 공간이다. 삶의 경험을 통해 연계되는 공동체의 형성, 민중/인민의 시민으로의 전환을 통한 시민사

---

8) "Social Conservation and…", p. 48.

회, 그들이 공유하는 의식과 가치, 이데올로기, 문화, 사회적 규범, 윤리의식, 흄이 말한 마음의 습관, 또한 그의 뒤를 이어 몽테스큐와 토크빌이 말한 마음과 감정의 습속(moeurs/ mores), 사회구성(체)의 특성, 사회경제적 삶의 영역 등 이 모든 것들이 사회의 영역에 속한다. 그러므로 정치를 움직이는 제도와 그 운영 원리, 정치인들의 윤리와 행위 규범들은 모두 사회에 기초를 두고 있는 행위 공간에 위치한다. 필자의 생각으로 사회적 보전 공리의 의미는 경험적 사실에 기초한 정치 발전의 내용과 그에 대한 평가의 기준 내지 조건으로만 한정된다고 보기 어렵다. 필자는 앞에서 선생의 논문이 비교정치학과 정치철학적 차원을 복합적으로 담고 있다고 말한 바 있다. 그렇다면 우리는 선생의 논문에서 철학적 관점을 발견할 수 있고 그것을 논의할 수 있다고 생각한다.

이제 선생의 논문에 깔려 있는 이러한 문제의식을 한국의 민주화라는 다른 역사적, 사회적, 정치적 환경으로 불러들여와 이 장(章)의 주제를 구성해 보도록 하겠다. 여기서 기본 가정은 선생의 사회적 보전 공리에 관한 문제의식이 한국의 민주화와 균형적으로 병립 내지 동거하지 않으면, 한국 민주주의는 건강하게 발전하기 어렵고 건강한 사회 구성을 토대로 한 한국 사회의 발전도 기대하기 어렵다는 것이다. 그동안 필자는 민주주의의 가치, 정당성, 그리고 그 이상에 대해 이념으로서의 민주주의가 아닌 통치체제 또는 정부 형태로서의 민주주의에 대해 말해왔다. 민주주의가 이념으로 이해할 수 있는 것은, 자유주의와 접맥되면서 그것을 접두사로 한정할 때일지 모른다. 이와 관련해 촛불시위는 한국 민주화의 전체 과정에서 분명한 하나의 변곡점이었다. 촛불시위는 공식적으로 천명되고 추구됐던 방식이 아니라 더 넓은 범위에서 더 많은 사람, 더 넓은 사회에서 더 폭넓게 공유하는 이상으로서 민주화 이후 한국 민주주의의 질을 한 단계 더 높이는 전환점이 될 수도 있었다고 생각하기 때문이다. 그러나 실제에 있어 민주당 정부는 "과거 청산", "역사 청산"을 슬로건으로 하여 지난 80년대 민주화 이후 그 어떤 정부를 통해서도 일찍이 볼 수 없었던 광범위한 개혁정책을 추진했다. 이에 따라 권위주의 시기는 물론, 앞선 정부 시기의 것들이 부정적이거나 해악적인 것으로 간주되면서 개혁 대상으로 설정됐다. 이는 한국 현대사를 독재로부터 민주주의로 발전하는 또는 발전해야 한다고 이해하는 단선적(unilinear) 발전관의 표현이며, 혁명적인 동시에 폐쇄적인 해석으로 이어지는 결과를 불러오게 됐다. 촛불시위가 이렇게 해석된다면, 그것은 혁명적이라도 새로운 비전을 말하는 혁명이기는 어렵다. 이 단선적 발전관에 입각한 민주주의는 지극히 경직되고 이념적이며 따라서 일종의 혁명적 정치 과정을 불러오게 됐다고 이해될 수 있기 때문이다. 한국에서의 민주주의가 그렇게 구현된다면, 그것은 어떤 "비자유주의적 민주주의"(illiberal democracy), 내지는 어떤 종류의 포퓰리즘의 실현 이상이기는 어렵다.

사회과학과 정치학 영역에서 근대화 이론이 압도했던 전후 시기가 지나면서 70, 80년대에 이르렀을 때 이른바 "제3의 물결"이라고 불리는 전 세계적 차원에서 민주화가 이루어지게 됐다. 1980년대 이후 민주화 이론가들은 민주화 이행론에 초점을 두는 행위자 중심 전략에 주목해 동태적인 설명 방식을 발전시켰다. 그럼에도 불구하고 이들 연구는 두 가지 점에서만큼은 민주화를 위한 또는 그것에 선행하는 기본적이면서도 배경적인 조건을 강조했다. 하나는 정치체제의 안정성과 제도화를 확실하게 구현하는 국가의 존재이고,[9] 다른 하나는 국민적 통일성 내지 통합이라는 요소이다.[10] 시민의 절대 다수가 그들이 속해 있는 정치공동체가 의심의 여지없이 그들 자신의 나라라는 인식

---

9) Adam Przeworski, et al., *Sustainable Democracy* (Cambridge University Press, 1995), "효과적인 국가 없이는 민주주의도 시장도 존재할 수 없다", p. 11. 또한 Introduction and Chapter 2, pp. 34–39 참조.

을 공유하지 않은 사회에서 민주화가 가능하지 않다는 것은 당연하다. 그러한 상황에서는 민주화라는 정치체제 전환이 아니라, 그보다 더 중대한 국가 형성의 리더십과 그 정당성을 획득코자 하는 세력들 사이의 내전이나 국민적 분열이라는 더 큰 문제가 되기 때문이다. 그러나 전후 한국은 위의 두 요건, 즉 짧은 시간 안에 내전과 다를 바 없는 정치사회적 혼란 속에서도 강력한 무장력과 행정력을 갖춘 국가기구 정비와 함께 분단이 동반했던 엄청난 이데올로기적 균열을 극복해 하나의 강력한 국가를 건설했다. 물론 이러한 성취는 미국, 즉 미군정에 의한 위로부터, 외부로부터의 지원에 힘입은 바 크다. 그러나 그렇다 하더라도 한국의 정치 지도자들과 국민들의 협력과 지원 및 지지가 아니었다면 그것은 불가능한 일이었을 것이다. 여기서 우리는 1950-60년대 베트남 전쟁 초기 사례를 통해 미국의 적극적 지원에도 불구하고, 응오딘지엠(고 딘 디엠) 대통령하의 남베트남이 존립할 수 없었다는 사실의 의미를 되새겨볼 필요가 있다.

전후 냉전의 직접적인 산물이라 할 한반도에서의 분단국가

---

10) Dankwart A. Rustow, "Transitions to Democracy: Toward a Dynamic Model" (본 논문의 최초 출간연도는 1969년) in Lisa Anderson, ed., *Transitions to Democracy* (Columbia University Press, 1999), pp. 14-41.

건설과 사회 형성은 한국의 근대화와 정치 발전을 특별하게 만드는 원천이 아닐 수 없다. 한국에서는 근대화의 전 과정을 뛰어넘어 미국(미군정)에 의해 극히 짧은 시간 동안에 근대 국가의 형성과 동시에 민주주의 체제가 제도화된 것이다. 우리는 일본의 전후 민주주의 제도화와 발전이 메이지이신을 계기로, 한 세기에 가까운 근대화의 성취를 토대로 하여 그 기초와 틀이 만들어졌다는 점을 고려할 필요가 있다. 2차대전 종전과 더불어 설령 일본 역시 동일한 미군정에 의해 전후 민주주의가 시작되었다 하더라도, 한국과 일본은 극명한 차이를 갖는다. 즉 한국은 두루 아는 바와 같이 구조적으로 전근대로부터 근대로 이행하는 과정에서 한국민들 스스로가 일제 식민지배하의 조건에서 근대 국가를 만들 기회를 가질 수 없었다. 이 점을 고려하지 않고서는 분단하에서의 국가 건설을 제대로 평가할 수 없다. 남북한 각각에서 분단국가 수립은 한국민의 힘으로 제어할 수 있는 권역 밖에 존재한 국제적 냉전 전개의 결과물이었다. 설명이 필요하다면, 이는 동북아 냉전 전개에서 한반도의 지정학적 위치가 빚어낸 여러 필연적 요소들과 더불어 우연적 요소들이 결합해 만들어진 결과이다. 그러나 냉전의 절정기를 지난 뒷날의 시점에서 되돌아볼 때, 한국이 양분된 세계에서 미국의 영향권에 편입된 것은 여러 우연적 요소들의 결과물이 아닐 수 없다. 마키아벨리의 언어를 빌려 말하자면 그것은 포르투나(Fortuna)의 산물이다. 그럼에도 이것만으로는 한국의 현대사를 모두 설명할 수 없다. 비르투(virtù)가 뚜렷하게 발휘된 측면을 간과하기 때문이다.[11]

  냉전 시기 양대 진영을 보통 자유진영과 공산진영이라고들 말한다. 여기서 자유진영은 "자유주의적 국제주의"(liberal internationalism)를 지향하는 것으로 정치 이념에서는 자유주의, 경제 운용에서는 자유시장을 중심으로 자본주의적 생산체제와 자유무역을 포괄하는 세계적 차원의 권역을 지칭한다. 자유주의적 국제주의의 대표적 이론가인 존 아이켄베리에 따르면, 이 말을 곧바로 민족주의에 적대적인 것으로 볼 필요는 없다. 그것은 적어도 20세기에 들어 자유주의적 민주주의를 기본 가치로 삼는 나라들이 발전시킨 국제관계의 틀 안에서 경제적 번영과 민주주의와 진보를 추구하려 했던 국가들에게 필요한 이념적 기제로 이해할 수 있다.[12] 넓게 보면 전후 분단된 한

---

11) 니콜로 마키아벨리, 『군주론』 최장집 서문, 박상훈 옮김 (후마니타스, 2014), 특히 6장 참조.

12) G. John Ikenberry, *A World Safe for Democracy: Liberal Internationalism and the Crises of Global Order* (Yale University Press, 2020), 또한 "The end of liberal International order?", *International Affairs* 94:1, 2018, pp. 7–23.

국 사회에서 민주주의를 제도화하고, 1960-70년대에 걸쳐 산업화를 통해 경제 발전을 성취했던 것은 이러한 자유주의적 국제주의의 틀 속에서 가능했다. 이를 두고 비르투라고 말할 수 있는 것은, 우리가 제어할 수 없는 냉전과 그로 인한 분단국가 건설 과정에서 자유주의적 민주주의가 단순히 미군정에 의해 우리의 의지와 무관하게 밖으로부터 부과됐다고 볼 수는 없기 때문이다. 되돌아보면 한국이 일제에 의해 국권을 상실한 뒤 최초로 세계에 민족자결권을 주창했던 3·1 독립선언은 단순히 식민지하에서 민족 독립운동의 시작을 알리는 사건으로서의 의미만 갖는 것은 아니다. 그것은 민족 독립국가를 성취하려는 주체로서의 한국민이 근/현대적 한국 국민(nation)으로 형성되는 시작을 표상하는 역사적 사건이다. 그에 이어 전후 냉전하에서 분단국가의 형태이기는 했으나, 국가 건설이 실현되기도 했다. 이것은 위로부터나 외부로부터 부과된 것이 아니라 일제 식민지하에서 한국민들과 그 지도자들이 선택한 것이고, 자유주의적 국제주의의 이념적 틀 안에서 독립된 한국을 위치시키고자 투쟁한 목표였다. 그 역사적 시발이 바로 윌슨의 "14개 조항", 즉 국권을 상실한 국민국가의 민족자결권을 인정한 데서 고무되었다고 할 때, 자유주의적 국제주의가 종전 이후 냉전하에서 외부로부터 부과된 것만은 아님을 이해하지 않으면 안 된다. 이런 근거에서 한국의 국민국가 형성에 한국민들의 비르투가 작용했다고 말하는 것이다. 냉전하에서 분단된 상태로 불완전하나마 그 목표가 성취됐지만, 그것은 건국이념을 구성하는 기반이었다고 말할 수 있다.

지난 현대사를 돌아보면, 한국이 민주화에 이르는 도정에서 구체제가 지닌 여러 한계에도 불구하고, 구체제를 이끌었던 1공화국과 60년대 이후 군부 권위주의 정치체제가 민주주의에 아무런 기여도 하지 못했다고 말한다면, 그것은 일면적인 해석이 될 수 있다. 그렇게만 말한다면, 그것은 한 국가의 형성과 발전 과정에서 민주주의를 하나의 정치/통치체제로서 이해하고 그 정치체제를 떠받치는 사회 구성(social formation) 전체를 통해 이해하는 것이 아니라, 권위주의로부터 민주주의로의 이행이라는 하나의 전환점에만 초점을 두는 매우 좁은 시각이라고 할 수 있다. 여기서 두 가지 사실만큼은 특별히 언급할 필요가 있다.

하나는 내전적 상황을 동반했던 분단국가 건설 과정과 국내적 갈등과 내전의 범위를 벗어난 세계대전으로서의 한국전쟁이 있었다는 점을 감안한다 하더라도, 피할 수도 있었던 많은 희생을 허용했다는 점은 비판의 대상이 아닐 수 없다. 헌법이 규정한 법과 규범을 부정하며 점차 독재의 길로 나갔다는 점 또한 마찬가지이다. 그럼에도 불구하고, 한국의 민주화는 태생적으로 이 자유주의적 국제주의와 직접적인 상관관계를 갖는다. 이 세계적 차원의 보편적 이념을 통해 한국에서는 분단국가의 수립과 더불어 민주주의가 이념이자 정치체제로서 건설되고 제도화되었으며 그것이 급격했던 것만큼이나 한국 사회에 크든, 작든 분명한 규정력을 갖는 요소로서 작용하게 됐다. 그리고 이승만 대통령은 미군정이 주도한 개혁정책의 연장선상에서 한국 현대사에서 가장 중요한 세 가지 개혁, 즉 하나는 자유주의적 민주주의의 원리와 제도를 제헌 헌법의 근간으로 설정했다는 것이다. 둘째는 보통교육과 대학교육 제도화, 그리고 셋째는 토지 개혁이라는 한국 민주주의와 근대화를 성공시키는 데 기본이 되는 개혁들을 단행했다.

그리고 다른 하나는 박정희 정부에 의한 위로부터의 산업화가 만들어낸 성과이다. 산업화를 통한 경제 발전은 한국 경제와 사회 구조를 송두리째 바꾸어 놓았다. 이른바 "박정희 (발전)모델"은 세계적으로 유명해졌고, 뒷날 중국 "덩샤오핑 개혁개방"의 모델로 수용되기도 했다. 한국은 1970-80년대 아시아의 "네 마리 용"의 하나로 불리며 세계 최빈국에서 전후 개발도상국가들 가운데서도 가장 성공적인 경제 발전 국가로 거듭나며 아시아에서 일본에 이어 세계적 주목을 받는 발전 국가 대열에 합류했다. 앨버트 허시만의 용어를 빌리면, "후-후발 산업화 국가"(late-late industrializers), 즉 구미 1세대 선진 자본주의 국가, 독일, 일본으로 대표되는 2세대 산업화 국가에 이어 전후 3세대 발전 국가로 등장한 것이다. 산업화를 통한 경제 발전의 결과는 교육받은 도시 중산층을 창출한 것이다. 이 점에서 박정희 정부는 의도하지 않은 방식으로 80년대 민주화에 크게 기여했다고 말할 수 있다. 민주주의를 만들어낸 중심 사회세력으로서 교육받은 도시 중산층이 약하거나 존재하지 않았다면, 한국의 민주화는 80년대보다 훨씬 더 뒷날로 미루어졌을 것이다.

물론 종전 이후 분단하에서 강한 국가의 건설과 발전은 한국민들과 그 지도자들의 힘에 의한 것만은 아니다. 그것은 냉전의 시작과 함께 국제전으로서의 한국전쟁을 치르고, 냉전 시기를 통해 적대세력에 대응했던 최전방 방어선의 산물이라는 측면도 강하다. 한국은 전통사회의 왕정하에서 일본 국가구조의 특징적 측면, 즉 벤딕스가 "중앙집중화한 봉건체제"라고 말했던 것과는 완전히 상이한 고도로 중앙집중화된 관료행정체제를 갖는 통치체제의 전통을 갖고 있었다. 이 점에서 전통사회의 국가체제와 전후 냉전하에서 한국에 부여된 세계적 냉전의 최전방보루로서 한국 국가의 역할은 구조적으로나 기능적으로 상응하는 것이기도 하다. 어쨌든 전후 한국의 국가 건설은, 한국민들 스스로에 의해서도 고도로 중앙집중화된 관료행정체제와 더불어 현대적 군사력을 갖춘 국가로서 성장하는 것을 용이하고 효율적이게 되도록 한 것은 사실이다. 이러한 한국의 국가 성격은, 유능한 국가 건설 능력을 갖지 못했던 여러 다른 개발도상국가, 특히 라틴 아메리카의 대다수 국가들과 비교할 때 확연한 차이를 드러낸다. 남미의 약한 국가들과 달리 한국은 안보도 잘했고, 산업화도 경제성장도 잘했다. 라틴 아메리카의 민주화는 19세기 중엽부터 유럽이나 미국과 큰 시차 없이 빠른 시기에 시작됐다. 군부 권위주의를 거쳐 1970-80년대 "제3의 물결"에 속한 라틴 아메리카와 한국의 민주화를 비교하면 한국이 여러 면에서 월등히 높은 수준에 있다는 것은 이론의 여지가 없다. 그 차이를 만든 핵심에 유능하고 강력한 국가가 있었다. 1960-70년대 산업화 이후 경제성장은 지속되었고, 민주화 이후에는 사회로부터 투입된 요구에 대응하는 결정을 비교적 순조롭게 집행하는 행정관료체제가 존재했다. 여기서 집행부의 통일적이고, 체계적인 조직 역량이 결정적으로 중요했다.

80년대 민주화에 이르는 시기까지 한국 사회에서 국가의 역할, 구조, 제도화, 그 운영 원리를 포함한 구체제(ancien régime)

는 모두 보수에 의해 만들어졌다고 볼 수 있다. 이와 관련해 보수가 만든 모든 것을 비판 대상으로 상정하는 것은 중요한 사실을 간과할 뿐 아니라 전혀 이성적이지도, 균형적이지도 않고, 객관성을 갖지도 못한다. 보수가 한국의 국가와 사회를 만들지 않고서는 민주화 이후 한국 국가와 사회도 존재할 수 없기 때문이다. 물론 민주화도 가능하지 않았거나 많이 지체됐거나 우리가 지금 경험하는 체제와 다른 어떤 것이었을 것이다. 보수에 대한 인식이나 평가가 객관적이거나 공정하지 않다는 것은, 한국 국가와 사회의 그 모든 구조와 제도, 운영 원리의 대부분은 민주화 이후에도 별로 변하지 않고 지속되고 있다는 사실 때문이다. 이 점에서 오늘날 80년대 민주화 운동 세대들, 그리고 그들이 주도하는 정부가 광범위한 정책 영역에 걸쳐 개혁의 중심 슬로건으로 과거 청산, 역사 청산을 내걸고 친일파와 독재를 말하는 것은 일종의 알리바이 담론이 아닐 수 없다. 모든 나쁜 것, 부정적인 것을 보수의 탓으로 돌리거나 누구도 거부하기 어려운 친일파로 호명하며 잘못의 책임을 돌리는 동안, 스스로는 무엇을 얼마나 민주주의 원리와 규범에 걸맞게 바꾸었는지 자문해야 할 것이다. 필자의 판단으로는 별로 바뀐 것이 없다. 물론 이 말은 보수를 두둔하거나 옹호하기 위한 것은 아니다.

앞 장에서 본 바와 같이 선생은 메이지이신을 보수 혁명으로 특징짓고, 그것이 일본 사회의 가치와 전통을 지키기 위해 서양 문명을 적극적으로 수용한다는 사회 보전의 원리에 입각한 정치 발전을 실현했다고 평가했다. 이는 시칠리아 출신 이탈리아 소설가 지우세피 람페두사의 말처럼 "모든 것이 그대로 있기를 원한다면, 모든 것이 변화되지 않으면 안 된다"는 이치로도 표현될 수 있을 것이다. 이런 관점에서 보수뿐만 아니라 민주주의를 그 어떤 가치보다 최우선으로 상정하고 추구하는 진보를 위해서도 바꾸어야 할 것은 무엇일까. 이 질문에 대해 개혁해야 할 가장 중요한 것은, 구체제하에서 건설되고 운영된 강력하고 능력 있는 국가가 그 역할과 기능에서 "최대로 확장된 국가"(maximal state)를 자리 잡게 하였다는 사실이다. 이 특징은 두 가지 문제와 접맥되며 민주주의 발전을 저해하고 있다. 하나는 민주주의를 떠받치는 핵심 이념으로서 자유주의를 약화시키거나 뿌리내리지 못하게 한다는 것이다. 그것은 국가 역할과 기능의 과도한 확장을 억제하는 "제한 국가"(limited state)의 확립을 어렵게 한다. 그로 인해 한국의 국가와 그것을 운영해야 하는 정치체제는 쉽게 비자유주의적 민주주의, 내지 포퓰리즘으로 나아갈 위험을 안는다는 사실이다. 자유주의 국가는 개인 권리의 보장을 본질로 하기 때문에 국가 기능의 확대는 그 기본

원리와 상충된다.[13] 다른 하나는 첫 번째 문제의 연장선상에서 최대 국가가 시민사회의 자율성을 제한하며 다원주의 발전을 가로막는다는 것이다. 이로 인해 한편으로 생활공동체나 이익결 사체의 자연적 형성과 성장이 어려운 결과로 이어질 수밖에 없게 된다. 그리하여 한국의 국가는 필연적으로 보수 헤게모니에 의해 통치됐던 구체제 못지않게, 민주화 이후에도 확장적이고 강력한 국가주의적 면모를 시현하게 되기 때문이다.

4장 맺는말

필자는 전후 현대 민주주의의 대표적인 이론가 로버트 달이 미국에서 60년대 운동의 경험에 대해 저술한 『혁명 이후』의 한 구절을 인용하는 것으로 이 글을 맺고자 한다.

"지난 몇 년 사이 미국에서는 혁명이 빠르게 유행어로 자리 잡았다. … 나는 혁명이 사람들 사이에서 자주 회자되는 것을 우려스럽게 생각한다. 그것이 혁명의 전조로 느껴지기 때문이

---

13) 자유주의 국가의 원리에 대해서는 Norberto Bobbio, *Liberalism and Democracy* (Verso, 1990) 참조.

아니다. 그렇게 혁명이 빈번하게 언급되는 것이, 우리가 기존 체제를 로코코 스타일로 화려하게 장식하는 시대 속에 있음을 의미하는 것 같아 두렵기 때문이다. 정치는 대개 사회적, 경제적, 정치적 변화에 거의 아무런 영향도 미치지 못하는 순수하게 표출적인 활동으로 이루어지며, 혁명이란 말을 유창하게 내뱉는 것은 특히 카타르시스를 주는 것처럼 보인다……

… 이따금씩 나는 한 나라에서 혁명이 언급되는 빈도와 실제 권력, 특권 배분의 변화 사이에는 반비례 관계가 성립하는 것은 아닐까 생각해 본다. 세계에서 가장 심대한 변화들 중 일부는 덴마크같이 조용한 나라에서 나타나고 있다. 이 나라에서는 목소리 높이는 사람을 찾아보기도 어렵고 혁명이란 수사를 찬양하는 사람들도 보기 어렵다."[14]

---

[14] Robert A. Dahl, *After the Revolution: Authority in a Good Society* (Yale University Press, 1970), pp.3~4. 인용된 문장은 1판 1장 서문에서 따온 것이다. 달은 1990년 재판을 펴냈다.
그리고 후앙 린츠 또한 90년대 초반 "더 많은 민주주의가 민주주의의 문제들에 대한 해답일 수 있는가?"라는 질문을 던진 바 있다. 이를 통해 그는 제도화된 정치 수준에서는 용인될 수 있는 갈등이, 사회의 여러 다른 수준, 다른 영역으로 전환되면서 확산될 경우 더 큰 양극화를 불러올 수 있다고 경고했다.
Juan J. Linz, "Change and Continuity in the Nature of Contemporary Democracies", in Gary *Marks and Larry Diamond, eds., Reexamining Democracy* (Sage Publications, 1992), pp. p.182~3.

그동안 한국 현실의 정치 경쟁과 사회적 갈등이 불러낸 말은 진보와 보수의 구분이었다. 이제 그것은 오늘의 한국의 사회 현실을 표현하는 적절한 구분법이 아닌 것으로 보인다. 그것은 한국의 정치사회적 현실을 표현하는 한 측면만을 말하는 것일 뿐 정확한 구분도 아니다. 동시에 그것은 정치적 상상력을 제약하고 한국민들의 정치적 시야를 좁히는 데 기여할 뿐이다. 그로 인해 한 정치공동체로서의 한국 사회의 분열과 적대를 조장하며 그로 인한 사회적 양극화를 불러오게 된다. 선생은 본 논문이 아닌 다른 논문에서 "사회적 보전 이론은 처음부터 거의 필연적으로 보수적 경향성을 지닌 것"이 아닌가라고 회고한다.[15] 그때가 6·29선언이 있었던 87년 6월이다. 필자 역시 틀린 말이 아니라고 생각한다. 저자의 논문의 주제인 사회적 보전 공리의 역사적, 경험적 사례는 보수 혁명으로 정의될 수 있는 메이지이신이다. 지금 필자는 이 글을 통해 사회적 보전 이론을 적용해 한국 민주주의의 새로운 대안, 새로운 정치공간을 발견해 보려 했다. 사회적 보전 공리가 주제인 만큼, 과거의 역사적 경험을 우선시하면서 그것이 담고 있는 가치를 발견해 보려 시도했다. 필자는 오늘의 시점에서 보수의 변화를 상념하는 것으로부터 대안을 상

---

15) 이홍구, "'Social Conservation' Reconsidered", 앞에서 인용된 문집. p. 587.

상하는 것이 촛불시위 이전에 비해 한국 민주주의 발전에 더 많은 기여를 할 수 있다고 생각했기 때문이다. 우리는 여기에서 이탈리아의 작가 람페두사의 말처럼 보수 혁명의 의미를 담은 "모든 것이 그래도 있기를 원한다면, 모든 것이 변하지 않으면 안 된다"라는 말을 떠올릴 수 있을지 모른다.[16] 물론 이 말은 현재의 보수가 현재의 진보에 대응하는 대안이라고 말하는 것은 아니다. 다만 보수의 변화가 필요하고 정당체제의 변화가 필요한 만큼 지금 한국 정치는 재구성되지 않으면 안 된다는 것이다.

오늘의 한국 정치 현실에서 진보는 물론, 보수를 포함한 모든 정치세력이 민주주의를 추구한다면서 경쟁하기에 민주주의냐 아니냐 하는 문제는 쟁론의 의미를 갖지 못한다. 이러한 조건에서 정부 운영 내지, 통치의 질적 수준과 내용을 좋은 민주주의 정부의 척도로 삼는다고 할 때, 그것이 얼마나 중요한지 새삼 깨닫게 된다. 필자는 오늘날 한국 민주주의의 조건에서 보수와 진보가 새로운 기준과 수준에서 경쟁한다고 할 때 또한 그렇게 경쟁하기 위해서도 이 사회적 보전의 공리가 앞으로 더 탐구돼야 할 문제 영역의 어떤 보고와 같은 것이라고 생각한다.

---

16) Giuseppe Tomasi di Lampedusa, *The Leopard* (이탈리아말 원제, *Il Gattopardo*) (Pantheon, 1988), p.40. 시칠리아 군주의 조카가 그의 아저씨에게 했던 말이다.

신민당 리더십의 세대교체가 주는 정치적 교훈: 1969년의 40대 기수론[1]

김용호(서울대 아시아연구소 〈아시아 브리프〉 편집위원장)

I. 서론: 이홍구 교수님의 정당에 대한 관심

이홍구 교수님께서는 정치사상뿐만 아니라 정당에도 깊은 관심을 기울였다. 이 교수님께서 1969년 7월호 「신동아」에 게재한 "한국 정당의 성격과 방향: 신민당 제3차 전당대회를 참관하고"를 읽어보면 당시 야당이었던 신민당에 대한 조언은 오늘날의 야당도 참고할 만한 것이다.[2] 당시 신민당은 오늘날의 야당과

---

1) 이 글은 『운경 이재형의 생애와 정치역정』(가칭)에 수록된 필자의 "제4장: 제3공화국, 운경은 야당 지도자의 길을 걷다. 1962–1971년"에서 일부를 발췌하였다.

2) 전당대회는 1969년 5월 21일 개최되었다.

비슷한 신세였다. 당시 여당(민주공화당)이 1967년 대선과 총선에서 승리한 후 국회 내 수적 우세를 바탕으로 야당을 무시하고 독주하는 바람에 야당은 정치적으로 매우 어려웠다. 더구나 개헌에 필요한 의석을 확보한 공화당이 박정희 대통령의 3선 개헌을 추진하였다. 이에 맞서 신민당은 3선 개헌 저지에 총력을 기울이고 있었으나 국민의 확고한 지지를 얻지 못하였다. 이런 중대한 정치적 위기를 맞았음에도 불구하고 당시 야당은 지금의 야당처럼 당내 분란으로 인해 강력한 대여 투쟁력을 보여주지 못했다. 그 원인 중의 하나는 신민당의 허약한 리더십이었다. 이런 상황에서 개최된 신민당의 1969년 전당대회를 참관하신 후 이 교수님께서는 2가지 조언을 했다. 우리나라에서는 "당이 지도자의 승리를 보장하는 것보다 지도자가 당의 집권을 가능케" 하기 때문에 신민당이 "새로운 리더십을 선출하거나 현 지도자의 이미지를 바꾸어보라"고 조언하였다.[3] 또 "당수에 대한 국민의 지지가 높아야 당내 파벌을 제압할 수 있다"는 점을 강조하였다.[4] 한편 신민당은 박정희 대통령의 3선 개헌 저지에 실패하고, 특히 국민투표에서 개헌 반대표가 32.5%에 불과하여 만년

---

3) 「신동아」, 1969년 7월호, 84쪽.

4) 「신동아」, 1969년 7월호, 85쪽.

야당으로 전락할지도 모른다는 위기감을 느꼈다. 더구나 3선 개헌 반대 투쟁과정에서 신민당의 유진오 당수가 뇌동맥경화증으로 쓰러짐에 따라 리더십 공백이 생겼다. 이러한 위기를 극복하기 위해 김영삼 원내총무가 야당의 대통령 후보에 도전하는 출사표를 던졌다. 우여곡절 끝에 1970년 신민당 전당대회에서 김대중이 대통령 후보에 당선됨으로써 리더십의 세대교체가 일어났다. 당내 서열을 중시하는 보수 야당 신민당에서 40대가 대통령 후보가 된 것은 엄청난 정치적 충격이었다. 이홍구 교수님이 조언한 것처럼 신민당이 새로운 리더십을 선출함으로써 정치적 위기를 극복하고 수권정당으로 탈바꿈하는 계기가 되었다. 이 글에서 필자는 이 교수님의 처방이 오늘날의 야당에게 시사하는 바가 많다는 것을 주장하고자 한다. 물론 당시 정치상황은 군부 출신이 집권하고 있던 권위주의 시대였고, 또 사회경제적 환경과 정치문화도 많이 달랐다. 이처럼 시대 상황이 많이 다르지만 오늘날의 야당도 정치위기를 극복하려면 리더십의 세대교체가 필요하다는 것을 강조하고자 한다. 이처럼 한국 정당의 개혁 방안을 우리의 역사적 경험에서 발굴해 내야 실천 가능성이 높아질 것이다.

II. 1969년 신민당 3차 전당대회와 3선 개헌 정국

이홍구 교수님께서 1969년 5월 21일 신민당 전당대회 참여 관찰을 했던 시기는 박정희 대통령의 3선 개헌 문제로 여야가 강경 대립으로 치닫고 있던 때였다. 이 전당대회에서 신민당은 유진오 총재 중심의 지도체제를 더욱 강화하는 한편 3선 개헌 반대를 다짐하는 내용의 결의문을 채택하였다. 신민당은 이미 2월에 '개헌저지기획위원회'를 설치하고 개헌 반대 전국 유세에 돌입했다. 또 재야인사들이 '3선 개헌 반대 범국민투쟁위원회'를 발기했다. 그동안 정치활동정화법에 묶여 있다 풀려난 이철승, 김선태, 김상돈, 김영선, 윤길중 등이 참여하였다. 그리고 신민당은 5월 17일 서울에서 개헌 반대 시국강연회를 개최하였다. 소위 장외투쟁에 나선 것이다. 6월 들어서 대학생들의 개헌 반대 시위가 시작되었다. 6월 12일, 서울대 법대의 '개헌 반대 성토대회'를 시작으로 전국적으로 학생 데모가 불붙기 시작했다. 정부는 재빨리 조기 방학을 실시함으로써 학원 데모를 잠재웠다.

그런데 6월 20일 밤에 기상천외한 일이 발생했다. 개헌 반대에 혼신의 힘을 기울이고 있던 신민당 원내총무 김영삼이 귀가 중, 차에서 내리면서 초산 테러를 당했다. 다행히 인명 피해는 없었다. 이러한 정치적 테러에 대해 김영삼 의원이 국회에서 '독재자 박정희' '어떤 기관(중앙정보부에 대한 별칭)의 만행'을 규탄했다. 국회는 이 사건을 조사하기 위하여 특별위원회를 구성하였다. 현장 검증을 실시하고 테러가 완전히 조직적이고 계획적이라는 결론을 내렸다. 그러나 위원회의 활동기간이 30일에 불과하여 8월 9일까지 진상을 규명하지 못하였다. 범인이 끝내 잡히지 않아서 야당은 국회에서 이 사건의 진상을 규명할 길이 없었다. 신민당 유진오 총재가 이 사건의 진상 조사를 요구하자, 장경순 국회 부의장이 폐회를 선언하였다. 야당은 직권 남용을 이유로 장경순 부의장과 이효상 국회의장의 사퇴를 요구했으나 받아들여지지 않았다. 공화당은 오히려 이들을 1969년 7월에 다시 국회의장과 부의장으로 선출하였다. 야당 의원들의 정치적 좌절감이 컸다.

신민당은 7월 초부터 개헌 반대 운동에 박차를 가하였다. 그동안 공식 입장을 유보했던 박 대통령이 마침내 "개헌에 반대하지 않는다"고 선언했기 때문이다.[5] 이와 함께 공화당 내 개헌 추진 세력은 공개적으로 개헌 작업을 추진하게 되었다. 이제 박 대통령과 그의 측근들은 본격적으로 개헌 반대자들을 설득하려고 노력했는데, 가장 중요한 목표는 김종필이었다. 그가 박 대

---

5) 중앙선거관리위원회, 대한민국 중앙선거관리위원회, 『대한민국정당사』, 제1집, (중앙선관위, 1973), 135쪽.

통령의 가장 유력한 후계자였기 때문이다. 박 대통령의 설득으로 그가 개헌 지지로 선회함에 따라 공화당 내 개헌 반대 세력은 큰 힘을 잃었다.[6] 박 대통령은 야당과 학생들의 개헌 반대 운동이 가열되자, 7월 25일 특별 담화를 통해 "개헌안이 부결되면 불신임으로 간주, 즉각 물러나겠다"면서 "여당은 빠른 시일 안에 개헌안을 발의하고 야당은 합법적으로 반대 운동을 펴 달라"는 등 7개 항을 제의하였다.[7] 이것은 개헌안 부결이 가져올 권력 공백에 대한 국민들의 불안을 이용하여 개헌 찬성을 유도하려는 것이었다.

개헌 저지를 위해 혼신의 힘을 다하고 있던 신민당은 의원 3명(성낙현, 연주흠, 조홍만)의 변절로 충격에 빠졌다. 이들이 어마어마한 돈을 받고 개헌 지지로 돌아섰다는 소문이 파다하였다. 그동안 소문으로만 떠돌던 공화당 정부의 공작정치의 실체를 보여준 것이다. 신민당은 이들의 정치적 배신을 수습하는 조치에 나섰다. 9월 6일 신민당은 의원총회를 열어 3명의 의원을

---

6) 1969년 8월 정구영이 김종필의 자택을 방문하여 "개헌에 대해 찬성이나 반대를 하지 말고 그냥 침묵을 지켜달라"고 요청했으나 후자는 거절했다. 김종필, 『김종필 증언록 1』 (와이즈베리, 2016), 381쪽.

7) 이성춘, "김종필은 왜 후계자가 되지 못했나?" 「신동아」, 1984년 8월호, 156-199쪽.

제외한 44명 전원을 스스로 일괄 제명하고, 다음 날인 9월 7일 곧바로 유진오 총재의 집에서 전당대회를 열고 당 해산을 결정하였다. 신민당이 이런 고육지책을 채택한 이유는 변절한 세 의원의 의원직을 박탈하기 위한 것이었다. 당시 법에 당이 해산하는 경우 의원직을 상실하게 되어 있었다. 신민당은 당 해산 즉시 '신민회'라는 원내교섭단체를 만들어 활동하다가 개헌안이 국회를 통과한 뒤인 9월 20일 다시 창당대회를 갖고 신민당을 복원하였다. 이제 개헌 지지 의원은 122명에서 119명으로 줄어들어 개헌안 통과에 필요한 의원 수, 114명보다 5명이 더 많았다. 따라서 야당은 개헌안을 부결시키기 위해 개헌안에 서명한 의원 중 6명의 반대표를 확보하려고 심혈을 기울였다. 9월 들어 공화당은 국회에서 3선 개헌 절차를 본격적으로 추진하였다. 9월 13일, 국회 토론이 종결되어 표결 절차를 남겨 두었으나 야당의 철야농성으로 표결이 불가능하였다. 이에 이효상 국회의장은 14일이 일요일이므로 15일에 회의를 속개한다고 선포하였다. 그러나 공화당은 일요일인 14일 새벽 2시 25분, 야당이 농성하고 있는 본회의장 건너편 제3별관 특별회의실에서 야당에 통고하지 않고 회의를 속개하여 개헌안을 통과시켰다. 개헌안에 찬성하는 122명(공화당 107명, 정우회 11명, 무소속 4명)만이 참석하여 25분 만에 변칙 통과시켰다. 개헌안이 국회를 통과한 후, 신민당은 국민투표를 앞두고 "어떤 일이 있어도 장기 집권을 막아야 한다"고 국민들에게 호소하였다.[8] 이에 맞서 공화당도 전국 유세에서 "안정이냐 혼란이냐"로 개헌 지지를 호소하였다. 10월 17일 실시된 국민투표에서 유권자의 77.1%가 투표에 참가하여, 유효투표의 65.1%가 찬성하였다. 이로써 박 대통령의 3선이 가능하게 되었다. 야당은 개헌안의 국회 변칙 통과와 국민투표 부정을 이유로 국회 등원을 거부하였다. 야당은 처음에 불법으로 통과된 3선 개헌안은 무효라고 주장하였다. 그런데 1969년 11월 들어 야당은 개헌안을 무효화시키기 어렵다는 판단 아래 등원의 조건으로 선거법 개정과 3선 개헌의 주역들을 사임시키도록 요구하였다. 그러나 공화당은 야당이 지치기만을 기다렸다. 그리하여 국회가 계속 공전을 거듭했다.

III. 신민당 내 40대 기수론 등장

신민당은 3선 개헌 저지에 실패한 후 심각한 위기에 봉착하였다. 이제 박정희 대통령의 독재가 본격적으로 시작되는 상황

---

8) 공화당과 김종필의 자세한 유세 내용은 다음을 참조. 김종필(2016), 382–385 쪽.

에서 신민당이 민주주의를 지킬 수 있는 방안이 마땅치 않았다. 국회를 비롯한 정상적인 정치과정을 통해 독재에 저항하는 길이 보이지 않았다. 더구나 신민당은 3선 개헌 투쟁과정에서 쓰러진 유진오 총재가 입원 중이어서 리더십 공백상태였다. 3선 개헌이 국회에서 통과한 지 2개월 만인 1969년 11월 8일, 김영삼 원내총무가 아무도 예상치 못한 공식 선언을 다음과 같이 발표하였다.

"우리 야당은 빈사상태를 헤매는 민주주의를 회생시키는 데에 새로운 각오를 다져 앞장서야 할 사명 앞에 있습니다. 이 중대하고 심각한 사명의 대열에서 깊은 의무감과 굳은 결단, 그리고 벅찬 희생을 각오하면서 1971년 선거에 신민당의 대통령 후보로 나설 결의를 당원과 국민 앞에 밝히는 바입니다."

이 선언은 당내 서열을 중시하는 신민당의 질서를 흔드는 폭탄선언이었다. 당시 김영삼의 나이는 불과 42세로서 대통령 후보가 되기에는 상대적으로 매우 젊은 편이었다. 이 선언이 신민당 내부를 벌집 쑤셔 놓은 꼴이 되었다. 처음에 그냥 돌발적인 사건으로 여겨졌던 그의 선언이 당내 리더십 공백 상황과 맞물려 점차 엄청난 정치적 파장을 낳았다.

당시 신민당은 3선 개헌 국민투표에서 전례 없이 392만 표라는 큰 차이로 참패했기 때문에 국민의 지지가 약화되고 있다는 위기감을 느끼고 있었다. 또 개헌안의 국회 표결을 앞두고 뇌동맥경화증으로 입원한 유진오 총재를 대신할 리더십이 없어서 당은 완전히 구심점을 잃고 있었다. 이런 상황에서 김영삼의 폭탄선언이 나오자 당내 소장파들의 지지가 잇따랐다. 그의 선언이 나온 지 열흘 뒤인 11월 18일, 김대중도 대통령 후보 지명전에 나설 뜻을 밝혔다. 소위 40대 기수론이 당내는 물론 여론의 지지를 얻게 되자, 1970년 1월로 예정된 신민당의 전당대회가 매우 불투명해졌다. 사실 이 전당대회는 유진오 총재 중심으로 당 체질 개선과 당풍 쇄신을 하기 위해 조기에 소집된 것이다. 그런데 유진오 총재의 요양이 장기화되면서 그의 정계 복귀가 불투명해졌기 때문에 당내 분위기가 달라지기 시작했다. 그가 1971년 대선 후보가 될 수 있을지가 의문시되었고, 급기야는 거취 결정을 강요당하는 입장이 되었다. 1969년 12월 초, 병 치료를 위해 일본에 있던 유 총재가 유진산 부총재에게 편지를 보내 정무회의에서 결정한 1월 26일 전당대회를 무기 연기할 것을 요청하였다. 이제 신민당은 전당대회 개최 여부를 두고 계파 간의 힘겨루기가 시작되었다. 애초에 전당대회 개최를 주장했던 비주류가 이제는 연기론을 찬성하게 되었다. 비주류는 전당대회에서 주류의 유진산이 당수가 되는 것을 막기 위한 것이었다. 이미 진산계는 김영삼 의원의 대선 후보 출마선언 직후 모임을 가지고 유진산을 차기 총재로 추대할 것을 결정한 상태였다. 진산계의 계획은 1월 전당대회에서 당권을 장악한 후 5월의 정기 전당대회 이후에 대선 후보를 결정한다는 것이었다. 이들은 유진오 총재의 와병으로 인한 당의 리더십 공백상태를 더 이상 방치할 수 없다는 정치적 명분을 앞세워 1월 전당대회를 추진했다. 비주류 인사가 일본으로 가서 유 총재에게 직접 전당대회 연기를 요구하였다. 그러나 진산이 1970년 1월 2일, 급히 일본으로 건너가 두 차례에 걸쳐 유 총재와 회담을 가졌다. 1월 7일 진산이 소위 동경 선언을 발표하였다: "나는 요양을 계속해야 할 건강상의 이유로 총재직을 사퇴한다. 전당대회는 예정대로 1월 26일에 열되 대통령 후보 지명대회는 오는 9월까지 미루기로 유진산 수석부총재와 합의했다." 전혀 예상치 못한 일이었다. 불과 10여 일 전에 대회 연기를 요청했던 유 총재가 자신의 의사를 완전히 뒤엎은 것이었다. 유 총재의 동경 발언을 두고 갖가지 추측이 난무하였다. 유 총재가 유진산에게 말려들었다, 둘 간에 모종의 협약이 있었다, 당권은 유진산이 갖고 유 총재는 추후에 대권 후보로 나서기로 했다 등등. 그러나 자세한 내막이 시원하게 밝혀지지 않은 채 신민당은 당권을 두고 진산계와 반진산계가 치열한 싸움을 전개하게 되었다. 1970년 1월 26일, 마침내 서울 시민회관에서 신민당의 전당대회가 열렸다. 대의원 606명이 참석한 가운데 곧바로 총재 선출을 위한 투표가 실시되었다. 1차 투표 결과 유진산이 286표, 이재형이 192표, 정일형이 125표를 획득했다. 정일형은 이재형과의 사전 합의에 따라 1차 투표에서 더 많은 표를 얻은 후보를 밀기로 약속했기 때문에 신상발언을 통해서 당수 경쟁 포기를 선언했다. 그런데 2차 투표에서 유진산 327표, 이재형 276표로 무려 51표의 차이로 진산이 승리했다. 3선 개헌으로 국회를 보이콧하고 있던 신민당은 유진산이 새 총재로 등장함에 따라 노선을 바꿀 가능성이 높아졌다. 유진산은 "이제 신민당은 종래와 같은 극한투쟁을 삼가고 신축성 있는 태도로 임해서 국회가 효율적으로 운영되도록 할 방침"이라고 천명했다. 그런데 여야 간의 협상에 진전이 없어 공화당은 계속 단독으로 국회를 운영하였다. 한편 1970년 5월, 유진산은 여야 협상에 관계없이 독자적 등원을 결정하였다. 8개월 만에 국회가 정상화되었다.

IV. 1970년 신민당 대선 후보 경쟁

유진산을 비롯한 신민당 원로들은 40대 기수론을 받아들일 수 없었다. 신민당은 지난 전당대회를 앞두고 40대 기수들이 주장한 "당수와 대권 후보 동시 지명"을 간신히 무마시키면서 후보 지명대회를 1970년 6월로 연기시켜 놓은 상태였다. 이제 당은 어떤 방식으로든 대선 후보를 결정해야 할 형편이었다. 신민당 지도자들은 대선 후보 선정 시기와 방식을 두고 치열한 공방전을 벌였다. 첫 번째 쟁점은 40대 대선 후보에 대한 찬성 여부였다. 유진산은 40대 기수들을 "구상유취(口尙乳臭)"와 "정치적 미성년자" 등으로 그 의미를 깎아 내렸다. 위계질서와 선후배 서열을 중시하는 보수 야당의 전통이 사라질지 모른다는 위기의식의 발로였다. 노장들과 40대 기수들 간의 힘겨루기가 계속되는 가운데 시간은 흘러 대선 후보 선정을 약속한 6월 말이 다가왔다. 유진산은 6월의 마지막 화요일 신민당 정무회의에서 뜻밖의 제의를 하고 나섰다: "현재 후보 경쟁으로 거론되는 사람이 당내에서만 무려 7명이 되고, 또 당 외에 있는 분을 모시자는 사람도 있습니다. 이러한 당론의 격심한 분열 속에서는 지명대회를 열 수 없다고 생각됩니다."⁹⁾ 여기서 유진산은 후보로 지목된 7명의 이름을 일일이 거론했다. 유진오, 김영삼, 김대중, 이철승, 정일형, 박기출, 김홍일 등이었다. 결국 노장 중심으로 이루

---

9) 운경재단, 『정치 以前의 것을 하러 왔소』 (도서출판 삼신각, 2002), 377쪽.

어진 정무회의는 6월의 지명대회를 9월로 연기했다. 대선 후보 선출 문제와 관련하여 진산의 애매모호한 태도가 계속되자, 40대 기수 세 사람이 모여 공동전선을 펴기로 합의하였다. 세 사람이 단일화에 노력하고, 단일화가 이루어지지 않을 경우 선의의 경쟁을 할 것과 1차 투표에서 모두 과반수 미달일 경우 2위와 3위는 1위를 만장일치로 추대하고, 다른 경쟁자가 있을 경우에는 1위에게 표를 몰아줄 것 등을 골자로 하는 합의였다. 이러한 합의가 도출되자 신민당 내 주요 인사들이 이들의 경쟁을 공식적으로 지지하기 시작했다. 이재형, 김홍일, 정헌주 등이 지지를 표명하면서 당의 체제 개편까지 요구하고 나섰다. 이런 상황에서 고흥문 사무총장이 당내 혼란을 피하기 위해서 진산이 후보 경쟁에 나서지 않도록 설득하였다. 처음에는 요지부동이던 진산도 차츰 고흥문의 주장에 동조하지 않을 수 없었다. 그가 드디어 "내가 만약 지명전을 포기한다면 40대들도 마찬가지로 여기에 상응하는 노력이 있어야 할 것이오"라고 주장하였다.[10]
1970년 9월 25일, 진산은 40대 후보 3명과 그동안 조정역을 맡아오던 고흥문 등 4명을 자택으로 불러 자신이 한 말의 의미를 보다 정확하게 밝혔다. 그는 40대 기수 3명 중 한 명을 추천하는

---

10) 운경재단, 『정치 以前의 것을 하러 왔소』 378쪽.

권한을 자신에게 달라고 요구했다. 이것은 "자신들 중 누가 후보로 결정되더라도 승복한다"라고 결정한 3사람의 합의를 역공한 것이었다. 진산은 만약 자신의 제안을 받아들이지 않는다면 세 사람의 서약정신과 근본적으로 모순되는 것이라고 거세게 몰아붙였다. 김영삼과 이철승은 결국 그 자리에서 진산의 제안을 수락하고 말았다. 하지만 김대중만큼은 즉각적인 대답을 보류했다가 다른 제안과 함께 거부의 뜻을 표명했다. 김대중은 진산 단독이 아닌 당내 6인의 지명단을 구성하여 추천한다면 추천권을 위임하겠다고 제안하였다. 그는 진산 외에 이재형, 정일형, 양일동, 홍익표, 서범석 등 6인을 지명단으로 추천했다. 진산은 자신의 제안을 김대중이 거부하자 후보 지명대회 이틀 전인 9월 27일 아침 일찍 당내 중진들을 모아 놓고 다음과 같이 선언하였다: "김영삼과 이철승, 둘 중에서 한 명을 후보자로 추천하여 일사불란한 당의 단합을 과시하겠습니다." 그리고 그는 두 사람으로부터 자신의 추천에 무조건 승복하겠다는 서약서에 날인을 받았다. 두 사람은 서로 자신이 진산의 추천을 받을 것이라고 믿고 있었다. 김영삼은 민주당 구파 시절부터 진산과 같은 계보에서 활동했다는 오랜 인연을 믿었다. 한편 이철승은 총재 경선에서 진산을 밀었다는 점과 자신의 숙부가 개인적으로 진산과 아주 친분이 두터웠다는 점을 믿었다. 진산이 마침내 김영삼을 대선 후보로 추천하였다. 1970년 9월 29일, 드디어 신민당 대통령 후보 지명대회의 막이 올랐다. 대회가 열렸던 시민회관의 분위기는 압도적으로 김영삼의 승리를 예상하였다. 그가 과반수만 넘기면 되지만 계산상으로 3분의 2도 능가할 수 있다는 섣부른 예측이 나왔다. 그러나 투표 결과는 당 내외의 예상을 뒤엎는 이변을 낳았다. 총 904명의 대의원 중 885명이 참가한 1차 투표에서 김영삼 421표, 김대중 382표, 백지 투표 78표, 무효표 2표였다. 백지 투표의 대부분이 이철승 지지 표였다. 유진산의 추천을 받은 김영삼이 김대중보다 39표를 더 획득했으나 과반수에는 22표가 모자라 2차 투표에 들어갔다. 김영삼과 주류 측은 당황한 빛이 역력했고, 김대중 측은 사실상의 승리를 했다며 환호성을 올렸다. 대회장은 순식간에 아수라장이 되었다. 78표의 백지 투표는 즉각적으로 이철승 측의 것으로 지목받았다. 이 후보가 진산에게 약속한 것을 지키지 않은 것으로 보였다. 이처럼 예상을 뒤엎는 1차 투표 결과로 장내는 긴박감이 넘쳐흘렀다. 김영삼, 김대중 후보 진영의 참모들은 마지막 순간까지 부동표를 흡수하기 위해 뛰어다녔다. 대회 분위기는 급속도로 김대중 측으로 기울어졌다. 2차 투표 결과 김대중 458표, 김영삼 410표, 기타 16표로 김대중이 과반보다 15표를 넘어서는 승리를 거두었다. 반면 김영삼은 1차 투표보다 11표가 줄어들었다. 이로써 1969년 11월부터 시작된 신민당 대선 후보 경선은 11개월 만에 막을 내렸다.

V. 결론: 신민당 리더십 세대교체가 주는 교훈

이홍구 교수님이 1969년 5월의 신민당 전당대회 참여 관찰 후 제시하신 야당의 리더십 교체나 강화 주장을 신민당이 얼마나 심각하게 받아들였는지는 알 수 없다. 어쨌든 그해 11월 김영삼의 대선 후보 도전으로 촉발된 40대 기수론이 당의 리더십 세대교체를 가져왔고, 이것이 당에 활력을 불어넣었다. 그리하여 1970년 신민당의 대선 후보 경선과 리더십 세대교체는 4가지 측면에서 우리 정치사에 커다란 이정표로 남았다. 첫째, 한국 정당이 민주적인 방식으로 대선 후보를 선출할 가능성을 보여주었다. 그동안 여당은 경선 없이 당수가 자동적으로 대선 후보가 되었다, 한편 야당은 당내 보스들이 밀실에서 대선 후보를 결정하는 경향이 강하였다. 이제 신민당이 과거의 비민주적 대선 후보 선출 방식에서 탈피한 것이다. 둘째, 이 지명대회의 패자들이 그 결과에 깨끗이 승복하는 선례를 남겼다. 과거에 야당 지도자들이 당수나 후보 경선에서 패배하는 경우 승복하지 않고 탈당하여 신당을 창당하는 경우가 있었다. 그러나 이번 지명대회에서 패자인 김영삼은 김대중의 승리가 선포되자 단상에 올라 약속을 지킬 것을 만천하에 선포하였다. 셋째, 신민당 지도부의 세대교체가 확실하게 가시화되었다. 비록 패배했지만 지명대회를 거치면서 김영삼과 이철승이 승자인 김대중과 함께 당내에서 확고한 지지 기반을 마련하였다. 마지막으로 지적할 점은 3명의 대선 후보가 지방 대의원의 지지를 얻기 위해 노력한 결과 중앙당-지방당의 연계가 더욱 튼튼해진 것이다. 과거에는 이런 경선이 없었기 때문에 지방 대의원들은 중앙당 보스가 지시하는 대로 따르는 경향이 강하였다. 그러나 지방 대의원들도 자신의 소신에 따라 후보에게 투표함으로써 당과 일체감이 커졌다. 이 지명대회를 계기로 신민당의 지방 조직이 과거보다 활성화되었다. 이것이 1971년 대선과 총선에서 신민당 선거운동에 큰 정치적 자산이 되었다. 1970년 신민당 리더십의 세대교체는 오늘날의 야당에게도 좋은 교훈을 남겨주었다. 물론 당시와 지금은 정치 환경이 매우 다르지만 당의 리더십 강화를 위한 세대교체와 당내 경선을 통한 지방 조직의 활성화가 당-유권자 연계를 강화시켜 다가오는 선거에서 승리하는 데 기여할 것이다.

그런데 1969년 신민당의 40대 기수론은 1987년 이후 한국 민주화의 역사적 기원이라고 할 수 있다. 그 이유는 첫째, 40대 기수론의 선봉장이었던 김영삼과 40대의 대선 후보 경쟁에서 승리한 김대중이 1970년대와 1980년대 권위주의 정권의 정치적 탄압을 이겨내고, 결국 1987년 6월 항쟁을 통해 대통령 직선제라는 민주화의 길을 열었기 때문이다. 더구나 김영삼과 김대중은 1992년 이후 각각 5년씩 집권하여 민주주의 공고화에 기여하였다. 둘째, 40대들의 정정당당하고 공명정대한 대선 후보 경선과정, 그리고 경선 결과에 대한 패자의 깨끗한 승복은 40대 기수들과 신민당에게 민주주의 실천가라는 이미지를 만들어 주었다. 이는 당시 여당이었던 공화당과 매우 대조적이었다. 1969년 3선 개헌 이후 공화당은 박정희 대통령의 1인 독재가 강화되고 있었다. 그리하여 여야의 대결구도가 "민주 대 반민주"로 더욱 선명해지게 되었다.

후기:

이 글을 완성할 무렵인 올해 6월에 야당인 국민의힘 전당대회에서 36세의 젊은 지도자 이준석이 당 대표에 당선됨에 따라 리더십 세대교체의 가능성이 열렸다[11]. 그러나 1970년 신민당의 리더십 세대교체 과정을 보면 앞으로 국민의힘이 리더십 교

---

11) 이경재, "한국정치의 새 지평 열었다,"『월간 헌정』 2021년 7월호, 32–35쪽; 김성호, "'매미'를 능가하는 정치 태풍"『월간 헌정』 2021년 7월호, 36–40쪽.

체를 완성하려면 해결해야 할 과제가 많은 것으로 보인다. 1970년 신민당 전당대회에서 40대의 김대중이 대선 후보가 된 후 리더십 세대교체를 완성하는 데 적어도 3년 이상이 소요되었다. 1971년 대선 종료 직후 국회의원 후보 공천과정에서 여전히 당권을 장악한 유진산 계열과 김대중 계열이 대립하는 바람에 신민당은 분열되었다. 임시방편으로 김홍일 전당대회의장이 당수 권한대행을 맡아 국회의원 선거를 치르고 난 후 다시 당권을 놓고 대립하였다. 임시 전당대회에서 김홍일이 진산계의 지원을 받아 김대중을 누르고 당수에 선출되었다. 그러나 1972년 9월 정기 전당대회에서 진산계만이 참석한 가운데 유진산이 다시 당수가 되자, 이제 김홍일과 김대중이 반진산 연합을 구축하여 별도의 전당대회에서 김홍일을 당수로 선출했다. 신민당이 파벌 싸움에 몰두해 있는 동안 집권세력이 10월 유신을 선포하자, 진산계와 반진산계가 다시 뭉쳤다. 그러나 새 국회의원 선거를 앞두고 진산계가 정무위원 인선에서 반진산계의 핵심들을 탈락시키자 김홍일, 양일동, 김대중 등이 신민당을 떠나 민주통일당을 창당하였다. 총선이 끝난 후 1973년 3월 유진산이 다시 당수에 복귀하였으나 8월에 김대중 납치사건이 터지자 유진산의 온건 노선이 크게 타격을 입었다. 유진산이 1974년 대여 투쟁을 강화하겠다고 선언했지만 1974년 4월에 병환으로 사망했다. 그

후 전당대회에서 신민당이 처음으로 40대 기수 간에 당권 경쟁을 치른 결과 선명 야당론의 김영삼이 중도통합론의 이철승을 누르고 당선되었다. 이로써 신민당의 리더십 세대교체가 완성되었다. 40대 기수가 유진산을 정점으로 한 기존 세력의 철저한 저항을 물리치고, 정치적 이해관계에 따른 합종연횡 속에 치열한 당권 경쟁 결과, 마침내 젊은 리더십이 당을 장악하였다. 이로써 신민당은 1970년대에 김영삼계, 김대중계, 이철승계가 실질적으로 경쟁하는 구도가 등장한 것이다.

신민당의 사례는 당내 리더십의 세대교체가 얼마나 어려운지를 실감나게 증언하고 있다. 특히 신민당의 40대 기수론과 이준석 국민의힘 대표의 출현을 비교해 볼 때, 후자가 앞으로 리더십 세대교체를 완성하려면 넘어야 할 산이 많을 것이다. 첫째, 신민당의 경우 세 지도자들이 모두 40대였지만, 국민의 힘의 경우 이준석이 30대라는 점이 다르다. 단순하게 비교해 보면 후자의 경우 전자보다 경쟁해야 할 기성세대가 상대적으로 많다. 신민당의 40대 기수들은 50대 이상이 경쟁 대상이었지만 이준석의 경우 40대 이상이 경쟁 대상이므로 기성세대의 저항이 훨씬 클 것이다. 특히 이준석의 경우 세대 차이가 상대적으로 크기 때문에 기성세대가 이질감을 더 느낄 가능성이 높다. 둘째, 신민당의 경우 3명(김영삼, 김대중, 이철승)이 함께 40대 기수론을 제창한 반면 이준석은 단기필마에 불과하다. 전자의 경우 대선 후보 경쟁과정에서 1차 투표에서 가장 많은 표를 얻은 후보를 밀어주기로 약속한 후, 세대교체를 향한 3자 간의 결속력이 강해졌다. 이준석의 경우 경쟁자가 없기 때문에 혼자서 기성세대의 저항을 물리쳐야 하는 어려움이 예상된다. 셋째, 40대 기수들에 비하면 이준석의 정치 경력은 상대적으로 매우 짧은 편이고, 또 국회의원 경력마저 없다. 40대 기수들은 모두 1950년대에 정치에 입문하여 10년 이상 정치를 했고, 또 국회의원에 3번 이상 당선되어 당과 국회에서 중진의 지위를 획득하였다. 이철승은 1960년 민주당 정권에서 소장파의 리더였고, 김영삼은 원내총무를 지냈고, 김대중은 대변인 등을 지냈다. 그러나 이준석은 2012년 정치에 입문하여 정치 경력이 9년 정도에 불과하고, 여러 차례 국회의원 선거에 나갔으나 번번이 낙선하였다. 이런 정치적 배경을 볼 때 이준석이 당내 지지 기반을 형성 및 확대해 나가는 것이 쉽지 않을 것으로 보인다. 마지막으로 지적할 점은 40대 기수들은 당내 대선 후보였기 때문에 대중적 기반을 형성하는 데 용이했던 반면, 이준석은 아직 대선 후보 자격 연령 미달이어서 4년 후에 대선 후보의 반열에 올라 대중적 기반을 마련할 수 있다. 이를 위해서는 내년 3월까지 대선 과정에서 당 대표의 역할을 제대로 수행하는 것이 선결과제다. 과연 그가 당내 경선을 공정하게 관리하고, 대선 캠페인을 효율적으로 수행하여 국민의힘을 집권당으로 만들어 낼 수 있을 것인가? 벌써 이준석이 일부 대선 후보들과 갈등을 빚고 있는 것을 볼 때, 앞으로 그가 가야 할 길이 험난할 것으로 예상된다. 앞으로 이준석 바람이 일시적인 현상으로 끝날 것인지, 그렇지 않으면 야당(국민의힘) 리더십의 세대교체로 귀결될 것인지 여부가 야당의 장래뿐만 아니라 정당민주주의의 미래를 좌우할 수 있다. 1970년대 리더십 세대교체가 야당에 활력을 불어넣어주고, 나아가 한국 민주주의를 회생시키기 위한 반독재 투쟁을 강화시켜 주었다는 점을 인정한다면 이준석의 정치적 장래에 주목하지 않을 수 없다.

제21대 국회 첫 1년 의정에 대한 소고: 다수당 독주, 양극적 갈등과 실종된 협치

박찬욱(서울대 명예교수)

서언

본 소고는 2020년 5월 30일 임기가 개시된 제21대 국회 첫 1년 의정의 두드러진 특징을 서술하고 분석하는 에세이다. 21대 국회는 6월 5일 제379회 임시회로 개원하였는데 이 글에서는 2021년 6월 1일 종료된 제387회 임시회까지의 기간을 다룬다. 의정의 특징은 크게 두 가지 관점에서 규정하고자 하는데 하나는 국가기관으로서 국회가 지키고 보여주는 자율성과 독립성이고 다른 하나는 원내 정당 갈등의 전개와 관리이다. 그리고 제헌국회로부터 시작하는 70여 년 의정사의 맥락에서 21대 국회

의정의 특징을 논의하고자 한다.

정치체제의 성격으로 말하면, 제1공화국부터 제5공화국까지는 권위주의, 현 제6공화국은 민주주의 체제로 구분할 수 있다. 권위주의 시기에도 반독재 민주화를 향한 국민의 열망이 없지 않았지만 1987년 6월 항쟁을 거쳐 출범한 현 공화국 시기에 와서 비로소 민주주의 정치체제가 성립되어 상당한 기간 유지되고 있다. 권위주의 시기에 제헌국회부터 12대 국회, 민주화 이후에는 1988년 5월 임기 개시한 13대 국회부터 지금의 21대 국회에 이르고 있다.

필자가 이 글에서 논의를 위해 제기하는 질문은 다음과 같다. 권위주의 시기 한국 국회를 중심 무대로 한 의정의 특징은 어떠한가? 민주화 이후 20대 국회까지 의정의 특징은 그 이전과 비교하여 어떠한 지속성이 있으며 또한 어떻게 달라졌는가? 현 21대 국회 첫 1년 의정의 양상을 어떻게 평가할 수 있는가? 민주화 이후 전개되어 온 의회정치가 발전하는 방향으로 운영되었는가 아니면 전진은커녕 퇴영의 모습을 드러냈는가? 두 번째 정기회에 임하고 있고 임기가 아직 많이 남아 있는 21대 국회는 어떤 방향으로 의정운영을 전환하여 한국 민주주의 정치의 질적 고양을 견인할 것인가?

권위주의 체제 시기 의정의 특징

1987년 6월 민주항쟁을 거쳐 개막된 제6공화국 이전의 역대 국회는 대체로 첫째, 제도로서의 자율성 내지 독자성을 제대로 확보하지 못했다. 국회는 공화국이 바뀌는 정치 변동의 소용돌이 속에서 그 제도적 생명이 단절되었다가 부활하는 시련을 수차례 겪었다. 즉 당초 정해진 임기가 보장되지 못한 경우가 많았다. 제1공화국의 4대 국회는 학생혁명으로 이승만 대통령이 실각하면서 4년의 법정 임기가 2년 2개월로 단축되었다. 제2공화국의 5대 국회는 1961년 5월 군부 쿠데타로 포고령에 의해 임기 개시 9개월여에 해산 당했다. 6대 국회의 임기는 개원 이후 발생한 사태로 인하여 단축된 것은 아니었지만 군부가 주도했던 헌법 개정에서 부칙에 의해 사전적으로 4년의 법정 임기가 아니라 3년 6개월의 실제 임기를 마쳤다. 제3공화국의 8대 국회는 1972년 10월 박정희 대통령의 초헌법적인 조치에 의해 1년 3개월여 만에 해산되었다. 제4공화국의 10대 국회는 1979년 10월 박 대통령 시해, 12월 신군부 쿠데타로 말미암아 그 이듬해 10월에 가서 1년 7개월여 만에 임기를 마치지 않을 수 없었다. 제5공화국의 12대 국회는 1987년 6월 민주항쟁의 결과 헌법이 개정되어 그다음 해 5월에 3년 1개월여 경과한 시점에서 임기를 종료하게 되었다.

건국 이래 제2공화국 시기를 제외하면 정부 형태는 대통령제를 채택하여 왔다. 민주체제의 대통령제는 대통령을 수반으로 하는 행정부와 입법부 간 권력분립이 제도화되고 견제와 균형을 이루면서 작동하도록 설계된다. 대통령제 민주주의가 발전하려면 국회가 행정부와의 관계에서 자율성을 확립하는 것이 아주 긴요하다. 하지만 민주화 이전 국회는 헌법 규정대로 대통령 및 행정부를 견제하기보다는 실제 오히려 대통령에 의하여 지배된 경우가 일반적이었다. 대통령은 헌법 등에 의해 합법적으로 부여된 강력한 집행권뿐만 아니라 국가의 강제력 행사를 담당하는 기관을 불법적으로 활용하거나, 더 나아가서는 집권 여당에 대한 통제와 대통령 개인의 카리스마에 힘입어 국회에서 대통령의 의사를 관철하고 심지어 국회를 유린하는 처사마저 적지 않게 발생하였다.

　민주화 이전에 국회가 대통령에 대한 탄핵소추 권한을 행사하여 행정부 최고위 실력자를 통제하려고 시도한 사례는 전무했다. 국무총리직이 폐지되었던 시기에 해당하는 4대 국회와 국무총리 임명동의권이 부여되지 않았던 제3공화국의 6-8대 국회를 제외하면 역대 국회는 국무총리 임명동의(승인)권을 보유하고 있었다. 제헌국회에서 3건의 국무총리 임명 승인안 중 2건이 부결되고, 2대 국회에서는 6건의 국무총리 임명 승인안 중 3건이 부결되었다. 당시에는 집권 여당이 공식적으로 존재하지 않았고 무소속 의원의 비율이 높았다. 3대 국회에 와서 자유당이 여당으로서 원내 다수당이 되었는데 국무총리 임명 승인안은 부결되지 않았다. 의원내각제를 채택한 제2공화국의 5대 국회에서 국무총리 임명 동의안이 부결되었는데 여당과 야당 간의 대결이 아니라 여당인 민주당 내부의 구파와 신파가 대립한 가운데 이런 사태가 발생하였다. 권위주의 독재가 심화되었던 제4·5공화국 시기의 국회에서는 국무총리 임명 동의안이 부결되지 않았다. 다만, 12대 국회에서 이한기 국무총리서리가 재직 2개월 만에 건강상 이유로 사퇴하여 임명동의안은 철회되었다.

권위주의 체제하의 역대 국회는 국무총리와 국무위원에 대한 불신임 또는 해임(건의)권을 어떻게 행사했는가? 12대 국회에 이르기까지 국무총리 및 국무위원 불신임이나 해임(건의)안이 발의된 것은 총 64건 확인되는데 이 중 3건만이 가결되었다.[1] 3대 국회에서 임철호 농림부 장관에 대한 불신임결의안이 첫 번째 사례였다. 그 이후 주목할 만한 경우는 7대 국회에서 권오병 문교부 장관 해임건의안과 8대 국회에서 오치성 내무부 장관 해임건의안이 통과되었다. 당시 여당인 공화당은 안정적인 의석

---

1) 국회사무처, 『의정자료집』, 2004: 287-297, 308-318.

과반수를 차지하고 있었지만 대통령에 대한 '항명'으로 불릴 정도의 내분이 있었기에 야당 신민당의 의사가 관철될 수 있었다. 권위주의 시기에 국회의 행정부 고위직 인사에 대한 견제 역량은 매우 특수한 조건에서 제한적으로 행사되었다.

국회는 본연적으로 법안을 포함한 국가의 기본 정책을 심사, 의결하는 기능을 수행한다. 비교의회론에서 의회는 그 정책 능력에 따라 몇 가지 유형으로 구분된다. '능동적'(active) 의회는 행정부가 제출한 정책안을 용이하게 수정하거나 거부할 뿐만 아니라, 그 대안을 제시할 능력을 보유한다. '반응적'(reactive) 의회는 행정부 안에 대하여 중요한 대안을 내어 행정부가 이를 수용하도록 하기는 쉽지 않지만 행정부 제출안을 상당한 정도로 수정하고 때로는 거부한다. '주변적'(marginal) 의회는 행정부 제출안에 대하여 대안 제시나 의미 있는 거부는 예외적으로 하고, 다만 때때로 제한적인 범위의 수정을 가한다. 그리고 '극소적'(minimal) 의회는 행정부 제출안에 대한 대안의 제시와 거부는 물론 제한적인 수정조차 드물게 하고 행정부 활동의 정당화에 주력한다.[2]

---

[2] Michael L. Mezey, *Comparative Legislatures*, Durham: Duke University Press, 1979 참조.

권위주의 시기의 국회는 정책과정에서 극소적 의회로 전락하기도 하고 반응적 의회로서의 가능성을 보여준 때가 없지 않았지만 대체로 행정부에 비하여 부수적인 주변적 의회의 성격이 농후했다고 판단된다. 제3공화국 7대 국회 이후 행정부 독주가 노골화되었고, 특히 제4·5공화국 시기에 9-11대 국회의 위상은 헌법 규범적으로나 현실 정치에서도 매우 위축되어 정책적 영향력의 수준이 상당히 저조했다.

역대 국회에 의원발의안과 정부제출안을 합하여 접수된 법안의 건수를 일별하면, 제헌국회부터 12대 국회까지의 기간에는 6대 국회가 658건으로 가장 많았다. 제안자별로 구분하면 6대와 12대 국회를 제외하고 정부제출안이 의원발의안보다 많았다. 헌법에서 입법권이 국회에 속한다고 규정하고 있지만 법안 제안에서는 일반적으로 행정부가 주도했다. 접수된 법안의 처리 내용이 법률에 반영되었는가의 여부에 따라 법률 반영과 법률 미반영으로 대분할 수 있다.[3] 전자는 원안 가결, 수정 가결, 위원회 대안에 반영되는 것을 말하고, 후자는 주로 부결, 폐기 및 철회된 법안을 가리킨다. 정부제출안은 이미 여당과 행정부 간 당정협조의 사전조율을 거친 후에 의석 과반수를 차지한 여당이 별

---

3) 역대 국회별 법안 통계는 http://www.assembly.go.kr 참조.

수정 없이 가결시키는 경우가 흔했다. 권위주의 심화기에 해당하는 9대 국회의 예를 들면, 법안의 법률 반영률 측면에서 전체적으로 90%였는데 정부제출안은 98%, 의원발의안은 66%를 기록하였다. 권위주의 시기의 국회는 '통법부', '대통령의 시녀', '거수기 국회'나 '대통령의 고무도장'이라고 지칭되기도 한 것이다.

둘째로, 권위주의 시기에 역대 국회의 의정무대에서 원내 정당 간 관계는 다수의 횡포에 소수가 극력 저지로 맞서는 양극적 갈등으로 점철되었고 그러한 갈등은 결코 원만하게 해소되지 못하였다. 권위주의 독재하에서도 국회가 그야말로 '말하는 의회'(parliament)로서 중요 정치세력의 상호작용이 펼쳐지는 공식적 경합장(arena)으로서 존립해왔다는 것은 다행한 일이다. 이를테면 야당은 집권세력이 행사하는 부당한 독주와 전횡에 항변하였다. 국회에서 여당과 야당이 의사와 이해가 엇갈려 때로는 상대방에게 시끄럽게 말로 따지는 것은 당연하다. 문제는 정당 간에 갈등이 표출되더라도 말이 아닌 육탄 대결과 같이 물리적으로 충돌하는 사태가 빚어지지 않고 국회법과 같은 공식 규범이나 불문행위율에 따라 그 갈등이 원만하게 관리되었는가 하는 것이다. 원내의 정당 갈등이 제대로 관리되지 못하면 국회는 국정심의나 국민통합의 기능을 효과적으로 수행할 수 없게 된다. 그런데 권위주의 시기에 국회에서 중요 사안을 둘러싸고 펼쳐진 여야 간의 논쟁은 다수의 횡포와 소수의 극력 저지로 말미암아 교착상태로 치닫는 확장과정을 거쳐 마침내 비합의적 결말로 이어지는 일이 비일비재하였다.

이 시기에 여당은 다수, 야당은 소수 세력의 지위에 있었다. 여야 정당이 작용과 반작용을 거듭하며 국회의 심의과정을 마비시켰던 갈등행위를 구체적으로 열거하면 다음과 같다. 다수당의 독주와 전횡 행위는 의사일정의 단독 결정, 소수당 질의의 일방적인 종결, 유인물을 통한 제안설명의 대치, 토론 등 논의 절차의 돌연한 생략, 회의 중 집단 퇴장, 회의 불참 및 소집 불응, 단독비밀회의 소집, 경위 동원으로 회의장으로부터 소수당 의원 추방, 의안의 전격 날치기 통과 등이다. 이에 저항하는 소수당의 행위는 완력에 의한 의사진행 방해(의사봉과 마이크 탈취, 발언대 및 의장석 및 위원장석 점거 등), 회의장과 복도 점거, 출입문 봉쇄와 다수당 의원의 회의장 입장 저지, 농성 및 단식투쟁, 회의 중 집단 퇴장, 회의 불참 및 소집 불응이다.

여당과 야당이 상호 존중하는 가운데 상이한 입장을 조정하면서 의사결정에 도달하지 못하고 첨예하게 대결한 갈등 사례를 열거하기란 어렵지 않다. 3대 국회에서의 "사사오입" 개헌(1954년 11월), 4대 국회에서의 보안법(1958년 12월), 6대 국회에서의 한일협정 비준동의안(1965년 8월), 7대 국회에서의 부정선거(1967년 6·8총선) 시비와 "3선개헌"(1969년 9월), 8대 국회에서의 국가보위법(1971년 12월), 9대 국회에서 김옥선 의원의 체제비판 발언으로 인한 파동(1975년 10월), 10대 국회에서의 김영삼 신민당 총재 제명(1979년 10월), 12대 국회에서의 지속적인 개헌 논쟁(1985. 4.-1988. 5.)을 둘러싼 첨예한 갈등이 그것이다.[4]

민주화 이후 13-20대 국회 의정의 특징

정치체제의 민주적 전환은 첫째, 국회가 권위주의 시기에서 보다 자율성과 독립성을 제고하는 계기가 되었다. 제6공화국 헌법 및 국회법은 국회의 제도적 기반을 다졌으며 민주화 이후 30여 년 동안 국회는 당초 임기의 타율적 단축과 같은 존립에 대한 위협에 직면하지 않았다. 현행 헌법은 제4·5공화국에서 대통령이 보유하였던 국회해산권을 철폐했고, 폐지되었던 국회의 국정감사권은 부활시켰다. 국회법도 국회의 권능을 강화하는 방향으로 지속적으로 개선되었다. 예를 들어, 13대 국회에서

---

4) 이러한 사례는 이호진·강인섭, 『이것이 국회다』 삼성출판사, 1988; 이경재, 『유신 쿠데타』 일월서각, 1986 등 참조.

행정부 감독이나 국민의 의혹을 해소하기 위한 청문회 제도가 도입되었다. 15대 국회 말인 2000년 2월 개정된 국회법은 대통령의 고위직 인사에 대한 통제를 위한 청문회도 도입하였다. 인사청문회 대상은 국회가 임명동의하거나 선출하는 대법원장 및 대법관, 헌법재판소장 및 재판관(일부), 국무총리, 감사원장, 중앙선거관리위원(일부)이었다. 16대 국회에서 2003년 2월 개정된 국회법은 국정원장, 국세청장, 검찰총장, 경찰청장도 인사청문회 대상에 포함하였고, 17대 국회에서 2005년 7월 개정된 국회법은 인사청문 대상을 모든 국무위원, 헌법재판소 재판관, 중앙선거관리위원으로 확대하였다. 그 후 최근까지의 국회법 개정도 대체로 국회의 권능을 보강하는 방향으로 이루어져왔다.

실제로 의정무대에서 대통령 및 행정부에 대한 국회의 견제력이 권위주의 시기에 비하여 상대적으로 강화되었다. 하지만 대통령에 권력이 집중되는 제왕적 대통령제의 면모가 불식되지는 않았고 견제와 균형의 원리가 제대로 작동하는 수준으로 국회의 위상이 확고해진 것은 아니다. 민주화 시기에는 그 이전과 달리 국회의원 총선거에서 대통령 소속 여당이 의석 과반수를 획득하지 못하는 경우가 수차례 발생하였는데, 여당이 수단과 방법을 불문하고 야당을 흡수하여 통합하거나 야당과 무소속 의원을 영입하여 몸집을 늘리기도 하였다. 13대 국회 시기인

1990년 1월 민주정의당, 통일민주당, 신민주공화당의 합당으로 거대 여당 민주자유당이 탄생하였다. 14대 총선에서 민주자유당, 15대 총선에서 신한국당은 과반수에 미달하는 의석을 얻었으나 각각 개원 이전에 의석을 늘려 과반수를 달성했다.[5]

그런데 집권 여당이 국회에서 제1당의 지위를 갖지 못한 여소야대(분점정부)의 상황에서 야당의 주도로 국회가 대통령 및 행정부를 견제하는 역량이 강화되는 경향이 있다. 16대 국회 후반기 말 2004년 3월 한나라당, 새천년민주당, 자유민주연합 야 3당이 연합하여 노무현 대통령에 대한 탄핵소추안을 통과시킨 헌정사상 초유의 사태가 초래되었다. 노 대통령은 직무상 권한이 정지되었다가 5월 헌법재판소 기각결정으로 복권되었다. 이는 대통령에 대한 야당의 무리한 견제 시도였으나 국회가 탄핵소추권을 방편으로 대통령의 독주에 제동을 건 첫 사례이다. 당시 여당 열린우리당의 의석수는 47석으로 재적의원 17%에 그치고 있었다. 2016년 4월에 치러진 20대 총선 결과 여당 새누리당은 제1당의 지위를 더불어민주당에 넘겨주는 고배를 마셨다. 비선실세인 최순실이 국정을 농단했다는 의혹이 일며 정국이

---

5) 이 글에서 언급된 대부분의 사건과 사실은 언론 보도를 통해 객관적으로 확인된 것으로 지면 제약 등 사유로 관련 기사의 출처를 일일이 인용하지 않는다.

요동쳤는데 마침내 2016년 12월 9일 20대 국회에서 박근혜 대통령에 대한 탄핵소추안이 가결되어 대통령 권한 행사가 정지되었다. 2017년 3월 헌법재판소는 재판관 전원일치로 사상 처음 탄핵소추안을 인용하고 박근혜 대통령은 파면되었다.

13대 국회에서 1988년 7월 정기승 대법원장 후보자에 대한 임명동의안이 부결되었는데 이는 첫 번째 대법원장 임명동의안의 부결이었다. 16대 국회 후반기 2003년 9월 윤성식 감사원장 후보자에 대한 임명동의안이 부결되었다. 감사원장 임명동의안 처리에서는 종전에 유례가 없던 일이었다. 한나라당이 의석 과반수를 점유한 제1야당이었고 여당 열린우리당이 새천년민주당으로부터 분당하여 출범한 지 얼마 안 되는 시점이었다. 16대 국회에서는 윤 감사원장 후보자 임명동의안이 부결되기 수일 전 한나라당이 노무현 대통령에 충직한 김두관 행정자치부 장관에 대한 해임건의안을 통과시키자 김 장관은 사퇴했다.

국무위원 해임건의안과 관련하여 20대 국회에서 발생한 김재수 농림축산식품부 장관의 경우가 많은 주목을 받았다. 2016년 9월 김 장관 후보자에 대한 청문회 보고서는 여당이 불참한 가운데 야당이 채택하였는데 부적격 판정을 내렸다. G20 정상회의 참석차 중국을 방문 중이던 박근혜 대통령은 전자결재로 임명을 강행했다. 그런데 김 장관이 자신의 의혹을 해명한다고 쓴 글로 인하여 그 달 21일 더불어민주당, 국민의당, 정의당이 공동으로 김 장관에 대한 해임건의안을 제출했다. 24일 새누리당 의원들이 본회의장에서 퇴장한 가운데 해임건의안이 가결되었다. 박 대통령은 법적 구속력이 없는 해임건의안을 거부한다고 공식 발표하고, 새누리당은 이 해임건의안을 직권상정한 정세균 국회의장을 직권남용으로 검찰에 형사 고발하기도 했다.

여소야대 상황에서 집권세력의 내분까지 겹치면 대통령 및 행정부에 대한 국회의 견제력이 더욱 강해지기 십상이다. 16대 국회 전반기 2001년 9월 새천년민주당과 공동 여당이었던 자유민주연합 소속 의원들이 원내 제1당이자 야당인 한나라당의 의원들과 동조하여 임동원 통일부 장관에 대한 해임건의안을 통과시켰고, 이로써 DJP(김대중-김종필) 공조는 사실상 무너졌다. 2002년 7월 자유민주연합 소속의 이한동 국무총리가 사임함에 따라 DJP 공조는 완전히 와해되었다. 같은 달 마지막 날 국회에서 장상 국무총리서리에 대한 임명동의안, 그리고 8월에는 장대환 국무총리서리에 대한 임명동의안이 부결되었다.

입법을 중심으로 민주화 이후 국회의 정책능력은 어떠한가? 우선, 의원발의안과 정부제출안을 합하여 국회가 접수한 법안의 건수는 13대와 14대 국회에서 1000건 미만이었으나(13대 938건, 14대 902건) 15대 이후 기하급수적 급증 추세를 보인다.

즉 15대 1951건, 16대 2507건, 17대 7489건, 18대 1만 3913건, 19대 1만 7822건, 20대 2만 4141건에 이른다.[6] 민주화 이전 40년 기간에 제헌-12대 국회에 접수된 법안은 총 4563건이었던 반면에 민주화 이후 32년간 13-20대 국회에 접수된 법안은 총 6만 9663건에 이른다. 민주화 이후 제안자별로 보면, 15대 국회 이래 의원발의안의 비중이 정부제출안에 비하여 괄목할 만하게 증가했다. 즉 의원발의안의 비중은 15대 59%, 16대 76%, 17대 85%, 18대 88%, 19대 94%, 20대 96%로 나타났다. 물론 의원발의안에는 행정부가 기초하고 여당 의원이 발의하는 형식을 취한 것이 적지 않으나 이 점을 감안하더라도 국회의원들의 법안 발의가 활발해진 것은 확실하다. 민주화 이후 국회는 적어도 명목적으로는 가히 입법부라고 할 것이다.

의원입법의 양적 팽창에도 불구하고 국회의 입법기능이 질적으로도 내실을 기하고 있다고 말하기는 어렵다. 정부제출안과 의원발의안 모두 제안된 법안이 최종적으로 법률에 반영되는 비율을 보면 최근에 올수록 저하되고 있다. 법률 반영률은

---

6) 국회미래연구원이 2020년 10월 발간한 자료("더 많은 입법보다 더 중요한 입법이 국회의 미래다")에 따르면, 20대 국회에 4년 동안 접수된 법안의 수는 의원 1인당 80.5건이었다. 이 수치는 미국 연방의원의 2배, 영국 의원의 91배, 프랑스 의원의 23배에 해당한다.

전체적으로 낮아졌는데 17대 국회에서는 절반 정도이고 20대 국회에 오면 3분의 1 수준을 약간 상회한다. 즉 13대 75%, 14대 81%, 15대 73%, 16대 63%, 17대 50%, 18대 44%, 19대 42%, 그리고 20대 36%이다. 제안자별로 보면 정부제출안의 법률 반영률도 점차 저하되는 추세를 보이는데(13대 96%, 14대 97%, 15대 91%, 16대 93%, 17대 80%, 18대 76%, 19대 73%, 20대 67%), 의원발의안의 경우 상대적으로 더욱 저조하고 최근에 그러한 추세는 매우 현저해졌다(13대 62%, 14대 52%, 15대 60%, 16대 54%, 17대 45%, 18대 40%, 19대 40%, 20대 35%).[7] 민주화 이후 의원들이 엄청나게 많은 양의 법안을 제안하게 된 것은 사실이지만 법률 반영률만 보아도 당면한 정책문제의 해결에 적절 타당한 양질의 법안이 충실하고도 효율적으로 심의된다고 말할 수 없다. 부연하자면 민주화 이후 국회의 정책능력은 종전의 주변적 의회에서 반응적 의회로 격상된 모습이 분명하나 아직 능동적 의회에는 미치지 못하고 있다. 이 점은 국회의 자율성과 독립성이 과거보다는 신장되었으나 여전히 적지 않은 한계를 노정하고 있음을 시사한다.

---

7) 여기서 제시된 수치는 국회의 법안 통계를 토대로 필자가 계산하였다. http://www.assembly.go.kr 참조.

민주화 이후 역대 국회 의정의 두 번째 특징은 여야 정당 간 갈등이 여전히 치열하게 전개되고 확립된 절차에 의하여 제대로 관리되지 못하는 점은 종전과 다름없으나 여당의 일방적 독주가 용이하지 않게 된 경우가 많았고 때로는 야당이 갈등과정에서 주도적 위치에 서게 되었다는 것이다. 권위주의 체제에서는 여당이 의석 과반수를 장악하고 대체로 강력한 당내 기율을 유지했기 때문에 여야 갈등이 고조되다가 야당이 마침내 굴복하고 여당은 그 의사를 일방적으로 관철하여 결국 국회가 대통령에 예속되는 양상이 빚어졌다. 그런데 민주화 이후 여당은 원내 소수당의 지위에 처하기도 하고 종전과 달리 당내 기율이 한결같게 강력히 유지되지는 않아 야당을 일방적으로 지배하기가 어렵게 되었다. 때로는 야당이 의정을 주도하면서 원내 여야 정당 간 갈등이 대통령과 국회의 갈등으로 비화하기도 하였다.

후술하는 바와 같이 민주화 이후 13-20대 국회에서도 외양으로는 권위주의 시기의 국회와 다름없이 여야 정당은 극한 대결하고 의정을 마비시키는 행태가 전개되었다. 그런 가운데서도 18대 국회에서는 소수 의사가 개진될 상당한 시간을 배려하면서 다수결 결정에 이르겠다는 타협 지향의 국회법 개정이 있었다. 즉 마지막 본회의(2012년 5월)에서 일명 '몸싸움방지법'이고 거창히 '국회선진화법'이라고도 불리는 국회법 개정안이 가결되었다. 20대 국회에서 이런 취지는 아랑곳없이 물리력 충돌이 재현되었지만 국회법은 다수결의 일방적 관철에 앞서 소수의사의 존중, 협상과 타협, 합의 모색, 갈등의 평화적 관리를 당위적으로 지향하고 있다.

18대 국회 개정 국회법은 직권상정 요건을 엄격히 제한하고(제85조, 제86조) 회의장 점거행위를 금지하는(제148조의2 및 3) 대신에 의안 자동상정(제59조의2)과 예산안 자동부의(제85조의3), 안건 신속처리(제85조의2, 제86조 제3항 및 제4항), 안건조정(제57조의2), 무제한 토론(제106조의2) 제도를 도입하였다. 안건 신속처리 제도에 의하면 상임위 심사 시 재적위원 과반수가 요구하고 5분의 3이 찬성하여 신속처리지정을 의결하면 그 위원회는 지정일로부터 180일 이내 해당 안건을 심사하고 법사위는 회부일로부터 90일 이내 심사 완료하게 되어 있다. 또한 법사위의 경우 체계·자구 심사를 위해 회부된 안건에 대해 120일 이내에 심사를 마치지 않는 경우, 재적위원 5분의 3 이상이 요구하면 본회의에 회부하여 무기명 투표로 본회의 부의 여부를 결정하도록 되어 있다. 안건조정 제도는, 위원회에서 이견 조정의 필요가 있는 안건을 다루기 위해 재적위원 3분의 1 이상이 요구하면 여야 동수의 6명으로 안건조정위원회가 구성되고 90일 이내 활동하게 된다. 조정위원 3분의 2 이상의 찬성을 얻는 조정안은 전체

위원회에 보고되며 조정되지 않는 경우 위원장은 해당 안건을 소위원회에 회부하도록 한다. 본회의에서 재적의원 3분의 1 이상 요구로 무제한 토론(필리버스터)을 진행할 수 있고, 재적의원 5분의 3 이상의 찬성이 있으면 토론 종결이 가능하다. 필리버스터 대상이 된 안건은 차기 회기에서 표결하게 되어 있다.

13대 국회 후반기에 거대 여당 민주자유당이 야당(평화민주당, 나중에는 통합 개편된 민주당)의 반대를 무릅쓰고 독주하면서 의정에서 여야 갈등과 파행이 거의 일상화되었다. 1990년 7월 본회의에서 광주보상법안, 국군조직법안중개정법률안, 방송관계법중개정법률안 등 26개 의안(이 중 법률안 14건)이 변칙 처리되었다. 김재광 부의장은 의장석이 아닌 일반의원석에서 갑자기 기립하여 마이크와 의사봉이 없는 상태에서 이의 여부를 묻고 30초 만에 의안을 처리하였다. 이 사태로 말미암아 야당 의원들은 4개월 후인 1990년 11월에 가서 등원하였는데 계속된 여야 갈등으로 의정은 마비되었다. 12월 18일 늦은 밤 박준규 의장이 민주자유당 의원들의 호위를 받으며 본회의장에 입장, 의장석에 등단하여 추곡수매동의안 등 19개 안건을 일괄 상정하고 제안설명과 심사보고를 생략한 채 20여 초 만에 가결을 선포하였다. 야당 의원들이 의장석으로 달려가 의사진행을 실력으로 저지하려고 하자 의원들 사이에 격한 몸싸움이 벌어졌다. 1991년 5월에도 민주자유당은 국가보안법중개정법률안과 경찰법을 변칙 처리하였고 야당 의원들은 본회의장에서 항의 농성을 벌였다. 같은 해 12월 18일은 13대 국회 마지막 정기회 최종 회기일이었는데 그날 밤에 민주자유당이 제출한 추곡수매 동의안, 제주도개발특별법안, 바르게살기운동조직육성법안 등 3개 쟁점 의안이 여야 의원들의 몸싸움 와중에서 변칙적으로 가결 처리되었다.

임기 개시 후 5개월째 들어서야 원 구성이 가능했던 14대 국회는 1993년 정기회에서 안기부법, 통신비밀보호법의 개정을 둘러싼 여야 대립으로 국회가 공전하였다. 1994년 정기회에서도 12·12 관련자 기소문제로 정치 상황이 경색되어 의안심의가 진행되지 못하였는데 민주자유당은 예산안의 법정처리 시한인 12월 2일 저녁 국회 내 지방기자실에서 단독회의를 소집하고 예산안을 기습 상정하여 통과시켰다.

15대 국회 역시 법정 개원일보다 33일이나 늦게 열렸다. 1996년 12월 말 소집된 임시회 기간에 안기부법과 노동관계법 개정안이 신한국당 단독 집회로 기습 처리되었다. 1998년 2월 말 여소야대로 김대중 정부가 출범하고 3월 초 열린 임시회에서 김종필 총리임명동의안 표결이 여야 갈등의 도화선이 되었다. 15대 국회 후반기에 들어 집권 여당은 3개월 이상 원 구성을 지연시키면서 야당 의원 영입으로 한나라당의 과반수 의석을 붕괴시켰고 총리임명동의안은 국회에서 가결되었다. 1999년 1월에 공동 여당은 한나라당의 실력 저지를 무릅쓰고 교원 정년 단축을 골자로 한 교육공무원법개정안, 교원노조법안, 한일어업협정 비준동의안을 비롯한 66개 안건을 일괄 상정하여 전격 처리하였고 그다음 날 본회의에서 경제청문회, 국정조사계획서 등 4개 안건을 강행 통과시켰다.

16대 국회 후반기에 원내 여야 정당 간 대립이자 국회와 대통령 양부 간 갈등이 노무현 대통령에 대한 국회의 탄핵소추안의 발의·의결에서 비롯되었다. 여당 열린우리당은 탄핵 저지를 위해 본회의장 점거 농성에 들어갔다. 2004년 3월 12일 박관용 의장이 질서유지권을 발동하여 경위들이 열린우리당 의원들을 본회의장 밖으로 끌어내었고 탄핵안은 통과되었다.

대통령 탄핵이 쟁점이 된 총선에서 민주화 이후 처음으로 선거로써 의석 과반수를 확보한 여당 열린우리당은 야당 한나라당과 17대 국회에서 주요 쟁점 법안에 대한 타협점을 찾지 못했다. 2004년 정기회에서부터 국가보안법 폐지, 사립학교법 개정, 과거사법과 신문법 제정 등 이른바 4대 쟁점 법안을 둘러싸고 양대 정당이 강경대치하고 물리적 충돌이 빚어졌다. 위원회 회의도 공전, 점거 농성 등으로 파행을 일삼았다. 2005년 12월 본회의에서 한나라당의 실력 저지를 무릅쓰고 사립학교법 개정안이 강행 통과되었다. 2006년 들어서도 임시국회는 연속적으로 파행과 부실을 피하지 못하였다. 2007년 7월 사립학교법이 재개정되기까지 이 법안은 여야 갈등의 중심에 있었다. 17대 대선일 5일 전인 12월 14일 열린우리당의 후신 대통합민주신당은 이명박 후보의 BBK 주가조작 연루 여부를 조사하기 위한 특검법안을 통과시키려 하고 한나라당은 이를 저지하려 하자 국회의사당에는 싸움터를 방불케 하는 전운이 감돌았다. 이명박 정부 출범 직후인 2008년 3월 초순 17대 국회 막바지에는 정부조직법 개정, 국무총리후보자 인준, 장관내정자 청문회를 둘러싸고 여전히 난항을 거듭하였다.

18대 국회에서 집권당 한나라당이 단독으로 과반수 의석을 차지하게 되었는데 여야 갈등은 '입법전쟁'으로까지 묘사되었다. 2008년 12월 18일 한나라당이 외교통상통일위원회에서 한미FTA비준동의안을 단독 상정 중 야당 의원들이 회의장 앞에서 쇠망치와 전기톱으로 문을 부수던 장면을 비롯해서 2009년 미디어 관련 법안의 처리과정에서 발생한 여야 의원들 간의 물리적 충돌, 2010년 12월 차기연도 예산안 처리 시 여야 격돌, 2011년 11월 민노당 김선동 의원이 본회의장에서 한미FTA비준동의안의 강행 처리에 반대하며 행한 최루탄 투척 등의 갈등이 줄이어 전개되었다.

19대 국회에서 한나라당의 후신인 여당 새누리당은 제1당 지위를 유지하였다. 정당 간 갈등은 의석수로 보아 보수여당이 다소 우위에 있는 범보수(새누리당+통일선진당+친새누리 무소속) 대 범진보(민주통합당+통합진보당+친민주통합 무소속)의 양상을 띠게 되었다. 개원 이후 곧바로 국정원 대선 개입 사건으로 시작하여 남북 정상회담(2007) 대화록 공개, 세월호 참사, 여권 핵심 인사들이 연루된 성완종 게이트, 통합진보당 해산, 역사교과서 국정화, 테러방지법 등 쟁점을 둘러싸고 여야 정당은 공방을 펼치고 접점은 찾지 못했다.

20대 총선 결과 어느 정당도 단독 과반수를 확보하지 못했고, 야당인 더불어민주당이 제1당으로 올라섰으며, 새누리당은 패배하여 제2당이 되었다. 국민의당이 교섭단체를 구성하기에 충분한 의석을 얻는 약진으로 불완전하게나마 원내 3당 체제가 등장했다. 양대 정당 중 어느 당도 국민의당 도움을 받지 않으면 다수세력이 될 수 없기 때문에 정당 간 타협이 자리매김할 조건이 형성되었다. 그렇지만 실제로는 20대 국회에서도 극심한 적대적, 양극적 정당 갈등이 표출되었다.

20대 국회는 '탄핵정국'으로 시작했다. 시민들의 촛불집회가 확산되면서 원내 정치는 장외 갈등과 맞물려 돌아갔다. 2016년

12월 박근혜 대통령에 대한 탄핵소추안이 국회에서 가결되었다. 2017년 5월의 조기 대선으로 문재인 대통령이 취임하면서 새누리당의 후신인 자유한국당은 제1야당으로 지위가 바뀌었다. 여당인 더불어민주당이 내세운 검찰개혁과 이와 관련하여 발발된 조국 전 법무부 장관 가족 사태는 원외에서 국민 간 분열로 치달았고 의정무대에서도 이를 둘러싼 여야 공방이 치열하게 전개되었다.

20대 국회는 여당과 제1야당 간의 협상이 제대로 성사되지 못한 '패스트트랙 국회'라는 별칭도 갖고 있다. 2016년 말 더불어민주당 박주민 의원이 발의한 '사회적참사법'이 패스트트랙(신속처리안건)에 지정돼 패스트트랙 1호 법안이 되었고, 2017년 11월 본회의에서 통과됐다. 패스트트랙 2호 법안은 '유치원 3법'(유아교육법·사립학교법·학교급식법 개정안)인데, 2018년 12월 말 패스트트랙에 지정되어 2020년 1월 본회의에서 가결되었다. 2019년 4월 말 자유한국당을 제외한 여야 4당(더불어민주당, 바른미래당, 민주평화당, 정의당)이 합세하여[8] 준연동형비례대표제 도입안, 공수처(고위공직자비리수사처) 신설안, 검·

---

8) 후에 바른미래당과 민주평화당에서 이탈한 의원들이 중심이 되어 결성한 대안신당이 가담하여 '4+1 협의체'가 가동되었다.

경수사권 조정안을 패스트트랙에 지정했다. 이에 반대하는 자유한국당이 물리적인 저지에 나서면서 19대 국회 이래 사라질 것 같았던 몸싸움이 재연되었다. 자유한국당은 국회 회기의 공전을 불사하고 장외투쟁에 나서기도 했다. 준연동형비례제 도입안과 공수처 신설안은 2019년 12월, 그리고 검·경수사권 조정에 관련된 법안들은 2020년 1월에 본회의를 통과했다.

21대 국회 첫 1년 의정: 줄기찬 여당 독주, 깊어진 양극적 갈등, 사라진 합의와 협치

2020년 21대 국회 4·15총선은 명료한 양강 경쟁구도(더불어민주당+더불어시민당+열린민주당의 여권 대 자유한국당의 후신 미래통합당+미래한국당의 야권)를 보이며 치러졌다. 제3세력은 정의당, 국민의당, 민생당(대안신당의 후신)과 극소수 무소속인데 모두 합쳐 봐야 양강 구도를 허물기에는 역부족이었다. 정의당은 범여, 국민의당은 범야로 구분할 수 있었고, 군소정당에 불과한 민생당은 범여 혹은 범야 어디로 구분하기가 불분명했다. 요컨대, 21대 국회는 이미 총선에서부터 양극 갈등의 구도에서 출발했다.

20대 국회 말에 가서야 우여곡절을 겪고 도입된 준연동비례대표제는 그 본래 취지와 달리 양강 구도 완화의 효과를 전혀 가져오지 못했다. 최종 통과된 공직선거법개정안은 2017년 12월 정의당의 심상정 의원이 "국민의 뜻이 정확히 반영되는 선거제도를 만들어야 한다"는 명분을 내세워 발의한 당초의 연동형비례대표제안에서 대폭 후퇴한 것이다. 제1야당 자유한국당은 이에 완강히 반대했는데 여당인 더불어민주당 역시 당초안에 찬성하지 않았다. 그런데 여당은 공수처 설치안을 관철하기 위해 정의당의 협력이 필요했고, 정의당은 최종안이 만족스럽지 않았으나 의석수 확대에 기대를 걸고 여당과 공동보조를 취했다. 21대 총선에서 적용된 준연동비례대표제는 종전 제도와 큰 틀에서 변화 없이 1인 선출 지역선거구에 단순다수제를 적용하여 253석, 전국선거구 정당명부 비례대표제 47석을 선출하는 것이었다. 비례대표 47석 중 30석만을 복잡한 방식으로(의석 할당 정당의 비례선거 득표율과 해당 정당의 지역구 의원 당선인 수를 고려하여) 연동시켜 배분하고 나머지는 종전과 동일한 방식으로(의석 할당 정당의 비례선거 득표율만 고려하여) 배분했다. 이러한 제도는 이전의 병립제와 크게 다르지 않은 '병립-준연동 혼합제' 정도로 불려야 마땅하다.

양대 정당은 정당별 득표율을 반영하여 의석을 보다 공정하게 배분함으로써 대표성을 제고한다는 명분을 제쳐두고 의석수 확대라는 실리에만 골몰하여 총선 사상 초유의 비례용 '위성정당'을 각각 만드는 위선적인 '꼼수'를 마다하지 않았다. 지역구 당선자 비율이 비례선거 정당 득표율보다 같거나 높으면 비례의석을 1석도 획득하지 못할 우려가 있었기 때문에 양당 모두 그 자체의 비례대표명부를 제시하지 않고 더불어민주당은 더불어시민당, 미래통합당은 미래한국당을 급조하여 비례의석을 늘리는 방법을 취했다. 미래통합당이 위성정당 창당 의사를 먼저 공표하자, 더불어민주당은 이를 비난하다가 비례 전용 선거연합정당을 만들기로 입장을 선회했다.[9]

21대 총선 결과 여당(더불어민주당+더불어시민당)은 180석을 획득했다. 민주화 이후 실시된 총선에서 여당 단독으로는 가장 높은 의석률이었다. 더불어민주당의 분신이라고 볼 수 있는 열린민주당 3석, 범진보 정의당 6석을 합하면 여권은 국회에서 압도적 지위와 강력한 주도권을 장악하게 되었다. 여권 승리의 요인으로서 코로나 사태 와중에서 대통령과 여당에 대한 중간평가로 기울기보다는 위기 시 국가 리더십에 대한 지지가 결

---

9) 대법원은 2021년 8월 19일 중앙선관위가 거대 양당의 위성정당인 더불어시민당과 미래한국당의 비례대표 후보자 등록을 수리하고 의석을 배분한 선거과정에서 규정을 위반하지 않았기 때문에 비례대표 선거가 무효가 아니라고 판단하여 원고의 청구를 기각했다(선고 2020수5325 판결).

집된 점, 그리고 제1야당이 리더십, 공천, 선거 캠페인 전략에 있어서 열세를 드러낸 점을 지적할 수 있는데 명목적인 준연동 비례대표제와 위성정당 창당이 여당의 대승에 기여한 것은 확실하다. 더불어민주당의 지역구 득표율은 전국적으로 49.9%로 64.4%의 지역구 의석률, 비례의석 포함 전체 의석률 60.0%를 기록한 반면 미래통합당은 지역구 선거에서 41.5%의 전국 득표율로 33.2%의 지역구 의석률, 비례의석을 포함한 전체 의석률 34.3%(103석)에 그쳤다.

21대 총선은 의정무대에서 전개될 양극적 갈등을 쉽게 예견할 수 있는 결과를 가져왔다. 이념 성향 차원에서 갈등구도와 세력 분포는 범진보 190석(더불어민주당+더불어시민당+열린민주당+정의당+무소속) 대 범보수 110석(미래통합당+미래한국당+국민의당+무소속)으로 단순화되었다. 20대 국회에서 중도 제3세력을 자처했던 국민의당은 위축되고 범보수로 편입되었다. 그런데 진보 대 보수, 좌 대 우 양 진영의 거의 대등한 상호작용보다는 진보 또는 좌 세력의 격차 큰 우위로 말미암아 상호 견제와 균형이 유지되기 어려운 여당 독주의 발판이 마련된 것이다.[10] 재적의원 수의 5분의 3에 해당하는 180석을 확보한 더불어민주당은 단독으로 개헌 정족수인 3분의 2를 충족시키지는 못하지만 그 외의 안건 처리와 국회운영에서는 자제하지 않게 되면 국회법 규정은 위반하지 않는다고 하면서 야당의 반대를 무시하고 의사를 관철할 수 있게 되었다. 이를테면, 신속처리안 건 지정이나 필리버스터 종결을 단독으로 할 수 있어 소수 의사의 존중과 타협의 여지를 확대하는 국회법 조항을 무색하게 만든다.

거대 여당 더불어민주당은 21대 국회 개원과 동시에 의장단은 물론 18개 상임위원장직을 독식함으로써 의정의 독점운영 체제를 구축했다. 2020년 5월 30일에 임기가 시작되고 첫 본회의는 법정기한인 6월 5일에 개회하였다. 그런데 미래통합당 의원들은 본회의에 참석했다가 원 구성에 대한 합의 없이 개원한다는 이유로 의장 선출 전에 일제히 퇴장하여 개원부터 여야 합의로 진행되지 못하였다. 원 구성에서 쟁점이 된 부분은 상임위원장직 배분이었다. 민주화 이후 국회는 13대에서 20대까지 30여 년에 걸쳐 상임위원장 배분은 단독 원내 과반수를 가진 다수당이 있는 경우에서조차 원내교섭단체의 의석 비율과 비례하여 이루어져 온 관행이 있다. 당초 여야 정당이 18개 상임위원장직

---

10) 물론 원외의 일반 국민 수준에서도 국정농단 파문과 박근혜 대통령 탄핵을 거치면서 진보의 확장, 보수의 위축으로 진보 우위의 이념 지형이 형성되었다. 21대 총선 후 21대 국회 임기 개시 전(2020. 5. 11.–12.) 실시된 알앤써치의 국민여론조사에서는 이념 성향 분포가 범진보(좌) 42.1%(진보 17.6%+중도진보 24.5%) 대 범보수 40.4%(보수 17.0%+중도보수 23.4%)로 나타났다.

을 11 대 7로 나누어 갖는다는 원칙에 이견이 없는 듯했다. 하지만 입법과정에서 필수 절차인 체계·자구 심사의 권한을 바탕으로 사실상의 거부권 행사 지점이 된 법사(법제사법)위원장을 어느 정당이 맡을 것인지가 원 구성 협상의 최대 걸림돌이 되었다. 법사위원장은 지난 17대 국회 당시 여당이던 열린우리당이 과반수 의석을 확보했을 때 야당인 한나라당에 양보한 이후 줄곧 야당 몫으로 분류돼왔다. 의석수에서 크게 약세인 미래통합당은 법사위원장직을 맡게 되지 않으면 다른 상임위원장직도 거부한다는 배수진을 치고 나왔으나 더불어민주당은 이를 수용하지 않았다. 여당은 야당의 이러한 강경 전술을 빌미로 18개 상임위원장을 거침없이 독식하게 되었다. 이로써 야당 몫 부의장 선출은 불발되고, 국회의장은 국회법에 따라 상임위원 배정을 강행했다.[11]

국회의 대외적 자율성과 원내 정당 간 상호 작용에 초점을 맞출 때 21대 국회 첫 1년 의정의 특징을 어떻게 규정할 수 있는가? 첫째, 21대 국회에 들어와 민주화 이후 선행 국회와 비교하

---

11) 2021년 8월 31일 본회의에서 더불어민주당과 국민의힘(미래통합당의 후신)은 21대 국회 출범 1년 3개월 만에 야당 몫 부의장을 선출하고 7개 상임위원장을 국민의힘 의원으로 선출하였다. 또한 법사위원장은 21대 국회 전반기엔 여당이, 후반기에는 야당이 맡기로 7월에 사전 합의되었다.

여 대통령을 정점으로 하는 행정부와의 관계에서 견제와 균형이 좀 더 원활하게 작동되기보다는 오히려 국회의 취약성이 더 드러났다. 국회의 대행정부 위상을 말해주는 상징적 사건의 하나는 20대 국회 전반기에 국회 수장이었던 정세균 의장이 21대 국회 첫 1년 중 11개월 동안 국무총리(2020. 1.–2021. 4. 재직)를 역임한 것이다. 전직 국회의장이 국무총리를 맡는 것이 법으로 금지된 일은 아니지만 국가 의전서열 2위인 국회의장이 임기를 마치고 행정부의 2인자이자 국가 의전서열 5위인 국무총리로 임명된 사례는 건국 이후 정 총리가 유일했다.[12] 16대 국회 전반기 이만섭 의장 시절인 2002년 국회법 개정에서는 의장의 중립성 확보를 위해 재임 시 당적 이탈을 의무화하였다. 이 의장과 그 이후 20대 국회까지 10명의 전직 의장[13] 중 정계에서 은퇴하지 않고 차기 총선에 출마한 예도 정 의장이 유일하다.

헌법은 국회의원의 국무위원 겸직을 허용하고 있지만 권력분립 원칙을 강조하는 대통령제와 부합하지 않다는 것은 주지의 사실이다. 국회의 구성원으로서 행정부를 감시해야 하는 의원이 대통령의 명령과 지시를 받아 정책을 집행하는 장관이 되

---

12) 전직 국무총리가 국회의장이 된 사례는 백두진, 정일권 2인의 경우이다.

13) 역임순으로 이만섭, 박관용, 김원기, 임채정, 김형오, 박희태, 강창희, 정의화, 정세균, 문희상 의장이다.

는 사례가 빈번하게 되면 헌법이 허용함에도 불구하고 바람직하지 않은 일이다. 2021년 8월 현재 문재인 대통령이 임명한 장관 37명 중 12명(32.4%)이 현직 국회의원이었다. 20대에 이어 21대 국회 시기에 이루어진 일이다. 박근혜 대통령 시기에 국무위원 43명 중 10명(23.3%), 이명박 대통령 시기에 국무위원 49명 중 11명(22.4%)이 국회의원을 겸직했다.[14] 대통령 고위직 인사에 대한 국회의 견제는 20대에 이어 21대 국회에서도 힘을 발휘하지 못하였다. 17대 국회, 노무현 행정부 시기인 2005년에 국무위원 장관 후보자가 인사청문회 대상에 포함되었다. 이 경우 국회는 임명동의권은 주어지지 않기 때문에 국회가 거부해도 법적 구속력은 없다. 야당이 반대하여 인사청문회 보고서가 채택되지 않았거나 여당 단독으로 채택되었지만 대통령이 임명을 관철시킨 경우는 대통령별로 노무현 3명, 이명박 10명, 박근혜 17명이고 문재인 31명(4년간)이다. 야당 반대로 말미암아 장관 후보가 결국 사퇴한 사례는 문재인 대통령 시기에 2021년 5월 박준영 해양수산부 장관 후보자뿐이다.

의회가 고유한 입법 기능을 어떻게 수행하는가를 따져봄으로

---

14) "분권 강조하던 文, 삼권분립 위기 불렀다", 「신동아」(2020. 10. 26. 입력).
https://n.news.naver.com/article/262/0000013891

써 그 대외적 자율성을 가늠할 수 있다. 21대 국회에서도 민주화 이후 선행 국회와 다름없이 접수 법안의 건수가 급증하고 법안 심사와 처리는 졸속으로 진행되는 추세가 역력하다. 21대 국회 첫 1년에 1만 122건의 법안이 접수되고 이 중 27%가 최종적으로 법률에 반영되었다. 법률 반영률은 정부제출안 절반 정도(52%), 의원발의안은 4분의 1 정도(24%)에 그쳤다. 국회의원들은 입법 성과를 발의 법안 수로 보여주려는 경향이 강하다. 21대 국회 첫 7개월(임기 개시부터 2020년 말일까지) 기간에 본회의 통과 법안에 대한 전수조사 결과에 따르면 자신이 공동발의자이면서 본회의 표결 시에 해당 법안에 반대하거나 기권한 의원이 19명에 달했다.[15] 이 정도면 국회의원 개인이나 기관으로서의 국회가 입법권을 남용하여 과잉 규제의 부작용을 낳을 소지가 크다. 이미 발의된 법안의 극히 일부 내용만 변경하여 발의하는 '복사입법', 정부 부처가 상대적으로 수월한 입법을 위해 국회의원이 발의하도록 하는 '청부입법'이 적지 않을 것이다.

대통령제 민주주의에서는 의원내각제와 달리 여당이 대통령과의 관계에서 '원팀'이면서도 추종 일변도로 가지 않아야 삼권분립을 유지하고 국회의 독립성을 살릴 수 있다. 여당은 대통령

---

15) 「머니투데이」 2021. 1. 5. 1면, 4면.

과 행정부가 원만한 국정운영을 하도록 민의를 제대로 읽어 대통령과 청와대에 전달함으로써 국정운영을 위한 균형 있는 판단을 내릴 수 있게 해야 한다는 것이다. 특히 대통령이 논쟁적인 정책 의제를 추진할 경우에 더욱 그러하다. 20대와 21대 국회 시기에 걸친 문재인 행정부에서는 대통령 최측근에서 국정기획과 정책 집행의 사령탑 역할을 하는 청와대로 권력이 집중하는 현상이 농후하다. 21대 국회에서 압도적 다수를 차지한 더불어민주당은 대통령과의 관계에서 추수하는 경향이 강하여 국회의 자율적 위상을 제고하지 못하고 있다.[16] 예를 들어, 2020년 7월 6일 문재인 대통령은 국회 개원 연설에서 부동산 임대차 3법의 통과를 당부했는데 더불어민주당은 8월 4일까지 해당 법안들을 단독으로 신속 입법했다. 같은 해 9월 21일 청와대의 국정원·검찰·경찰개혁 전략회의에서 문 대통령은 공수처의 조속 출범을 언급했고, 더불어민주당은 이틀 뒤 여야 간사 협의를 우회하고 서둘러 법사위 법안소위에 공수처법 개정안을 상정했다. 문재인 대통령의 관심 사안이었던 가덕도신공항특별법은 법안 발의 92일 만인 2021년 2월 26일 본회의에서 의결되었다.

---

[16] 2021년 4월 서울과 부산 시장 보궐선거에서 더불어민주당이 패배하고 등장한 송영길 대표는 정책의제 설정을 비롯한 국정과정에서 여당이 주도적으로 임하겠다고 공언했는데 그 실현 여부는 시간을 두고 지켜볼 일이다.

이 법안의 골자는 국토부가 무려 28조 6000억 원 소요된다고 추계한 가덕도 신공항을 국비로 조속히 완공한다는 것이다. 법안에는 비용추계, 실시설계 등이 누락되어 있고, 예비타당성 조사와 각종 인허가 절차를 면제한다는 내용도 담겨 있다.

둘째, 21대 국회에서 치열한 양극적 갈등이 일상화되었는데, 거대 여당은 줄기차게 독주하고 야당은 제동을 걸기에 역부족이었다. 원내 갈등은 여당 의사의 일방적인 강행과 관철로 귀결되어, 국회운영과 국정 심의에서 합의와 협치는 실종되었다. 더불어민주당은 위원회와 본회의에서 의안의 기습적 단독 상정, 토론의 일방적 생략과 종결, 전격적 강행 처리를 불사했다. 국회법의 명문 규정은 준수한다고 했지만 압도적 의석수를 기반으로 절제 없는 신속한 다수결로 일관하여 당위적으로 지향해야 할 합의제 운영은 소홀히 했다. 야당 미래통합당(2020년 9월 국민의힘으로 당명 교체)은 국회법이 금지할 뿐만 아니라 비판적 여론을 의식하였기 때문에 회의장 점거와 몸싸움과 같은 물리적 대치, 의정 교착과 마비를 초래하는 상당한 기간의 회기 공전, 더 나아가서는 원외투쟁을 불사하기 어려웠다. 야당은 기껏해야 위원회와 본회의에 단속적으로 불참하거나 회의 중 집단 퇴장하고, 필리버스터 등의 방식으로 항변했으나 스스로 억제하지 않는 여당에 의해 속수무책으로 당할 수밖에 없었다. 21대 국회 첫

1년 의정에서 더불어민주당의 일방 독주는 민주화 이후 어느 국회의 경우와 비교해도 더욱 현저하고 지속적인 것이었다.

21대 국회에서의 법안 심사만 보아도 여야 대립과 여당 독주의 사례는 이루 다 언급하기 어려울 정도이다. 2020년 7월 30일과 8월 4일 본회의에서 더불어민주당은 부동산 가격 폭등에 시급히 대응한다고 임대차3법(주택임대차보호법, 상가건물임대차보호법, 부동산거래신고법) 개정안을 포함한 13개 부동산 관련 법안을 단독으로 통과시켰다. 야당이 의사일정에 합의하지 않자 기획재정위, 국토교통위, 행정안전위 등 상임위 상정부터 본회의 의결까지 야당은 불참하거나 집단 퇴장했다. 계약갱신청구권과 전월세상한제를 골자로 하는 주택임대차보호법은 7월 28일 상임위원회 단계에서는 법안심사소위 절차가 생략되어 반나절 정도 소요되었고, 29일 법사위와 30일 본회의에서는 합쳐 일사천리로 단 28시간 만에 가결되었다. 임대차3법 통과 후 여당 지도부는 환호로 자축했지만 그 후 1년여 경과한 시점에서도 전세 물건의 수는 줄고 전셋값 인상은 계속되었다.

2020년 정기회(9. 1.-12. 9.)와 이어 소집된 임시회 기간에 여야 갈등이 고조된 쟁점 법안으로서는 대공수사권을 경찰로 이전하는 국가정보원법, 야당의 거부권 무력화와 공수처 검사 선정 기준을 완화하는 공수처법, 대북전단 살포를 금지하는 남북관계발전법의 각 개정안을 들 수 있다. 소관 상임위나 법사위 단계에서 야당의 합의나 토론 참여가 없었고, 입법 절차가 편법으로 운영되기도 했다. 예로, 12월 8일 오전 공수처법 개정안에 대한 이견을 좁히기 위해 법사위 안건조정위가 구성되었다. 안건조정위는 당초 소수 의견을 배려하기 위해 여야 3인 동수로 구성하고 최대 90일까지 숙의할 수 있게 고안된 장치이다. 여당은 안건조정위에서 다수 확보를 위해 여당에 준하는 군소정당 열린우리당 소속 최강욱 의원을 야당 몫 중 1인으로 선임했다. 그 결과 안건조정위는 무력화되고 개최 77분 만에 종료되었다. 당일 오후 법사위 전체회의가 열렸는데 야당의 반대토론 신청은 묵살되었으며 고성이 오가는 가운데 8분 만에 기립 표결로 공수처법 개정안이 가결 처리되었다.

정기회 마지막 날인 12월 9일 본회의에서는 공수처법, 국가정보원법, 그리고 남북관계발전법 개정안 3건에 대한 필리버스터가 진행되었다. 정기회 폐회에 이어 10일에 소집된 임시회 본회의에서 공수처법 개정안은 통과되었다. 여당은 수의 우세로써 13일과 14일 국정원법 개정안과 남북관계발전법 개정안에 대한 필리버스터를 표결로 각각 종결시키고 가결 처리하였다.

결언: 21대 국회 의정운영의 방향

21대 국회 첫 1년을 돌아보면 의정무대에서 여야 정당 간의 첨예한 양극적 갈등이 지속되었고, 거대 여당은 관행을 무시하고 상임위원장직을 독식하는 등 독점적 운영체제를 마련했으며, 무력화된 야당이 효과적으로 여당을 제약할 수단이 한정된 가운데 여당은 자당 의사를 신속하게 관철해왔다. 결국, 국회운영에서 다수가 소수와 타협하고 포용하여 합의에 이르는 협치는 사라졌다.

압도적 의석을 보유한 여당이 국회법 규정을 위반하지 않고 다만 절제 없이 다수결을 강행한 것이 의회주의를 훼손한 것인가? 다수가 법이 정한 형식적 절차를 준수한다고 해도 소수를 배제하는 의사결정의 일상화를 가져왔는데 과연 여전히 의회주의가 실천되고 있는 것인가?

2020년 12월 22일 일부개정, 2021년 6월 23일 시행된 국회법의 부칙을 제외한 본문에는 '협의'(協議)라는 표현이 54번, '합의'(合意)는 15번 나온다. 이를테면, 의장은 위원회 배정, 의사일정 작성, 개회 및 개의, 회의 진행 등을 포함한 국회운영 전반에 걸쳐 교섭단체 대표와 협의하여 정한다. 위원장은 위원회 운영을 위해서 교섭단체 간사들과 협의한다. 그리고 의장이 의사일정, 법안의 본회의 상정 시기, 위원회 심사 기간 등을 변경할 때 교섭단체 대표 간의 합의를 전제로 한다. 헌법재판소 선고에 의하면 협의는 "당사자들이 서로 의견을 교환하고 그 주재자가 종극적으로 판단하고 결정하게"[17] 되는 것이며 합의는 당사자들의 의견이 서로 일치하게 되는 것이다. 협의든 합의든 국회법의 정신은 의회주의의 핵심 내용을 반영하여 소수를 존중하면서 다수결로 국회 의사를 결정하는 것이다.

민주화 이후 국회에는 어느 회기이든 여야 정당 간 극심한 갈등이 없지 않았다. 그런데 21대 국회 첫 1년 기간에는 다른 어느 시기와 비교해도 다수를 장악한 정당이 소수자 정당의 의사를 무시하고 지속적으로 의안을 전격, 강행 처리하며 독주한 양상이 너무나 역력했다. 의정에서 협치가 성사되지 못했다. 이런 의회과정은 의회주의를 실현하고 있다고 말하기 어렵다. 의회민주정치는 발전은커녕 퇴보의 모습을 보여주었다. 필자는 이 글에서 주로 절차적 관점에서 한국 의회민주정치의 퇴영을 우려하고 있다. 그런데 국회 과정의 최종 산출물인 법을 포함, 의결된 의안의 실질적 내용에 비추어 의회민주정치 상황을 진단할 수 있을 것이다. 예를 들면, 최장집 교수는 공수처법이 "대통령의 전제정화를 제도화할 가능성을 불러올 수" 있는 "민주주의에

---

17) 헌법재판소 전원재판부 2008. 4. 24. 선고 2006헌라2.

지극히 위험한 법"이라고 진단하고 "한국 민주주의 위기"를 경고한다.[18]

알렉시스 토크빌, 존 스튜아트 밀, 존 애덤스, 제임스 매디슨과 같은 이론가들은 민주주의 정치에서 다수결이 소수를 억압하는 다수의 폭정(tyranny of the majority)에 대한 우려를 표명하고 이를 예방하기 위한 견제와 균형의 원리, 그리고 권력분립 장치를 설파했다. 특히 밀은『자유론』(1859)에서 표현의 자유를 주창한 바와 같이『대의정부론』(1861)에서 선거와 의회 과정의 맥락에서 다수 의사에 의한 소수 의사에 대한 억압을 비판했다.

"비록 다수파에 수적으로는 밀리더라도 소수파가 자신의 이해관계와 생각·지성을 드러낼 기회를 가지고, 나아가 수적 열세를 뛰어넘어 인격의 무게와 논리의 힘에 의해 일정한 영향력을 발휘할 수 있는 이런 민주주의만이 진정 평등하고 공평하며, 모든 사람에 의한(all by all) 모든 사람의 정부를 가능하게 해준다."[19]

의회민주정치가 성공하려면 다수가 그 의사의 일방적 관철을 절제하고, 소수를 포용하는 확장된 다수를 형성하기 위해 타

---

18) 최장집, "다시 한국 민주주의를 생각한다: 위기와 대안",『한국정치연구』29집 2호, 2020: 1–26.

19) 존 스튜아트 밀(서병훈 옮김),『대의정부론』아카넷, 2013: 163.

협하며, 더 나아가서 합의에 의한 결말에 도달할 수 있어야 한다. "반 조각의 빵이라도 얻는 게 아예 없는 것보다는 낫다"(Half a loaf is better than none)는 말을 폄하해서는 안 된다. 타협은 일방이 굴복하여 잃어버리는 것이 아니고 서로가 무엇인가를 얻는 것이다. 서로 간에 의견 차이가 있으면 다름을 확인하면서 각자 당초의 생각을 다시 돌아보고 접점을 모색하는 것이 민주적 문제해결의 방식이다.

집권당 혹은 다수당이 소수당의 반대를 무릅쓰고 자당의 의사를 밀어붙여 독주하면서 '책임정치'라고 변명하는 경우가 없지 않다. 이와 관련하여 책임정당정부(responsible party government)에 관한 규범적 또는 경험적 이론이 동원되기 십상이다. 그 요지는 정당이 선거에서 정책 공약을 내세워 집권하거나 다수가 되면 약속한 정책을 형성하고 집행하며 차기 선거에서 수행성과에 대한 심판을 받는다는 것이다. 정당은 선거를 통해 이루어진 위임에 따라 입법부와 행정부의 정책 형성과 집행 과정에서 책임성을 구현하며 그를 위해 내부 기율을 통해 결속한다는 것이다. 이러한 논리는 사토리에 의하면 일반인이 "정당을 통해, 그리고 정당에 의해"(*through* and *by* parties) 대표되는 현상이 두드러진 의원내각제 민주주의와 높은 수준의 정합성을 갖는다.[20] 물론 대통령제 민주주의에도 규범적으로나 경험적으로 책임정당정부론이 어느 정도는 적용될 수 있다. 래니는 미국의 공화, 민주 양당 정치의 맥락에서 이런 이론을 주창한 바 있다. 정당은 정책을 명료하게 하여 선거에서 유권자가 선택하도록 하고 의회 다수당 또는 행정부 집권당이 되면 결속력을 갖고 실행해야 한다는 것이다. 그런데 래니는 책임 있는 정당에 의한 정부 또는 정치가 가능하려면 정당이 이데올로기에 집착하지 않고, 양극화된 정치를 조장하지 않으며, 상대 정당과 정책적 타협에 장애가 되지 않을 정도의 당내 기율이 있어야 한다는 점도 강조했다.[21] 이런 관점에서 보면 다수당이 소수당과 타협하지 않고 양극적 갈등에 매몰되는 것은 책임정치라고 할 수 없다. 그리고 정당의 이념 및 정책의 정체성 유지를 위해 당 기율이 어느 정도 필요하지만 제대로 작동하는 대통령제 민주주의에서 여당 의원이 일사불란하게 당론을 추수하는 경직된 당 기율은 순기능적이라고 할 수 없다. 원내 갈등을 원만히 관리하기 어렵고 대통령 및 행정부 관계에서 국회의 자율성이 약화될 가능성이 있다. 16대 국회 시기의 2002년 3월 국회법 개정에서는

---

20) Giovanni Sartori, "Representational Systems," *International Encyclopedia of the Social Sciences*, New York: Macmillan, 1968, 13: 470~475.

21) Austin Ranney, *The Doctrine of Responsible Party Government*. Urbana: University of Illinois Press, 1954.

의원이 국민의 대표자로서 당론에 기속되지 않고 양심에 따라 자유투표한다는 것을 명문화했다(114조의2). 하지만 20대 국회 본회의에서 더불어민주당 소속 금태섭 의원이 공수처 신설안 표결에서 당론을 따르지 않고 기권하여 경고처분의 징계를 받았고 후에 탈당했다. 이런 처사에 비추어 더불어민주당이 책임 정치를 실천하고 있다고 강변할 수 없다.

필자는 국회가 한국 민주주의 발전의 견인차 역할을 하려면 '정책 역량을 발휘하는 균형의회'(a policy responsive legislature with balancing power)가 되어야 한다고 생각한다. 대통령제를 채택하고 있는 한 국회는 행정부를 적절히 견제할 수 있는 정책 역량을 보유하고, 국정을 충실히 심의하는 균형의회가 되어야 한다. 균형의회의 요체는 다수가 그 의사를 일방적으로 관철하지 않고 소수는 극한 대치에 몰입하지 않음으로써 의사결정의 민주성과 효율성의 균형을 추구함에 있다. 균형의회에서 다수는 소수 의사에 대하여 절제의 자세를 가지고 타협과 합의로써 더 큰 다수 의사를 형성하여 소수가 다수결에 승복하도록 한다. 이러한 균형의회는 상이한 지역, 세대, 계층, 성별 등에 기반을 두는 정치세력을 포용하고 조정하며 갈등을 원만하게 해소하는 공론장이 된다. 국회가 균형의회로 거듭나기 위해 국회운영 규칙으로부터 시작하여 선거제도와 정당 체제, 그리고 헌법

에 이르는 제도 개혁의 중장기 전략에 대한 지속적인 논의가 필
요하다.

◇◇◇ 참고문헌 ◇◇◇

※ 본 에세이의 성격과 지면 제약으로 참고문헌의 목록은 대폭 축소하고
이 에세이의 토대가 된 필자의 글 일부만을 아래와 같이 소개한다.

박찬욱, 1995, "한국 의회정치의 특성". 『의정연구』1:1, 14-38.

_____ · 김병국 · 장훈 (공편), 2004. 『국회의 성공조건』. 나남.

_____, 2008, "의회정치 60년의 특성과 18대 국회의 과제", 제1회 여해포
  럼 '사이 · 너머' 『헌정 60년(1948-2008), 새로운 정부형태 필요한가?』,
  5월 22일 발표 논문.

_____, 2012, "제19대 국회에 대한 기대", 『국회입법조사처보』13, 23-28.

이홍구 정치학의 전개와
한국 민주주의 연구

장훈(중앙대 교수)

"정치란 인간의 자율적이고 창조적인 결정과 선택에 의하여 그 성격과 방향이 규정되는 것이기에 그러한 정치의 긍정적 변화, 즉 정치발전이 주체성의 위기를 극복한다."

"정치학이란 보편타당한 영구불편의 진리를 탐구하는 것보다는 시대성을 띤 정치현상을 이해하고 설명하며 또한 정치적 문제의 해결이나 정책적 결정의 선택을 처방하는 데 더 기본적인 목적이 있는 학문이다."

"자유란 어휘는 그 의미의 무질서한 팽창으로 무책임한 외침이 되어버렸는가?"

『이홍구 문집』

I. 이홍구 정치학의 세 기둥: "정치퇴행론" 개념을 중심으로

1980년대 한국 권위주의 정치가 폭력의 절정에 이르던 무렵, 이홍구 선생은 어느 강의에서 자신이 장차 한 번 꼭 써보고 싶은 책은 '정치의 퇴행에 관한 책'이라고 언급하였다. 모두가 발전과 근대화를 습관처럼 되뇌던 시간에 선생은 정치의 퇴행이라는 다소 낯설 법한 개념을 한국 정치 연구의 중심 질문으로 강조한 셈이다. 스치듯 언급된 이 언명에서 필자는 이홍구 정치학의 본령을 설명하는 세 기둥을 발견할 수 있다고 믿는다. ① 정치학의 현실적합성 ② 정치현실이 단선적이고 일관되게 흘러간다는 환상보다는 성숙과 후퇴, 변주와 개별성을 품은 열린 세계라는 인식 ③ 정치학은 보편타당한 진리를 찾기보다는 개별 사회의 역사, 제도, 문화 역사에 기반하여야 한다는 학문관.

현실적합성의 문제부터 검토해보자. 1980년대 권위주의가 대학을 포함한 시민사회를 폭력적으로 억누르던 당시, 강단 정치학은 정치발전이라는 주제에 많은 시간을 쏟고 있었다. 서울대학교를 포함한 대부분의 정치학 전공에 〈정치발전론〉 과목이 개설되어 있었고 이들 과목들은 주로 1940-50년대에 미국에서 생산된 근대화론에 입각한 정치발전을 논의하였다. 가르치는 분들이나 배우는 이들 모두에게 현실과 동떨어진 공허한 정치학이었다.

　잠시 정치발전론의 공허한 역사를 살펴보자. 유럽 전선과 태평양 전선에서 파시즘 체제를 물리치고, 1945년 미국이 마침내 경제 대국을 넘어 사상과 체제의 헤게모니로 떠오르면서 미국 정치학은 아시아, 아프리카, 남미의 수많은 신생국들이 가야 할 길의 방향으로서 이른바 근대화론에 몰두하게 되었다. 신생국 시민 개개인들의 교육 수준의 향상, 중산층 시민의 성장, 참여와 교양 등이 주를 이루는 시민형 문화 등이 확산될 때 비로소 정치발전이 이루어진다는 근대화론은 미국과 그 영향 아래 있었던 제3세계 학자들의 주된 관심사였다.

　하지만 전후 신생국 지식인들에게 지식뿐만 아니라 재정, 인적 네트워크 등을 아울러 지원하던 근대화론은 그 방대한 시도에도 불구하고 1960년대부터 이론적으로나 현실적으로 파산에 이르게 되었다. 제국주의로부터의 독립 혹은 신생 국가의 성립 또는 구제국의 분할 등을 통해서 탄생한 신생국들은 전후 일정한 사회경제적 근대화가 진행되면서 민주주의의 길(발전의 길)로 들어서기보다는 정치퇴행의 길로 들어섰다. 1960년대 한국, 브라질, 나이지리아의 경험에서 보듯이 아시아, 남미, 아프리카 지역에 걸쳐서 정치현실은 근대화 이론을 보기 좋게 배반하고 군부 쿠데타와 권위주의 정치로 얼룩진 정치퇴행의 길을 내달렸다.

제3세계 정치의 퇴행을 재빠르게 포착하고 근대화 이론의 배반 사례들을 엮어서 출간한 이는 1960년대 후반『변화하는 사회의 정치질서』라는 저작을 내놓은 사무엘 헌팅턴이었다. 이 저작을 신호탄으로 비교정치학자들은 너나없이 제3세계 군부정치, 권위주의 정치에 대한 다양한 분석들을 쏟아내기 시작하였다. 한국의 정치학 역시 1970년대 중후반부터 남미의 여러 정치퇴행의 경험에 기반한 이론적 작업들인 종속이론, 관료적 권위주의론 등에 관심을 갖기 시작하였다.

역사적, 공간적 맥락이 거세된 근대화론 등이 널리 읽힐 때, 이홍구 선생은 1960년대 후반에 제출한 예일대학교 박사학위 논문과 그 내용을 압축 정리한 논문 "사회보존과 정치발전"(이홍구 문집 II권)[1]에서 정치학의 현실적합성과 그것이 한국에서 갖는 의미를 본격적으로 다루었다. "정치학은 보편타당한 영구불편의 진리를 탐구하는 것보다는 시대성을 띤 정치현상을 설명하며 또한 정치적 문제의 해결이나 정책적 결정의 선택을 처방하는 데 더 기본적인 목적이 있는 학문"이라는 것이다. 따라서 1960-80년대의 한국 정치 현실을 이해하고 설명하자면, 사회경

---

1) 이하에서 모든 겹따옴표 안의 문장은 모두 선생의 글이나 표현에서 가져온 것이며 출처는 이홍구 문집 II권 104의 방식으로 표기한다.

제적 "근대화의 성공 속에서도 여전히 정치발전을 아쉬워하는" 시대적 맥락이 탐구되어야 하는 것이다. 더 구체적으로 말하자면 한국의 정치현실은 "서구로부터의 막강한 영향 속에서 정치적 이식의 시련을 겪고 있는 비서방사회의 근대화 과정에서" 이해되어야 하는 것이 된다.(문집 II권, 104)

달리 말해 "한국의 특수성을 외면한 일반론이나 외국 정치에 절대적 비중"을 두는 정치학보다 서구의 영향 속에서 이뤄진 급속한 근대화가 가져온 정치의 퇴행이 당대의 정치학 연구의 대상이어야 함을 역설하는 셈이다.("서울대학교 정치학 40년" 문집 II권, 469)

이 같은 역설은 이홍구 정치학의 두 번째 핵심 요소로 이어진다. 서구로부터 이식된 근대화가 정치발전을 단선적으로 가져오는 것이 아니라는 선생의 지적은 단지 근대화론의 얕은 서구 중심주의에 대한 비판적 인식에서만 비롯된 것은 아니다. 그보다는 이홍구 정치학의 세계에서 포착되는 정치현실의 본질을 다시금 돌아보아야 한다. 평소 선생의 화법에서도 드러나듯이 현실은 직선적이고 일방향으로 움직이는 에너지의 흐름이 아니다. 정치현실은 진전과 후퇴, 발전과 퇴행, 순환과 반복이 이어지는 열린 세계이다.

특히 아리스토텔레스의 『정치학』에서 제시된 정치현실에 대한 통찰은 이홍구 정치학의 주요 요소를 이룬다.[2] 선생은 칼 프리드리히의 정치철학을 분석하는 논문 "칼 J 프리드리히의 정치철학"(문집 II권 241)에서 간접적으로 아리스토텔레스 정치학의 영향을 받아들인 바 있다. 평생 다작의 학문 활동을 펼쳤던 프리드리히의 정치철학을 돌아보며 이른바 "아리스토텔레스의 전통"에 충실한 학자였음을 선생이 강조하는 것이라든지, 프리드리히가 미국정치학회장을 역임한 사실을 주목하며 그의 "학문 활동도 공동사회적 의식을 토대로 전개된" 바를 강조하는 것은 이홍구 정치학에서 발견되는 아리스토텔레스 정치학의 깊은 영향이라고 할 수 있다.

선생의 정치퇴행론은 아리스토텔레스가 강조한 바와 같이 군주정, 귀족정, 민주정이라는 세 가지 일반적 형태의 정치체제는 언제든지 타락하기 마련이고 군주정은 전제정으로, 민주정은 다수제의 폭정으로 퇴행한다는 통찰을 받아들인 것이라고 할 수 있다. 이 점에서 이홍구 선생이 강조하는 정치퇴행론은 근대화론의 단선적인 목표지향적 세계관과는 확연히 구분되며, 발전과 쇠퇴, 성장과 퇴행의 양면을 모두 담는 열린 인식론이 이

---

2) 선생이 쓰신 숱한 글과 더불어 선생의 말 역시 이홍구 정치학의 핵심이다. 이홍구 정치학의 말의 중심에는 20년간의 서울대학교 강의가 있으며 이는 주로 플라톤의 『국가』와 아리스토텔레스의 『정치학』에 대한 현대적 해석을 위주로 구성된다.

홍구 정치학의 핵심 기둥인 셈이다.

셋째, 연구 질문의 초점을 공허한 상상 속의 정치발전보다 한국의 현실적 맥락 속에서의 정치퇴행으로 옮겨보자면, 선생은 한국의 정치퇴행(달리 말해 사회경제적 근대화 속의 권위주의 정치)은 한국의 정신문화, 사회제도, 권력구조의 전통에 대한 연구를 통해서 가능하다고 역설한다. 우리의 유교 전통 속에서 "견제나 갈등은 억제되어 왔고 사회정치적 불평등이 정당화되고 제도화"되어 왔다는 것이다.("한국근대사의 전개와 민주주의" 문집 II권 489) 따라서 한국의 정치이론이 마주하고 있는 중심적 과제는 "한국의 정신사, 의식사에 대한 대담하고 체계적 이론"을 세우는 것이 된다. "19세기 이후 한국인의 의식세계와 그 전개, 변화과정에 대한 잠정적 이론"이라도 나와야 19세기 "척사, 동학, 개화운동에 대한 체계적 설명이 가능"해진다는 것이다.

서구의 압도적인 영향 아래 이뤄진 사회경제적 근대화 속에서 정치는 퇴행하고 있다는 문제의식은 이홍구 정치학의 세 번째 특징, 즉 단선적이고 서구 중심적인 역사관의 거부로 이어진다.

선생이 제시한 정치퇴행 개념의 역할은 여기에 그치지 않는다. 40년 전에 제시된 정치퇴행론은 오늘의 우리에게 민주주의 연구에 깊은 울림을 준다. 정치는 근본적으로 발전과 퇴보를 반복하고 사회경제 발전이 정치퇴행을 가져올 수 있다는 통찰은 요즘 전 세계적으로 벌어지고 있는 민주주의의 세 번째 역류를 이해하는 데에 지대한 도움을 준다. 우리가 목격하는 바와 같이 1980년대 이후 전 세계적으로 확산되어 나가던 민주주의는 미국, 영국을 비롯한 1세대 민주주의 국가들뿐만 아니라 헝가리, 폴란드를 비롯한 중유럽의 후발 민주주의 국가들, 필리핀, 태국, 미얀마를 비롯한 아시아의 후발 민주주의 국가들, 베네주엘라, 브라질을 위시한 남미 후발 민주주의 국가들에서 현저하게 후퇴하고 있다.

민주주의의 후퇴에 대한 분석과 설명은 요즘 차고 넘친다. 『어떻게 민주주의는 무너지는가?』(레비츠키, 지블라트 2018), 『How Democracy Ends』(Runciman 2018), 『모방시대의 종말』(크라스테프, 홈즈 2020)과 같은 분석서들이 부지런히 출간되고 있다. 1980년대-2000년대까지 민주주의의 확산과 안정화에 대한 낙관론이 전 세계 비교정치학을 이끌어왔다면, 돌연 정치학자들은 지난 10년간 민주주의의 쇠퇴, 위기, 퇴행, 역진(backsliding), 탈공고화(deconsolidation)를 논의하고 있다.

이러한 쏟아지는 연구 속에서 2000년대 이후의 사회경제적 양극화가 민주주의 쇠퇴의 주범으로 지목되기도 하고 정당정치와 의회정치의 마비와 기능부전이 요인으로 지목되기도 한다.

또한 선거를 통해서 선출된 행정부 리더의 권력 초집중화를 향한 집념이 민주주의 후퇴의 요인으로 거론되기도 한다.

정치학자들이 관습적으로 지목하는 이러한 요인들이 민주주의 퇴행의 설명요인으로 부적합한 것은 아니다. 하지만 충분하지도 않다. 이홍구 정치학의 방법과 인식론을 통해서 다시 돌아보자면, 1980년대 이후에 전개된 민주화와 민주주의의 확산 속에 이미 퇴행의 씨앗이 담겨져 있다고 볼 수 있다. 발전과 퇴행은 순환할 뿐만 아니라, 민주주의의 역사적, 문화적 토양 속에 민주주의의 위기의 씨앗이 담겨져 있다. 이 점에서 우리는 일찍이 한국 민주주의의 반(反)자유주의적 특성을 강조해온 선생의 논의를 다시금 음미해볼 만하다.

II. 한국 민주주의의 성장과 동요: 이홍구 선생의 '反자유주의적 민주주의'를 중심으로

1980년대 세계적인 민주화의 흐름(흔히 민주화의 제3의 물결이라 부르는) 속에서 한국 민주화에 대한 시민들의 열기와 의지가 뜨겁게 표출되던 무렵, 이홍구 선생은 한국 사회의 민주주의에 대한 뜨거운 관심에 비해 민주주의란 무엇인가, 민주주의를 통해서 추구하는 바는 무엇인가에 대한 진지한 탐구가 매우 부족하다는 점을 지적하였다. 따라서 그 결과로 다양한 시민들 사이에서 민주주의란 무엇인가에 대한 합의가 부재하다는 점을 날카롭게 지적하였다.

대략 200년에서 300년을 헤아리는 근현대 민주주의 역사만큼이나 민주주의를 향한 노력을 이끄는 개념은 다양하였다. 상업, 산업 부르조아의 경제적, 정치적 자유가 민주주의 운동을 이끌기도 하였고, 권위주의와 제국주의의 억압으로부터 해방이라는 관념이 민주주의 운동을 이끌기도 하였다. 게다가 민주주의는 유라시아 대륙의 북서쪽 끝 암스텔담부터 동쪽 끝의 서울에 이르기까지 다양한 역사와 문화 속에서 살아온 사람들을 두루 매혹하는 사상이었던 만큼이나 다양한 개념과 내용물이 담길 수밖에 없는 것이었다.

선생이 파악하는 한국 민주주의의 결정적 특성은 반자유주의이다. 유럽의 서북쪽 귀퉁이와 아메리카 대륙에서 신대륙 정착민들에 의해서 시작된 현대 민주주의 운동이 일찍이 자유주의와 결합하면서 세력을 확장해온 역사와는 대조적으로 한국 민주주의는 자유주의와 결합하며 성장하지는 못하였다는 것이다. 첫째, 한국에서 자유주의의 주체인 개인의 등장과 이들이 주도적인 정치사회세력으로 부상하는 자유주의 혁명은 일어난 적이 없다. 그보다는 "한국의 정치문화에서 개인은 언제나 기존 사회

체제나 신분제도, 지위, 직업, 역할과 연관시켜 이해한다는 점에서 반자유주의적이며" 이는 오랜 유교 전통의 영향으로부터 우리가 자유롭지 못하다는 점을 가리킨다.("반자유주의적 민주주의와 한국정치문화" 문집 II권, 187)

둘째, 자유주의 혁명 또는 운동이 부재하는 또 다른 주요한 기원은 한국의 정치에서 주요한 초점은 대개 "국가권력의 간섭으로부터 개인을 어떻게 보호하느냐가 아니라 개인의 국가에 대한 충성, 봉사, 기여에" 있었다는 것이다.(문집 II권, 188) 셋째, 그에 따라서 한국의 민주화 과정에서 "인간의 기본권에 대한 이해나 인정이 희박하였다"는 점을 인정하지 않을 수 없다는 것이다.(문집 II권, 188)

이러한 특징을 지닌 반자유주의적 민주주의는 오랜 유교문화 전통에서 유래하는 것이기도 하였으며 동시에 근대 이후 한국 정치사가 빚어낸 특징이기도 하였다. 우리의 고유한 역사적, 문화적 영향 아래 한국 "민주화 운동은 반자유주의적 방식으로 진행되는 아이러니"가 일어났다는 것이다.(문집 II권, 192)

반자유주의의 역사적 뿌리를 조망하기 위해서 선생은 개화기 이후의 주요한 정치적 변동들을 검토한 바 있으며, 한국 정치사의 결정적인 국면들에서 자유주의보다는 집단주의 혹은 반자유주의가 결정적으로 작용하였다고 파악한다. 예를 들자면, 서양과 일본의 외세가 밀어닥치던 19세기 후반 개화기의 두 가지 주요한 정치운동이었던 농민 대중들의 동학농민운동이나 소수 엘리트 중심의 정치개혁이었던 갑신정변은 공통적으로 "개인과 자유는 침체되고 집단과 평등이 규범으로 작용하는" 특성을 드러내었다는 것이다. 구체적으로 말하자면, 김옥균, 유길준 등 개화파 지식인 엘리트가 주도한 갑신정변의 동인은 민주적 규범이나 이념에 대한 헌신보다는 "서양 문물과 부국강병의 일본적 경험"에 자극받은 측면이 더 강하다고 보아야 한다는 것이다.

대중적 기반을 갖추지 못한 채 소수 지식 엘리트들이 주도하였던 갑신정변과 달리 동학농민운동은 개화기 서구와 일본의 외압에 맞선 보통 한국인들의 거대한 정치사회운동이었으나 이 역시 "개인의 자유와 권리보다는 평등에 대한 욕구"의 폭발이었다는 것이다.[3] 전국의 수많은 농민들의 엄청난 희생을 바탕으로 폭발하였던 동학농민운동은 농민들 "개인의 권리투쟁"이라기보다는 조선 말기 한국 사회에 고착된 폐쇄적이고 부패한 "기존 제도와 운영에 대한 집단적 저항"이었다는 것이다. 달리 말해 "제도적 불평등과 정체성의 위기에 시달리는 농민들의 주장의 집단

---

3) 한말 개화기의 동학농민운동, 개화사상, 위정척사사상을 체계적으로 비교 검토한 연구들 가운데 여전히 김영작 교수의 『한말 내셔널리즘: 사상과 현실』이 폭넓은 깊이와 설득력을 갖는다.

적 표시"로서 이해되는 동학농민운동은 아래로부터의 저항과 폭발이었음에도 불구하고 정치 주체로서의 개인과 이해관계의 발견의 계기로 작용하지는 못하였다는 것이 선생의 진단이다.

개화기를 거쳐 국권 상실의 시기에 이르게 되면서 한국인들의 억눌린 정치사는 서구식 근대의 견인차로서의 개인주의가 열리기보다는 강력한 국가주의가 지속되는 흐름으로 이어졌다. 선생에 따르자면 일제에 저항하는 독립운동 시기에 도산 안창호처럼 자유와 사상의 다양성을 강조하는 예외적 존재가 있기는 하였지만, 국권 상실이라는 중대한 위기는 당시 지식인들과 독립운동 지도자들이 전반적으로 "민족지상, 국가지상적 입장을 취하게 만드는" 결과로 이어졌다는 것이다. 이러한 국가주의 경향은 또한 집단성의 강조로 이어져왔으며, 이는 독립운동 시기에 좌파와 우파 사이에 진행되던 새로운 근대 국가 형성의 모델 경쟁에 있어서도 심대한 영향을 미쳤다는 것이다. 독립운동 시기 국가 형성 모델은 소련식 모델과 미국식 모델이 경쟁하였지만 미국식 모델에 있어서도 "자유보다는 국민의 균등한 생활이" 강조되는 방향으로 귀결되었다고 선생은 진단하였다.

이어서 해방과 1948년 대한민국 헌법 제정을 거치면서 민주주의의 외양은 갖추어졌지만 민주주의를 담는 "구체적인 이데올로기로서의 자유화"는 여전히 요원하였다. 선생의 표현을 빌리자면, 1948년 민주헌법 국가가 성립된 이후에도 여전히 "한국인들의 민족적, 역사적 전개 과정 속에서" "자유는 발견"되지 못하고 있었다. 자유란 단순히 근대화 과정에서 수입되는 서구적 자유의 토착화일 수는 없으며 우리의 현실적인 역사 전개 속에서 여러 주체들, 예를 들자면 농민, 노동자, 지식인들이 발견하는 것이다. 구체적으로 말하자면, 개인들이 자유롭기 위한 조건으로서의 복지를 추구하는 자유(노동자, 농민), 또한 민주주의를 이탈한 권위주의 국가의 억압으로부터의 자유를 논하는 (지식인, 대학생) 것이 가능하지만, 이러한 움직임들이 체계적으로 뚜렷하게 진행되지는 못하였다는 것이다.

한편 대한민국 헌법 제정과 더불어 출범한 1공화국이 시민들에 의해 무너지는 4·19라는 큰 변동을 통해서 "시민 기본권을 제한하려는 권력에 저항하는 시민문화"가 확인되기는 하였지만, 여전히 자유주의 시민의 본격적인 등장이 이루어지지 못하였다고 본 선생의 학문적 관심은 그렇다고 해서 '자유의 발견의 부재'를 진단하는 데에만 그친 것은 아니었다. 선생은 서구적 근대의 이식이 아닌 주체적 자유의 확립에 요구되는 규범적, 방법적 논의를 1960년대와 70년대에 걸쳐서도 꾸준히 진행하였다. 이 무렵은 프랑스의 68운동, 미국의 반전운동과 반기득권 운동 등에서 보듯이 근대를 이끌어온 서구 자유주의가 근본적인 한계에 부딪히는 여러 혼란이 드러나는 시기였는데, 선생은 서구 자유주의의 동요와 한계를 지켜보며 한국 민주주의가 주체적으로 자유주의를 확립하는 길을 모색하게 되고, 이는 이 무렵의 일련의 좌담, 에세이 등에서 제시되었다.

1969년의 한 좌담에서 선생은 "서구 시민사회, 정신의 결점을 되밟지 않고 우리 정체성을 확립하는 범위에서 한국적인 자유의 보장과 구현이 중요하고 필수적"이라는 점을 강조한다. 그 구체적인 길로서 우리가 "서구적 의미의 부르조아 자유개념을 바탕으로 해야 한다는 의식에 눌려" 있기보다는 자유주의의 터전으로서의 시민사회 구축을 위해 "부르조아, 지식인텔리의 변증법적 대화"가 결정적 요건임을 힘주어 말하고 있다.(좌담 "한국사회와 민주정치"문집 IV권, 115)

하지만 실제 현실에서 한국의 중산층과 지식계층은 주체적인 시민사회와 자유로운 개인을 스스로 발견하지는 못하고 있었다. 예를 들자면 한국의 중산층은 주로 교육 수준이 높은 "도시 거주 샐러리맨"과 노동자, 농민보다는 경제적 형편이 나은 중산층들로 구성되어 있는데, 이들은 "이념을 가지고 형성된 계급이 아니라 경제사회적 추세에 따라서 형성된 계급이며" 따라서 "근본적으로 소시민적 기질을" 보유하고 있다는 것이다. 물론 교육받은 계층으로서 민주주의, 자유 등에 대해서 알고 있지만 이러한 지식과 의식 사이에는 커다란 분열이 존재하며 이러한 "분열증을 막연히 느끼지만 별로 피해도 입지 않고 그럭저럭 살아가는 소시민"에 머물러 있다는 것이다.

이러한 지식과 의식 사이의 분열증은 지식인 계층에서도 마찬가지로 발견된다는 것이다. 지식인들은 "의식에서는 자유, 평등을 지향하면서도… 실제 행동에서는 전혀 민주적 행동을 하지 않는" 분열증을 마찬가지로 보이고 있다는 것이다. 정작 희망을 걸 만한 계층은 학생층이었다. 이들은 "민주의식이 투철하고 시민으로서 잠재력을 보유"하고 있었다고 선생은 파악하였다.

하지만 본래 이중적이었던 지식인층뿐만 아니라 학생들 역시 1970-80년대의 민주화 운동 시기에 자유를 발견하지는 못하였던 것으로 선생은 진단하고 있다. 민주화 운동은 "아이러니"하게도 반자유주의적 민주주의라는 위험을 내포하고 있었다는 것이다. 이 무렵 민주주의라는 관념은 그 밖의 다른 대안이 들어서기 어려울 만큼 지배적 위치를 갖게 되었지만, 정작 민주화 운동 안에는 개인과 자유가 오히려 억압되고 침해되고 있었다는 것이다. 구체적으로 말하자면, 민주화 운동이 추구하는 자유, 평등, 복지의 주체는 전 국민 또는 "민중"이라는 광범하고 모호한 주체였을 뿐 "개인 차원의 자유"라고 보기는 어려웠다는 것이다. 심지어 지배적 위치를 차지한 민주주의, 민주화라는 관념에 대한 "교조적 입장이 여론에 힘입어 개인의 자유를 침해할 우려"마저도 생겨났다는 것이 선생의 진단이다.

한국 민주화 운동에 내재된 반자유주의적 성격, 근대 세계에 편입된 이후 한국인들의 구체적인 역사적 경험 속에서 개인과 자유를 발견하는 자유주의의 순간이 부재하였다는 선생의 진단은 결국 민주화 30여 년의 역사를 쌓아올린 오늘날 커다란 함의를 지닌 것으로 판명되고 있다. 한국 민주주의는 지난 30여 년 역사를 축적하면서 지속적인 경제성장, 지구촌에서 한국문화와 경제적 위상의 수직 상승 그리고 다양한 소수자들의 권리에 대한 보호와 같은 숱한 진전을 이루어냈다는 점에서 한편으로 자축의 30년이라고 부를 수도 있다.

하지만 다른 한편으로는 민주주의와 언제나 긴장관계에 있게 마련이고 민주주의를 지탱하고 감시하는 자유주의는 여전히 저발전 상태에 머물러 있을 뿐만 아니라 최근 들어 우리 사회의 움직임은 허약하던 자유주의마저 크게 동요하는 지경에 이르렀다. 자유의 핵심인 표현의 자유와 언론의 자유가 흔들리고 있으며, 자유주의를 지키는 제도와 관습으로서의 헌정주의 역시 동요하고 있다. 결국 일찍이 개인과 자유의 발견이 이루어지지 못한 한국 근대 정치사와 정치문화의 특징을 깊이 논구하였던 이홍구 정치학은[4] 한국 민주주의의 성숙과 동요의 순환을

이해하는 길잡이로 여전히 그리고 앞으로 오랫동안 남아 있을
것이다.

---

4) 근대성과 자유의 뿌리를 찾는 작업은 전후 일본 정치학의 대부라고 불릴 만한
마루야마 마사오의 평생의 과제이기도 하였다. 마루야마 역시 이홍구 선생과 마찬
가지로 "오늘날 우리들은 외국으로부터 강제적으로 자유를 부여받았다. 그러나 부
여받은 자유, 강제된 자유란 본질적인 모순"이라고 보았다. "자유란 스스로의 일을
스스로의 정신으로 결정함을 말하는 것이기 때문"이라는 것이며 "진정한 자유의 획
득을 위하여 피나는 노력을 해야" 한다는 것이다.

행동하는 지식인, 행동하는 리버럴리스트로서 마루야마는 1960년대 일본 대학사회
의 혼란과 정치투쟁에 분연히 몸담기도 하였지만, 정작 자유주의자로서의 그의 학
문은 다양한 면모를 가진 일본 근대 사상가, 후쿠자와 유키치의 여러 얼굴들 가운데
"자유"를 과장되게 발견하는 방향으로 나아갔고, 더 거슬러 올라가자면 막부 체제
말기의 오규 소라이로부터 탈유교 움직임의 뿌리, 즉 원초적 근대를 발견하려는 '구
성적 노력'으로 이어졌다.(김석근, 가루베 2014) (야스카와 2015)

이러한 관점에서 후쿠야마 정치학은 한국 근현대사에서 자유주의의 부재를 지적하
고 이를 한국 사상사 전개의 특징으로 꼽았던 이홍구 정치학의 현실적합성과 열린
태도에는 미치지 못하였다고 평가할 수 있다.

◇◇◇ 참고문헌 ◇◇◇

『이홍구 문집』 서울: 나남. 1997.

김석근. 가루베 타다시. 『마루야마 마사오와 자유주의』 서울: 아산서원.

    2014.

김영작. 『한말 내셔널리즘: 사상과 현실』 서울: 백산서당. 2006.

레비츠키, 스티븐, 데이비드 지블라트. 『어떻게 민주주의는 무너지는가?』

    서울: 인크로스. 2018.

야스카와 쥬노스케. 『마루야마 마사오가 만들어낸 후쿠자와 유키치라는

    신화』. 서울: 역사비평사. 2015.

크라스테프, 이반, 스티븐 홈즈. 『모방시대의 종말』 서울: 책과함께. 2020.

Runciman, David. *How Democracy Ends*. London: Profile Books. 2018.

포퓰리즘 정치와
한국 민주주의의 개혁 방안

강원택(서울대 정치외교학부 교수)[1]

1. 서론

　30여 년 전 민주주의는 세계적 흐름이었다. 권위주의 체제, 공산주의 체제에 놓였던 수많은 국가들이 민주화를 달성했다. 1970년대 중반 포르투갈, 스페인, 그리스 등 권위주의 체제하에 있던 남부 유럽 국가들이 민주화를 성취한 후, 이러한 변화의 흐름은 곧 라틴아메리카, 아시아로 이어졌다. 1980년대 후반

---

[1] 이 글의 초고는 2019년 5월 21일 윤보선민주주의연구원 주최 '21세기 민주주의와 포퓰리즘' 학술 토론회에서 발표되었다.

에는 소련과 구 동구권이 붕괴하면서 동유럽 국가들이 민주화를 이뤘다. 1994년에는 아파르트헤이트라는 악명 높은 인종 차별 정책을 펼쳤던 남아공이 민주화되었고 넬슨 만델라는 대통령이 되었다. 이처럼 전 세계적으로 일어난 정치적 변화를 두고 헌팅턴(Huntington 1991)은 이러한 정치적 변화의 흐름은 민주화의 '제3의 물결'이라고 불렀다. 당시 자유민주주의는 실질적으로나 원칙에 있어서 승리한 듯이 보였고, 정부를 형성하는 데 있어 유일하게 적법적인 것으로 간주되었으며, 자유민주주의에 대한 대안은 없는 것처럼 보였다(Galston 2018: 5).

그러나 '제3의 물결' 이후 30여 년이 지나면서 세계 곳곳에서는 '민주주의의 후퇴'가 나타나고 있다. 2014년 3월 첫 주 영국 시사 주간지 이코노미스트의 표지 제목은 'What's gone wrong with democracy'였다. 미국의 프리덤 하우스의 2018년 보고서의 제목 역시 '위기의 민주주의(Democracy in Crisis)'였다. 그 보고서는 2017년까지 12년째 계속해서 세계적으로 자유의 쇠퇴가 관찰되고 있다고 했고, 2017년 71개 국가에서 정치적 권리와 시민적 자유의 명백한 하락이 발생했다고 보았다.

그런데 주목할 점은 이와 같은 민주주의에 대한 위협이 권위주의 체제, 유사 권위주의 체제의 국가들, 혹은 민주주의 역사가 짧은 신생 민주주의 국가에서만의 현상이 아니라는 점이다. 오랜 민주주의의 역사를 갖는 서유럽 국가들이나 미국에서도 민주주의에 대한 도전 혹은 쇠퇴가 나타나고 있다는 점이다. 오래 전부터 투표율이 감소하고 온건 좌파, 온건 우파 등 기존 주요 정당에 대한 지지율이 하락하는 등 기존 정당에 대한 불신과 불만이 빠르게 증가해 왔다. 이와 함께 시위와 같은 비인습적 정치 참여가 늘어나거나 극단주의 정당에 대한 지지가 증가해 왔다.

그런데 최근 들어 나타나는 보다 일반적인 현상은 바로 포퓰리즘 정치의 부상이다. 기존의 정치 질서를 비판하고 인종적 편견이나 외국인 이민자에 대한 적대감과 배제, 국수주의 등 감성적 요인을 강조하는 포퓰리즘 정당이 민주주의의 오랜 전통을 갖는 국가들에서도 지지세가 크게 높아지고 있다. 포퓰리즘 정당은 단지 선거 수준에서 지지세가 이전에 비해 상대적으로 높아졌을 뿐만 아니라, 의회 내에 의석을 차지하고 심지어 집권세력이 되기도 했다. 유럽연합 2019년 4월을 기준으로 28개 국가 중에서 중앙 정치의 의회에 의석을 확보한 곳은 23개 국가로, 포퓰리스트 정당의 의회 진출이 없는 아일랜드, 몰타, 포르투갈, 루마니아, 크로아티아 등 5개국이 '예외적'이라고 할 정도이다 (Independent 29 April 2019)[2]. 이와 같은 포퓰리즘 정당의 부상으로 인해 2017년 영국 케임브리지 사전은 올해의 단어로 '포퓰리즘'을 선정하기도 했다.

이 글은 이처럼 세계 각국에서 나타나고 있는 포퓰리즘 현상의 현황과 특성에 대해 살펴보고자 한다. 이 글의 궁극적 관심은 한국 정치에 대한 것이다. 한국 정치에서 발견되는 포퓰리즘의 위험성에 대해 살펴보고, 그것을 예방하기 위한 정치적 방안에 대해 논의할 것이다.

2. 포퓰리즘 정치의 현황과 특성

(1) 현황

포퓰리즘은 오랜 역사를 갖고 있다. 19세기 후반 러시아의 브나로드, 곧 '인민 속으로' 운동이나 미국의 인민당(People's Party)을 가장 고전적인 형태의 포퓰리즘 정치로 볼 수 있다. 1970년대 이후에는 라틴아메리카에서 아르헨티나의 페론, 베네수엘라의 차베스 등의 좌파 포퓰리즘, 그리고 아르헨티나의 메넴, 페루의 후지모리, 멕시코의 살리나스 등 신자유주의 포퓰리즘이 등장했다. 서유럽에서도 1970년대부터 극우 포퓰리즘 정

---

2) https://www.independent.co.uk/news/world/europe/spain-elections-far-right-party-eu-member-states-vox-parliament-a8891706.html

당이 등장하기 시작했으나 이들 정당의 득표율은 매우 제한된 범위에 머물렀다.

그러나 최근 들어서 특히 서구 국가들에서 포퓰리즘 정당에 대한 지지가 급격하게 상승하기 시작했다. 꾸준히 영향력이 증대되어 왔지만 크게 주목 받지 못했던 포퓰리즘 정치에 대한 관심이 크게 높아진 것은 2016년 미국과 영국에서의 선거 결과 때문일 것이다. 2016년 미국 대통령 선거에서 정치적 국외자인 도널드 트럼프가 대통령으로 당선되었다. 또한 2016년 영국에서는 EU 탈퇴 여부를 묻는 국민투표가 실시되었고 51.9%의 찬성으로 브렉시트가 가결되었다. 안정적인 민주주의 국가로 간주되었던 미국과 영국에서의 포퓰리즘의 부상은 전 세계 많은 사람들에게 큰 충격으로 다가왔다. 이 외에도 전후 안정적 정당 정치를 이어온 독일에서 극우 포퓰리스트 정당인 '독일을 위한 대안(Alternative für Deutschland)'이 2017년 연방선거에서 12.6%의 득표로 94석을 얻으면서 제3당으로 부상했다. 전후 처음으로 독일에서 극단주의 포퓰리스트 정당이 연방 의회에 진입한 것이다. 2017년 프랑스 대통령 선거에서는 극우 포퓰리스트 정당인 민족전선(Front National)의 마리 르펜이 사상 처음으로 결선투표에 진출하여 33.9%의 지지를 획득했다. 또한 기존 정당들이 몰락하거나 약화된 가운데 신생 정당 앙 마르슈(En Marche)

의 마크롱이 대통령으로 당선되었다. 이탈리아에서는 일찍부터 극단주의 정당이나 포퓰리스트 정당이 출현했지만, 2018년 총선 이후에는 포퓰리스트 정당인 오성운동과 극우주의 북부동맹이 집권하면서 유럽에서 최초로 '포퓰리스트 연정'이 만들어졌다. 2017년 오스트리아에서도 선거 결과 우파 국민당과 극우정당 자유당이 연정을 구성했는데, 자유당은 제3당으로 부상했다. 스페인에서는 2015년 총선에서 좌파 포퓰리즘 정당인 포데모스(PODEMOS)뿐만 아니라 중도우파 포퓰리스트 정당인 시우다다노스(Ciudadanos)가 부상하면서 30년 만에 양당 체제가 붕괴되었고, 2019년 총선에서는 극우정당인 VOX까지 의회에 진출했다. 체코에서도 2017년 재벌인 안드레이 바비스가 설립한 포퓰리스트 정당 ANO가 제1당이 되면서 집권했다. 2015년 그리스에서는 좌파 포퓰리즘 정당인 시리자(SYRIZA)가 총선에서 승리하면서 당수 알렉시스 치프라스는 총리가 되었다. 네덜란드 극우 포퓰리즘 정당인 자유당(PVV)은 2006년 의회에 진출했고 2010년에는 연립정부에도 참여한 바 있다. 스칸디나비아 국가들에서 포퓰리즘의 부상은 뚜렷해서 스웨덴에서는 2019년 총선을 통해 극우 포퓰리스트 정당인 스웨덴민주당이 제3당으로 약진했고, 핀란드에서도 2019년 총선에서 극우 포퓰리스트 정당인 핀란드인당이 사회민주당에 한 석 차 뒤지는 제2당이 되었다. 이처럼 서구 민주주의 국가에서 포퓰리즘 정당의 부상은 보편적인 현상이 되었다.

그런데 최근 나타나는 포퓰리즘은 크게 세 가지의 형태를 취하고 있다. 첫 번째는 포퓰리즘 정당의 부상이다. 대다수 유럽 국가에서 나타나는 형태이며 포퓰리즘 정당은 극우주의뿐만 아니라 좌파 포퓰리즘, 중도우파 포퓰리즘 등 다양한 이념적 특성을 보이고 있다. 두 번째는 국민투표나 대통령 선거 등 직접 민주주의적 방법과 관련하여 부상하는 포퓰리즘이다. 미국과 영국 등이 대표적으로, 양극적 대립 속에서 포퓰리즘적 선동에 매우 취약한 모습을 보인다. 세 번째는 위임 민주주의(delegative democracy)로의 퇴행이다. 실제로 신생 민주주의 국가나 민주주의 토대가 약한 곳에서는 민주주의가 쇠퇴하면서 비자유주의적 민주주의(illiberal democracy)로 변모한 곳이 적지 않다. 빅토르 오르반의 헝가리, 카친스키의 폴란드, 에르도안의 터키, 그리고 베네수엘라 등 일부 라틴아메리카의 경우가 모두 여기에 해당한다. 이들은 선거를 통해 집권했지만 자유민주주의의 기본 가치나 제도를 무시하고 반대자와 언론을 억압하며 난민 등 '외부의 적'을 만들어 대중적 지지를 동원한다. 그 형태가 어떠한 것이든 포퓰리즘 정치의 부상은 자유민주주의 체제에 대한 위협과 도전이라는 점에서 매우 심각한 문제라고 할 수 있다.

그렇다면 왜 포퓰리즘은 이렇게 민주주의 국가에서까지 크게 부상하게 되었을까?

(2) 포퓰리즘 정치의 특성

포퓰리즘에 대한 정의는 사실 쉽지 않다. 1967년 포퓰리즘을 연구하는 43명의 학자가 런던정경대학에서 학술대회를 개회하여 그 결과로 『Populism: Its Meaning and National Characteristics』라는 제목의 책을 출간했다. 하지만 포퓰리즘 현상에서 공통적으로 발견되는 핵심 사상의 집합을 찾을 수 없다는 것이 이 책의 결론이었다(Taggart 2017: 38-39). 이처럼 포퓰리즘은 잘 정의된 하나의 이데올로기로 볼 수는 없다.

그렇지만 일반적으로 현실 정치에서 나타나는 공통의 특성은 찾아볼 수 있다. 첫째, 포퓰리즘은 그 용어에서처럼 기본적으로 인민(people)과 관련된 정치 형태이다. '포퓰리즘은 민주주의 그 자체에 의해 비춰진 그림자(a shadow cast by democracy itself)'(Canova 1999: 2-3)라는 표현처럼 민주주의 체제와 포퓰리즘은 근본적으로 분리되기 어렵다. 그런데 포퓰리즘에서 인민에 대비되는 존재는 엘리트이다. 포퓰리즘은 고결하고 순수한 보통의 대중들, 인민이 타락하고 비도덕적이며 무능한 엘리트에 대항하는 정치라는 형태로 프레임이 만들어지며, 그 결과는 반드시 인민의 일반의지가 승리하게 된다는 것이다(Mudde 2004; Mudde and Rovira Kaltwasser 2017). 즉, 포퓰리즘은 '인민(people, Volk, peuple)'이나 서민에게 호소하며 기존 지배체제와 그 엘리트에 대해 대립각을 세운다는 특성을 갖는다(주정립 2006: 47). 이처럼 포퓰리즘은 기본적으로 반엘리트주의의 속성을 갖고 있다. 엘리트에 대해 불만을 갖게 된 데에는 여러 가지 요인이 있을 수 있지만, 최근 유럽을 중심으로 나타나는 현상 속에서는 기존 정당 정치, 더 나아가 대의민주주의 전반에 대한 불만이 중요한 원인이 되고 있다. 정치 엘리트가 유권자들 자신의 의견을 통치 과정에서 제대로 반영하지 않는다는 불만이다(Norris 2005). 국가 기구를 담당하는 정치 엘리트가 실업의 증가, 경제적 양극화의 심화 등 대중의 경제적 어려움을 해결해내지 못한다는 것인데, 이러한 '무능'에 정치권의 부패가 더해지면 포퓰리즘 정치의 부상에 매우 유리한 환경을 조성하게 된다.

이와 관련해서 볼 수 있는 두 번째 특징은 기존 정당체제에 대한 불신, 대의민주주의에 대한 비판이다. 포퓰리즘 정당은 "기존 정당을 비판하면서 기존에 시도되지 않았던 정당 형태를 택하고 정치 이슈에 대한 입장을 정한다. 정당 조직 측면에서 포퓰리즘 정당은 기존 정당 조직을 의도적으로 거부한다. 포퓰리즘 정당은 기존 정당이 합의한 정당 시스템과 자신이 다르다는 것을 드러내기 위해 사회 분열로 이어지는 안건들에 집중한다. 이를 통해 스스로를 차별화시키며, 정치 전반으로부터 소외되었다고 느끼는 유권자의 지지도 극대화시킨다(Taggart 2017: 150-152)." 기존 정당이나 정치 엘리트는 기득권을 대표할 뿐이기 때문에, 기존 정당이나 이익집단의 매개보다 대중의 정치 참여와 이를 통한 의사의 직접적 표출을 선호한다. 복잡한 정치 구조에 의지하는 대신 엘리트의 매개가 필요 없는 국민투표와 같은 방식을 통해 인민들이 직접 중요한 정책을 결정하도록 하자는 것이다(서병훈 2008: 117). 그러나 현실적으로는 유럽 대다수 국가의 경우 대의민주주의의 틀 속에서 포퓰리즘 정치가 나타나고 있으며, 그 체제를 부정하거나 붕괴시키려는 시도는 나타나지 않고 있다.

포퓰리즘 정치의 세 번째 특징은 분열의 정치, 배제의 정치이다. '아군과 적'의 명백한 구분이 있으며, 배제, 증오의 대상이 존재한다. 미국의 경우, 포퓰리즘이 처음 태동한 19세기 말부터 줄곧 극소수 엘리트에 대한 대다수 '생산자'들의 적대감이 포퓰리스트 운동의 기본 동력이 되었다(서병훈 2008: 109). 최근에 나타나는 포퓰리즘의 경우 '우리'가 종교, 인종, 계층, 풍습 등 문화적 요인에 의해 매우 협소하게 정의되면서(Galston 2019: 11) 그 이외의 '그들'에 대한 적대감과 배척이 이뤄지고 있다.

유럽에서 나타나는 민족주의, 인종주의, 애국주의, 지역주의의 정서와 이로 인한 반이민, 반난민, 국수주의, 보호무역주의, 분리주의, 반EU 등의 주장이 바로 이것이다. 2016년 미국 대통령 선거에서 트럼프 후보가 말한 멕시코와의 국경에 'a big beautiful wall'을 짓겠다고 한 것도 여기에 포함될 수 있다.

네 번째는 반자유주의적, 집단주의적 속성이다. 포퓰리즘이 그 단어의 의미에서 집단주의적 속성을 갖는데, 특히 문제가 되는 것은 자유민주주의 핵심적 가치인 다원주의를 부정한다는 점이다. 자유롭고 동등하며 축소될 수 없는 다양한 시민들(irreducibly diverse citizens)이 함께 살아간다고 하는 다원주의는(Galston 2019: 12-13), 인민의 의지를 강조하고 특정 집단의 다른 집단에 대한 우위와 순수성을 전제로 하는 포퓰리즘에서는 수용되기 어렵다.

다섯 번째는 공동체 내부에서 이상화된 관련으로 받아들여지는 마음속 이상향(heartland)(이하 Taggart 2017: 163-169)에 대한 강조이다. 마음속 이상향은 상상된 공간이며, 이런 이상향이 명시적으로 요구되는 시기는 고난의 시기이다. 이런 이상사회는 유토피아가 아니며, 현재 잃어버린 것을 찾기 위해 과거에 대한 회상을 기반으로 마음속에 그려진 이상향이다. 2016년 미국 대통령 선거에서 트럼프의 구호 'Make America Great Again'

이 그 한 예가 될 수 있다.

여섯 번째는 카리스마적 리더십을 갖는 강한 지도자에 대한 선호이다. 아르헨티나의 페론 대통령, 베네수엘라의 차베스 대통령, 프랑스 국민전선의 르펜 당수, 오스트리아 자유당 하이더 당수 등이 모두 그 예가 될 수 있다. 이러한 지도자들은 청렴, 정직, 소박함과 같이 인민들이 정치 지도자들에게 소망하는 가치를 구현하고 있을 뿐만 아니라 위기적 상황에서 인민을 구출해 내고 수호해 줄 수 있는 특별한 권능을 지닌 이들로 간주된다(주정립 2006: 59-61). 이런 성향은 때때로 앞서 지적한 비자유주의적 민주주의, 위임민주주의적인 형태로 이어지기도 한다. 그러나 개인의 카리스마적 리더십이 아니더라도 포퓰리즘 정당의 지지자들은 권위주의적 법과 질서, 사회적 이슈에 대한 강경한 대응을 선호한다.

포퓰리즘은 이데올로기적으로 어떤 정형화된 속성을 갖고 있지는 않지만, 현실 정치적으로는 이와 같은 다양한 공통의 특성을 나타내고 있다. 이런 점들을 고려할 때 포퓰리즘은 "대의정치의 사상, 제도, 실천 등을 비판하고 사회적 위기에 대한 대응책으로 잠재적 또는 명시적으로 마음속 이상향을 추구하려는 반동적 정치"(Taggart 2017: 23)라고 그 특성을 요약할 수 있다.

(3) 포퓰리즘의 원인

최근 들어 포퓰리즘이 등장한 원인에 대해서는 다양한 설명이 가능하다. 우선 포퓰리즘 등장의 배경적 원인이 되는 것은 사회경제적 구조의 획기적 변화, 경제적 위기와 같은 정치, 경제 환경의 변화라고 할 수 있다. 이러한 변화로 인한 위기에 기존 정치권이 효과적으로 대응하지 못하면서 기존 정치 질서에 대한 불만이 고조되었고 포퓰리즘 정당이 세를 얻게 된 것이다. 세계화와 탈산업화(post-industrialization)로 인해 급격한 사회경제적 변동이 생겨났고 이러한 변화는 사회적으로 낙오된 계층을 만들어낼 수밖에 없다(배병인 2017: 70). 경제구조에서는 제조업 분야가 쇠퇴하고, 서비스, 금융, 지식 중심의 산업 형태로 변모해 가고, 중국 등 개발도상국의 경쟁력이 강화되면서 계층에 따라 각기 상이한 조건이 마련되었다. 탈산업화 시대가 되면서 교육에 기반한 실력 중심의 사회(education-based meritocracy)로 변모했고, 이로 인해 노동 시장이 급격하게 변화하게 되었다(Galston 2019: 8). 교육 수준이 낮은 미숙련 노동자의 경우 만성적인 실업의 위험에 노출되어 있을 뿐만 아니라 이민 노동자와의 일자리 경쟁에 일상적으로 노출되면서 기존 정치권과 기득권층에 대한 불만이 높아졌고 이민 노동자 등에 대한 적대감이 커지게 되었다(배병인 2017: 71). 계층적 양극화에 더해 경제적인 활력이 대도시에 편중된 모습을 보이면서 한 국가 내에서도 지리적 불평등의 문제가 증대되었고, 세계화된 경제 상황에서는 일자리가 개발도상국에 몰리면서 선진경제국가의 중산층과 노동계층은 어려움을 겪게 되었다(Galston 2019: 7). 이 때문에 포퓰리즘 정당에 대한 지지자들은 대체로 사회적 패자(losers)로 불릴 수 있는 이들이 적지 않다. 2016년 미국 대통령 선거에서는 경제적 불평등의 확산, 중산층 붕괴 등 경제 문제에 대한 정치권의 무능으로 인한 주류 정치권에 대한 분노와 아웃사이더에 대한 기대감이 트럼프의 지지로 이어졌다.

이처럼 경제적으로 어려움을 겪게 된 이들이 늘어났지만 주권국가가 할 수 있는 문제 해결의 영역은 통합의 가속으로 인해 매우 제약을 갖게 되었다. 세계화의 영향으로 각국이 밀접하게 연계되어 있고 또 국제 규범의 제약 속에서 한 나라 내에서 일어난 문제를 그 자체 내에서 해결하기 어렵게 되었다. 이런 현상은 유럽 통합의 심화로 인해 정책의 여러 영역에서 표준화를 이뤘거나 공동 대응을 원칙으로 하는 유럽연합 회원국의 경우에는 더욱 심각하다. 세계화라는 국제적, 국내적 환경의 변화와 근대국가 체제에 기반한 통치 시스템의 갈등이라는 문제가 발생한 것이다. 유럽에서 포퓰리스트 정당들이 EU 탈퇴를 중요한 어젠다로 내세우는 것은 바로 이 때문이다.

한편, 잉글하트와 노리스는 포퓰리즘 부상의 원인을 문화적 요인으로 설명한다. 1970년대 탈물질주의의 부상으로 인해 코스모폴리타니즘이나 다문화주의, 자기표현 등 문화적 측면에서 큰 변화가 발생하면서 젠더, 인종, 환경과 같은 비물질적 이슈가 주목받게 되었다. 그런데 기성세대, 특히 교육 수준이 낮은 백인들의 경우 전통적인 가족 규범이나 가치가 상이한 가치로 대체되는 데 대해 불만을 가지는 한편, 한때 문화적으로 지배적 위치에 있던 자신들이 지위가 침해된 데 대해서도 분노를 느끼게 되었다. 이처럼 개인의 자유, 다문화주의 등을 강조하는 탈물질주의적 코스모폴리타니즘(cosmopolitanism)의 확산이 이에 반발하여 전통적인 가치의 고수를 주장하는 '조용한 반혁명(silent counter-revolution)'(Ignazi 1992)을 불러왔으며 그것이 포퓰리즘 정치의 부상으로 이어졌다는 것이다(Ingelhart and Norris 2016). 이들의 설명에 따르면, 서구 민주주의 국가에서의 포퓰리즘에서 볼 수 있는 인종주의, 국수주의, 순혈주의 등은 바로 이러한 문화적 반발의 결과인 것이다.

그러나 포퓰리즘 등장에는 여러 가지 정치적 요인이 내재되어 있다. 첫째, 기존 사회구조의 변화로 인해 정치적으로 기존 정당 정치와 연계(link)되어 있지 않는 유동적인 유권자가 크게 늘어났다. 이로 인해 선거 때마다 유동성이 높아졌다. 유럽의 경우에는 근대 민주주의 등장 이래 중요한 역할을 해온 노조와 교회의 역할이 크게 약화되었고, 대신 사회가 보다 개인주의화되었다. 유권자들은 노조와 교회와 같은 조직으로부터 벗어나면서 정치적으로 보다 독립적이 되었지만 동시에 그만큼 기존 정당체제에 대한 신뢰와 애착심도 약화되었고, 이 때문에 포퓰리스트의 호소에 보다 취약해진 상황을 맞게 되었다(Rooduijn 2018).

둘째, 기존 정당, 기존의 정치제도에 대한 불만, 불신의 증대이다. 이는 기존 정당체제가 사회적인 문제에 대한 해결 능력이 약화되었다는 사실과 관련이 있다. 여기에는 몇 가지로 구체적인 원인을 구분해 볼 수 있다. 우선 정치적 양극화로 인한 정치 시스템의 비효율적 작동이다. 이는 무엇보다 미국 정치를 그 대상으로 들 수 있다. 민주당과 공화당 등 양당을 중심으로 한 정치적, 이념적 양극화가 지속되고 심화되면서, 정당 간 대화와 타협을 통해 문제를 해결해 내기보다 결국에는 적대적 대결과 파국으로 이어지는 경우가 잦게 되었다. 엡스타인(Epstein 1986)이 말한 미국 정당의 유연성(adapatability)이 정치적 양극화로 발휘되지 못하게 되었고, 정치적으로 갈등과 문제 해결이 제대로 이뤄지지 않으면서 생겨난 정치적 불만이 포퓰리즘에 대한 지지로 이어지게 되었다.

또 다른 원인은 특히 서유럽 국가의 경우 수렴의 정치(convergence), 합의의 정치(politics of consensus)로 인해 새로운 대안을 찾기 어렵게 된 것과 관련이 있다. 영국의 경우 대처, 메이저 등 보수당 집권 이후 권력을 잡은 노동당은 신노동당(New Labour)을 선언하면서 신자유주의 정책 기조를 이어갔다. 독일에서도 사민당의 쉬로더 총리는 '제3의 길'을 주장하면서 신자유주의 노선을 수용했다. 이와 같이 그동안 유럽 정치의 주요 정당들이었던 온건 좌파와 온건 우파 간 수렴의 정치가 이뤄졌다. 그러나 이러한 수렴의 정치는 그것이 사회경제적 문제 해결에 대해 효과적으로 작동하지 않을 때에는 정치적으로 새로운 대안을 찾는 것을 어렵게 만든다. 또한 이와 같은 수렴의 정치로 인해 이념적으로나 정책적으로 자신을 대표하는 정당이 없다고 정치적으로 소외감을 느끼는 유권자들도 늘어날 수밖에 없다(Rooduijn 2018). 이런 문제점은 특히 좌파 정당들의 경우에 보다 심각하게 작용하고 있다.

이와 관련해서 지적할 수 있는 또 다른 원인은 세계화와 함께 기존 정당체제에서 해결할 수 없는 문제가 부상한 것이다. 대표적인 경우가 영국이다. 전후 영국 정치를 이끌어 온 보수당과 노동당의 정치적 경쟁은 국가 대 시장으로 대표될 수 있는 경제정책, 자유지상주의 대 법과 질서로 요약할 수 있는 사회정책, 혹은 미국의 세계 질서에의 동참 여부 등의 차원에서 이뤄져 왔다. 그러나 유럽연합의 탈퇴 문제, 이민자 문제 등은 이러한 기존의 정치적 균열 선으로는 명확하게 나눠질 수 없는 것이다. 이 때문에 보수당도, 노동당도 이에 대한 분명한 당의 입장을 정할 수 없었고, 결국 의회주권의 원칙을 버리고 국민투표에까지 이르게 된 것이다. 특히 비례대표 선거제도를 갖지 않는 영국에서는 양당 중심적 구조가 이어져 왔고, 포퓰리즘의 부상은 기존 양당제가 다룰 수 있는 정치적 논의 구조의 한계와 관련이 있다.

포퓰리즘의 부상에 대한 세 번째 원인은 조직으로서 정당의 약화와 관련이 있다. 특히 미국 정치에서 개방형 공천제의 확대와 관련이 있다. 미국에서 정당 개혁의 명분으로 확대 도입된 프라이머리는 크게 두 가지로 의도하지 않은 정치적 결과를 가져왔다. 그 하나는 정치적 양극화이다. 개방형이라고 하지만 각 정당의 후보 선출 과정에 실제로 참여하는 이들은 매우 제한적인 속성을 갖는 이들일 수밖에 없다. 총선이나 대통령 선거에 비해서 각 정당의 후보 선출 행사에 대한 정치적 관심은 상대적으로 작을 수밖에 없다. 이런 상황에서 프라이머리에 나타나는 선출인단은 정치적 관심이 매우 높고 정파적 편향과 이념적 편향이 매우 강한 이들이 많을 수밖에 없다. 이들은 각 정당 지지자의 분포 중 양 극단을 대표할 수 있지만 현실적으로는 이들이

후보 지지를 결정하게 된다. 따라서 이들의 정치적 성향을 반영하는 보다 강경한 인물이 후보로 당선될 수밖에 없고, 이는 결과적으로 양당 간 정치적 양극화에 영향을 미친다. 또 다른 결과는 극단적 후보자에 대한 당 지도부의 개입과 선별력을 약화시켰다는 점이다(Levitsky and Ziblatt 2019). 미국 정치사에 등장한 포퓰리스트들은 대중적 지지에도 공화당과 민주당 당 리더들의 개입에 의해 좌절됐지만, 보다 개방적인 후보 선출 제도의 도입으로 포퓰리스트 후보의 등장이 가능해졌다는 것이다.

네 번째는 새로운 커뮤니케이션 수단의 등장과 관련이 있다. 인터넷과 사회적 네트워크 서비스의 등장과 함께 정치적 정보의 생성과 확산이 새로운 방식으로 이뤄지고 있다. 중간에서 정보를 선별하거나 그 의미를 해석해 주었던 전문가나 정치적 매개자에 대한 효용이 줄어들었을 뿐만 아니라 적대감이나 불신도 커졌다. 대중이 직접 원하는 정보를 찾고 소통하면서 대중이 정치를 이해하고 평가하는 방식을 대단히 제한적으로 만들었다. 다양한 정보를 얻기보다 듣고 싶은 것만을 선별적으로 받아들이고 비슷한 생각을 갖는 이들끼리(like-minded people) 소통하면서 자신의 생각과 주장을 강화시켜 나간다. 또한 정치인들로서는 중간의 매개체나 게이트키퍼의 여과장치 없이 자신이 원하는 말과 주장을 마음대로 지지자들에게 전할 수 있는 환경이 마련되었다. 이러한 소통 방식의 변화 역시 포퓰리즘의 부상에 영향을 미치고 있다.

3. 한국 정치와 포퓰리즘: 현황과 대책

(1) 한국 정치와 포퓰리즘의 가능성

한국 정치에서 포퓰리즘에 대한 논의는 김대중 정부 때부터 시작되었지만 논의가 본격화되었던 것은 노무현 대통령 시절이다(이하 강원택 2011: 24-34). 노무현 정부 때 포퓰리즘에 대한 논의가 활성화된 것은 무엇보다 대중의 정치 참여 확대와 관련이 있다. 노무현 대통령은 국민 참여 경선이라는 당내 후보 선출 과정에서부터, 대통령 선거 운동, 그리고 24년 국회의 탄핵으로 인한 정치적 위기에서도 대중의 정치적 참여를 통해 커다란 도움을 받았다. 노무현 정부는 스스로를 참여정부라고 불렀다. 그런데 정치적 반대자들은 참여민주주의에 대한 강한 불신과 우려를 드러내면서 이러한 정치 참여를 포퓰리즘으로 비판하면서 정치적 논쟁이 활발해졌다. 당시 논쟁은 '노사모'와 같이 주로 인터넷을 중심으로 활동한 것을 두고 '디지털 포퓰리즘'이라는 비판이 제기되었다. 2002년 대통령 선거 당시 노무현은 기존 정당 정치의 주류에서 벗어나 있던 비주류 정치인이었고, 3김 정치에 대한 싫증과 거부감으로 기존 정당 정치에 대한 변화의 욕구가 컸으며, 노무현은 기존 정당보다 인터넷을 통한 개인적 지지의 결집이라는 방식으로 지지를 동원하고자 했다는 점에서 어느 정도 포퓰리즘적 요소를 담고 있었다고 할 수 있다. 포퓰리즘에 대한 또 다른 논쟁은 2010년 지방선거에서 무상급식, 반값 등록금이 선거 이슈로 등장하면서 이뤄졌다. 민주당은 유아교육의 공교육화, 0교시 수업 반대 등 여러 가지 교육정책의 대안을 제시했으나 정치적으로 가장 큰 갈등은 무상급식, 반값 등록금이었고 이는 예산을 고려하지 않은 무책임한 포퓰리즘이라는 비판을 받았다. 이처럼 한국 정치에서도 그동안 포퓰리즘을 둘러싼 정치적 갈등이 존재했다. 그러나 서구 민주주의 국가에서처럼 포퓰리즘 정당이 정치적으로 부상하거나 포퓰리스트 정치가 선거를 휩쓰는 것과 같은 현상은 아직까지는 나타나지 않았다. 그러나 포퓰리즘 정치가 갖는 여러 가지 특성을 고려할 때 한국도 포퓰리즘 정치로부터 결코 안전하지 않다고 할 수 있다. 그 원인을 몇 가지로 살펴보면 다음과 같다.

우선 정치권 전반에 대한 신뢰가 낮다는 점이다. 기존 주요 정당에 대한 불신과 불만이 높아서 특정 정당을 지지하지 않는다는 무당파층의 비율이 높은 편이다. 여기에는 여러 가지 이유가 있지만, 그중에는 정치가 양극화되어 있으며 정당 정치는 사회적으로 중요한 문제에 대해 효과적으로 대응하지 못하고 있다는 원인도 있다. 정당 정치뿐만 아니라, 국회, 법원, 행정부 등 정치제도 전반에 대한 신뢰도 상당히 낮은 편이며, 반엘리트 경향도 강하다. 또한 대기업 등 기득권에 대한 불만과 불신도 매우 높다. 대의민주주의, 기존 정치제도, 기득권에 대한 높은 불신은 포퓰리즘으로 이어질 수 있다.

기존 정치권에 대한 불신과 불만이 높아서 특히 대통령 선거 때가 되면 정치권 외부에서 새로운 인물을 찾고, 그 인물을 통해 현실의 '모든' 문제와 불만을 해결해 내고자 하는 움직임이 선거 때마다 나타나고 있다. 아마도 대표적인 사례가 2012년 대통령 선거에서의 이른바 '안철수 바람'일 것이다. 모든 문제를 일거에 해결해 줄 수 있는 '정치적으로 때 묻지 않은' '정치적 메시아'를 기대하는 것이다. 이런 현상은 TV나 유튜브 등의 매체와 각 언론기관의 '여론조사'를 통해 빈번하게 발생한다. 한국 정치가 포퓰리즘에 매우 취약한 구조가 되었다. 더욱이 조직으로서의 정당은 2004년 이후 크게 약화되었고, 선출 방식은 여론조사까지 포함하는 매우 개방적인 형태가 되었다.

다른 서구 민주주의와 비교할 때 한국에서는 새로운 매체, 인터넷이나 SNS 등을 통한 정치적 커뮤니케이션이 매우 활발하다는 점이 특징이다. 그러나 정당 정치나 정치제도에 대한 불신이 높고 정당의 제도화가 취약한 상태에서 인터넷과 SNS 정치의 활성화는 포퓰리즘을 불러올 수 있다. 이미 유튜브 등을 통한 개인 방송의 형태로 정치인이나 정치평론가들의 포퓰리스트적인 선동, 증오의 정치의 모습을 찾아볼 수 있다.

문재인 정부 들어서 이른바 '적폐청산'을 추진했다. 이는 전임 정부와 관련된 주요 인사들에 대한 기소와 재판 등에 집중되었지만, 동시에 이른바 '기득권 세력'에 대한 전반적인 공세의 특성도 함께 보이고 있다. 즉 '적폐'인 기득권 세력과 '피해자, 소외자로서의 대중'의 이분법적인 구도가 정치적으로 활용되고 있다. 이와 함께 '서울 강남지역 부동산 소유자 대 집 없는 서민'의 구분은 '소수의 기득권, 엘리트 대 일반 대중'으로, 그리고 민족주의를 활용한 '피해자 한국 대 나쁜 일본과 우리 내부의 토착 왜구' 논란 역시 '아군 대 적'이라는 포퓰리즘의 이분법적 레토릭을 정치적으로 활용한 사례로 볼 수 있다.

이런 점에서 볼 때 현재 한국 정치가 '포퓰리즘 정치'라고 단언할 수는 없지만, 정치 전반에 대한 높은 불신, 대의기관인 국회와 정당에 대한 불신, 반엘리트주의, 정치적 양극화 등 포퓰리즘 정치에 '취약한' 구조가 되었고 또한 지지의 동원을 위해 전략적으로 포퓰리즘 정치가 동원되고 있다는 점은 분명해 보인다.

(2) 포퓰리즘 정치의 예방을 위한 제도적 개혁 방안

전 세계적으로 불어닥치고 있는 포퓰리즘 정치로부터 우리도 안전하지 않다면 건강한 자유민주주의 체제를 지속하기 위해서는 제도적인 예방 조치가 필요하다. 포퓰리즘을 막을 수 있는 비법이 존재한다기보다는 결국 그 예방책은 대의민주주의가 강화될 수 있도록 제도를 개선하고 우리 정치 시스템에 내재되어 있는 포퓰리즘에 대한 견제장치가 효과적으로 작동될 수 있도록 이끄는 것이다. 이 글에서는 포퓰리즘의 부상을 막기 위한 방안을 모두 다섯 가지로 구분하여 살펴보기로 한다.

첫째, 권력의 분산이다. 다른 나라와 비교할 때 우리나라에서 포퓰리즘 정치의 부상이 특히 우려되는 이유는 정치권력이 너무 집중화되어 있기 때문이다. 중앙 권력, 특히 대통령 권력을 장악하면 사회 모든 곳에 영향을 미칠 수 있는 현재의 대통령제하에서 포퓰리스트 정치의 부상은 심각한 문제를 낳을 수 있다. 따라서 특정 시기에 불어닥친 포퓰리즘의 바람이 권력의 분립을 무시한 채 특정인이나 특정 세력으로의 과도한 정치권력의 집중으로 이어지지 않도록 권한을 제도적으로 분산하는 일이 필요하다. 내각제와 비례대표제 선거제도를 취하고 있는 유럽 국가들의 경우에 포퓰리즘 정당의 출현은 다당 중 하나이거나 혹은 다른 정당과의 연립을 통해 권력을 장악할 수 있지만,

다수제 선거제도와 대통령제를 취하고 있는 우리나라에서 포퓰리즘의 바람이 불면 그것은 특정 세력으로의 과도한 권력 집중으로 이어질 우려가 크다.

따라서 의회의 권한을 강화하고, 개헌까지 고려한다면 상원, 하원으로의 권한 이원화를 위한 양원제 도입도 고려할 만한 일이다. 이와 함께 특히 중요한 점은 중앙 정부가 지니고 있는 막강한 권한의 지방으로의 이양이다. 미국의 경우 연방 수준에서 포퓰리즘 정치가 일어나더라도 그것은 연방 정부에 주어진 권한의 범위 내에서 실행되는 것이지만, 우리나라에서의 포퓰리즘은 중앙 정치뿐만 아니라 지방에까지 지대한 영향을 미칠 수 있다.

이와 함께 선거 시기, 선거 주기의 문제에 대해서도 고민할 필요가 있다. 미국 헌법 제정자들이 상원, 하원, 대통령의 임기를 각각 6년, 2년, 4년으로 한 것은 '한 번 불어온 정치적 바람'이 전체 권력을 장악하지 못하도록 하기 위한 것이었다. 우리나라는 현재 대통령은 5년, 국회의원과 지방의원은 4년의 임기이며, 지방 선거는 국회의원 임기 중반에 실시하도록 하고 있다. 그러나 대통령 선거와 국회의원 선거는 20년을 주기로 같은 해, 혹은 이듬해에 실시되기 때문에 적어도 매 5년 중 2년 정도는 '특정 시기에 불어닥치는 정치 바람'에서 완전히 자유롭지 않다.

중앙 정부에 비해 현재 많은 권한이 부여되고 있지는 않지만, 지방 정부 구성을 위한 선거는 현재 동시 선거로 치러지고 있다. 이 때문에 지방 선거는 지방 정치와 지방 정부에 대한 평가이기보다 중앙 정치의 강한 영향하에 놓이고 선거 때의 분위기가 상당히 많은 지역에서의 단체장과 의회 의원 선거 결과를 결정하고 있다. 이런 점에서 지방 동시 선거 방식은 바뀌어야 할 필요가 있다. 보다 근본적으로는 승자 독식의 대통령제로부터 협치와 권한의 공유가 가능한 형태로 권력 구조를 바꾸는 것에 대해 우리 사회가 고민해 볼 필요가 있다.

둘째, 한국의 헌정 시스템은 최고 규범인 헌법에 대한 해석의 권한을 별도의 기구에 부여하고 있다. 1987년 헌법 개정을 통해 설립된 헌법재판소는 그동안 정치적 영역과 관련된 수많은 사건에 대해 최종적 판단을 내려왔다. 대통령 탄핵, 정당 해산 등 정치적으로 매우 민감한 사안도 헌법재판소의 판단에 의해 최종적 결정이 내려졌다. 이와 같은 중요한 정치 이슈에 대한 헌법재판소의 '정치 개입'은 민주주의의 원칙과 충돌된다는 비판이 적지 않았다. 선출되지 않았고, 정치적 책임을 지지 않으며, 그동안 매우 동질적인 특성을 갖는 재판관들로 구성된 헌법재판소가 국회가 만든 법률, 국민이 선출한 대통령, 유권자의 지지에 기반하는 정당 등에 대해 사실상 '매우 정치적인' 판단을 내리는 것에 대한 비판이 높았다.

이러한 문제 제기는 적절한 것이지만 동시에 포퓰리즘의 예방이라는 관점에서 본다면 다르게 평가할 수 있는 부분이 있다. 즉 특정 시기에 '불어닥친' 포퓰리스트 정치인이나 포퓰리즘 정당의 부상으로 인해 발생하는 정치적 사안에 대해 헌법재판소 등 사법부가 한 걸음 떨어져 판단할 수 있는 기회를 갖게 된다는 점이다. 대의민주주의가 제대로 작동하기 어려운 때에 그 원칙을 지켜줄 수 있는 제도적 장치로 사법부가 작동할 수 있게 되는 것이다.

그러나 이를 위해서는 사법부의 권위와 신뢰의 회복이 무엇보다 중요하다. 현재 사법부에 대한 신뢰는 그리 높지 않기 때문에 사법부가 그 기능을 원활하게 수행하기 위해서는 사법부의 권위와 신뢰 회복이 필수적이다. 이를 위해서는 우리 사회의 다양한 의견이 반영될 수 있는 구성의 다양성, 그리고 무엇보다 정치적으로 확고한 중립성을 확립하는 것이 중요하다.

셋째, 포퓰리즘 예방과 관련해서 역시 중요한 개혁의 대상은 정당이다. 포퓰리즘 정당이 생겨나는 이유는 기존 정당이 제 역할을 못하기 때문에 정당 정치의 개혁은 매우 중요한 과제이다. 정당 개혁과 관련해서 두 가지 점을 지적할 수 있다. 하나는 정당 정치의 구성의 포용성(inclusiveness)과 이해관계의 대표성

(representativeness)을 높여야 한다는 것이다. 포퓰리즘은 기존 정당체제에 대한 불만, 불신에서 비롯된다. 기존 정당들이 기득권을 대표하거나 제한된 이슈, 제한된 이해관계만을 대표한다는 불만이 높을 때 포퓰리즘 정치가 부상할 수 있다. 이 때문에 사회적으로 다양한 이해관계가 정당 정치를 통해 표출될 수 있어야 한다. 그런데 현재와 같은 단순다수제 방식의 선거제도하에서는 새로운 이해관계를 대표하는 정당의 출현은 매우 어렵다. 따라서 비례성이 높은 선거제도로의 개혁이 필요하다. 설사 비례대표 선거제도의 도입으로 포퓰리즘 정당의 등장 가능성이 높아지더라도 보다 개방적인 정치적 대표성의 구조가 필요하며, 다양한 이해관계가 정치제도를 통해 부각되고 논의되는 것이 필요하다. 사실 비례대표제 선거제도를 채택한 국가에서보다 다수제 방식과 승자 독식의 시스템을 갖는 영국, 프랑스, 미국에서의 포퓰리즘이 보다 위험해 보인다. 대표성과 포용성 확대에 대한 또 다른 중요한 점은 정당 엘리트 선발의 구성이 확대되어야 한다는 것이다. 계층, 성, 지위, 학력, 직업, 출신 등의 기준에서 어느 한쪽으로 편향되지 않도록 해야 한다는 것이다.

정당 개혁과 관련된 또 다른 중요한 점은 공천 방식과 관련되어 있다. 2002년 대통령 선거 이후 한국 정당들은 지속적으로 공천의 개방성에 주목해 왔다. 이 때문에 심지어 여론조사까지 후보자 선정에 동원되었다. 그러나 미국에서 본 대로, 개방형 공천은 정치적 양극화와 포퓰리스트 정치인의 등장을 초래한 만큼 정당 지도부나 정당 차원의 개입은 필요하다. 정당이 당을 대표하는 후보를 천거하는 것인 만큼 그 선정 과정에 일정한 책임을 져야 하는 것은 정당 정치의 원리상으로도 당연한 일이다.

넷째, 시민 교육의 필요성이다. 포퓰리즘은 매우 분열적이다. 누가 '우리'인가의 문제는 포퓰리즘 정치에서 항상 제기되는 본질적 사안이며, 포퓰리즘은 '우리'에 대해 매우 제한적인 정의를 내린다. 미국 헌법은 'We the people'로, 우리 헌법의 전문에서는 '대한국민은'이라고 표현되어 있지만 '우리'에 대한 정의는 정파적으로, 인종적으로 사실 달라질 수 있다. 일반적으로 서구에서 우파는 종교나 인종 등을 강조하지만 한국의 경우에는 북한이나 북한에 대한 태도에 따라 '우리'는 달라질 수 있다. 서구에서 좌파는 재산이나 권력의 문제를 강조하지만 우리의 경우에는 과거사에 대한 평가가 '우리'를 다르게 규정할 수 있다. 한국 사회의 인종이나 민족 구성원이 다양해지면서 서구에서와 같은 인종주의적 갈등도 나타나고 있다. 이런 점에서 관용과 공존의 중요성이 시민교육에서 강조될 필요가 있다. 동질적이고 일원적인 것이 아니라 불일치, 다양성이 원래의 사회 상태이며 합의는 그러한 다양한 이들 간 타협과 양보를 통해 '만들어져 가는 것'이라는 것이 교육될 필요가 있다. 자유민주주의 체제의 기본이 '서로 다름에 대한 합의(agree to disagree)'라고 하는 다원주의[pluralism]적 가치가 사회적으로 내재화되어야 한다. 이와 관련하여 최근에 종종 나타나고 있는 증오 발언 등에 대해서는 규제가 필요하다.

다섯 째, 국가의 정책 집행력을 높이기 위한 제도 개선을 고민해야 한다는 것이다. 포퓰리즘 정치 부상의 근본적 원인은 국가, 혹은 기존 정치제도가 경제적이거나 사회적 문제를 제대로 해결해 내지 못한다는 데 놓인다. 물론 세계화 등의 이유로 인해 근본적으로 해결하기 어려운 사안도 있지만, 본질적으로는 국가의 문제 해결 능력이 보다 효과적이 되어야 하는 것이다. 이런 점이 우리에게 중요한 것은 단임 대통령제를 취하고 있기 때문이다. 단임 대통령제하에서 대통령은 자신의 임기 중에 가시적 성과가 나타날 수 있는 제한된 정책에 심혈을 기울이게 된다. 더욱이 전임자의 정책 방향이나 성과를 인정하지 않으려는 '단절적 대통령제'라는 특성으로 인해 5년마다 항상 새롭게 정책 추진의 근간이 바뀌어 왔다. 이런 이유로 인해 국가 정책은 효과적으로 작동하지 않게 되고, 국가 정책이나 국가 능력에 대한 국민의 불만은 커져간다. 이념 성향에 따라 각기 상이한 이익단체의 요구에도 취약해지면서 정책 집행자로서 국가의 능력, 공정성에 대해 많은 불만이 생겨나게 된다. 또한 최근에는 '적폐청산'에 대해 이전 정부의 정치적, 통치적 결정에 대한 책임을 관료들에게까지 물음으로써 더욱더 관료제는 소극적으로 움직일 수밖에 없게 되었다. 그런 점에서 국가의 집행력을 높이고 정책의 효과를 증대시키기 위해 관료제의 정치적 중립성을 확고히 하고, 관료들에 대한 효과적인 정치적 통제를 할 수 있는 제도적 개선책 역시 필요하다.

4. 결론

지금까지 살펴본 대로, 포퓰리즘 정치는 정치경제적 측면에서 발생한 구조적 변화와 이에 대한 기존 정치제도의 미흡한 대응에서 비롯된 것이라고 할 수 있다. 이미 전 세계적 현상이 되어 버린 포퓰리즘은 대의 정치를 부정하고 자유민주주의의 기본적 가치를 훼손한다는 점에서 대의민주주의에 대한 심각한 위협이 되고 있다.

그러나 이런 우려와 동시에 포퓰리즘의 대두에 대한 지나친 우려나 불안도 불필요하다. 유럽의 대다수 국가들을 보면 포퓰리즘 정당의 출현이 1930년대와 달리 처음부터 대의 정치의 테두리 내에서 활동하고 있고 대의민주주의의 기본 질서를 수용하고 있다. 그것은 이전에 비해 서구 민주주의의 제도적 안정성이 높아졌기 때문일 것이다. 그런 점에서 유럽 대다수 국가에서의 포퓰리즘은 대의제의 문제점과 부정에서 출발했지만 대의제의 틀 속에서 활동해야 한다는 모순으로 인해 근본적인 한계를 갖고 있다고도 볼 수 있다. 또 한편 민주주의의 기반이 약한 곳에서는 포퓰리즘 정치는 비자유적 민주주의, 위임 민주주의와 같이 근본적으로 자유민주주의 가치로부터의 후퇴로 이어지기도 한다.

그런 점에서 포퓰리즘의 위협으로부터 우리 정치가 안전하기 위해서는 우리의 대의민주주의가 보다 다양한 의견과 이해관계를 수용할 수 있는 제도적 유연성과 포용력을 높이는 일이다. 이와 함께 시민 각자가 다른 사람과의 다름을 인정하고 다른 견해, 다른 인종, 다른 가치관을 배려하고 공존을 모색하려는 노력이 필요하다. 정치제도의 개혁도 중요하지만 기본적으로는 한국의 건강한 민주주의를 유지하고 발전시켜 나가려는 시민 한 사람 한 사람의 관심과 노력이 포퓰리즘의 위협으로부터 우리를 지켜나가는 데 중요한 일이다.

◇◇◇ 참고문헌 ◇◇◇

강원택. 2011.「포퓰리즘 논쟁과 한국 정치의 선진화 방안」. 국회 입법조
사처 정책연구용역 보고서.

문지영. 2002.「한국에서 자유주의: 정부 수립 후 1970년대까지 그 양면
적 전개와 성격에 관한 연구」. 서강대학교 대학원 정치외교학과 박사
논문.

배병인. 2017. "유럽 민주주의의 퇴조와 극우 포퓰리즘 정당의 약진".『국
제 지역 연구』26(4), 67-87.

서병훈. 2008.『포퓰리즘: 현대 민주주의의 위기와 선택』. 책세상.

정진영. 2018. "세계화와 자유민주주의 위기의 두 얼굴: 신자유주의와 포
퓰리즘의 정치적 동학".『한국정치학회보』52(4), 81-102.

주정립. 2006. "포퓰리즘에 대한 이론적 검토".『시민사회와 NGO』4:1,
43-79.

Epstein, Leon. 1986. *Political Parties in the American Mold.* Madison:
University of Wisconsin Press. Galston, William. 2018. "The Populist
Challenge to Liberal democracy." Journal of *Democracy* 29(2), 5-19.

Givens, Terry. 2005. *Voting Radical Right in Western Europe.* Cambridge:
Cambridge University Press.

Henley, Jon. 2018. "How populism emerged as an electoral force in Europe."
The Guardian (20 November).

Huntington, Samuel. 1991. *The Third Wave: Democratization in the Late Twentieth Century*. Oklahoma: University of Oklahoma Press.

Inglehart, Ronald and Pippa Norris. 2016. 「Trump, Brexit, and the Rise of Populism: Economic Have-Nots and Cultural Backlash」. Faculty Research Working Paper Series. Harvard Kennedy School (August 2016).

Ionescu, Ghita and Ernest Gellner. 1969. Populism: Its Meanings and National *Characteristics*. London: Weidenfeld & Nicolson.

Levitsky, Steven and Daniel Ziblatt. 2018. *How Democracies Die*. New York: Crown

Mudde, Cas. 2004. 'The Populist Zeitgeist', *Government and Opposition*, 39(4), 541-563.

Mudde, Cas and Cristóbal Rovira Kaltwasser. 2017. Populism: A Very Short Introduction. Oxford: Oxford University Press.

Norris, Pippa. 2005. *Radical Right: Voters and Parties in the Electoral Market. Cambridge:* Cambridge University Press.

Rooduijn, Matthijs. 2018. "Why is populism suddenly all the rage?". *The Guardian* (20 November).

https://www.theguardian.com/world/political-science/2018/nov/20/why-is-populism-suddenly-so-sexy-the-reasons-are-many

Stavrakakis, Yannis. 2018. "Populism, Anti-populism and Democracy."

    Political Insight 9(3), 33-35.

Taggart, Paul. 2000. Populism. 백영민 옮김. 2017.『포퓰리즘: 기원과 사례,

    그리고 대의 민주주의와의 관계』. 한울.

역대 정치관계법에 나타난 한국정치구조의 변화

- 선거법, 정당법, 정치관계법을 중심으로 -

김민전(경희대 교수)

1. 제도 그리고 제도의 변화

제도는 가장 좁게는 공식적인 법규(legislation)로 정의할 수 있으나, 넓게는 관습과 규범, 나아가서는 인간의 인지적 스크립트 혹은 문화적 틀로 정의할 수 있다. 어떻게 정의하든 제도는 행위자들의 행위를 규율하는 이행 메커니즘(enforcement mechanism)의 기능을 한다(Campbell 2004). 제도의 이행 메커니즘은 제도를 준수하는 행위자는 보상하고 제도를 준수하지 않는 행위자는 처벌해 자신은 물론이고 상대 행위자들이 어떤 행위를 할지 예측 가능하도록 할 뿐 아니라 자원을 분배하는 기능을 한다.

그러나 제도의 이행 메커니즘이 자원을 항상 공정하게 분배하는 것은 아니며, 사회마다 공정의 의미 자체가 다르기도 하다. 장자 상속을 공정한 것으로 여기는 사회도 있고, 말자 상속을 공정한 것으로 여기는 사회도 있으며, 모든 자녀에게 동일하게 분배하는 것을 공정한 것으로 여기는 사회도 있듯이 제도가 자원을 분배하는 방식은 사회마다 다양하다. 또 동일한 사회에서도 자원을 분배하는 방식이 변화하기도 한다.

정치제도도 마찬가지다. 정치제도는 정치인들과 유권자, 그리고 정당 등의 행위를 규제하는 이행 메커니즘으로 그들에게 허용되는 행위와 허용되지 않는 행위를 규정해주는 역할을 할 뿐 아니라, 어느 행위자가 어느 정도의 권력자원을 배분받을지 결정한다. 이 때문에 정치 행위자들은 자신에게 유리한 제도를 채택하려 하지만, 자신의 이해관계를 정치제도에 반영시키는 정도는 각 행위자가 지닌 정치적 영향력에 따라 다를 것이다. 이는 정치제도가 외생 변수로서 행위자의 행동과 정치적 결과에 영향을 미칠 뿐 아니라, 내생 변수로서 그 사회의 정치권력의 분포를 반영하는 것을 의미한다. 또한, 정치권력의 분포에 변화가 있으면 정치제도의 변화도 초래될 수 있음을 의미한다.

보익스(Boix 1999)의 연구는 내생 변수로서의 정치제도의 특징을 잘 보여준다. 20세기에 들어와서도 기존의 최다득표제를 유지하는 국가들도 있지만 비례대표제로 선거제도를 변화시키는 국가들도 있는데, 보익스는 이러한 차이가 기존 정당의 생존 가능성에서 기인한다고 주장한다. 20세기 초 다수의 국가에서 선거권이 확대되었고, 선거권의 확대는 유권자들을 폭증시켰다. 새로 선거권을 가지게 된 유권자들은 주로 노동자 계급이었고, 이들을 대변하기 위한 사회당 계열의 신생 정당이 속속 등장했다. 보익스는 신생 정당의 지지세가 강하지 않아서 전략적 투표의 희생양이 될 가능성이 높을 경우에는 최다득표제가 그대로 유지되었지만, 신생 정당의 지지세가 강해서 기존 정당의 생존에 위협이 될 때에는 비례대표제가 도입됐다고 한다.

결국 정치제도는 정치 행위자들이 행위를 규율하고 자원을 분배하는 이행 메커니즘이지만, 정치제도는 진공에서 만들어지는 것이 아니라 그 사회의 권력의 분포(power distribution)를 반영하며, 권력 분포에 있어서 변화가 생기면 정치제도도 변화하는 것이다(Mahoney & Thelen 2010). 여기서는 지난 70여 년간의 정치권력 분포의 변화와 정치관계법의 관계를 살펴보고자 한다.

2. 선거법, 정당법, 정치자금법의 변화

〈표1〉, 〈표2〉, 〈표3〉은 선거법, 정당법, 정치자금법의 주된 변화를 기록한 것인데, 각 시기별 변화의 특징은 다음과 같다.

1) 제1·2 공화국: 정치제도의 도입

이 시기는 근대적인 정치제도의 도입기로 특징지을 수 있다. 순수대통령제와 그 정반대의 정부 형태인 의원내각제를 모두 도입해 본 시기였지만, 정당이나 정치자금 관련 제도는 아직 정립되지 못했다. 그럼에도 민주공화국을 선언한 건국헌법 제1조 1항은 세습군주제를 부인했다는 점에서 큰 의미를 지닌다(이영록 2006).

① 선거제도

제헌 국회의원 선거는 1인 선거구 최다득표제에 의해 실시되었는데, 이는 1948년 3월 17일 미군정의 군정법령 제175호 '국회의원선거법'에 의거한 것이었다. 미군정이 1인 선거구 최다득표제를 채택하게 된 동기나 배경에 관해서는 널리 알려진 바가 없다. 그러나 이미 5·10선거가 있기 1년 반 전인 1946년 10월 하순부터 실시된 남조선과도입법의원선거가 2인 선거구제와 대선거구제를 병합한 선거제를 채택하여 극도의 혼란 속에 치러졌던 것을 감안하면(송남헌 1986. 317-321), 누가 보아도 쉽게 이해할 수 있는 1인 선거구 최다득표제를 채택했을 가능성이 있고, 미국이 1인 선거구 최다득표제를 채택하고 있다는 사실과도 관계가 있었을 것으로 추정된다. 미군정에 의해 도입된 국회의원 선거제도는 1공화국에서 변화 없이 지속되었다.

그러나 대통령 선거제도는 잦은 변화를 경험했다. 제헌헌법은 대통령과 부통령을 모두 국회에서 선출하도록 했지만, 1952년 제1차 개헌을 통해 대통령과 부통령을 모두 국민직선제로 선출하도록 했다. 당시의 국회는 여당이 존재하지 않는 가운데 무소속이 절반 이상을 차지했기 때문에 국회에서 재선되는 것이 쉽지 않다고 판단했을 것이다. 제2차 개헌을 통해 대통령의 3선 금지 조항이 폐지됐지만, 3·15 부정 선거로 제1공화국은 막을 내렸다.

제2공화국에서는 의원내각제가 도입됐다. 정부 수립 이후 12년 만에 완전히 다른 정부 형태를 도입한 것이었다. 국회는 양원제를 도입됐는데, 상원인 참의원은 도 단위 다인 선거구 연기식제도를 도입했지만, 하원인 민의원은 1인 선거구 최다득표제를 유지했다. 그러나 제2공화국은 출범 후 1년도 채 못 되어서 5·16 군사정변으로 막을 내렸다.

② 정당제도

이 시기는 정당이나 정치자금 관련 제도는 도입되지 않았고, 유일한 정당 관련 규정은 교섭단체 관련 조항이었다. 1948년 제정된 국회법에는 교섭단체 관련 규정이 없었지만, 1949년 개정된 국회법의 제14조는 의원 20인 이상으로 교섭단체를 구성한다고 규정했다. 또, 제2공화국에서 개정된 국회법은 민의원은 20인 이상으로 교섭단체를 구성하고, 참의원은 10인 이상으로 교섭단체를 구성하도록 규정했다.

2) 제3·4·5공화국: 정치자원의 독점

5·16 군사정변으로 권력을 잡은 군부집단은 의원내각제적 요소가 가미된 대통령제를 채택했다. 국회제도는 단원제로 돌아갔고, 정당정치를 발전시킨다는 명분으로 최초로 정당법과 정치자금법을 제정했다. 이들 법률에는 중앙집권적이고 권력자원의 독점적 세계관이 내재되어 있음을 발견할 수 있는데, 군부정권에 대한 국민의 지지가 낮아질수록 권력 독점의 제도화는 더욱 노골적으로 드러난다.

① 선거제도

1962년 5차 개헌 헌법은 4년 중임제의 도입과 함께 국민이 직접 선출하도록 했다. 그러나 1968년 개헌을 통해 3선을 허용한 데 이어서, 1972년 유신헌법은 임기 6년의 간선제로 바꿨다. 박정희 피살 이후 등장한 신군부는 8차 개헌을 주도했지만, 유신체제의 대통령 선거제도를 그대로 유지했다. 다만, 장기 집권의 폐해를 주장하며 대통령의 임기는 7년 단임제를 도입했다.

3공화국에서 국회제도는 단원제로 되돌아갔는데, 국회의원 선거제도는 지역구와 전국구를 병합한 방식을 도입했다. 1990년대 이후 유행하고 있는 혼합다수제와 유사한 것으로 보이지만, 혼합다수제와 다른 점은 정당 투표를 통해서 전국구 의원을 선출하는 것이 아니라 각 정당이 지역구에서 얻은 득표율을 반영해서 전국구를 배분하도록 했다는 점이다. 지역구 득표율을 전국구의 배분 기준으로 삼는 것은 모든 지역구에서 후보를 배출하는 거대 정당이 그렇지 못한 군소정당보다 유리한 것이었다. 그러나 그것으로도 모자라 1당이 50% 미만을 득표했을 때에는 전국구 의석의 2분의 1을 배분하도록 해 전국구를 1당에게 안정 의석을 보장해주는 장치로 만들었다. 또, 정당정치를 발전시킨다는 명분으로 무소속의 출마를 금지시켰다.

제8대 국회의원 선거에서 공화당은 신민당과 단 4%p 차로 가까스로 이기자 또다시 선거제도 개편에 나섰다. 국회의원 정원의 3분의 2는 2인 선거구 단기비이양식으로 선출토록 했으며,

국회의원 정원의 3분의 1은 통일주체국민회의에서 선출하는 간선제를 도입했다. 대통령 선거에서 간선제를 도입한 것이 박정희의 당선을 보장한 것과 마찬가지로 국회의원 정원의 3분의 1도 권력이 사실상 임명하도록 만든 것이었다.

5공화국의 국회의원 선거제도도 4공화국과 마찬가지로 지역구 선거에서는 2인 선거구 단기비이양식을 도입했다. 2인 선거구 단기비이양식은 야당 지지가 강한 대도시에서는 여당과 야당 후보가 동반 당선되도록 했고, 여당 지지가 강한 비도시 지역에서는 여당이 2석을 모두 싹쓸이할 수 있도록 했기 때문이다. 또, 간선제는 폐기하는 대신 전국구제도를 도입했지만, 1당에게 전국구 의석의 3분의 2를 배분하도록 하는 불공정한 제도를 도입했다. 그것으로도 안심이 안 되었는지, 5공 주도세력들은 정치풍토 쇄신을 위한 특별조치법을 만들어 제10대 국회의원 210명을 포함해 총 835명을 정치활동 규제 대상자로 만들어 구정치인들 대부분을 선거에 나오지 못하도록 했다.

② 정당제도

1963년 최초로 정당법이 제정되었는데, 중앙 중심, 거대 정당 중심의 세계관을 반영한 법이었다. 1963년 정당법은 정당은 중앙당과 지구당으로 구성하도록 하고, 중앙당은 서울에 두도록 규정하고 있다(제3조). 이는 정당법이 서울 중심의 세계관을 바탕으로 하고 있음을 보여주는 것으로, 전 세계적으로 사례를 찾기 어려운 입법례이다. 또, 국회의원 선거구를 단위로 지구당을 구성하도록 했는데, 지역구 선거구 총수의 3분의 1 이상의 지구당을 구성해야 정당으로 등록할 수 있도록 했다. 군소정당의 존재를 어렵게 하는 높은 진입장벽이었다.

1969년 개정 정당법은 법정 지구당 수를 지역구 총수의 2분의 1 이상으로 더 상향하지만, 1973년 개정법은 3분의 1 이상으로 다시 완화했다. 5공화국에서는 법정 지구당 수를 지역구 총수의 4분의 1 이상으로 완화했지만, 국회의원 선거에서 100분의 2 이상 득표하지 못하면 해산한다는 새로운 조건을 추가했다.

③ 정치자금제도

1965년 최초로 정치자금법이 제정되었지만, 구체적으로 정치자금제도를 어떻게 운영할지 명확히 규정하지는 않았다. 1965년 법은 정치자금을 중앙선관위에 기탁하고 이를 정당에 배분하도록 규정했지만, 비지정 기탁금의 배분방식은 제시하지 않았다. 이러한 입법 미비점을 고려해 1969년 개정법은 최다 의석을 가진 정당에 100분의 60을 지급하고, 나머지 100분의 40은 소속 국회의원 수에 비례해 배분하도록 규정했는데, 권력자원의 독점적 분배의 원칙을 적나라하게 보여주는 조문이라고 할 수 있다. 물론 현실은 정치자금법에 규정된 제도보다 더욱 제1 당 중심적이었다. 공화당의 창당자금으로 사용된 것으로 알려진 4대 의혹사건처럼 집권세력은 정경유착을 통해 막대한 자금을 마련했다지만, 야당은 그렇지 못했다(조세금융신문 2018. 11. 17.). 유신 이후에는 정치자금법을 다시 한번 개정해 유정회도 정치자금의 지급 대상이 되도록 했다.

5공화국 들어 개정된 1980년 법은 진일보한 정치자금제도를 도입하지만, 정치현실에 적용되지는 않았다. 먼저 정치자금의 수입원을 다원화해 당비, 후원금, 기탁금, 보조금을 통해 정치자금을 마련할 수 있도록 했다. 후원회 제도는 한국정치사상 처음으로 도입되었는데, 중앙당과 시·도지부에 1개씩 둘 수 있도록 했다. 국고보조금의 배분방식도 명확히 하는데, 의석수가 많은 순으로 제4 정당까지 100분의 5씩 지급하고, 잔여분 중 100분의 50을 의석수의 비율에 따라 배분하고, 나머지는 국회의원 선거의 득표율에 비례해 배분하도록 했다. 그러나 국고보조금 예산이 계상되지는 않았고, 5공 청문회에서 드러나듯이 정경유착을 통해 집권세력은 천문학적인 돈을 마련해 정당 운영비 등으로 사용했지만, 야당은 그렇지 못했다.

3) 제6공화국: 정치자원의 과점에서 다점으로?

1987년 민주화로 다시 한번 정치제도의 급격한 변화가 있었다. 5년 단임제와 더불어 국민이 직접 투표로 대통령을 선출하는 직선제가 도입되었다. 이와 더불어 국회의원 선거제도도 1인 선거구 최다득표제로 되돌아갔고, 정치자금제도는 정당에 대한 국고보조금에 처음으로 예산 계상이 이루어졌다. 그러나 국고보조금의 배분방식은 교섭단체 중심주의가 확연해 정치자원의 배분에는 과점적 특징이 드러남을 볼 수 있다. 그러나 매 선거 때마다 전국구의 배분방식이 좀 더 공정하게 변화되어 갔고, 정당에 대한 규제도 완화됐으며, 후원회 지정권자의 폭도 확대되어 정치자원의 다점적 배분이 확산됨을 볼 수 있다. 그러나 2020년 총선을 앞두고 도입된 연동형비례제는 작동이 불가능한 제도로 결과적으로 위성정당이 출현하는 정치적 후퇴가 있었으며, 교섭단체 위주의 국고보조금 배분방식은 지속되고 있다. 따라서 현 상황은 정치자원의 배분에 있어서 과점의 원칙과 다점의 원칙이 혼재하는 가운데, 작동할 수 없는 연동형비례대표제의 도입과 같은 후퇴도 나타나고 있다.

① 선거제도

1987년 민주화 이후 국회의원 선거제도는 빠른 속도로 좀 더

공정한 방향으로 개선되었다. 1988년 선거법은 지역구는 1인 선거구 최다득표제, 전국구는 1당에게 2분의 1을 배정하고, 나머지는 총선 득표율이 5%가 넘거나 지역구 의석수가 5석 이상인 정당의 의석수에 비례해 배분하도록 했다. 제3공화국의 제도와 거의 유사한 제도로 돌아간 것이었다. 이 제도의 불공정성이 주장되자, 1992년에는 봉쇄조항은 그대로 유지한 채 각 정당이 얻은 지역구 의석수에 비례해서 배분하도록 했다. 지역구 의석수에 비례하는 것 역시 거대 정당에게 유리하다는 지적이 나오자 1994년에는 지역구 득표율에 따라 전국구를 배분하도록 했다. 또 봉쇄조항도 조금 낮추어 지역구에서 3% 이상에서 5% 미만으로 받은 정당에 대해서도 전국구 1석을 배분하도록 했다.

이렇게 매 선거마다 선거제도가 더 공정하게 고쳐졌지만, 결정적인 변화는 2001년 헌법재판소의 위헌 결정에서 비롯되었다. 지역구 후보에게 던진 표로 전국구를 배분하는 것은 1인 1표제에 어긋난다는 결정에 따라 2004년에는 정당 투표가 도입되었다. 이에 따라 1인 선거구 최다득표제에 기반한 지역구와 전국구 비례대표제가 병렬적으로 연결되는 혼합다수제를 실시하게 되었다. 비록 선거구 획정을 할 때마다 비례대표 의석수는 줄어들었지만 혼합다수제의 골간은 20대 국회의원 선거까지 유지되었다.

그러나 20대 국회 말 검경수사권 조정 입법을 원했던 더불어민주당은 군소정당과 4+1 연합을 했고, 정책 연합을 한 군소정당들의 주장을 받아들여 연동형비례대표제를 도입했다. 지역구 의원의 반발로 지역구 의석수를 줄일 수 없었고, 국민들의 따가운 여론으로 의원 정수를 늘리지 못하는 상황에서 연동형비례대표제를 도입했기 때문에 거대 정당은 연동형비례대표의석을 한 석도 배분받을 수 없는 상황에 이르렀다. 그러자 미래통합당과 더불어민주당은 비례위성정당이라는 꼼수를 썼고, 그 결과 거대 양당으로의 의석의 쏠림은 더욱 강화되는 역설이 발생했다.

선거구 획정 역시 선거 결과에 큰 영향을 미치는데, 권위주의 정부는 여당을 주로 지지하는 농촌에서는 선거구당 인구수를 줄이고, 야당을 주로 지지하는 대도시에서는 선거구당 인구수를 늘려서 여당의 의석수는 늘리고 야당의 의석수를 줄여왔다.

그러나 1995년 헌법재판소는 최대, 최소 선거구당 인구비를 4대 1로 하도록 하였고, 2004년 헌법재판소는 최대, 최소 선거구당 인구비를 3대 1로 하도록 해 유권자의 정치적 평등성을 강화했다. 또, 2014년 헌법재판소는 최대, 최소 선거수당 인구비를 2대 1로 하도록 해 선거구 획정의 인구 기준을 더욱 강화했다. 이는 한국 선거에 있어서 1인 1표, 1표 1원칙이 점진적으로 강화되어 왔음을 의미한다.

② 정당제도

민주화 이후 정당법의 규제는 계속 약화되었다. 민주화 이전에는 법정 지구당 수가 지역선거구 총수의 4분의 1 이상이었지만, 1989년에는 5분의 1 이상으로 낮추었고, 1993년에는 10분의 1 이상으로 확 낮추었다. 다양한 군소정당의 출현을 가능하도록 한 것이었다. 2002년 대선에서 차떼기 논란이 있은 후 정치권은 개혁분식을 원했고, 이에 따라 2004년에는 아예 지구당을 완전히 폐지됐다.

2014년 헌법재판소는 또 한 번의 중대한 결정을 하는데, 국회의원 선거에 참여해서 의석을 얻지 못하거나 100분의 2 이상의 표를 얻지 못하면 정당등록을 취소하도록 하는 정당법 44조 1항 3에 대해 위헌 결정을 했다. 이로 인해 1980년 만들어진 정당등록 취소제도가 사라지게 되었고, 의석을 얻거나 2% 이상의 득표를 하지 못하는 군소정당도 강제로 등록이 취소되는 일은 없어지게 되었다.

③ 정치자금제도

민주화 이후 처음으로 개정된 1989년 정치자금법은 후원회를 중앙당뿐 아니라 시·도지부, 지구당, 국회의원까지 확대했고, 정당에 대한 국고보조금을 유권자 총수에 400원을 곱한 금액으

로 명시했다. 그리고 국고보조금의 배분방식에 있어서는 1980
년 법보다 제4정당까지의 몫을 증가시켰는데, 1980년 법이 의
석수가 많은 순으로 제4정당까지 100분의 5씩 지급하고, 잔여분
중 100분의 50을 의석수의 비율에 따라, 나머지는 국회의원 선
거의 득표율에 비례해 배분하도록 했지만, 1989년 법은 의석수
가 많은 순으로 제4정당까지 100분의 10씩 지급하고, 잔여분 중
100분의 50을 의석수의 비율에 따라, 나머지는 국회의원 선거의
득표율에 비례해 배분하도록 했다.

1991년 개정된 정치자금법은 국고보조금 총액을 유권자 총
수에 600원을 곱하는 금액으로 증액시켰으며, 교섭단체의 국고
보조금 배분 몫을 대거 증액시켰다. 교섭단체를 구성한 정당에
100분의 40을 정당별로 균등하게 지급하도록 했고, 교섭단체가
아닌 정당으로 5석 이상이면 100분의 5씩, 5석 미만이면 100분
의 2씩 지급하도록 하고, 잔여분 중 100분의 50을 의석수의 비
율에 따라, 그리고 나머지는 국선의 득표율에 비례해 배분토록
했다.

1992년 개정된 정치자금법은 국고보조금 총액을 더 증가시
켰다. 선거가 있는 해는 그 선거마다 600원씩 추가 계상토록 했
다. 그리고 1994년 개정된 정치자금법은 유권자 1인당 600원에
서 800원으로 국고보조금을 또 증액시켰다. 정당에 대한 국고보

조금의 잦은 증액에 대해 국민들의 반감이 커지자 더 이상 국고보조금을 증액시키는 것이 용이하지 않았다. 그러자 1997년 개정된 정치자금법은 정당에 대한 국고보조금을 증액하지 않는 대신, 국고보조금 배분방식에서 교섭단체의 몫을 100분의 40에서 50으로 증가시켰다. 1997년 개정 정치자금법의 국고보조금 배분 방식은 지금도 변화하지 않고 계속되고 있다.

2000년 이후에는 후원회 지정권자의 확대가 정치자금법 주된 개정의 방향이었다. 2000년 개정된 정치자금법은 중앙당 후원회의 모금한도를 100억 원에서 200억 원으로 증액시키는 등 후원회의 모금한도를 대거 증액시켰다. 또, 노조의 정치자금 기부도 허용했는데, 노조가 정치자금을 기부하고자 할 때에는 노조가 별도의 기금을 관리하도록 했다.

2002년 개정법에서는 공직후보자 여성추천보조금을 신설했다. 국고보조금의 증액으로 볼 수 있는 면도 있지만, 여성의원의 비율을 높인다는 측면에서 정당화가 가능했다. 2002년 대통령 선거에서 차떼기로 상징되는 불법 정치자금 논란이 발생하자 다시 정치권은 국민의 눈치를 보지 않을 수 없었다.

2004년 개정법은 1회 100만 원 이상의 기부나 1회 50만 원 이상의 지출은 실명이 확인되는 방법으로 하도록 하는 투명성 규정을 포함시켰고, 단체의 정치자금 기부를 금지시켜 정치권에 큰돈이 들어오지 못하게 했고, 지구당 폐지에 따라서 지구당 후원회도 폐지시켰다. 동시에 대통령 예비후보자 후원회와 국회의원 선거의 후보자 및 예비후보자, 당 대표 경선 후보자 후원회를 허용해 불법자금의 유혹을 줄이고자 했다. 2005년 개정 정치자금법은 광역단체장 후보의 후원회도 허용했다.

2008년 개정 정치자금법은 2000년 이후의 정치자금 개정 방향과는 차이가 있다. 2008년 개정법은 중앙당과 시·도당의 후원회를 폐지했고, 이로써 정당 후원회가 완전히 폐지됐다. 대신 정당에 대한 국고보조금의 명목적인 총액을 증액시키지 않았지만, 실질적인 증액을 추구했다. 2008년 개정법은 국고보조금의 계상에 전국소비자물가변동률을 반영하도록 했다.

2010년에는 공직후보자에 장애인을 추천하는 경우 제공하는 보조금을 신설했다. 또, 2015년 헌법재판소는 중앙당 후원회 폐지에 대해 헌법불합치 결정을 했고, 이에 따라 2017년 개정 정치자금법은 중앙당의 후원회를 복원했다. 그리고 2021년 개정된 정치자금법은 후원회 지정권자를 더 확대해 지방자치단체장 선거의 예비후보에 대해서 후원회를 둘 수 있도록 하는 동시에, 지방의회 후보 및 예비후보에 대해서도 후원회를 둘 수 있도록 했다.

1980년 정치자금법이 후원회 제도를 도입할 때에는 정당의 중앙당과 시·도지부에 후원회를 둘 수 있게 했지만, 민주화 이후 후원회 지정권자를 점차적으로 대폭 확대했다. 현재는 중앙당 및 국회의원 후원회는 물론, 당 대표 경선후보를 비롯한 모든 선거의 후보와 예비후보는 후원회를 지정할 수 있게 되었다.

3. 맺음말

정치제도와 정치 행위자들의 행위, 그리고 정치적 결과는 순환고리모형(feedback loops model) 관계를 드러내는 것으로 보인다. 정치제도가 정치 행위자들의 행위에 영향을 미치며, 결과적으로 정치적 결과에 영향을 미치지만, 동시에 정치 행위자들의 권력 분포의 변화는 정치제도의 변화를 초래하는 경향이 있다. 크라스너(Krasner 1984)의 주장처럼 안정기에는 제도가 외생 변수로서 정치를 규제하는 것처럼 보이지만, 정치세력의 재편기에는 정치제도가 내생 변수가 되어 정치권력의 분포를 반영해 변화하는 것으로 보인다.

한국정치는 정부의 수립, 2번의 군사 쿠데타, 그리고 민주화라는 급격한 정치세력의 재편기가 있었고, 이 때문에 정치제도도 과거의 제도가 급속하게 붕괴하고 단절적인 새로운 정치제도로 한꺼번에 대체되는 경험을 했다. 그러나 노쓰(North 1990)

의 주장처럼 민주화가 어느 정도 진행되고 난 이후의 정치제도
는 점진적으로 변화를 하고 있고, 각 정치제도의 변화에 있어서
속도의 차이도 존재한다. 이 때문에 현재는 민주화 초기에 나타
났던 과점적 원칙이 반영된 제도와 정치자원의 다점의 원칙이
반영된 제도가 혼재되어 있는 가운데, 21대 국회의원 선거를 앞
두고 만들어진 선거제도처럼 정당정치의 후퇴를 초래하는 제도
도 만들어지고 있다.

〈표1〉 선거제도의 변화

1 공화국	행정부	1948	· 대통령과 부통령 모두 국회 선출 · 4년 연임제
		1952	· 대통령과 부통령 모두 직선제 도입(1차 개헌)
		1954	· 3선 금지 폐지(2차 개헌, 사사오입 개헌)
	국회	1948	· 1인 선거구 최다득표제 도입(미군정 법령 제175호) · 친일파에 대한 공민권 제한(제정 국회의원선거법)
2 공화국	행정부	1960	· 의원내각제 도입(3차 개헌)

	국회	1960	· 양원제 도입
			  – 참의원: 도 단위 다인 선거구 연기식제도 도입
			  – 민의원: 1인 선거구 최다득표제
			· 반민주 행위자들에 대한 공민권 제한 특별법

3·4 공화국	행정부	1962	· 대통령 직선제 도입(5차 개헌)
		1969	· 3선 가능(6차 개헌) · 국무위원과 국회의원 겸직 가능
		1972	· 간선제 도입(7차 개헌)

	국회	1962	· 1인 선거구 최다득표제 + 전국구제
			· 전국구 배분방식
			  – 1당이 50% 이상 득표했을 때에는 득표율에 비례,
			    단 2/3을 초과할 수 없음
			  – 1당이 50% 미만을 득표했을 때에는 1/2을 배분
			· 무소속 출마금지

		1972	· 2인 선거구 단기비이양식 + 유정회 · 유정회: 정원의 1/3. 통일주체국민회의에서 선출 · 무소속의 출마 허용
5 공화국	행정부	1980	· 임기 7년 단임제 (8차 개헌) · 간선제

	국회		· 2인 선거구 단기비이양식 + 전국구제
			· 전국구 배분방식
			  – 1당에게 전국구 의석의 2/3 배정
			· 정치풍토 쇄신을 위한 특별조치법
			  – 10대 국회의원 210명을 포함해 총 835명을
			    정치활동 규제 대상자로

6 공화국	행정부	1987	・5년 단임제(9차 개헌) ・직선제
	국회	1988	・1인 선거구 최다득표제 + 전국구제 ・전국구 배분방식 ‐ 1당에게 1/2 배정 ‐ 지역구 5석 이상이거나 지역구 득표율 5% 이상에 대해 의석 배분
		1992	・전국구 배분방식 변화 ‐ 의석 비율에 따라 배분 ‐ 지역구 5석 이상이거나 지역구 득표율 5% 이상에 대해 의석 배분
		1994	・전국구 배분방식 변화 ‐ 득표율에 따라 배분 ‐ 지역구 5석 이상이거나 지역구 득표율 5% 이상에 대해 의석 배분 ‐ 지역구 3%에서 5%는 1석을 배정
		1995	・헌법재판소는 인구수 상하한율 ±60%, 즉 최대, 최소 인구비를 4:1로 하도록 판결
		2004	・정당투표제 도입(1인 2표제) ‐ 지역구 5석 이상 혹은 정당 투표 득표율 3% 이상에 대해 의석 배분 ・2001년 헌법재판소는 1인 1표제에 대해 위헌 판결 ・2001년 헌법재판소는 인구수 상하한을 ±50%, 즉 최대, 최소 인구비를 3:1로 하도록 판결
		2014	・헌법재판소는 최대, 최소 인구비를 2:1로 하도록 판결

		2020	・연동형비례대표제
			 ‐ 지역구 5석 이상 혹은 정당 투표 득표율 3% 이상에
			  대해 의석 배분
			 ‐ 연동배분 의석수 = [(국회의원 정수 ‐ 의석 할당 정
			  당이 추천하지 않은 지역구 국회의원 당선인 수×해
			  당 정당의 비례대표 국회의원 선거 득표비율 ‐ 해당
			  정당의 지역구 국회의원 당선인 수]÷2
			 ‐ 잔여 배분 의석수 = (비례대표 국회의원 의석 정
			  수 ‐ 각 연동 배분 의석수의 합계)×비례대표 국회의
			  원 선거 득표비율
			 ‐ 조정 의석수 = 비례대표 국회의원 의석 정수×연동
			  배분 의석수 ÷ 각 연동 배분 의석수의 합계

〈표2〉정당제도의 변화

1 공화국	1949	· 국회법 제14조: 의원 20인 이상으로 단체를 구성한다고 규정. 최초의 교섭단체 관련 조항
	1951	· 최초의 여당인 자유당 창당
2 공화국	1960	· 국회법 제33조: 민의원은 20인 이상으로 단체를 구성하며, 참의원은 10인 이상으로 단체를 구성

3·4
공화국
	1963	· 국회법 제35조: 의원 20인 이상인 정당 혹은 의원 20인 이상
		으로 교섭단체 구성
		· 정당법 제정
		  – 제3조: 정당은 수도에 소재하는 중앙당과 국회의원 선거구를
		    단위로 하는 지구당으로 구성
		  – 제4조①: 정당은 중앙당이 중앙선거관리위원회에 등록
		  – 제25조: 국회의원선거법에 의한 지역선거구 총수의 3분의 1
		    이상
		  – 제27조: 지구당은 50인 이상의 당원이 있어야
		  – 제44조: 제25조와 제27조를 충족하지 못하는 경우 선관위
		    가 취소

	1969	· 법정 지구당 수 강화
		  – 제25조: 국회의원선거법에 의한 지역선거구 총수의 2분의 1
		    이상

	1973	· 법정 지구당 수 완화
		  – 제25조: 국회의원선거법에 의한 지역선거구 총수의 3분의 1
		    이상

5
공화국
	1980	· 법정 지구당 수 완화
		  – 제25조: 국회의원선거법에 의한 지역선거구 총수의 4분의 1
		    이상
		· 법정 당원 수 완화
		  – 제27조: 지구당은 30인 이상의 당원이 있어야
		· 취소요건 추가
		  – 제38조: 국회의원 선거에서 100분의 2 이상 득표 못하면 취소

6
공화국
	1989	· 법정 지구당 수 완화
		  – 제25조: 국회의원선거법에 의한 지역선거구 총수의 5분의 1
		    이상

	1993	· 법정 지구당 수 완화
		  – 제25조: 국회의원선거법에 의한 지역선거구 총수의 10분의
		    1 이상

| 6 공화국 | 2004 | · 지구당 폐지
　– 제3조: 정당은 수도에 소재하는 중앙당과 특별시, 광역시, 도에 소재하는 시 · 도당으로 구성
· 법정 시 · 도당 수
　– 제25조: 5 이상의 시 · 도당을 가져야
· 법정 당원 수
　– 제27조: 시 · 도당은 1000인 이상의 당원이 있어야 |
| | 2014 | · 정당등록 취소 위헌 판결
　– 국회의원 선거에 참여해서 의석을 얻지 못하거나 100분의 2 이상을 얻지 못하면 등록 취소하도록 하는 44조 1항3에 대해 위헌 판결 |

〈표3〉 정치자금제도의 변화

3 · 4 공화국	1965	· 정치자금법 제정 · 정치자금을 중앙선관위에 기탁하고, 이를 정당에 배분하도록 규정. 그러나 비지정 기탁금에 대한 구체적인 배분방법은 제시하지 않음
	1969	· 비지정 기탁금의 배분방식 구체화 　– 제4조: 최다 의석을 가진 정당에 100분의 60을 지급. 나머지 100분의 40은 소속 국회의원 수의 비율에 비례해 배분
	1973	· 제2조: 정치자금의 지급 대상을 중앙선관위에 등록된 정당뿐 아니라 국회의장에 명부가 제출된 교섭단체도 수급 자격을 갖도록 함. 이로써 유정회도 정치자금의 지급 대상이 되도록 함
5 공화국	1980	· 정치자금을 당비, 후원금, 기탁금. 보조금으로 다원화 · 후원회(제5조) 　1. 정당의 중앙당은 후원회를 둘 수 있으며, 서울, 부산, 도에 1개의 지부 가능 　2. 후원회는 당원이 아닌 자 또는 법인으로 구성. 회원 수는 1000인을 초과할 수 없음 　3. 후원회는 국선과 대선의 선거일 공고일부터 선거일까지 금품 모금 가능 · 기부제한(제12조) 　언론기관 및 언론단체, 노동단체, 학교법인, 종교단체 · 국고보조금의 배분방식(제18조) 　1. 의석수가 많은 순으로 제4정당까지 100분의 5씩 지급 　2. 잔여분 중 100분의 50을 의석수의 비율에 따라 　3. 나머지는 국선의 득표율에 비례해 배분 · 그러나 국고보조금의 예산이 계상되지 않아서 실시되지 않음

6 공화국	1989	· 후원회 확대(제5조) 중앙당뿐 아니라 시·도지부, 지구당, 국회의원도 후원회 둘 수 있음 · 후원회 기부한도(제6조의3) 1. 중앙당 50억 원 2. 시·도지부 10억 원 3. 지구당 1억 원 4. 선거가 있는 해는 2배 · 보조금 총액 명시(제17조) – 국선 선거권자의 총수에 400원을 곱한 금액을 매년 예산에 계상 · 보조금 배분에서 거대 정당의 몫 확대(제18조) 1. 의석수가 많은 순으로 제4정당까지 100분의 10씩 지급 2. 잔여분 중 100분의 50을 의석수의 비율에 따라 3. 나머지는 국선의 득표율에 비례해 배분
	1991	· 보조금 총액 증가(제17조) – 유권자 1인당 400원에서 600원으로 · 보조금 배분에서 교섭단체의 몫 확대(제18조) 1. 교섭단체를 구성한 정당에 100분의 40을 정당별로 균등하게 지급 　1-1. 교섭단체가 아닌 정당으로 5석 이상이면 100분의 5씩 　1-2. 5석 미만이면 100분의 2씩 지급 2. 잔여분 중 100분의 50을 의석수의 비율에 따라 3. 나머지는 국선의 득표율에 비례해 배분
	1992	· 보조금 총액 증가(제17조) – 선거가 있는 해는 그 선거마다 600원씩 추가 계상
	1994	· 보조금 총액 증가(제17조) 1. 유권자 1인당 600원에서 800원으로 2. 국선, 대선에선 정당이 공직후보를 추천하는 지방선거에서도 각각 800원 계상
	1995	· 헌법재판소는 노동단체의 기부제한에 대해 헌법 위반으로 결정 · 후원회 기부한도 증액(제6조의3) – 중앙당 후원회의 기부한도를 50억 원에서 100억 원으로 증액
	1997	· 보조금 배분에서 교섭단체의 몫 확대(제18조) – 교섭단체를 구성한 정당이 균등하게 배분하는 몫을 100분의 40에서 50으로 증액

6 공화국	2000	· 후원회 기부한도 증액(제6조의3) 1. 중앙당 후원회의 기부한도를 100억 원에서 200억 원으로 증액 2. 시·도지부 10억 원에서 20억 원으로 증액 3. 지구당 및 국회의원 1억 원에서 2억 원으로 증액 · 노조의 정치자금 기부(제12조의2) - 정치자금을 기부하고자 하는 노조는 별도의 기금을 관리해야 함
	2002	· 공직후보자 여성추천보조금 신설(제17조의2) - 국선 선거권자 총수에 100원을 곱한 금액
	2004	· 기부 및 지출의 원칙(제2조) 1. 1회 100만 원 이상의 기부나 1회 50만 원 이상의 지출은 실명이 확인되는 방법으로 2. 타인의 명의나 가명으로 정치자금을 기부할 수 없음 · 후원회(제5조) 1. 지구당의 폐지에 따라 지구당 후원회도 폐지. 중앙당, 시·도당, 국회의원 후원회는 유지 2. 대선 예비후보자 후원회 신설 3. 국회의원 선거 후보자 및 예비후보자 후원회 신설 4. 당대표 경선후보자 후원회 신설 · 후원회 모금 및 기부도 축소(제6조의3) 1. 중앙당 후원회의 기부한도를 200억 원에서 50억 원으로 축소 2. 시·도당 후원회 20억 원에서 5억 원 3. 대선 예비후보자 선거비용 제한액의 100분의 5 3. 국회의원 및 국회의원 후보자, 당대표 경선후보자는 2억 원에서 1억 5000만 원으로 축소 · 단체의 정치자금 기부 제한
	2005	· 기부원칙 완화 (제2조) - 1회 100만 원 이상에서 1회 120만 원 이상의 기부는 　실명이 확인되는 방법으로 · 후원회 지정권자 확대 (제6조) - 광역단체장 후보의 후원회 허용 · 후원회 모금 및 기부한도(제12조) - 광역단체장 후보는 선거비용 제한액의 100분의 50까지 허용
	2008	· 후원회 지정권자 축소 (제6조) - 중앙당, 시·도당의 후원회를 폐지. 이로써 정당 후원회는 완전히 폐지됨 · 국고보조금의 계상 - 보조금 계상 단가는 전년도 보조금 계상 단가에 전국소비자물가변동률을 적용해 산정

6 공화국	2010	· 공직후보자 장애인 추천 보조금 신설(제26조의2)
	2017	· 중앙당의 후원회 복원(제6조2) - 2015. 12. 23. 중앙당 후원회 폐지에 대해 헌법재판소가 헌법불합치 결정
	2021	· 후원회 지정권자 확대 (제6조) - 지방자치단체장 선거의 예비후보 및 지방의회 후보 및 예비후보에 대한 후원회 허용 - 2019. 12. 27. 헌법불합치 판정의 결과

◇◇◇ 참고문헌 ◇◇◇

宋南憲, 『韓國現代史』 제1권 建國前夜(成文閣, 1986), pp.317-321.

이영록. 2006. 『우리 헌법의 탄생: 헌법으로 본 대한민국 건국사』 서해문집.

Berger, S. ed. 1981. *Organizing Interests in Western Europe*. Cambridge University Press.

Boix, C. 19991 "Setting the rules of the game: The choice of electoral systems in advanced democracies." *APSR*, vol. 93. pp. 609-624.

Campbell, J. L. 2004. *Institutional Change and Globalization*. Princeton University Press.

Campbell, J. L. & O. K. Pedersen. 2001. *The Rise of Institutional Analysis*. Princeton University Press.

DiMaggio, P. J. & W. Powell. eds. 1991. *The New Institutionalism in Organizational Analysis*. University of Chicago Press.

Gourevitch, P. 1986. *Politics in Hard Times*. Cornerll University Press.

Hall, P. A. 1986. *Governing the Economy the Politics of State Intervention in Britian and France*. Oxford University Press.

Hall, P. A. & C. R. Taylor. 1996. *Political Science and the Three New Insttutionalism*, *MPIG Discussion Paper*.

Hattam, V. C. 1993. *Labor Visions and State Power: The Origins of Business Unionism in the United States*. Princeton University Press.

Immergut, E. 1998. "The Theoretical Core of the New Institutionalism," *Politics and Society* vol.26, no.1. pp.5-34

Immergut, E. 1992. *Health Politics: Interests and Institutions in Western Europe*. Cambridge University Press.

Katzenstein, P. J. ed. 1978. *Between Power and Plenty: Foreign Economic Policies of Advanced Industrial States*. University of Wisconsin Press.

Krasner, S. D. 1988. "Sovereignty: An Institutional Perspective," *Comparative Political Studies* vol.21, no.1. pp.66-94.

Krasner, S. D. 1984. "Approaches to the State: Alternative Conceptions and Historical Dynamics," *Comparative Politics* vol.16, no.2.

March, J. G. & J. P. Olsen, "The New Institutionalism: Organizational Factors in Political Life," *APSR*, vol.78. pp.735-738.

North, D. C. 1990. *Institutions, Institutional Change and Economics*

Performance. Cambridge University Press.

North, D. C. 1981. *Structure and Change in Economic History*. W.W. Norton & Company.

Peters, B. G. 1999. *Institutional Theory in Political Science: The New Institutionalism*. Continuum,

Pzeworski, A. 1991. *Democracy and the Market: Political and Economic Reforms in Eastern Europe and Latin America*. Cambridge University Press.

Suchman, M. & Lauren Edelman. 1996. "Legal Rational Myths: The New Institutionalism and the Law and Society Tradition," *Law and Social Inquiry* vol.21, no.4. pp.903–941.

Streeck, W. and K. Thelen. 2005. *Beyond Continuity: Institutional Change in Advanced Political Economies*. Oxford University Press.

Wilson, W. 1989. *The State: Elements of Historical and Practical Politics: A Sketch of Institutional History and Administration*. DC Heath & Co.

'2022년 대선은 조국 스탠다드와 글로벌 스탠다드 간의 대결'
- 반드시 가야 할 개헌의 길 -

전성철(글로벌스탠다드연구원 회장)

제1장 '글로벌 스탠다드'란 무엇인가?

세계의 모든 나라들은 다 국민이 더 행복해지고 더 풍요해지기를 원한다. 그를 위해 온갖 방법들을 동원한다. 그러나 그 방법들은 흔히들 제각기 다르다. 그중 가장 좋다고, 즉 최고라고 세계로부터 인정받은 것, 그것을 우리는 '글로벌 스탠다드'라 부른다.

예를 들어 이런 것이다. 고속도로에 이름 붙이는 방법에는 크게 2가지가 있다. 한국 같은 나라는 고유명사를 쓴다. 예를 들어 '경부고속도로', '호남고속도로' 이런 식이다. 그러나 미국은 그렇지 않다. 그들은 간단히 번호를 붙인다. 즉, '1번', '2번' 이런 식이다.

세월이 지나면서 사람들은 한국식의 긴 이름보다 미국식의 번호가 더 편리하다는 것을 깨닫게 되었다. 즉, '경부고속도로' 타고 가다가 '호남고속도로 타라'라고 하는 것보다는 "1번 타고 가다가 2번 타라"고 하는 것이 훨씬 더 편리하니까…. 그래서 '고속도로 작명' 분야의 글로발 스탠다드는 우리 같은 '고유명사'가 아니라 미국같이 '번호'를 붙이는 것이 되어 버렸다. 그래서 한국도 이제 그것을 따라가는 추세이다.

한마디로, '글로발 스탠다드'는 세계화의 위대한 산물로서 세계시민들의 삶의 질을 계속 올려주고 있다.

정치 분야에도 당연히 글로발 스탠다드가 있다. 그 대표적인 것이 소위 '민주주의'라는 것이다. 통치체제에는 왕정, 군정, 과두정, 민주주의 등 여러 가지가 있다. 그런데다 겪어보니까, 그 중에서는 소위 '민주주의'라는 것이 가장 국민을 행복하게 해준다는 것을 알게 되었다. 그래서 이것이 '글로발 스탠다드'가 되었다.

그러나 '민주주의'를 실현하는 구체적 방법인 정치체제에 대해서는 아직 확실한 글로발 스탠다드가 부상하지 않았다. 예를 들어 대통령제, 내각제, 2원 집정부제 등 몇 모델들이 여전히 글로벌 스탠다드라는 칭호를 향해 경쟁하고 있는 것 같다. 그러나 현재로 봐서는 대세는 '내각제'인 것 같다. 왜냐하면 선진국들 중 이 제도를 채택하고 있는 나라가 거의 2/3를 넘기 때문이다.

'민주주의'라는 글로벌 스탠다드의 목표는 분명하다. 즉, '국민의 최대 다수의 최대 행복'을 이루는 것이다.

그런데 그를 추구해가면서 인류는 그것을 이루기 위해서는 필수적으로 2가지 '가치'가 실현되어야 함을 알게 되었다. 그것은 바로 '자유'라는 가치와 '평등'이라는 가치이다.

무슨 말이냐 하면, 이 2가지가 없으면 아무리 다른 것들이 다 있어도 '민주주의'가 제대로 실현될 수 없다는 사실, 즉 그 '최대 다수, 최대 행복'이라는 목표가 이루어질 수 없다는 사실을 알게 된 것이다. 그러면서 이 '자유'와 '평등'이라는 두 가치는 이 분야에서 확고한 글로벌 스탠다드의 지위를 얻게 되었다.

'자유'라는 글로벌 스탠다드

사람에게 '자유'가 없으면 다른 것들이 다 있어도 절대 행복해질 수 없다. 감옥에 갇혀 있는 사람에게는 다른 모든 부귀와 영화가 별 소용이 없다.

그런데 그것만이 '자유'의 '효용'이 아니다. '자유'라는 가치가 소중한 것은 그것이 '개인적 '행복'을 넘어 다른 또 하나의 거대한 사회적 혜택을 가져오기 때문이다. 그것이 무엇인가? 바로 '풍요'라는 것이다. 반대로 '자유'가 없는 나라에는 결코 '풍요'가 있을 수 없다는 것, 다른 모든 것들, 자원, 인력, 기술 등이 다 있어도 절대 '풍요'가 올 수 없다는 사실을 지난 몇백 년 동안 인류는 처절히 경험하고 목격하였다.

인류는 수십만 년 전 이 지구촌에 존재하기 시작한 이래 사실 계속 극심한 가난 속에서 살아야 했다. 그러던 인류가 불과 지난 200-300년 사이에 엄청난 부자로 살게 되었다. 한마디로, '상전이 벽해가 되는', 즉 '뽕나무 밭이 망망한 바다'가 되는 대변화가 일어났던 것이다. 무엇 때문이었는가? 바로 '자유'라는 것 때문이었다.

이 거대한 변화는 어떻게 일어났을까? 한마디로 18세기 영국에서 시작된 '산업혁명' 덕분이었다. 그렇다면 산업혁명은 어떻게 일어났나? 그것은 한마디로 바로 소위 '자유'라는 것 덕분이었다. 어떻게 알 수 있나? 그것은 '자유'를 제일 먼저 얻은 나라에서 그 혁명이 일어났기 때문이다. 유럽 변방의 조그만 섬나라, 자원도 별로 없는 나라 영국이 바로 국민에게 '자유'를 허여한 지구촌 최초의 나라였기 때문이었다.

'자유'가 풍요를 가져오는 이유는 간단하다. 사람으로 하여금 자신의 '욕심'을 마음껏 키울 수 있게 해주기 때문이다. 그것은 국민 전체의 생산성을 획기적으로 올려준다. 소작농은 아무리 열심히 일해도 자기가 가져가는 소득은 똑같다. 그것은 다른 말로, 그들에게는 일을 적게 할수록 이문이 더 커진다는 것을 의미한다. '인풋(input)' 대비 '아웃풋(output)'의 비율이 커지기 때문이다. 그랬기 때문에 소작농이 대부분이었던 시절의 그들의 생산성은 비참하게 낮을 수밖에 없었다. 그러던 그들이 그 소작농 신세를 벗어나 자기가 일군 것을 자기가 가져가게 되니, 자연히 그 생산성은 기하급수적으로 올라갈 수밖에 없었다. 이것이 공업, 상업, 유통 등 다른 분야로 확산되면서 이 지구촌의 '떡'이 기하급수적으로 커지게 되었던 것이다.

한마디로, 이 세상의 여러 가치들 중 유독 이 '자유'에는 거의 유일하게 하나의 독특한 특성이 있다. 바로 '맹렬한' 사회적 파급효과'이다. 무슨 말인가? 예를 들어 '효도'라는 가치가 확산된다고 하자. 그것이 사회 전체에 좀 더 훈훈함을 가져오기는 하겠지만 그것 때문에 그것이 사회 전체를 변화시키는 매체가 되지는 못한다. '박애', '의리' 같은 다른 가치들도 마찬가지이다.

그러나 '자유'는 다르다. 자유에는 한마디로 어마어마한 경제적 파급력이 있다. 영국이라는 섬나라가 불과 몇십 년 만에 이 지구촌 전체를 호령하는 거대 강국이 될 수 있었던 유일한 이유는 바로 그 나라에 지구촌 역사상 처음으로 바로 '자유'라는 것이 생겼기 때문이었다. 그것이 사실 거의 유일한 이유였다.

그러면서 어떡하든 이 '자유'를 지키고 키워나가고 싶어 하는 사람들이 늘어났고 이들이 정치집단으로 성장하게 되었다. 이들이 시작한 '이 자유를 지키자', 즉 '보존하자'는 정치운동은 스스로를 'conservative'라 부르기 시작하였다. 'conserve'라는 말은 한마디로 '보존하다'라는 뜻이다. 바로 이 '자유'를 '보존'하자는 운동인 것이다(그런데 불행히도 우리 대한민국의 선배들은 이 단어를 '보수'라고 번역함으로써 수많은 사람들이 그것이 '수구'를 의미하는 것으로 오해하게 되고 말았다. 이것은 한국 보수의 거대한 태생적 비극이다).

결론적으로 '자유'의 효용은 2가지이다. 한편으로는 시민들의 개인적 삶을 '신나고 행복하게' 해주면서 다른 한편으로는 사회 전체를 '풍요하게' 만들어주는 것이다. 그 때문에 이 '자유'라는 것이 이 지구촌의 가장 으뜸가는 가치, 즉 '가치의 글로발 스탠다드'가 되어 버렸다

'평등'이라는 글로발 스탠다드

그러나 이 자유라는 가치를 통해 창출된 '풍요'를 향유해오던 인류는 세월이 지나면서, 하나의 냉엄한 현실을 깨닫게 된다. 그 것은 '자유'만으로는 인류가 누리는 이 행복이 결코 영속될 수

없다는 엄연한 사실이었다.

'자유'가 전체적으로 풍요를 가져다주긴 하지만, 그대로 두면 그 '풍요'는 자칫 '소수의 전유물'이 되고 만다는 사실이었다. 일부만이 누리는 풍요는 사회에 거대한 분열을 가져오고 그 분열은 궁극적으로 그들이 누리는 '풍요' 그 자체마저 파멸시켜 버릴 수도 있다는 사실을 깨닫게 된 것이었다. 다른 말로 '평등'이란 것, 즉 '나눔'이 있어야 한다는 현실이었다. 그것 없이는 '자유' 그 자체가 절대 영속될 수 없다는 사실이었다. 이 엄연한 진실을 이론적으로 체계화한 사람이 바로 '칼 막스'였고 그것을 극적으로 현실화시킨 것이 1917년의 러시아 혁명이었다. 사람들은 막스의 그 이론과 예측이 현실화되는 그 처절한 러시아 혁명의 과정을 목격하면서 '평등'이 거의 '자유'만큼 중요한 가치임을 인정하지 않을 수 없게 되었다.

또 한 가지, 사람들이 깨달은 것은 '평등'에 단순히 정치적인 의미만 있는 것이 아니라 '경제적'인 의미도 있다는 사실이었다. '부'가 가난한 자에게로 확산되면 그들도 소비계층이 된다. '소비'는 '생산'만큼 중요한 경제적 역할을 한다. 자연히 소비계층의 확대는 경제의 활성화와 성장에 큰 기여를 하게 된다는 사실도 알게 되었다.

이렇게 '평등'의 이 정치적, 경제적 의미가 함께 인식되어 가면서 이것은 자연스럽게 '자유'만큼 중요한 핵심 글로벌 스탠다드의 위치를 차지하게 되었다.

이 '평등'이라는 가치는 그것이 가지는 인도적 의미 때문에 초기부터 수많은 지식인들의 열렬한 호응을 받았다. 그러면서 이들이 시작한 정치운동이 바로 '진보 (Progressive)'라는 것이다. 진보란 한마디로 인류가 '자유'에서 '한 걸음 더 나아가야 한다'. 즉, '전진'해야 한다고 생각하고 주장하는 사람들이다. 즉, '풍요'를 이룬 데서 한 걸음 더 'progress해야 한다고 주장하는 것이다. 그래야 그 '자유'와 '풍요'가 '영속'될 수 있다는 것이다.

그런데 진보에는 2가지 부류가 있다. 하나는 '평등'을 얻기 위해 '자유'를 희생하는 것이 필요하고 당연시해야 한다고 주장하는 사람들이다. 이들이 바로 공산주의자들이다. 그들은 한마디로 '자유'에 대해서는 전혀 가치를 두지 않고 '평등'에 대해서만 가치를 두는 사람들이다. 그러나 그들은 대부분 시간이 지나면서 그들의 생각에 오류가 있음을 알게 되었다. 즉, '자유'를 희생시키며 얻어지는 평등은 결국 '거지의 평등'일 뿐이라는 사실을 깨달아가게 된 것이다. 그러면서 공산주의는 사실상 힘을 대부분 잃게 되었다. 지금 세계에서 이 부류의 '진보적' 가치를 그대로 유지하는 나라는 거의 '북한' 하나밖에 없을 것이다.

진보의 두 번째 부류는 바로 '평등'을 추구하지만 '자유'의 가치를 부정하지 않는 부류이다. 한마디로, 이들은 '자유'를 인류 행복을 이루는 '필요조건'으로, 그리고 '평등'을 그것을 유지하는 '충분조건'으로 생각하는 것이다. 그러나 '자유'와 '평등'이 상충될 때는 도리어 '평등' 쪽에 우선순위를 둬야 한다고 생각한다. 그에 비해 소위 '보수'는 이 두 가지 중 '자유' 쪽에 더 우선순위를 두고 싶어 하는 부류이다.

보수와 진보를 가장 단적으로 표현한 말은 다음과 같은 것이다. "크게 보면 보수가 될 수밖에 없고 좁게 보면 진보가 될 수밖에 없다"라는 그 말이다. 나라 전체의 떡이 커야 결국 가난한 자도 제대로 혜택을 받을 있다고 생각하는 사람은 보수가 될 수밖에 없고, 그러나 먼저 불쌍한 개개인을 잘 챙겨주어야 나라 전체에도 좋다고 생각하는 사람이 진보이다. 양쪽을 다 같은 비중으로 보려고 노력하는 사람을 '중도'라 부른다.

여하튼 지난 200-300년 동안 많은 땀과 피와 눈물을 흘리는 과정을 통해 지구촌의 역사는 진정으로 획기적인 새로운 장으로 접어들게 되었다. 즉, 세계가 '보수'와 '진보'라는 두 바퀴로 움직이는, 그래도 전체적으로 보면 계속 앞으로 전진해 나가는 수레가 된 것이었다. 이렇게 '보수'와 '진보'의 두 바퀴로 움직여 나가는 수레가 바로 오늘날 우리가 소위 '민주주의'라고 부르는 그것이다.

'보수'와 '진보'의 두 바퀴가 이루어낸 경이로운 역사 발전

실로 지난 200-300년 동안 인류가 이루어낸 역사 발전은 참으로 경이로운 것이었다. 그것은 인류에게 3가지 거대한 혜택을 가져다주었다. 바로 '자유', '평등' 그리고 '풍요'라는 3가지였다.

그것은 근본적으로 바로 '민주주의'라는 제도를 통해 이루어졌다. 2차 대전 때까지만 해도 구미 10여 개국에 불과하던 소위 민주국가가 지금은 70-80여 개로 늘었다('결함 있는 민주국가' 포함). 그만큼 많은 사람들이 민주주의의 혜택을 보고 있는 셈이다.

사실 그동안의 정치 발전 못지않게 의미가 큰 가시적 발전은 경제의 발전이다. 한마디로, '자유'가 사람들을 그전에 비해 엄청난 부자로 만들어주었다는 것이다. 어느 정도일까?

서기 1년부터 18세기까지 근 1700여 년 동안의 세계 전체의 연간 생산성 증가율을 가능한 한 최대한 과학적 방법으로 측정하여 보았더니 그 증가율은 불과 0.02% 정도에 불과했던 것으로 나왔다. 무슨 이야기인가? 세계경제는 예수가 태어난 이후, 근 1700여 년 동안은 매년 거의 제자리걸음을 했었다는 것을 의미한다.

그러던 세계경제가 산업혁명이 시작된 200-300년 전부터는 매년 거의 평균 2%의 성장을 기록해왔다는 것이다. 즉, 성장률이 무려 100배 가까이 올랐다는 이야기이다. 그러다 2차, 3차, 4차 산업혁명이 진행되면서 그 성장률은 이제 3-4%를 오르내린다. 무려 경제가 그 이전에 비해 150-200배 빠르게 성장해왔다는 이야기이다.

세계경제의 발전을 쉽게 비유한다면, 이렇게 이야기할 수 있다. 초기의 경제는 한마디로 물건을 전부 사람이 손과 발로 나르는 시대였다. 그런 데서 '자유'라는 것이 생기면서 사람들은 이제 바퀴 하나 달린 손수레로 물건을 나르게 되었다. 그러던 것이 '평등'이라는 것까지 추구하게 되면서 그것이 이제 바퀴 2개 달린 수레가 되었다. 그러다 2차, 3차, 4차 산업혁명을 거치면서 이제 그 수레에는 엔진이 붙게 되었다. 한마디로, 손으로 운반하던 경제가 이제 트럭으로 운반하는 경제로 바뀐 것이다.

두 바퀴가 제대로 구르는 수레, 민주주의를 향한 도전

'보수', '진보'가 각각 미는 '자유'와 '평등'이라는 '두 바퀴'가 돌아가는 체제를 우리는 소위 '민주주의'라 부른다.

민주주의의 효능을 가장 극적으로 보여주는 현상은 바로 '민주주의'를 이루지 못한 나라가 아직까지 '선진국'이 된 예가 없다는 사실이다. '민주주의'는 사실 정치적 의미만큼 경제적 의미가 큰 가치이다. 그렇기 때문에 인류가 민주주의를 그렇게 중요하게 생각하는 것이다.

중요한 사실은 이 '민주주의'라는 것을 이루는 데 성공한 나라가 별로 많지 않다는 사실이다. 오늘날, 정말 제대로 된 민주주의를 이룬 나라는 세계 약 200개 국가 중 1/5 정도에도 채 못 미친다.

결국 지도자의 문제였다. 수많은 나라들이 아예 이 두 바퀴를 제대로 굴리는 데 관심이 없는 지도자들, 한쪽 바퀴로만 역사를 움직이고자 했던 지도자로 인해 엄청나게 황폐하고 피폐해졌었다. 궁극적으로 국민들로 하여금 쓰레기통을 뒤져서 연명하게 만든 차베스형 리더십은 '진보'라는 한쪽 바퀴만으로 마차를 움직이고자 했던 좌파 어리석음의 극치였다. 반면, 가진 자만을 보호하고 양산했던 1970-80년대 칠레를 포함한 남미의 여러 군사정권 지도자들은 우파 어리석음의 극치였다.

그런데 문제는 이 두 바퀴, 즉 보수와 진보의 건설적인 공존이 절대 쉽지 않다는 사실이다. 사실 무척 어렵다. 왜냐하면 양 진영은 본질적으로 그 목표와 가치가 다르기 때문이다. 각기 '자유'와 '평등'이라는 근본적으로 상호 모순되는 가치를 추구하기 때문에 오는, 어떤 면에서는 불가피한 현상이었다. 그러나 그 공존이 쉽지 않은 더 큰 이유는 바로 정치인들의 욕심 때문이었다. 정치란 한마디로 '자유'나 '평등' 같은 고상한 이상과 함께 권력이 주는 그 엄청난 양의 '떡고물'을 향한 경쟁이기도 하다. 그래서 이 경쟁은 걸핏하면 사생결단의 경쟁을 야기한다.

수많은 나라들이 이 사생결단적 경쟁의 희생자가 되었다. 걸핏하면 '경쟁'이 '투쟁'으로 변질되어 버린 것이다. 그로써 나라가 파탄의 길로 가버린 예가 역사적으로 너무 많다. 그 가장 흔한 현상이 그 투쟁이 주는 혼란을 명분 삼아 군인들이 날뛰게 되는 것이다. 또 대규모 국민 저항이 일어나 정치가 폐허화되면서 모든 것을 원점에서 새롭게 시작해야 하는 현상도 심심찮게 일어난다.

우리나라는 이 현상들을 사실상 하나도 빼놓지 않고 다 경험한 아주 특이한 나라이다. 4·19, 5·16, 5·18 등이 다 그런 것들이다. 그런데 특이하고도 다행한 것은 그래도 우리는 그런 심각한 위기들을 비교적 잘 극복해왔다는 사실이다. 남미의 저 10여 개 국가들, 거의 100여 년 동안 아직도 그 안정적 정치체제를 갖지 못한 남미의 여러 나라를 포함한 저 수많은 나라들에 비해 대한민국은 참 복받은 나라인 편이다.

수레의 두 바퀴가 제대로 굴러가게 만드는 장치: '공정'이라는 글로벌 스탠다드

결국 20세기 이후 한 나라의 운명은 어떻게 하면 이 수레의 두 바퀴가 공존하며 조화롭게 작동해 나가게 할 수 있는가 하는 데 달려 있다. 이것을 가능케 하는 것이 바로 '공정'이라는 가치이다. 왜 그런가? 바로 그 '공정'이라는 가치는 두 바퀴로 하여금 상호 조화롭게 작동하게끔 만드는 핵심 기제이기 때문이다.

그것이 잘못되면, 그때부터 두 바퀴는 상호 협조적으로 움직이지 못하게 된다. 한쪽이 '공정'을 훼손하면 다른 쪽은 분노한다. 그것은 그로 하여금 상호 협조적으로 굴러가기를 거부하게 만든다. 당연히 수레는 앞으로 전진하지 못한다. 그래서 '공정'은 '자유'와 '평등'이 상호 협조적으로 발휘되도록 만드는 핵심 기제인 것이다.

이 '공정'이 상실되면 그동안 진행되어오던 '경쟁'은 대부분 '투쟁'으로 변질된다.

이 투쟁이 심해지면 그것은 민중항쟁으로 확대될 수도 있고 쿠데타 같은 것을 불러오기도 한다. 대한민국에서는 이런 일들이 여럿 있었다. 바로 4·19는 3·15 부정선거라는 '불공정'에서 나왔다. 그리고 5·18도 그랬다. 이런 현상들이 세계 도처에서, 특히 남미의 여러 국가들에서 빈번히 일어났었다. 모두 '공정'이라는 가치가 희생된 것이 가져온 현상들이었다.

'공정'이란 그렇다면 보다 구체적으로 어떤 것을 말하는가? 한마디로, 마차의 양 수레가 조화롭게 서로 협력하면서 원하는 방향으로 작동하게 만드는 여러 메커니즘을 종합해서 지칭하는 것이다. 거기에는 상호 제대로 연결하는 축도 있어야 하고, 상호 보완하며 굴러가도록 하는 볼트와 너트도 있어야 하고, 사이즈의 적절한 균형도 있어야 한다. 이것 없이는 아무리 튼튼하고 잘 굴러가는 바퀴가 2개 달려 있어도 아무 소용이 없다. 절대 제대로 앞으로 전진하지 못한다. 제자리에서 맴돌 수밖에 없는 것이다. 다른 말로 역사 발전이 중단되는 것이다.

남미의 10여 개 나라들이 그 풍부한 자원과 제법 긴 민주주의의 역사에도 불구하고 그중 단 한 나라도 선진국의 반열에 오르지 못한 채 저렇게 끝없는 방황의 역사 속에서 맴도는 이유는, 그 나라들이 민주주의의 허우대, 즉 '자유와 평등'이라는 두 바퀴의 중요성에 대한 인식을 가지지 못해서가 아니었다. 바로 그 바퀴를 제대로 움직이는 '공정'이라는 이름의 메커니즘이 없었기 때문이었다. 그것은 한마디로 그 국민들에게는 '공정'의 중요성에 대한 인식이 부족했기 때문이었다.

거듭, '공정'이라는 것은 '민주주의'의 영속을 가능케 하는 가장 핵심적 가치이다. 다른 말로 '공정'이라는 것이 결여된 곳에서 민주주의의 발전은 한마디로 허구이다. 바로 이 때문에 이것이 바로 '자유'와 '평등'이라는 그 지고한 글로벌 스탠다드에 버금가는 핵심 글로벌 스탠다드가 된 것이다.

대한민국에는 그동안 참 여러 가지 시련들이 있었다. 식민지도 되어 보았고 전쟁도 있었고 4·19가 있었고 5·16이 있었고 5·18도 있었다. 이 모든 시련들을 거치면서 대한민국은 이제 어엿한 선진국의 반열에 들어가게 되었다. 그것은 모두 국민이 바로 '공정'이라는 가치를 위해 목숨 걸고 싸웠기 때문이었다. 한마디로, 4·19, 5·18 등은 모두 그 '공정'을 향한 이 민족의 처절한 몸부림이었다.

제2장 '공정'이라는 글로벌 스탠다드를 실행하는 길

결론적으로 '공정'이라는 가치가 제대로 실행되지 않는 상태에서 민주주의는 절대 영속할 수 없다. 물론 발전할 수도 없다. '공정'이 결여된 민주주의는 한마디로 '말기암 환자' 같은 존재이다. 언제 치유될지도, 언제 사망할지도 모르는 그런 존재인 것이다. 한마디로, 이 지구촌에서 장수하는 민주주의 체제를 가진 선진국들에게는 딱 한 가지 공통점이 있다. 그것은 그 나라들에는 공통적으로 '공정'이라는 가치를 수호하는 메커니즘이 있었기 때문이었다.

메커니즘, 즉 제도의 문제이다. 다른 말로, 즉 정권으로 하여금 '공정'하지 않을 수 없도록 강제하는 제도들을 가지고 있는 것이다. 이 제도를 가진 나라들은 우리같이 피를 흘리지 않고도 그 민주주의를 이룰 수 있었다.

그 제도는 크게 2가지로 나뉜다.

하나는 '내각제'라는 제도이고 다른 하나는 '미국식 대통령제'라는 것이다.

'공정'을 담보하는 자동장치를 보유한 '내각제'

한마디로, 내각제는 참 좋은 제도이다. 지금까지 인류 역사상 있어왔던 그 수많은 정치체제 중에 내각제만큼 좋은 체제를 나는 알지 못한다.

내각제에는 도대체 어떤 장점이 있나?

한마디로 말하자면, 이것은 정권으로 하여금 국민 앞에 '겸손'하게 만드는 신기한 제도이다. 그를 통해 정권으로 하여금 '공정'이라는 가치를 준수하지 않을 수 없도록 만드는 것이다. 그것은 어떻게 이루어지나? 한마디로, 거기에는 국민이 주인 노릇을 할 수 있는 자동장치가 있기 때문이다. 국민이 주인임이 분명하니 정권이 겸손해질 수밖에 없고 그러니 함부로 '공정'을 범하지 못하는 것이다.

대체 어떤 장치인가? 그 가장 큰 특징은 한마디로 하시라도 국민이 수상을 그 자리에서 쫓아낼 수 있다는 점이다. 한마디로, 내각제에서는 국회의원이나 수상이나 어느 쪽에도 소위 '임기'라는 것이 없다. 언제든지 총선이 있은 지 극단적인 경우에는 한 달 만에라도 국민이 원하면 다시 총선을 실시하여 다수당을 바꿀 수 있다. 그러면 수상은 자동적으로 바뀌게 되는 것이다.

그러니 수상이 어떻게 국민에게 감히 겸손하지 않을 수 있겠는가? 이런 상황에서 어떤 수상이 감히 반칙, 즉 '공정'을 유린할 수 있겠는가? 국민을 화나게 할 수 있겠는가? 아마 무척 그러기 힘들 것이다. 임기가 보장된 대통령제와는 그 점에서 근본적으로 다르다. 한마디로, 대통령은 일정 기간 쫓겨날 걱정이 없으니 그렇게 함부로 까부는 것이다.

어떤가? 정권을 겸손하게 만드는 이런 제도가 정말 국민에게 좋은 제도 아닌가? 그래서 살 만한 나라들, 소위 선진국들, 예를 들어 OECD 38개 국가들 대부분이 내각제 국가이다. 결코 우연이 아니다.

미국의 대통령제: 대통령으로 하여금 겸손하도록 강요하는 제도

많은 사람들이 미국이나 우리나 같은 대통령제이기 때문에 기본적으로 정치의 작동원리나 과정이 비슷하지 않을까 생각하고 있다. 그러나 그것은 대단히 큰 오해이다.

한마디로, 미국식 대통령제와 한국식 대통령제는 극단적으로 이야기하면 하늘과 땅과 같은 차이가 있다. 어떻게 보면 한국의 대통령제와 미국의 대통령제 간에는 한국의 대통령제와 영국의 내각제만큼 큰 차이가 있다.

어떤 점에서 그럴까?

미국의 대통령제는 한마디로 대통령을 국민 앞에 겸손하게 만드는 제도이다. 한마디로, 그에게는 소위 우리와 같은 '대권'이라는 것이 없다. 그것이 한국 대통령과 근본적으로 다른 점이다. 극단적으로 이야기하면, 미국 대통령은 내각제의 수상 정도의 권한, 아니 어떤 면에서는 그 이하의 권한밖에 없다고 해도 크게 과언이 아니다.

도대체 미국 대통령제는 어떻게 되어 있기에 그 대통령에게는 소위 '대권'이라는 것이 없다는 말인가? 그러면서 왜 '대통령'이라고 부르는 것일까?

한마디로, 미국의 건국 아버지들의 최대 목표는 '겸손한' 정권을 만드는 것이었다. 대부분 유럽 왕정의 압제를 피해 온 미국의 건국의 아버지들에게는 한마디로 그것이 그들의 최대의 과제였고 꿈이었다. 그랬다면, 사실 그들에게 가장 맞는 체제는 내각제였다. 그러나 불행히도 그들은 그렇게 하고 싶어도 할 수가 없었다.

왜 그랬을까? 이유는 간단했다. 즉, 미국은 영국과 달리 단일

민족 국가가 아니라는 점이었다. 미국은 소위 말하는 '합중국 (United States)'이었다. 즉, 당시 16개의 작은 나라, 즉 주(state) 가 모여 만든 소위 큰 나라, 즉 '합중국'이었던 것이다. 그것이 3-4개 정도였다면 그들은 아마 다 합해서 하나의 나라를 만들고, 그러고는 내각제로 갔을 것이다. 그것이 그들의 이상과 부합되는 모델이었기 때문이다. 이미 영국에서 '내각제'의 기본틀이 만들어져 운영되고 있었기 때문에 만들기도 쉬웠다.

그러나 그 당시 그런 통합은 그 건국의 아버지들에게는 너무 어려운 과제였다. 사실상 16개 나라 간에 합의를 이룬다는 것은 너무 어려웠다. 그래서 그들은 사실상 소위 '합중국'을 택할 수밖에 없었다.

합중국(united states)이란 말은 한마디로, 나라와 나라들이 합쳤다는 것을 의미한다. 즉, 각 나라의 기본적인 독립성을 유지한 채 합친다는 것을 의미하는 것이다. 그것은 수상제, 즉 수상의 직접적인 통치를 핵심으로 하는 내각제의 기본 원리와는 전혀 맞지 않았다. 그래서 하고 싶어도 내각제를 할 수가 없었던 것이다. 그래서 고육지책으로 나온 것이 현재의 독특한 소위 '미국식' 대통령제이다. 그것은 정말 특수한 상황에서 만들어진 특수한 형태의, 세계 유례가 없는 독특한 권력구조였다. 지금까지도 미국의 대통령제와 유사한 통치체제는 지구촌에 사실상 없다.

그렇다면 미국식 대통령제는 도대체 어떻게 움직이는 제도일까? 지금 많은 한국인들은 한마디로 미국 대통령을 '핵단추'를 눌러 순식간에 세계를 파멸시키는 거대한 힘을 가진 어마어마한 '권력자'로 생각하고 있다. 그러나 그것은 거대한 오해이다. 그것은 미국 대통령이 행사할 수 있는 '권한'일 뿐이다. 그것은 '권력'은 아니다. '권력'이란 국민과 정부에게 수시로 자신의 의지를 관철할 수 있는 '파워', 그것을 의미한다. 이런 관점에서 미국 대통령에게 '권한'은 있지만 '권력'은 별로 없다는 것이다.

한마디로, 미국 대통령에게는 우리 대통령 같은 소위 '대권'이란 것이 없다. 실제 정말 미국 대통령이 행사할 수 있는 '권력'은 한국 대통령의 그것에 비하면 초라하기 그지없다. 미국 대통령이 행사할 수 있는 권력은 예를 들어, 영국 수상의 그것에 비해서도 상대적으로 심히 약소하다. 그래서 미국 대통령에게는 '대권'이 없다고 하는 것이다.

그렇다면 미국에서 최고의 권력을 가진 사람은 누구인가?

그것은 '개인'이 아니라 하나의 집단이다. 누구인가? 그것은 바로 미국의 '대법원'이란 곳이다. 헌법구조상 미국의 최고 권력기관은 단연 바로 9명의 대법관으로 구성된 대법원이다. 단순히 대법원이 모든 법규나 행정조치에 대해 위헌심사권을 가지고 있어서가 아니다. 그것은 대부분 우리나라 대법원에도 있다. 그것은 그들이 이 세상의 그 누구도 눈치 볼 필요 없이 100% 그들의 마음대로 정부는 물론 국민의 삶 구석구석에 심대한 영향을 미치는 조치를 취할 수 있다는 사실이다. 그 판결을 내릴 수 있는 그들의 그 권한은 헌법에 위배되지 않는 한 사실상 무한하다.

그들은 무엇보다 그런 힘을 마음대로 행사할 수 있는 확실한 제도적 우산 아래에 있다.

그 핵심이 그들의 임기가 모두 종신이라는 사실이다. 종신 임기의 대법관 9명이 과반의 결정으로 사실상 미국의 모든 주요 쟁점에 대해, 그것이 무엇이든, 최종적인 결정권을 가진다는 것은 한마디로 그들은 자신들의 뜻을 무조건 관철시킬 수 있다는 의미이다. 대법원은 위헌 판결로 국회와 행정부의 모든 입법 및 행정행위를 취소시킬 수 있다. 이 결정권에 대해 한마디로 대통령을 포함, 그 누구도 어떠한 영향력도 눈곱만큼 행사할 수 없다. 그런 영향력 행사를 시도했다가는 그것은 당장 탄핵감이다. 국회는그래도 대통령보다는 낫다. 입법으로 대법원을 견제할 수 있기 때문이다. 그러나 대통령은 그 두 헌법기관에 대해 한마디로 참으로 속수무책이다.

대통령의 권한을 제약하는 것은 그것만이 아니다. 의회가 있다. 의회는 국정의 구석구석에 사실상 다 무제한으로 개입한다. 예를 들어, 의회가 동의하지 않으면 대통령은 장관은 물론이고 조그만 약소국의 대사 하나도 마음대로 임명할 수 없다. 그 외에도 의회의 동의를 받아야 하는 일들이 부지기수이다. 자연히 끊임없이 의회와 소통해야 한다.

그런데 중요한 것은 미국 정당에서는 소위 우리가 이야기하는 '당론'이라는 것이 아예 없다는 사실이다. 그런 것은 아예 상상조차 할 수 없는 것이다. 아니 아무도 시도조차하지 않았다. 누군가가 그런 '당론'이라는 것을 시도했다면, 그것은 한마디로 형사 소추의 대상이 되었을 가능성이 있다. 그리고 그렇게 해서 통과된 그 법안 자체에 대해 대법원이 효력을 인정하지 않았을 수도 있다.

미국 국회의원의 가장 중요한 임무는 자신의 지적 양심과 지역구민들의 의사를 국정에 반영하는 것이다. 그 중차대한 임무를 버리고 당의 보스들이 정하는 대로 투표를 한다는 것은 정말 상상조차 할 수 없는 일이다.

미국 사람들이 한국의 정치 상황에서 가장 잘 이해를 하지 못하는 것이 바로 소위 이 '당론'이라는 제도이다. 어떻게 국민의 뜻을 국정에 반영하라고 뽑아준 의원들이 지역구민의 의사보다 당의 '보스'의 의사를 더 중시할 수 있는가? 그들은 도저히 이해할 수 없는 것이다.

이것이 모두 무엇을 말하는가? 바로 미국 대통령은 대법원은 물론, 의회에 대해서도 행사할 수 있는 영향력이라는 것이 극히 미약하다는 현실이다. 한마디로, 대통령 위에 확실한 상위 조직, 즉 국회와 대법원이 존재한다는 사실이다.

그러나 이 모든 것보다 미국의 대통령을 더 힘들게 하는 것은 바로 2년 만에 한 번씩 꼭 치러야 하는 총선이다. 2년마다 미국 하원의원 전원, 상원의원 1/3이 새로 선출된다. 대통령이 취임해서 2년 후 치르게 되는 첫 총선에서 만일 여당이 패배하면, 즉 과반을 차지하지 못하게 되면, 나머지 2년간 대통령은 한마디로 맥을 못 추게 된다. 입법이 안 되니 업적을 제대로 낼 수가 없다. 업적 없는 대통령이 2년 후 재선이 될 수 없는 것은 자명하다. 즉, 단임으로 끝나야 하는 것이다. 이런 단임 대통령은 예외 없이 역사에 '실패한 대통령'으로 낙인이 찍혀 평생을 기가 푹 죽어서 살아야 한다. 미국에서는 이것을 대단한 불명예로 여기기 때문이다.

미국 대통령은 가장 중요하게 보통 어떤 것들로 평가받는가? 몇 가지가 있지만, 그의 재임 중에 그가 국민에게 큰 도움이 되는 좋은 법이 몇 개나 국회를 통과되도록 했느냐 하는 것이다. 그럼에도 불구하고 행정부에게는 입법제안권조차 없다. 천생 국회의원들을 설득하여 그들로 하여금 입법을 제안하도록 해야 한다. 의원은 자신의 지역구에 현 대통령에 대해 우호적인 유권자가 많으면 그는 아무래도 대통령이 원하는 법안에 대해 더 우호적이 된다. 그러니 자연히 대통령에게는 좋은 법안이 많이 통과되도록 하기 위해서는 국민 전체로부터 받는 지지가 너무 중요하다. 자연히 국민의 마음에 들려고 많은 노력을 하게 된다. 즉, 국민이 원하지 않는 것 또는 싫어하는 것은 최대한 피한다. 이것은 마치 내각제하의 수상이 국민 마음에 들려고 노력하는 것과 비슷하다.

이런 상황에서, 국민에게서 대통령의 인기가 특히 많이 떨어지는 때는 언제인가? 한마디로, 그가 '공정'을 해친다는 인상을 국민에게 줄 때이다. 실제, 사실상 탄핵을 당해 쫓겨났던 대통령이었던 닉슨의 사례는 국민이 대통령에게 얼마나 추상같은지를 잘 보여준다. 한국에는 상당수 사람들이 닉슨이 쫓겨났기 때문에 그에게 무엇인가 큰 잘못이 있었을 것이라고 생각한다. 그러나 사실 그가 했던 잘못은 한국적 기준으로는 그리 대단한 것이 아니었다. 그에 대한 탄핵 사유는 단 한 가지뿐이었다.

워터게이트 사건이 발생하기 이전에는 몰랐지만, 발생 직후에는 그 발생 경위를 알게 되었으면서도 '몰랐다'고 거짓말했다는 것, 그것 단 하나뿐이었다. 그 단 하나의 거짓말 때문에 그는 대통령에서 사실상 쫓겨났던 것이다. 이 정도의 '불공정'으로 대통령에서 쫓겨날 수 있으니, 대통령이 감히 나라의 중요 사항에 대해 '공정'을 위배한다는 것은 정말 상상도 할 수 없는 일이다. 우리 대통령과는 정말 사뭇 다르지 않은가?

이런 것이 다 무엇을 말하는가? 한마디로, 미국 대통령에게는 소위 우리가 이야기하는 '대권'이 없다고 이야기하는 것이다. 한마디로, 미국의 대통령제는 우리와 전혀 다르다. 절대 대통령이 군림할 수 없는 것이다.

한마디로, 언제 쫓겨날지 모르는 내각제하의 수상 저리 가라 할 정도로 미국 대통령은 4년 내내 국민과 입법부, 사법부의 눈치를 보며 일해야 하는 신세이다. 그래서 미국의 대통령에게는 소위 '대권'이라는 것이 없다고 하는 것이다.

지금 대한민국 검찰에 계류되어 있는 문재인 청와대의 여러 비리 행위들, 이런 것은 한마디로 미국 정치판에서는 정말 상상도 할 수 없는 일이다.

결론적으로, 왜 미국에서는 정권이 '공정'이라는 그 중요한 글로벌 스탠다드를 위해하지 않는가? 한마디로, 행정부의 수반에게 소위 '대권'이라는 것이 없기 때문이다.

왜 유독 한국 대통령만은 '대권'을 향유해야 하는가?

왜 한국 대통령에게는 대권을 주어야 하는가? 많은 사람들이 우리같이 '남북 대치' 상황에 있는 나라에는 '강력한 대통령', 즉 소위 '대권'을 가진 대통령이 필요하다고 생각한다. 한마디로, 이것은 대단한 오판이고 오해이다.

역사는 한 나라가 거대한 시련과 전쟁을 극복하기 위해 그 나라 지도자에게 대권이 필요치 않다는 사실을 너무나 명백하게 또 엄연히 보여주고 있다 .역사적으로 볼 때, 사실 '대권'이라는 것이 없는 나라가 '있는' 나라보다 훨씬 더 강했다. 다른 말로, 나라를 더 잘 지켰다. 보라! 영국, '대권' 없는 나라 영국이 제1, 2차 세계대전 때 황제와 같은 '대권'을 마음껏 구사하는 힛틀러를 포함한 거대 권력자가 지배하는 독일이라는 나라를 두 번 다 패퇴시켰다. 사실 20세기 들어 독일, 일본, 남미 등의 수많은 독재국가 등 소위 '대권' 있는 나라들은 대부분이 다 전쟁에서 졌다. 그리고 대부분 패망했다.

수천, 수만 년 동안 헐벗음과 굶주림에 시달렸던 인류를 구원한 산업혁명도 한마디로 대권이 없는 나라, 즉 저 먼 변방의 섬나라, 영국에서 일어났다. 지금 지구촌에서 가장 부자이면서 강력한 30여 개 나라는 거의 전부 다 '대권'이 없는 나라들이다. 다른 말로, 그런 나라 국민들이 대권 있는 나라들보다 훨씬 더 잘 먹고, 잘살고, 더 행복하고 또 더 강력하다는 것이다.

왜 대권 없는 나라들이 대권 있는 나라보다 더 강할까? 그것이 무엇을 의미하는가? 그 이유는 한마디로 대권이 없는 곳에서는 정권의 반칙이 그만큼 어렵기 때문이다. 반칙이 없기 때문에 국민에게 분노가 없다. 그래서 국민이 하나 되기가 쉬운 것이다. 한마디로, 국민의 그 단결된 자발적 힘이 대권을 가진 지도자가 휘두르는 나라보다 더 강하다는 것이다.

그렇다면, 대권을 가진 나라는 왜 약할까? 그런 나라의 국가 지도자는 거의 반드시 그 권력을 남용한다. 부패하거나 민주적 절차를 위배하거나 권력을 믿고 자기 편만 챙긴다. 그러면 국민은 분노한다. 그러나 그 부패의 떡고물을 얻어먹는 다른 국민들은 그 분노에 공감하지 않는다. 이 괴리는 필연적으로 국민을 분열시킨다. 그것이 국가의 힘을 좀먹는 것이다. 그래서 그 나라가 약해지는 것이다.

우리 국민은 지난 70여 년 동안 참 고생을 많이 했다. 4·19, 5·18을 거치면서 수백 명이 각기 목숨을 잃은 것은 물론, 수많은 무고한 시민들이 온갖 형태의 박해를 당했다. 고문, 수감, 행정권을 동원한 각종 보복 등등. 그 정권들의 공통점이 무엇이었는가? 한마디로, 대통령에게 항상 '대권'이 있었다. 정권은 그것을 믿고 함부로 '공정'이라는 가치를 훼손했던 것이었다. 한마디로, 대권은 '공정'의 가장 큰 적이다.

다행히 우리 국민에게는 다른 많은 국민들과 달리 그런 대권 행사자가 범하는 불의에 정면으로 도전할 수 있는 용기가 있었다. 그 용기, 목숨을 건 용기와 그들이 흘린 피 덕분에 우리는 다행히 남미의 저 후진 국가들같이 낙오하지 않았다. 정말 감사한 일이다.

제3장 '조국 스탠다드'의 출현'

거듭, 대한민국은 한마디로, 선진국 중 거의 유일하게 국가수반에게 소위 '대권'이라는 것을 부여하고 있는 국가이다.

우리 대통령은 여당의 운영은 물론 입법에 대한 막강한 영향력, 수천 개 핵심 자리에 대한 인사권과 절대적 영향력, 사실상 거의 마음대로 주무를 수 있는 천문학적 규모의 예산, 검찰권 행사에 대한 강력한 작용, 자기 편 대법원장을 통한 사법부의 조종 등 한마디로 그는 소위 선진국 중에서 세계 어느 나라도 상상할 수 없을 정도의 거대한 권력, 즉 소위 '대권'이라는 것을 행사하고 있는 사람이다.

그런데 문제는 역사에서 우리가 기억하는 대로, 그 대통령들은 거의 예외 없이 한마디로 걸핏하면 그 대권을 남용해 왔다는 사실이다. 부정선거 아니면 수뢰했거나 권력 남용 등 부당한 영향력을 행사했다. 그들은 왜 그랬을까? 인간이란 그 구조상 과도한 권력이 주어지면 남용에 대한 유혹을 떨치기가 무척이나 어렵다. 이 지구상의 그동안 수만 명의 왕들 중 제대로 권력을 절제한 사람을 별로 찾을 수가 없는 것은 그 이유이다. 대통령도 마찬가지이다. 막강한 권력이 주어지면, 그 남용으로 치러야 할 대가가 확실히 보이지 않는 이상 그 유혹을 떨치기가 무척 어렵다. 그 대가를 제대로 인식하기 어렵게 만드는 가장 결정적인 요소가 바로 5년이라는 임기이다. 내각제하의 수상은 자칫 남용했다가는 당장이라도 쫓겨날 수 있다는 것을 안다. 대통령은 대충 '그래도 아직 몇 년 남았으니 한번 해보고 사후적으로 적당히 털어 막아보자'라는 심리가 작용하는 것이다. 그래서 그들은 걸핏하면 그 권력을 남용한다. 즉, '공정'을 훼손하는 것이다. 그것이 이 나라가 겪어온 대통령제의 역사이다.

그런 면에서는 문재인 대통령도 마찬가지이다. 현재 문 대통령에 대한 국민들의 반발 기류는 그 규모와 강도의 면에서 매우 심각한 상황이다. 그런데 문재인 정권이 훼손한 '공정'이라는 가치, 즉 '불의'는 과거 다른 정권과 다소 다른 점이 있다. 과거의 정권들은 대부분 부정선거, 부패, 권력 남용, 독재 등 다양한 종류의 것들이었다. 이들은 사실 대부분 전형적인 개발도상국 정권들이 저지르는 그런 불의들이다. 그런데 문재인 정권의 불의는 한마디로 종류에 있어 그렇게 다양하지 않았다. 도리어 비교적 '단일종'이었다. 그것이 무엇이었는가? 그것은 바로 소위 '내로남불'이라는 그것이었다. 한마디로, 법을 적용하는 데 있어 공정하지 않았다는 것이다. 다른 말로, 헌법의 근본정신에 어긋나게 너무 '자기 편'을 챙겼다는 것이다.

대한민국 최초의 법률가 출신 대통령이다. 그뿐만 아니라 오랜 기간 민권운동을 해온 어떤 면에서는 민주투사이다. 이런 이력으로 또 가장 극적으로, 그가 취임사에서 호기 넘치게 내뱉은 그 명언, 즉 '기회는 평등하고 과정은 공정하며 결과는 정의로울 것'이라는 그 명언 때문에 사실상 대부분 국민들은 다른 것은 몰라도 적어도 이 '공정성'이라는 가치 하나는 열심히 지킬 것으로 기대했었다. 그러나 그 기대는 완전히 빗나갔다. 한마디로, 너무나 노골적으로 '내 편 챙기기'에 몰두했었던 것이다. 한마디로 너무나 사례가 많았다. 몇 개만 예를 들어도 다음과 같다:

울산시장 선거 관련 수사방해 및 은폐 시도

검찰 수사방해 및 검찰조직 농단

월성원전 경제성 평가 조작

환경부 인사 비리

김학의 출국금지 비리

부당한 무조건적인 조국 옹호

한명숙 사건에 대한 억지 옹호

드루킹 여론조작 옹호

검찰 행정에 대한 부당한 개입

유재수 감찰 무마 등등

이 모든 사례들을 보면서, 많은 국민들이 정권에 의해 이 나라의 '공정'이 유린되었고 또 되고 있다고 생각하고 있다. 한마디로 '글로벌 스탠다드'가 유린되고 있다고 생각하는 것이다.

이 반복되는 '내로남불'의 사례를 보면서, 많은 국민들이 정이 나라에서 정권에 의해 이 '공정'이라는 글로벌 스탠다드가 정말 심각하게 유린되었고 또 되고 있다고 생각하게 되었다. 정권에 대해 많은 국민들에게 분노가 생기면 그들은 대개 거리로 나선다. 우리도 2년 전 그랬다. 수십만이 모였던 광화문 집회가 있었다. 사실 그런 시위가 흔히 한 정권을 망하게 한다. 예를 들어, 박근혜 정권은 그런 것 때문에 붕괴되었지 않았나. 그러나 이 정권은 붕괴되지 않았다. 붕괴는커녕 도리어 더 승승장구했다. 예를 들어 지난 총선에서는 사상 유례없는 압승을 하지 않았는가? 뿐만 아니라, 문재인 대통령에 대한 임기 말 지지도는 역대 대통령 중 사상 최고 수준이다.

이 상황을 어떻게 이해해야 할까? 코로나로 인해 반정부 활동이 위축될 수밖에 없었던 탓일까? 혹은 코로나를 빌미로 정부가 엄청난 현금 살포를 했기 때문일까? 둘 다 아니다. 이 정권이 붕괴하지 않았던 가장 큰 이유는, 이 정권에게는 다른 어떤 정권도 가지지 못했던 하나의 거대한 '가치 발화체'가 있었기 때문이었다. 그것이 무엇일까? 바로 '조국 스탠다드'라는 것이다. 이 '조국 스탠다드'가 바로 정권의 몰락을 막은 주범이다. 다른 말로, 조국 스탠다드를 신봉하는 수백만의 국민 덕분에 이 정권은 쌩쌩히 살아남을 수 있었던 것이다.

'조국 스탠다드'의 출현과 '글로발 스탠다드'와의 경쟁

많은 사람들이 집단적으로 하나의 별도의 '기준', 또는 '가치'를 믿게 되면 그것은 새로운 하나의 스탠다드가 된다. 새로운 가치 기준이다. 그동안 대한민국 국민의 다수가 믿어왔던 일련의 가치체계, 예를 들어 어떤 것이 공정한 것인가에 대한 기준에 대해 수백만 사람들이 이의를 제기하고 '이것이 더 다양한 기준이다'라고 주장할 때 그것은 하나의 '스탠다드'가 된다. 한국에 나타난 것은 바로 이 하나의 새로운 스탠다드였다. 소위 '조국 스탠다드'라는 것이다.

이 조국 스탠다드를 신봉하는 사람들은 일반적으로 '문빠'라 불린다. 소위 문재인 정권에 대한 절대적 지지와 신뢰를 가진 사람들이다. 이들의 가치 기준은 한마디로, '문재인 정권에 좋은 것은 무조건 나라에 좋은 것이다'라는 말로 표현할 수 있을 것이다. 한마디로, '조국 스탠다드'는 어떤 이론이나 주장도 그의 진리성, 또는 국가에 미치는 영향을 기준으로 판단하지 말고 오로지 문재인 정권의 이해관계에 부합되는지 여부만을 기준으로 판단해야 한다는 주장이다. 자연히 이들에게 이 '조국 스탠다드'는 '공정'이라는 글로벌 스탠다드를 압도하는 상위 가치로 자리 잡게 되었다. 이 조국 스탠다드 추종자들은 한마디로 문재인 정권에 대해 비판하기를 단호하게 거부한다. 그 모든 내로남불적 행태들을 비판하기는커녕 기꺼이 수용하며 나아가서는 열렬히 지지까지 하고 있다. 이들은 그들의 그 생각, 그 지지를 한마디로 '조국'에 대한 지지로 표현하고 있다. 즉, 조국이 상징하는 그 모든 것을 다 지지하고 있는 것이다.

한국 정치를 제대로 이해하기 위해서는 한마디로 '조국 스탠다드'라는 것을 이해해야 한다. 그것은 단순한 하나의 멋쟁이 이름이 아니라 하나의 '가치체계'를 상징한다. 세계 정치 역사상 별로 그 유례가 없는 가치체계이다. 거의 광신도급 기준이다. 그런데 그런 사람들이 지금 국민의 30%를 넘나들고 있다고 한다. 이것이 문 대통령과 다른 모든 역대 대통령과의 가장 중요한 차이점이다. 임기 말에 이 정도의 열렬한 지지 그룹을 가졌던 대통령은 역사적으로 없었다. 임기 말에 지지도 15%를 넘긴 예가 없었던 것으로 알고 있다. 모두 바로 조국 스탠다드 신봉자 덕분이다.

'조국 스탠다드'를 배태한 대한민국의 역사적 뿌리

대한민국은 참 특이한 나라이다.

대한민국은 2차 대전 이후 최빈국 중의 하나로 출발하여 이제 자타가 공인하는 선진국으로까지 성장한 세계 유일의 나라이다.

70여 년에 달하는 대한민국의 역사는 한마디로 끊임없이 글로벌 스탠다드적 가치를 추구하는 역사였다. 즉, 이 나라 민족은 끊임없이 '자유', '평등' 그리고 '공정'이라는 인류에게 가장 중요한 3가지 글로벌 스탠다드를 추구해왔다. 수많은 좌절과 실패가 있었고 그 과정에서 많은 피를 흘리기도 했지만, 그래도 쓰러졌다가 다시 일어나는 7전 8기의 용기로 이만큼 이루어내었다. 그 결과 대한민국은 세계 역사상 최단시일 내에 선진국이 된 것이었다

'자유'와 '평등'이라는 기본 가치는 물론, '공정'이라는 가치도 열렬히 추구해왔다. 1960년, 부정선거로 민주주의가 위협받았을 때는 결연히 학생들이 일어났었다. 전두환의 쿠데타에 대해서도 세월을 두고 계속 줄기차게 응징하였고 결국 그는 그 대가를 톡톡히 치러야 했다. 그러면서 민주주의를 되찾을 수 있었다

(그에 비해 북한은 모든 분야에서 줄기차게 이 '글로발스 탠다드'가 아니라 엉뚱한 스탠다드', 즉 소위 '김일성'스탠다드를 계속 추구하는 바람에 아직도 세계 최빈국으로 남아 있다).

이런 나라, 끊임없이 글로발 스탠다드를 추구해 온 나라 대한민국에 나타난 이 소위 '조국 스탠다드'라는 것은 참 기이한 현상이다. 많은 국민들이, 특히 보수들이 대한민국 진보의 저 특이한 행태를 이해하지 못하고 있다. 도대체 어떻게 저렇게 수많은 대한민국의 양식 있는 시민들이 저렇게 말도 안 되는 조국과 그 가족의 행태, 가족의 사업과 자식을 둘러싼 그 모든 비리와 치부들을 어떻게 저런 식으로 무조건 다 이해하고 용서할 뿐 아니라 저렇게 열렬히 지지하고 지원할 수 있을까? 그중에는 상당한 지식인들도 다수 있다는 것이 더 머리를 갸우뚱하게 한다. 그런 것이 왜 생겼을까? 그들이 일종의 집단최면에 걸린 것일까? 아니다. 그것은 한마디로 대한민국 '진보'가 처한 역사상 유례가 없는 독특한 연속적 상황들의 결과물이다. 그 상황들을 이해하기 위해서는 무엇보다 두 가지 개념을 이해해야 한다. 하나는 소위 '진보 콤플렉스'라는 것이고, 다른 하나는 '노무현 신드롬'이라는 것이다.

진보 콤플렉스

먼저 콤플렉스란 무엇인가? 한 인간의 마음속에 '우월감'과 '열등감'이라는 모순적 두 감정이 같이 존재할 때 생기는 특정한 마음의 상태이다. 한마디로 콤플렉스, 즉 '복잡'하다는 것이다.

어느 나라를 불문하고 소위 '진보'에게는 태생적으로 자부심이 있다. 그것은 약자를 돕는 착한 일을 한다는 뿌듯함에서 나오는 자부심이다. 그것은 자주 우월감으로 연결된다.

그러나 그들에게는 많은 경우 일종의 콤플렉스, 즉 열등감도 있다. 세계 많은 나라 진보들이 그렇다. 그것은 역사적으로 어느 나라를 막론하고, 나라를 먼저 부강시킨 것은 '보수'였기 때문이다. 보수가 '자유'를 실현함으로써 나라는 드디어 발전을 시작한다. '진보'가 먼저 시작해서 나라가 발전한 경우는 없다.

자연히 진보가 드디어 정권을 잡기까지는 오랜 시간이 걸렸다. 진보는 그날이 오기까지 긴 세월 동안 보수와 투쟁을 벌여야 했기 때문이다. 한국에서도 마찬가지이다. 한국의 진보는 거의 50년 투쟁하여 1998년 드디어 간신히 정권을 잡았다. 바로 DJ정권이다. 그렇게 시작되었지만, 진보는 불과 10년 후에 다시 정권을 내주어야 했었다. 그 결과 진보의 총 집권 기간은 합해 봐야 72년 헌정사의 1/5인 14년 정도에 불과하다. 20%에 불과한 것이다. 한마디로 이들에게는 약자의 긴 여정이 있었다. 이런 긴 약자의 여정이 진보에게 일종의 피해의식, 열등감 같은 것을 생성시켰다. 어느 나라나 민주주의 발전 초기에는 대부분 일어나는 현상이다.

진보에게 공존하는 이 두 가지 의식, 즉 한편으로는 '자부심과 우월감', 다른 한편으로는 '피해의식', '열등감'이 합쳐진 결과가 바로 현재 보여지고 있는 소위 '진보 콤플렉스'의 본질이다.

진보 콤플렉스는 전형적으로 두 가지 현상을 낳는다. 하나는 과도한 '자기 정당화'이고 다른 하나는 과도한 '내 편 의식'이다. 진보에게는 대부분 '내가 이렇게 약한 자를 도우는 좋은 일을 하는데 그 정도쯤이야⋯'라는 강한 '정당화 의식'이 있다. 그들은 그래서 때로 다른 사람이 볼 때 이해하기 어려울 정도로 뻔뻔해 보인다.

그와 함께 그들에게는 오랜 기간 약자로서 같이 고생한 사람들, 즉 그 진보 콤플렉스를 공유하는 동료 진보에 대한 강렬한 '내 편 의식'을 갖는다. 즉, 그들은 '내 편의 잘못'에 대해서는 보통 과할 정도로 관대한 것이다. 때로 물불을 가리지 않고 봐주고 싶어 한다.

이 두 가지 의식은 그것을 경험해보지 않은 사람은 이해하기 어려울 정도로 진보들에게 보통 매우 강력하게 작동한다.

노무현 신드롬

그러나 이 진보 콤플렉스만으로는 진보정권이 현재 보여주고 있는 저 과도한 '내로남불'을 다 설명하지 못한다. 같은 진보인데도 DJ, 노무현 정권은 그렇게 '내로남불' 하지 않았다. 그를 위해서는 새로운 하나의 현상, 즉 소위 '노무현 신드롬'이란 것을 이해해야 한다.

노무현은 대한민국 정치사에서 가장 특이한 존재 중 하나이다. 그는 무엇보다 그 어느 대통령보다 이상주의자였다. 약자 지원, 지역감정 해소를 포함해 진보의 이상을 향해 누구 못지않게 자신의 몸을 던졌던 사람이다.

그러던 그의 그 극적인 자살은 대한민국 진보들에게 두 가지 무척 의미 있는 정신적 유산을 남겼다.

첫째는 분열되지 말아야 한다는 데 대한 '철저한' 반성과 각오이다. 노무현 치하에서 이 땅의 진보는 극적인 분열을경험했다. 급기야는 노무현 대통령 탄핵까지 가는 극단적 분열의 결과로 진보는 결국 정권 재창출에 실패하고 말았다. '50년 투쟁으로 간신히 얻은 그 정권을 이렇게 날려버리다니.' 이 허망한 상실감이 주는 그 통탄은 그들에게 절체절명의 하나의 자각을 주게 되었다. '절대 분열하지 말자'는 것이다. 이것이 진보에 고유하게 존재하는 '내 편 의식'이 합쳐지면서 무조건 '자기 편'을 위해서는 어떤 대가도, 희생도 감수하겠다는 엄청난 정도의 '내 편 의식'을 그들에게 심어주었다.

노무현의 자살이 남긴 것은 또 있다. 한마디로, 그것은 모든 진보에게 광범위한 일종의 '윤리적 사면의식' 같은 것을 넣어 주었다. 다 아는 대로, 노무현에게는 그의 순수한 정의의식만큼 어두운 그림자들이 있었다. 바로 재임 중 벌어진 각종 수뢰들에 대한 의혹들이었다. 그와 그의 가족, 친인척이 받은 수뢰 건은 6-7개나 된다. 500만 달러짜리도 있었다. 이 혐의들에 대한 검찰 수사가 본격화되는 시점에 그는 가버렸다. 그의 자살이 준 그 어마어마한 감성적 파고는 참으로 대형 허리케인급이었다. 500만 명을 훌쩍 넘는 시민들이 전국 각지에서 조문함으로써 역대 김구, 김수환 추기경, 박정희의 그것을 다 추월했다.

이를 두고 어떤 평론가는 대한민국에 '정치적 성인'이 탄생한 것이라고 진단했다. 이 거대한 폭풍과 그 이후 전개된 상황을 보고 이 평론가는 노무현의 죽음을 인간의 죄를 다 안고 간 예수의 그것에 비유했던 것이다. 한마디로, 노무현이 진보의 모든 '허물'을 다 안고 갔다는 것이다. 그것이 대한민국 진보들에게 일종의 전면적 '사면의식', 자신감 같은 걸 주었다는 것이다. 진보의 저 자신만만한 '내로남불'은 노무현이 제공한 그 '대속심리'를 이해하지 않고는 도저히 이해하기 어렵다.

이렇게 봤을 때 진보정권의 저 '내로남불'은 한마디로 '구조적'이다. 그렇기 때문에 앞으로 상당히 오래갈 것이다.

바로 이것이 한마디로 '조국 스탠다드'의 정신적 기반이다. 모든 가치에 우선하여 '내 편을 챙기는 것', '그것이 내 편일 때는 모든 것을 덮고 이해하고 지키고 도와주자'이다. 그리고 또 하나, 우리는 '노무현의 죽음으로 한마디로 죄 사함을 받았다. 그렇기 때문에 우리는 무엇이든 할 수 있다. 그 자격이 있다'는 자기 정당화이다. 그래서 그들에게서 회환이나 후회를 찾기가 무척 어려운 것이다. 이런 것이 바로 '조국 스탠다드'의 기본 혼내이다.

이 '진보 콤플렉스'와 '노무현 신드롬'이라는 두 가지 현상을 기반으로 지금 문제인 정권하에서 진보의 행태를 보면 훨씬 더 이해가 될 수 있다. 이런 것에 대한 이해 없이 진보의 저 무조건적인 '내로남불'을 이해한다는 것은 사실 누구에게나 너무 어렵다. 그래서 지금 이 대한민국에는 진보와 보수 간에 거대한 심연이 가로막고 있는 것이다. 문제는 이런 확고한 철학, 이념을 가지고 움직이는 집단은 엄청나게 강력하다는 것이다. 독립군이 그렇고 탈레반이 다 그런 것 아닌가? 절대 가볍게, 만만히 볼 일이 아니다.

이런 '조국 스탠다드'의 범람은 한마디로 대한민국의 미래에 참으로 어두운 그림자를 드리우고 있다. 그 이유는, 그것이 국민을 행복하게 하는 데 있어 최고의 길이라고 온 세계가 인정한 방법, 즉 글로벌 스탠다드의 작동을 필연적으로 심하게 방해할 것이기 때문이다. 그것이 국가 발전을 저해할 것임은 다언을 요하지 않는다.

그리고 그것은 필연적으로 국민의 분열을 가속시킬 것이다. 엉뚱한 스탠다드 하나가 나라의 미래를 망치고 있다고 느끼는 한쪽과 그동안의 역사적 유산이 남긴 어쩔 수 없는 콤플렉스와 신드롬의 포로가 되어 있는 다른 쪽 간에 있는 그 심연은 절대 쉽게 없앨 수 있는 것이 아니다. 그 대립과 갈등이 초래할 그 모든 소모와 낭비들은 결국 나라의 발전에 거대한 장애요소가 될 수밖에 없다.

대한민국이 반드시 이루어야 할 또 하나의 거대한 국가적 과제: '대권 없는 나라'

앞에서 지적한 대로, 궁극적으로 한 나라가 계속 발전해 나갈 수 있느냐의 여부는 '보수'와 '진보'라는 두 바퀴와 조화로운 경쟁이다. 그를 이루기 위해서는 '공정'이라는 것이 절체절명의 조건이다.

그러나 그 '공정'을 영속시키기 위해서는 필수적으로 어느 나라를 막론하고 그 나라에 소위 '대권'이라는 것이 없어야 한다.

이 세상의 모든 제대로 된 선진국에 '대권'이라는 것이 아예 존재하지 않는다는 사실이 모든 것을 웅변적으로 설명해 주고 있다.

대한민국만이 '대권'이란 것이 있는데도 불구하고 그것을 이룰 수 있었다. 그 이유는 다른 나라와 달리 대한민국 국민만이 피를 많이 흘렸기 때문이었다. 앞으로도 '대권'이라는 것이 존재하는 한, 대한민국 국민이 또 피를 흘려야 할 가능성은 절대 배제할 수 없다.

정말 우리 국민이 진정 발전된 민주주의, 번영된 선진국을 원한다면, 우리도 하루 빨리 소위 그 '대권'이라는 것을 없애야 한다. 카피할 수 있는 '대권' 없는 정치체제는 얼마든지 있다. 그것들을 도입하면 된다.

그런 면에서 이번 대선의 가장 중요한 관전 포인트 중의 하나는 누가 과연 이 '대권' 없는 나라에 대한 약속을 할 것인가 하는 것이 되어야 한다.

결어: 이번 대선이 대한민국의 갈림길이다

이번 대선은 대한민국 역사에서 가장 중요한 의미를 지닌 것이다. 한마디로, 이 나라가 앞으로 글로발 스탠다드의 길로 갈 것인가, 아니면 '조국 스탠다드'의 길로 갈 것인가가 이번 대선에서 결정적으로 결정될 것이다.

만일 그 결과가 '조국 스탠다드' 쪽이라면, 대한민국의 미래가 참으로 어두운 것이 될 것임은 확실하다. 왜냐하면 인류 역사 전체를 되돌아볼 때, 글로벌 스탠다드를 외면하고 엉뚱한 다른 스탠다드를 추구한 나라가 제대로 발전했던 경우가 단 한 번도 없었기 때문이다. '공정', '인권' 등의 글로벌 스탠다드적 가치를 외면했던 독일, 일본 등 제국주의는 그 생명을 초개같이 여기며 온몸을 던져 헌신하는 그 모든 국민의 열정과 헌신에도 불구하고 다 멸망하지 않았던가? 그 모든 단결되고 집합된 힘에도 불구하고 그들이 다 망했던 것은 절대 그들에게 용기와 신념, 헌신이 부족해서가 아니었다. 한마디로, 글로벌 스탠다드적 가치에 대한 인식이 부족했기 때문이었다.

만일 이번 대선에서, '조국 스탠다드'를 추종하는 세력이 승리한다면, 이 나라에는 앞으로 도처에서 '글로벌 스탠다드'를 의도적으로 경시하고 저버리는 경우들이 속출할 것이다. 그것이 누적되면서 결국 대한민국은 수많은 분야에서 글로벌 경쟁에서 뒤지게 될 것이다. 그리고 국민의 삶은 반드시 심히 불행해지게 될 것이다.

그 가장 극적인 예가 바로 북한이다. 북한 국민이 게으른가?

아니다. 그들에게 자원이 없는가? 아니다. 그들이 단결이 되지 않았는가? 아니다. 그들에게 강력한 지도자가 없었는가? 아니다. 그 모든 것에도 불구하고 북한이 저런 식으로 한없는 굶주림에 시달리는 불쌍한 나라가 된 이유는 단 하나이다. 한마디로, '글로벌 스탠다드'를 버리고 엉뚱한 스탠다드, 즉 '김일성 스탠다드'를 택하고 계속 고집해왔기 때문이었다.

1960년대 중국은 지금의 북한보다 훨씬 더 가난했었다. 1년에 수천만 명씩 굶어 죽는 나라였다. 그렇던 중국이 어느 날 '스탠다드' 하나 바꾸면서 오늘날 세계 제2의 경제대국으로 부상했다. 한마디로 등소평이 과감하게 '모택동 스탠다드'를 버렸기 때문이었다. 그리고 용감히 '글로벌 스탠다드'를 택했기 때문이었다.

'공정'이라는 가치를 열렬히 추구하지 않는 민족이나 국가는 절대 '자유'와 '평등'이라는 가치, 즉 '행복'과 '풍요'라는 가치를 향유하지 못한다. 아무리 바퀴가 좋은 마차라도 그 두 바퀴가 조화롭게 움직이는 메커니즘이 없이는 절대 제대로 굴러갈 수 없다. 그럴 때 그 결과가 뻔함은 세계 역사가 너무나 분명히 보여주고 있다.

그런 면에서 이번 대선은 너무나 중요하다. 이번 대선의 관전 포인트가 이런 관점에서 나온다.

- 어느 후보가 과연 글로벌 스탠다드에 대한 인식을 제대로 갖고 있고 있는가?
- 누가 그 글로벌 스탠다드를 하나라도 더 이 땅에 실현하기 위해 진지하게 노력할 만한 사람인가?

여기에 덧붙여 한 가지 더 물을 것이 있다.

- 어느 후보가, 이 나라에 존재하는 이 '대권'이라는 '괴물'에 대한 인식이 제대로 되어 있는가? '대권'을 없애기 위한 '권력구조' 개편을 추진할 의사가 있는가? 즉, 개헌을 추진할 의지와 용기, 그리고 비전이 있는가?

이 3가지 질문을 가지고 각 후보를 평가하는 것은 밝은 미래를 꿈꾸는 대한민국 국민 모두가 반드시 이행해야 하는 책무이다.

30년 전 여소야대에서 발휘한 국회 중심 정치의 경험

김진국(관훈클럽정신영기금 이사장)

이홍구 선생님은 평화다. 대학생이 된 이후 오랫동안 모셨지만, 글이든 말씀이든 거친 표현을 하시는 것을 본 적이 없다. 그렇지만 유머가 넘치는 평온한 말씀이 죽비처럼 머리를 때린다. 필자는 대학 졸업 이후 신문기자 생활만 했다. 우물 안 좁은 소견으로 하루하루 원고지를 메우며 살았다. 그래도 방향을 잃지 않았던 건 시간과 공간을 종횡하고, 역사와 국제 정세를 뚫어보고, 우리가 마주친 현실을 근본으로 돌아가 마주하기를 요구하시는 선생님 덕분이다.

선생님은 대학생 때 처음 뵈었다. 플라톤을 강의하시던 말씀을 그때는 제대로 알아듣지도 못했다. 유신 말기와 신군부의 등장 등으로 강의실보다 광장에 눈과 귀를 빼앗기고 있었다. 필자가 언론사에 들어온 뒤 선생님은 정부로 가셨고, 정부와 국회에서 총리와 당 대표를 맡으셨다. 그 뒤 필자가 일하던 중앙일보의 고문으로 다시 모시게 된 것은 필자에게는 참으로 행운이다. 선생님은 남을 공격하는 날 선 표현을 하지 않으신다. 갈등을 유발하기보다 끌어안고, 화합과 통합을 이루는 노력을 해왔다. 그것은 주변 강대국이나 북한, 심지어 정치적 경쟁자에 대해서도 일관된 태도였다. 필자는 지난 몇 년간 선생님의 가르침에서 시사 받은 주제들을 집중적으로 칼럼에 담았다. 그 칼럼들이 그동안 기자 생활에서 가장 의미 있는 글들이었다. 모두 선생님 덕분이다. 그런 선생님이 미수 기념 논문집에 글을 쓰도록 허락해주셔서 더없이 영광이다. 이 기회에 선생님으로부터 받은 시각의 일부를 기록으로 남기려 한다.

유일한 공식 한반도 통일정책

지난 9월 11일 '한민족 공동체 통일방안'이 나온 지 32주년이 됐다. 이홍구 선생의 구상이다. 이 방안이 나오기 전 남북 양측에는 공식 통일방안으로 이승만 전 대통령의 '북진통일론'과 김일성의 '적화통일론'밖에 없었다. '싸워서 이기자'고 하는 단순하고 공격적인 구호일 뿐이다. 통일방안이라고 말하기도 어렵다. 더군다나 대화로 풀어가자는 주장조차 비난의 대상이 될 정도로 통일정책이 빈곤했다. 그런 풍토에서 합리적인 통일방안이 나온 것은 기적과도 같다. 그 이후로도 '한민족 공동체 통일방안'의 변주곡만 나왔다. 지금도 대한민국 정부의 공식 통일정책은 한민족 공동체 통일방안이다.

이홍구 선생의 말을 인용하면 한반도는 해방과 함께 냉전 구도에 빠졌다. 제2차 세계대전이 끝나면서 미국과 소련의 동서 냉전이 시작됐다. 한반도는 남과 북으로 쪼개져 동서 냉전의 최전선에 섰다. 우리가 원하지 않아도 국제 정치 상황은 우리를 그렇게 몰아넣었다. 그 결과 1950년 비극적인 6·25전쟁도 겪었다.

큰 전환기가 닥쳤다. 88년 무렵이다. 이홍구 선생은 "88년 서울올림픽은 냉전이 끝나는 상징성을 갖고 있다"라고 말했다. 동트기 전이 가장 어둡다. 이때 동서 관계도 매우 안 좋았다. 80년 모스크바 올림픽에는 미국을 비롯한 서방 국가들이 모두 불참했다. 반쪽 올림픽이 됐다. 당연하게도 보복이 이어졌다. 4년 뒤 LA 올림픽은 소련을 비롯한 동구 국가들이 불참했다. 역시 반쪽 올림픽이 됐다. 다행히 88년 서울올림픽에는 동서 국가들이 모두 모이자는 공감대가 만들어졌다. 동서 진영의 분위기가 매우 달라졌다. 해빙 기운이 돌았다. 덕분에 서울올림픽을 성공리에 치렀다. 냉전의 최전선에 있던 대한민국에 공산권 국가 선수들이 속속 들어오고, 정부 관리들도 함께 들어왔다. 6·25전쟁에서 적대했던 소련과 중국은 물론 한국군을 파병했던 베트남 선수단과 공산당 간부인 인솔자도 들어왔다. 이홍구 선생은 이것이 매우 상징적이라고 지적했다. 1차 냉전에서 해빙으로 가는 신호라는 것이다. 그 이후 독일 통일, 소련 해체 등이 이어진 것을 보면 확실히 이홍구 선생의 분석이 들어맞는다.

이때 한반도에는 줄탁동시(啐啄同時)의 계기가 있었다. 국내적으로 4·19로 시작한 민주화의 흐름이 87년 최대의 고비를 맞았다. 6월 항쟁으로 군사정부에 대항한 시민이 승리했다. 이홍구 선생은 이것을 '헌법대로 하자는 것'이라고 요약했다. '한국식'이라는 수식을 붙여 왜곡한 민주주의가 아니라 헌법대로 국민의 손으로 대통령을 뽑자는 것이다. 이홍구 선생은 이것을 '헌법 주의', 혹은 '헌법 중심제'라고 표현했다. 이런 정신이 우리 국민 사이에 깊이 뿌리내렸다고 말했다. 이런 국민적 요구에 밀려 6·29선언이 나오고 직선제 헌법이 도입됐다.

87년 대통령 선거에서는 노태우 후보가 당선됐다. 김영삼·김대중, 두 야당 지도자가 단일화에 실패한 결과 36%의 득표로 대통령이 된다. 여기에 노태우라는 사람의 개인적인 성향이 더해져 '대통령 중심'에서 '국회 중심'으로 한국 정치는 큰 변화를 겪게 됐다. 이홍구 선생은 "노태우 대통령은 대통령인데도 불구하고, 자기중심이 아니라 국회 중심으로 국정을 운영하겠다고 생각했다"라고 말했다.

대통령 선거 4개월 뒤, 노태우 대통령이 취임한 지 2개월 뒤 치러진 13대 국회의원 선거는 이런 경향을 더욱 강화했다. 헌정 사상 처음 만들어진 여소야대(與小野大) 국회에서 집권당인 민정당은 야당에 끌려다녔다. 국정은 노태우 대통령이 야당 대표인 3김씨(김영삼·김대중·김종필)와 협의해 처리할 수밖에 없었다. '5공 비리 특별위원회'를 만들어 '광주민주화운동 청문회'를 열고, 전두환 전 대통령을 증인으로 세웠다. 그리고 그를 백담사로 '유배' 보냈다.

이때 같이 만든 것이 '통일정책특위'다. 베를린 장벽 붕괴(89년 11월)와 구(舊)소련의 해체(91년 12월), 동구(東歐) 붕괴에 맞춰 노태우 정부의 '북방정책'이 꽃을 피웠다. 그보다 앞선 것이 노태우 정부의 통일정책 정비다. 대한민국의 외교정책이 세계 정세 변화에 앞서간, 그리고 성공한, 많지 않은 경우다.

노태우 대통령은 취임하기 한 달쯤 전 이홍구 선생을 불러 통일문제와 국제정책에 대해 조언을 부탁했다. 이때 이홍구 선생은 평소 생각을 설명했다고 한다. 나중에 '한민족 공동체 통일방안'이라는 이름으로 나온 통일정책의 큰 윤곽을 이야기했다. 이 때 설명의 요지는 다음과 같다.

"자유민주주의 체제인 대한민국과 인민민주주의라고 하는 북한의 두 가지 국가 체제를 당장 합치는 것은 어렵다. 급하게 합치려고 하면 되지도 않고 복잡하기만 하다. 그렇다고 통일방안이라면서 분단하자고 말하는 것도 곤란하다. 적어도 30년, 50년이 걸릴 것으로 생각하고 나는 이야기했다.

민족은 하나이지만, 국가는 둘일 수 있다. 어느 시점에 둘이 하나로 합칠 수 있다. 민족이 갈라지면 안 된다. 언어와 문화라는 공통점이 없으면 공동체가 성립할 수 없다. 다행히 우리는 삼국시대 때부터 같은 말을 써왔다. 같은 풍속에 같은 가치관을 나눠서 살아왔다. 따라서 문화 등에서 공동체를 유지하면 시간이 걸리겠지만 통일로 갈 수 있다.

절대 전쟁은 안 된다. 평화적으로 가야 한다. 남쪽은 미국과 유럽의 민주주의 체제를 도입했고, 북쪽은 볼셰비키의 공산당 체제를 도입했다. 전쟁까지 치렀다. 그때 이미 40년 이상 다른 국가 체제를 운영해왔으니까 하루아침에 두들겨 맞출 수 없다. 하나의 민족공동체, 두 개의 국가 체제를 유지하는데, 서로 싸우는 두 개의 국가 체제가 아니라 서로 협력하고, 하나의 공동체를 어떻게 만들어 갈 것인지 협조하자. 그것이 나의 기본 아이디어야." (이홍구 증언, 2019. 9. 3.)

그리고 한 달 뒤 노태우 대통령은 이홍구 선생을 다시 불러 통일원 장관을 맡겼다. 그리고 통일방안을 작성하는 전권을 맡겼다. 장관으로 임명하고도 노 대통령은 이홍구 선생을 계속 '이 교수'라고 불렀다.

"이 교수 이야기를 들어보니까 내 생각하고 딱 들어맞습니다. 길게 이야기할 것도 없습니다. 이 교수가 통일원 장관을 맡는 것이 좋겠습니다. 내가 대통령이 됐다고 마음대로 할 문제가 아닙니다. 합의가 제일 중요하니까 국회에 가서 야당 총재들과 협의해주세요. 나하고 대충 방향은 설정했으니까 이 교수에게 맡기겠습니다. 보고할 것도 없고, 이 교수가 책임지고 만들어주세요."

노태우 대통령이 전적으로 밀어주는 가운데 이홍구 선생은 야당 총재들을 찾아갔다. 덕분에 일하기가 수월했다고 한다. 야당 총재들의 의견을 충분히 수렴하는 국회 중심의 통일방안을 만들겠다는 노태우 대통령의 의지가 분명했기 때문이다. 그 뒤로 1년 반 동안 이홍구 선생은 야당의 세 김 총재를 수시로 찾아가 통일방안을 다듬었다. 한 달에 한두 번씩 찾아갔다. 권한을 위임받아 야당 총재의 의견을 반영하니 야당 총재들도 오전에 연락하면 오후에 만나줄 정도로 적극적이었다고 한다.

이렇게 여야가 참여해 만든 통일방안이었기 때문에 대통령이 바뀌어도 그 통일방안은 아직도 대한민국의 통일정책으로 남아 있다. 90년 말, 91년 초 합의한 '남북기본합의서'나 '한반도 비핵화 공동선언'도 이 통일방안을 기반으로 하고 있다. 남북기본합의서에서 설정한 남북 관계를 보면 알 수 있다. 2000년 김대중 대통령이 평양에서 6·15선언을 하고 돌아온 뒤 이홍구 선생과 오찬을 함께 하며 "아무튼 나는 우리가 다 합의한 통일방안, 그대로 하게 하려고 최선을 다했어요"라고 말했다고 한다. '다른 사람은 안 하겠다는데 내가 이런 성과를 거뒀다'라고 자랑하는 게 아니라 '우리 모두의 성과'라고 공을 나눈 것이다. 또 이런 정신이 합의를 지속시키고, 협치를 가능하게 하는 리더십이라고 이홍구 선생은 말했다.

'한민족 공동체 통일방안'을 발표한 것이 1989년 9월 11일이다. 그로부터 두 달 뒤인 11월 9일 베를린 장벽이 무너졌다. 또 그 1년 뒤 남북기본합의서에 합의하고, 그 1년 뒤에는 구(舊)소련이 해체됐다. 국회 중심의 정치, 합의의 정치, 대화와 타협의 정치 리더십, 장기적인 정책 구상, 국제 정치에 대한 혜안, 이 모든 것이 모여서 만들어진 통일방안이었다. 그 주역을 맡은 것이 이홍구 선생이다.

트럼프 전 미국 대통령 취임 이후 세계는 다시 진영 대결이 시작됐다. 미국과 중국의 대결이 극한으로 치달아가고 있다. 이홍구 선생은 이것을 '제2의 냉전'이라고 한다. 해빙기와는 다른 외교 전략이 필요한 시기다. 미·중 대결을 어떻게 바라보고 대처할 것인가가 중요하다. 더군다나 모든 것을 핵무기로 해결하려는 북한의 전략을 어떻게 돌파할 것인가. 이홍구 선생은 근본으로 돌아갈 것을 주장한다. '한반도 비핵화 공동선언'이다. 제1차 냉전을 넘어서 해빙기로 넘어가는 과정에 지혜를 모은 해법의 원칙을 제2차 냉전기에 다시 소환하라는 것이다. 현실적으로 실현 가능성이 있느냐고 의심하는 사람도 있다. 그렇지만 핵 확산 방지조약(NPT)이 무너지면 대한민국이나 일본, 대만의 핵무장이 이어질 수밖에 없다. 제2차 냉전의 주축인 미국과 중국이 책임지고 이것은 지켜내야 한다는 것이다. 그런 원칙에 서 있는, 이미 남북 간에 문서로 합의한 것이 '비핵화 공동선언'이다.

대통령 중심에서 국회 중심으로

이홍구 선생은 한국 민주주의의 위기를 극복할 중요한 경험으로 1988년을 인용한다. 한민족 공동체 통일방안을 만들었던 바로 그 여소야대 체제다.

여론조사를 하면 가장 불신 받는 집단이 국회다. '한국에서는 정당정치가 안 된다'라고 주장하는 사람도 있다. '국회에 맡기면 아무것도 안 된다. 엉망이 된다'라고 한다. '민주적으로 합의하는 정치문화가 없다'라고도 한다. 이런 정치 불신을 바탕으로 국회를 위축시켜왔다. 실제로 국회에 그런 문제가 없는 것이 아니다. 특히 최근 정치권을 보면 답답하기 그지없다. 민주주의가 위기라는 말이 왜 유행어가 되었겠는가? 청와대를 장악한 사람들은 국회 불신을 이용해 독단적인 국정 운영을 한다. 대화와 타협을 외면하는 정치를 합리화한다. 청와대가 직접 다 하겠다고 나서면 나설수록 정치는 없어진다. 청와대 정부의 가장 큰 문제다. '제왕적 대통령제'라는 말이 나오는 이유다.

그렇지만 이홍구 선생은 한국 국회를 부정적으로만 보는 것을 반대한다. 그는 가장 대표적인 예로 13대 국회를 꼽았다. '대통령 중심'이 아니라 '국회 중심'으로 국정이 운영됐고, 어느 정부에서보다 많은 성과를 거뒀다. 민주주의의 위기가 거론되는 이유는 청와대가 모든 것을 직접 하겠다고 나서기 때문이다. 노태우 대통령이 야당을 외면하고, 독단적으로 통일방안을 만들어 발표했으면 어떻게 됐을까? 그 통일방안이 지금처럼 생명력을 가질 수 있었을까?

대통령 5년 단임제가 도입된 이후 대통령이 바뀔 때마다 새로운 정책이 생겼다 사라지는 것을 수없이 목격했다. 5년짜리 정책을 위해 예산을 쏟아붓고, 5년 뒤에는 그것을 원상회복한다고 다시 예산을 부었다. 심지어 같은 정책이라도 간판을 바꾸어 새로운 정책이라고 포장했다. 국가적인 낭비요, 비효율이다. 장기적인 국가 과제는 존립이 어렵다. 단기적인 업적을 만드는 데 골몰하고, 임기가 끝나면 폐기되는 일이 반복될 수밖에 없다. 정치가 국가 재원을 효율적으로 관리하고, 배분하는 것이 아니라 낭비하고, 민간 부문의 정상적인 흐름마저 가로막는 것을 반복해서 경험했다.

이것을 바로잡기 위해서는 대통령으로 집중된 권력을 국회로 옮겨야 한다. 한 사람의 독단적인 결정이 아니라 정파 간 대화와 타협으로 다수의 의견을 수렴해가는 민주적인 토론 문화를 되살려야 한다. 이를 위해서는 '내각제'로 권력 구조를 바꾸는 것이 바람직하다. 정책의 연속성, 대화와 타협의 정치 구현 등을 위해 개헌은 불가피하게 넘어야 할 과제다.

다만 아직은 대통령을 직접 국민 손으로 뽑는 데 대한 국민 여론의 지지가 분명하다. 과거 독재자의 장기 집권과 투표권을 사실상 박탈당했던 권위주의 체제에 대한 우려가 남아 있기 때문이다. 87년 6월 항쟁의 구호가 '대통령 직선제'였다. 지금 헌법이 바로 그 결과로 탄생한 87년 헌법이다. 과거 권위주의 체제에 대한 반발로 '내가 뽑은 대통령'을 통해 구체제(앙시앵 레짐)를 파괴하려는 의지가 대통령의 제왕적 권력을 더욱 강화한 측면이 있다. 지금도 권력자를 중심으로 한 '빠' 문화는 '묻지마' 추종과 진영 대결을 촉발해 정상적인 대화와 토론이 불가능하게 만들었다. 내가 거부하는 체제를 파괴하는 영웅을 기대하는 심리다. 이런 87체제의 문제에 대한 국민적 공감대를 넓혀가면서 헌정 체제의 지향점을 분명히 해나가야 한다.

소수 정파를 인정하고, 대화와 타협을 하는 정치가 돼야 한다. 승자 독식을 중단하고, 국민의 뜻을 제대로 반영해야 한다. 정치는 게임이 아니라 국민을 위한 봉사다. 현재 대통령제와 내각제가 섞여 있지만, 미국식 대통령제보다 대통령에게 더 많은 권한이 집중돼 있다. 좀 더 국회에 권한이 더 가야 한다. 정치권이 불신 받고 있지만, 권한이 있어야 책임도 질 수 있다.

그 이전이라도 현재의 과도한 대통령의 권력은 해체하는 작업을 포기할 수는 없다. 당장은 현재의 헌법 체계 속에서 가능한 조정이다. 최소한 대통령의 권한을 좀 더 분산해야 한다. '의전 총리', '얼굴마담 총리', '대독 총리', '대신 책임지는 총리'가 아니라 헌법에 정해진 총리의 권한을 제대로 줘야 한다. 국회에서 총리를 추천해 좀 더 독립적인 역할을 부여하는 것도 좋은 방법이다. 지금은 장관보다 청와대 비서가 더 역할을 한다. 당장 급한 것이 청와대 정부가 아닌 내각 중심 정부로 바꾸는 것이다.

국민의 투표에 비례한 의회 구성해야

개헌은 근본적인 해법이다. 그러나 장애물이 많다. 근본적으로 대통령을 내 손으로 선출하겠다는 국민의 의지가 강하다. 또 국회에 대한 불신이 뿌리 깊다. 이런 한계를 뛰어넘기가 쉽지 않다. 그런 여론을 반영한 개헌안을 마련하는 것도 쉬운 일이 아니다. 당장은 헌법 문제를 다룰 국회의 구성이 시급하다. 지금 선거법으로는 정치가 대결로 치달을 수밖에 없기 때문이다. 더군다나 현행 선거법은 실패한 법이다. 국회의원들에게는 헌법보다 고치기 더 어려운 것이 선거법이지만 국민을 속이고 있는 현 상황을 최단시간 내 벗어나야 한다.

21대 총선은 부끄러운 선거였다. 국회가 스스로 만든 선거법을 무력화하고, 편법으로 국민의 뜻을 왜곡했다. 선거법은 국회의원에게 국민의 일부 권한을 위임하는 절차를 담은 법이다. 그런 법을 무력화한 것은 국민의 대의기구로서 스스로 존재 의미를 부정한 것이다.

21대 총선을 앞두고 개정한 선거제도의 취지는 비례성을 높이는 것이다. '죽은 표(死票)'를 최소화하려 했다. 처음 목표와 달리 '준연동제'라는 어정쩡한 결과로 끝이 났지만, 득표율과 의석수가 비례해야 한다는 기본 방향에는 여야 정당들이 모두 동의했다. 그런데 선거 결과는 거꾸로 비례성을 더 심각하게 파괴하고, 거대 양당이 의석을 독점했다. 공정성을 높인 게 아니라 거대 정당의 탐욕을 최대한 드러냈다. 개정 선거법은 실패했다. 그런데도 자기들이 짓뭉개버린 선거법을 1년 반이 되도록 방치하고 있는 것은 뻔뻔하다.

선거 결과 더불어민주당은 180석을 얻었다. 그러나 이것을 '민의(民意)'라고 할 수 없다. 국회 선진화법을 무력화할 수 있는 5분의 3 의석을 국민이 줬으니 야당의 반대를 묵살하고 적극적으로 입법을 추진하라는 것이 국민의 뜻이라고 주장하는 것은 왜곡이다.

가장 명백하고 뚜렷한 잘못은 '위성정당'이다. 개정 선거법은 각 정당의 의석수를 정당 득표율에 연동시켜 국민의 지지율과 의석수 사이에 비례성을 높였다. 지역구 의석수(253석)에 비해 비례 의석수(47석)가 지나치게 적었고, 그 가운데서도 30석만 연동형을 적용한 것부터 잘못된 길로 들어섰다. 그런데 그마저 거대 양당(더불어민주당·미래통합당)이 위성정당(더불어시민당·미래한국당)으로 삼켜버렸다. 집을 수백 채 소유해 임대사업을 하는 다주택자가 무주택자로 등록해 정부 지원 주택 수십 채를 특별 분양받은 것과 같다. 민주당의 경우 더불어시민당과 열린민주당, 두 개의 정당을 위성정당으로 만든 셈이다. 그런데도 열린민주당은 야당인 것처럼 유지하며, 상임위에서 야당 행세를 하며 국회 운영까지 왜곡하고 있다.

연동형을 도입한다고 하면서 비례의석을 충분히 확보하지 못한 것부터 문제였다. 자문위원을 비롯한 전문가들은 지역구와 비례의석을 1 대 1, 그게 안 되면 적어도 2 대 1은 돼야 한다고 말했다. 그러나 현역 의원들이 자기 지역구를 지키기 위해 지역구 의석을 줄이는 데 반대했다. 국회 정치개혁특위 자문위원들은, 지역구 의석을 유지하려면 전체 의석을 60석 늘려서라도 비례의석을 늘리라고 건의했지만 무산됐다. 그뿐 아니다. 겨우 47석의 비례의석에서 득표율에 연동하는 의석은 30석으로 제한했다. '캡(cap)'이라는 걸 씌운 것이다. 연동형이 아니라 역 연동형이 돼 버렸다.

연동형 선거제도를 도입하는 것을 민주당과 국민의힘 모두 반대했다. 특히 국민의힘은 자신들에게 손해라고 적극적으로 반대했다. 위성정당을 만들겠다고 처음 들고 나온 것도 국민의힘이다. 그러나 선거 결과를 분석하면 전혀 아니다. 지난 총선에서 각 정당이 얻은 의석과 정당 득표율을 그대로 의석에 반영했을 때를 비교하면 〈표〉와 같다.

〈표〉 21대 총선에서 각 정당이 차지한 의석과 정당 득표 비례 의석의 차이

정당	실제 의석	득표비례 의석
더불어민주당 (+더불어시민당,열린민주당)	183	128
미래통합당 (+미래한국당)	103	112
정의당	6	32
국민의당	3	23
무소속	5	5
전체 의석	300	300

　더불어민주당은 더불어시민당과 열린민주당이 얻은 정당 득표율을 합쳐서 계산했다. 실제로 민주당 지지자들이 정당 투표에서 두 정당으로 나누어 투표했다. 미래통합당은 미래한국당에 대한 정당 투표 득표율을 기준으로 삼았다. 무소속은 지역구 당선자를 그대로 반영하고, 정당 득표율에서 3% 아래인 정당은 제외했다. 비례의석 배분의 문턱(봉쇄조항)을 현행대로 적용한 것이다.

　위성정당으로 가장 이익을 본 것은 민주당이다. 가장 손해를 본 것이 정의당과 국민의당 같다. 그러나 정치적으로는 미래통합당(현 국민의힘)이 가장 큰 타격을 받았다. 득표율로만 비교하면 민주당이 과반 의석도 얻지 못한다. 미래통합당과 의석 차이도 별로 없다. 16석에 불과하다. 국회는 어느 한 정당이 독주하기는커녕 대화와 타협을 하지 않을 수 없는 구도다. 국민은 민주당과 미래통합당이 128석 대 112석으로 서로 견제하고, 협력하도록 표를 던졌다. 이것을 한 정당이 전체 의석의 5분의 3을 차지하고, 독주하게 한 것은 거대 양당이다. 특히 국민의힘의 책임이 크다.

1당 독주에서 비례성을 높이는 방향으로 진화

역대 선거를 돌아보면 이와 비슷하다. 거대 양당이 실제 득표율보다 의석을 더 많이 차지했다. 그렇지만 제1당은 이익을, 제2당은 손해를 보았다. 그래서 협치(協治)보다는 사생결단의 대립 정치를 했다. 승자 독식의 정치다. 대통령에게 지나치게 권한이 집중된 권력 구조와 함께 정치를 제로섬 게임으로 만들었다.

과거 권위주의 정부에서는 집권당이 의회를 장악하기 위해 여러 가지 장치를 사용했다. 유신체제에서 치른 제9대 국회의원 선거는 전체 의석 219석 가운데 3분의 1인 73석을 대통령이 지명한 유신정우회에 배정했다. 나머지 146석도 각 선거구마다 2명씩 동반 당선됐다. 대부분 집권당과 제1야당이 나란히 당선됐다. 전두환 정부 이후에도 집권당 프리미엄이 오랫동안 유지됐다. 11대 총선(81년)에서는 지역구 동반 당선 제도를 유지하면서 전체 의석의 3분의 1인 비례대표 의원의 3분의 2를 지역구 의석 제1당에 몰아주었다. 남은 의석으로 지역구 5석 이상 얻은 정당에 의석 비율로 나눠줬다. 1중대, 2중대, 3중대를 만들어 야당을 쪼개놓고, 동반 당선을 하니 지역구만 해도 과반은 따놓은 것이고, 비례 의석의 3분의 2도 저절로 차지하게 돼 있었다.

6월 항쟁 이후 대통령 직선제 개헌을 한 이후 88년 13대 총선에서는 공정하게 한다고 개혁한 것이 제1당이 비례의석의 3분의 2를 가져가던 것을 2분의 1로 줄였다. 그래도 '안정'이라는 명분으로 집권당 프리미엄을 유지했다. 이때 소선거구제가 도입됐다. 92년 14대 총선에 이르러 겨우 5석 이상 정당들에 의석 비례로 비례의석을 배분하게 고쳤다. 15대부터 의석이 아니라 득표 비율로 의석을 나누었고, 17대 총선부터는 지역구와 비례대표를 별도의 용지로 투표하게 됐다.

변화의 흐름은 분명하다. 유권자가 던진 표와 의석은 비례해야 한다는 큰 흐름이 민주화의 정도와 비례해 흘러왔다. 지역구 인구의 편차도 시간이 지날수록 좁혀졌다. 이 역시 표의 등가성, 비례성을 강화해야 한다는 분명한 원칙이 있었기 때문이다.

지금 당장 선거법을 고친다면 가장 쉬운 방법이 준연동형을 도입하기 이전으로 돌아가는 것일 수 있다. 그러나 그것은 개혁을 포기하는 것이다. 위의 표에서도 보았듯이 선거 결과가 유권자의 뜻보다 제도와 선거구 획정에 좌우된다. 아주 적은 표 차이로 전체 의석이 순식간에 뒤집힐 수 있다. 정치가 불안해진다. 대화와 타협보다 승자 독식, 승패에 매달리는 비타협적 대결 정치가 이어질 수밖에 없다.

21대 총선 1년 뒤에 치른 서울시장 보궐선거를 보면 알 수 있다. 서울지역 총선 결과는 더불어민주당 41석 대 미래통합당 8석이었다. 그러나 보궐선거에서는 서울의 모든 지역에서 국민의힘 오세훈 후보가 이겼다. 후보가 다르다는 요인도 있다. 1년 동안 벌어진 여러 가지 정치적 사안도 영향을 미쳤다. 그러나 아주 적은 표 차이로 의석이 한꺼번에 왼쪽으로 갔다, 오른쪽으로 갔다 한다. 득표율 차이가 51 대 49이어도 49는 반영되지 않고, '죽은 표(死票)'가 된다.

선거법 협상이 어려운 건 협상 당시 자기 정당에 유리한 안을 고수하기 때문이다. 특히 승부욕이 강한 정치인들은 졌을 때보다 이겼을 때를 더 많이 생각한다. 그러나 여건 야건 처지가 바뀌었을 때를 생각해야 한다. 역지사지(易地思之)해야 한다. 적은 차이로 정국이 롤러코스터를 타는 것은 불안하다. 타협의 여지도 없다. 정치의 안정과 대화와 타협, 다양성을 존중하는 정치를 위한 제도를 만들어야 한다.

일부에서는 이런 제도가 대통령제와 안 어울린다고 말한다. 확실하게 과반수를 만들어주는, 승자가 분명한 선거제도여야 한다고 말한다. 승자 독식을 유지하자는 것이다. 그렇다면 내년 대선에서 국민의힘 후보가 당선되었을 때를 상상하면 어떤가? 사실상 민주당 세력이 국회의 5분의 3 이상을 차지하고 있다. 대통령이 국회의 협조를 받을 수 있을까? 백번 양보해도 유권자가 투표한 표에 비례해 의석이 배분된 다원화된 국회보다 더 많은 협조를 받을 수 있을까? 대통령제이건, 내각제이건 분권, 협치해야 한다.

2부

평화통일

평화·공존·상생을 위하여
曉堂 李洪九 선생님의 유연한 실천에
감사드리며

이부영(자유언론실천재단 이사장)

글머리에

이홍구 선생님이 서울대 문리대 정치학과에 교수로 부임하셨을 때 필자는 졸업한 이후여서 가르침을 받을 기회가 없었다. 박정희-전두환 시대가 지나가고 한국이 민주화 과정에 본격적으로 진입한 1987년 6·29선언 이후, 88년 서울올림픽이 개최되고 89년 한민족공동체통일방안이 발표되면서부터 통일원 장관으로 활동하는 이홍구 선생님을 주목하게 되었다. 1994년 부총리 겸 통일원 장관에 다시 부임하면서 국회 외무통일위원회에서 국회의원으로 일하게 된 필자와 자주 만나 뵙고 상임위의 질의 답변을 나누게도 되었다.

필자에게 이 선생님이 깊은 인상을 남기게 된 것은 보수적인 민주정의당 노태우 정권이 주도하여 김대중, 김영삼, 김종필 야 3당 총재들의 지지를 이끌어내서 국회에서 여야 만장일치로 유연한 〈한민족공동체통일방안〉을 한국의 통일방안으로 확정시킨 놀라운 능력이었다. 분단과 전쟁으로 막혀 있던 통일의 열망이 4월 혁명으로 분출했다가 5·16 군부정권에서 5공 군부정권에 이르기까지 30년 가까이 탄압으로 다시 침묵을 강요당했다. 한국 정부에게는 1987년 6월 민주항쟁에 이르기까지 이렇다 할 통일정책이 없었다. 이 선생님이 주도한 〈한민족공동체통일방안〉은 '국가연합'을 핵심으로 하는 '평화공존' 통일전략이다. 이 방안은 보수·진보 정권들이 여러 차례 교체되었지만 지금까지 큰 변화 없이 한국의 통일방안으로 자리 잡고 있다.

이 선생님이 공직에서 물러나신 뒤, 2006년부터 필자와 함께 몇 차례 중도적 시민운동에 좌장으로 참여하시는 모습에서 '평화공존'과 '화해상생'이 선생님의 부동의 신념이라고 이해하게 되었다. 이 선생님과 인연을 맺는 인사들은 부드러운 인품에 이끌리면서도 고집이나 강단이 없으시면서 어떻게 공직과 교수직을 감당해오셨을까 궁금해할 것이다. 식민지 억압에 시달린 데 이어서 분단 고통에 억눌려온 한국 사회는 독재와 민주, 보수와 진보의 분열과 반목이 극심할 수밖에 없었다. 이런 조건에서 군 출신의 보수정권으로 하여금 유연한 '국가연합' 통일방안을 채택하도록 만들었고 다수 야당들의 관록 있는 거물 정치인들까지 설득하여 통일방안을 여야 합의로 확정한 사실만 가지고도 한국 사회에서는 '기적'을 만들어냈다고 평가받을 만하다. 능력만 있다고 되는 일이 아니다. 미-소의 탈냉전, 88 서울올림픽, 독일 통일과 소연방 해체, 동유럽 체제 전환, 중국의 개혁개방 등 세계사적 전환까지 함께해주었다. 이념과 지역 갈등이 극에 달한 한국 사회에서 이 선생님은 남다른 겸손과 덕성도 겸비하셨다.

1. 한민족공동체통일방안은 在朝와 在野의 콘서트

1960년의 4월 혁명이 5·16 군사쿠데타로 무산되자 '반공'을 앞세우는 군부정권은 4월 혁명 기간에 분출했던 남북협상과 교류론, 중립화 통일론 등을 가혹하게 탄압했다. 민정 이양 이후에도 남북관계에는 얼어붙은 세월이 계속되었으며 이승만 자유당 정권의 실정의 틈새를 비집고 재생을 모색했던 진보적 민족주의 세력은 철저히 제거되었다. 정치적 담론으로 나타날 수 없었던 통일 염원이 문학, 예술 분야에서 일부 표현되었지만 그마저 중앙정보부의 사찰과 탄압을 피할 수 없었다.

1968, 69년 한반도 전쟁 위기가 최고조에 이른 시기에 박정희는 3선 개헌을 통해 장기 집권 기반을 마련했다. 1972년 닉슨-모택동 회담으로 미국과 중국의 화해 분위기가 조성되자 중-소 대립과 분열은 돌이킬 수 없게 되었다. 미-중의 화해 분위기와 베트남 종전협상의 진전 때문에 박정희는 주한미군의 철수가 실현될지 모른다는 불안감을 가지지 않을 수 없었다.

가. 7·4 남북 공동선언과 복합국가론

이런 배경을 안고 1972년 7·4 남북 공동선언이 나왔다. 자주-평화-민족 대단결이라는 3대 원칙을 내세우면서 발표된 7·4 공동선언은 박정희 정권의 반공정책으로 탄압당하고 있던 한국 사회를 잠시 혼란에 빠뜨렸다. 극우 여당 공화당이 가장 먼저 찬성했다. 보수-진보가 공존했던 제1야당 민주당은 박정희 정권의 압박을 당해왔으므로 7·4 공동선언이 비록 옳은 주장을 담고 있어도 찬성하지 못했다. 재야인사이면서 광복군 출신 정치인이었던 장준하는 야권 인사로서 유일하게 7·4선언에 찬성했다가 독재정권과 타협했다는 비난을 들었다. 장준하, 천관우가 중심이 되어 함석헌, 김재준, 이병린, 유진오, 김정한, 계훈제, 김동길 등이 민주수호국민협의회(민수협)에서 간담회를 열고 논의했다. 논의 결과가 민수협의 공동대표였던 천관우의 이름으로 가톨릭 종합 월간지 「창조」(발행인 김수환 추기경) 9월호에 '민족통일을 위한 나의 제언'이라는 제목의 〈복합국가론〉으로 발표되었다. 7월 4일부터 유신체제가 선포된 10월 17일 사이에 잠시 열린 논의 공간에 4월 혁명 이후 침묵을 강요당했던 재야 지식인들의 통일방안이 공론장에 모습을 드러낸 것이었다.

이 복합국가론은 1960년에 발표된 김일성의 〈고려련방공화국 창립방안〉에 내포된 '국가연합제적 성격', 즉 "우리가 말하는 연방제 안은 당분간 남북 조선의 현 정치제도를 그대로 두고 조선민주주의인민공화국 정부와 대한민국 정부의 독자적 활동을 보장하면서 동시에 두 정부 대표로 구성되는 최고민족위원회를 조직하여 주로 남북 조선의 경제-문화 발전을 통일적으로 조절하는 방식으로 실시하자는 것"이라는 정치적 의미를 집어냈으며, 남북의 평화공존을 통해 통일에 이르는 과도적 기간을 설정하여 "통일이라기보다는 불완전한 통합이나마 우선 복합국가라는 방안이라도 검토해보자"는 설계를 담고 있었다. 천관우의 〈복합국가론〉도 유신 독재체제가 선포되면서 다시 침묵의 심연 속으로 사라져야 했다. 7·4 공동선언도 남북 지도자들에게 독재를 강화하는 불쏘시개로 쓰이고 말았다. 그러나 복합국가론은 북측의 연방제에서 타협의 빌미를 찾아내 뒷날 남측의 국가 연합론으로 되살아날 씨앗을 품고 있었다.

천관우의 복합국가론이 유신 선포로 다시 자취를 감춘 후, 재야에서는 '선 민주, 후 통일'이냐, '선 통일, 후 민주'냐 라는 메아리 없는 공론이 한때 시끄러웠지만 대학과 지식인 사회에서는 기초적인 인신 보호, 한 마디 언론자유, 강의실의 학문의 자유를 빼앗겼고 노동 현장과 농촌의 삶도 벼랑으로 몰렸다. 그러나 80년 5월 광주민주항쟁의 충격에 이어 87년 6월 항쟁은 다시 한국사회의 전환을 불가피하게 만들었다. 30년 가까이 희생과 탄압을 강요해온 체제와 제도의 피로감도 한계에 이르렀고 위기감을 체감한 기득권 세력도 국민의 요구에 부응하기 시작했다.

나. 7·7선언과 4·2 공동성명

노태우 정부는 88년 2월 25일 대통령 취임사에서 〈남북 협력 시대의 개막〉을 선언하고 대화 문호의 개방을 밝혔으며 계기마다 남북 적십자 회담, 고위 당국자 회담, 교육당국 회담 등을 제의했다. 새 정부에 입각한 이홍구 통일원 장관이 내외의 조건을 담아내는 남북관계 정책을 입안하고 있었다. 서울올림픽을 앞두고 노태우 대통령은 〈민족자존과 통일번영을 위한 특별선언〉(7·7선언)을 발표, "북한이 적대의 대상이 아니라 민족공동체의 일원으로서 상호 화해와 협력을 바탕으로 공동 번영을 추구해나갈 선의의 동반자"라고 선언했다. 7·7선언은 남북관계를 민족공동체의 일원으로 인식하는 획기적인 전환점이 되었다. 8·15 광복절 경축사에서는 남북 정상회담을 제안하기도 했다.

비록 북한의 불참으로 반쪽 올림픽이 되어 큰 아쉬움을 남겼지만 남북 양측이 서로에게 다가갈 의지를 분명히 했다. 1980년 모스크바 올림픽이 소련을 비롯한 사회주의 진영 중심으로, 1984년 로스앤젤레스 올림픽이 미국을 비롯한 자본주의 진영 중심으로 나뉘어 분열 올림픽의 오명을 남긴 데 비해 1988년 서울올림픽은 세계의 통합 축제로 성대하게 열렸다. 세계는 탈냉전으로, 통합으로 가고 있었지만 한반도만은 아직 냉전을 벗어나지 못하고 있었다. 남북의 한반도 주민들의 실망과 아쉬움이 앙금으로 남을 수밖에 없었다.

필자가 상임의장으로 일하던 재야의 전국민족민주운동연합(전민련)의 상임고문 문익환 목사가 1989년 방북하여 김일성 주석과 회담한 뒤 허담 조국평화통일위원장과 4·2 공동성명을 발표했다. 남녘의 민간 대표 자격으로 북한을 방문, 집권자를 만나 아래와 같이 합의했다. 첫째, 자주·평화통일·민족 대단결의 3대 원칙에 기초하고 둘째, 한반도 분열을 지속하는 것에 반대하며 셋째, 정치·군사 회담을 추진하고 이산가족 문제 등 다방면 교류와 접촉을 실현한다는 것에 합의했다. 무엇보다 중요한 합의는 공존 원칙에 입각한 연방제 방식의 통일을 지지한다는 것이었다. 연방제가 되었든 국가연합이 되었든 평화공존 속에 자주·평화통일·민족 대단결의 원칙을 지키면서 교류와 접촉을 실현해나가자는 것이었다. 예상했던 일이었지만 귀국하는 대로 문익환 목사와 유원호 선생은 구속되었고 정경모 선생은 별세할 때까지 거주지인 일본에서 고국에 돌아오지 못했다. 필자를 비롯한 전민련 관계자들은 탄압을 겪어야 했다. 문 목사의 방북 사건은 탈냉전 시대를 맞아 왜 한반도만 분단된 채로 남아 있어야 하느냐는 한국 국민들의 염원이 충격적으로 표출된 사태였다. 직선제 개헌을 통해 정치의 민주화를 한 걸음 진전시켰다고 해서 탈냉전 시대에 분단 현실을 있는 그대로 내버려둘 수 있는 상황이 아니었다. 문 목사의 방북 파장은 깊고 넓었다.

다. 한민족공동체통일방안과 남북기본합의서

노태우 대통령은 1989년 9월 11일 국회 특별연설에서 〈한민족공동체통일방안〉을 발표했다. 한 해 전에 발표된 〈민족자존과 통일번영을 위한 7·7선언〉에서 한 걸음 더 나아가 지향과 실천방안을 구체화한 한국 정부 최초의 통일방안으로 제시했다. 이렇게 되면서 한국은 '국가연합제'를, 북한은 '연방제'를 통일방안으로 내세우게 되었다.

이홍구 통일원 장관은 냉전시대의 북진·반공통일론에 아직 머물러 있는 군부와 외교-정보 관료, 그리고 누구보다도 당시 집권세력인 민주정의당 주류 인사들의 시각을 설득해야 했다. 이미 1983년 남북 이산가족 상봉행사를 성공적으로 이끌었던 전두환 정권도 남북관계를 더 이상 냉전적 시각으로만 바라볼 수 없다는 것을 알고 있었다. 한국의 통일정책을 북한과 평화공존을 통해 '국가연합'을 형성한다는 수준까지 합의하는 데는 어려운 토론과 설득이 필요했다. 그러나 무엇보다도 노태우 대통령 자신이 탈냉전 시대 남북관계를 능동적으로 이끌어가는 통일방안을 성안하는 데 있어서 이홍구 장관에게 전권을 위임했다는 사실이 중요했다. 집권세력 내부의 어려운 여건은 물론이고 당시의 국회 세력 분포는 김대중의 평화민주당, 김영삼의 통일민주당, 김종필의 신민주공화당의 야3당이 다수였다. 여소야대였다. 제1야당인 평화민주당의 김대중 총재는 이미 1971년 대통령 선거에서 미국-소련-중국-일본 4대국 보장 통일론을 내세워 박정희 공화당 정권의 '없는 통일론'에 뼈아픈 타격을 가했었다. 비록 냉전시대에 실현 불가능한 4대국 보장론을 내세웠지만 김대중은 분단국가 한국의 대통령 선거에 1956년 조봉암 진보당 후보가 처음으로 '평화통일론'을 내세웠던 이후에 두 번

한민족공동체통일방안 발표 30주년 학술회의에서
이홍구 전 국무총리가 특별강연을 하고있다.

째로 통일정책을 공약으로 내세웠었다. 이홍구 장관은 김대중
총재와 가장 깊이 상의하면서 방안을 준비했다. 김영삼 총재와
김종필 총재도 시대 상황에 부합하는 국가연합제 안에 흔쾌히
동의했다.

이 방안은 당시 여소야대의 정국 상황에서 공청회를 거치며
국민들의 의견을 수렴하고 야당 총재들이 합의해줌으로써 국회
에서 만창일치의 찬성을 얻어 확정됐다. 이 방안은 통일의 원칙
으로 '7·4 남북 공동성명'의 3원칙을 반영하되 자주, 평화, 민주
를 제시하여 그 해석을 분명히 하였다. 통일의 과정은 중간과정

의 과도적 통일체제로서 남북연합을 만들어 남북 간의 개방과 교류협력을 실현하고 민족사회의 동질화와 통합의 기반을 다져나가면서, 통일의 조건이 조성되면 민주적 절차와 방법으로 통일헌법을 마련하고 이 헌법이 정하는 바에 따라 통일정부와 통일국회를 구성하여 통일된 민족국가를 완성하자는 것이다.

1990년에 들어서면서 북한으로서는 독일 통일, 소연방 해체와 유럽 사회주의권의 체제 전환이 북한에 미치는 영향을 막는 것이 과제였다. 더구나 남북한 간에 대규모 인적 교류와 자유 왕래, 그리고 전면 개방을 실현하자는 남측의 공세는 불안감을 주기에 충분했다. 더욱이 한국의 소련, 중국과의 수교 협상은 북한을 초조하게 만들었다.

1990년 9월 4일 남북 고위급 회담 제1차 회담으로부터 1992년 9월 15일 제8차 회담까지 만 2년여에 걸친 마라톤 회의가 열려 '남북 사이의 화해와 불가침 및 교류협력에 관한 합의서(남북기본합의서)'를 채택하기에 이르렀다.

남북 고위급 회담에서는 그동안 남북 사이에 논의되어야 할 문제들은 거의 논의되었다고 봐야 할 것이다. 북한이 4차 회담을 무기한 중단시키는 사이에 한국이 유엔 가입을 강력하게 추진하고 중국과 소련도 더 이상 거부권을 행사하지 않을 방침을 북한에게 통보하자 북한도 1991년 5월 '하나의 조선' 정책을 포기하고 남한과 함께 유엔에 가입하는 중대한 결정을 내렸다.

1991년 10월 22일 평양에서 열린 4차 회담부터 북한은 적극적인 타결 의지를 보였다. 북한 측은 대부분 남한 측 안에 가깝게 양보안을 준비하고 나와 협상에 별다른 장애를 조성하지 않았다. 기본합의서 25개 조항에 대해 남한 측이 실제로 남북관계를 개선해 나가기 위해 필요하다고 인정한 조항들을 북한 측이 받아들이게 하여 합의를 이끌어낸 기념비적인 문서가 되었다.

비핵화 공동선언의 채택과 국제 핵사찰 수용 문제에 대해 남한 측은 기본합의서와의 동시 타결을 원했으나 북한 측은 남한에서 미국의 핵무기가 완전히 철수된 것을 확인해야 하며, '팀스피릿 훈련'이 중단되어야 한다고 제동을 걸었다. 쌍방은 이에 대해 원칙적인 합의를 보고 12월 13일 역사적인 남북기본합의서에 쌍방의 총리가 서명했다. 각각 '대한민국 국무총리'와 '조선민주주의인민공화국 정무원 총리'를 명기했다.

1994년 김영삼 정부가 조금 수정한 남쪽의 〈민족공동체 통일방안〉 2단계인 '국가연합'과 1960년 김일성 정부가 처음 만든 뒤 1990년대까지 몇 번 고친 북쪽의 〈고려민주련방공화국 창립방안〉 '낮은 단계 연방' 사이의 공통점을 바탕으로 통일을 추구하자는 노선은 그대로 이어졌다. 2000년 6월 15일 역사상 최초로 대한민국 대통령 김대중과 조선민주주의인민공화국 국방위원장 김정일은 남북 정상회담을 갖고 〈남북정상 공동선언〉을 발표했다. 그 선언의 가장 중요한 대목은 "남측의 연합제 안과 북측의 낮은 단계 연방제 안이 서로 공통성이 있다고 인정하고 앞으로 이 방향에서 통일을 지향시켜 나가기로 하였다"는 제2항이다.

이홍구 전 국무총리는 〈한민족공동체통일방안〉 발표 30주년 기념 학술대회에서 가진 특별강연에서 이렇게 회고했다. "냉전이 완화하던 당시에 우리나라는 권위주의 시대였다. 그 시대에 국민들은 헌법에 명시된 민주주의를 실현하기를 원했고, 동시에 우리 민족 모두가 염원하던 분단을 극복하고 통일을 하자는 의식도 있었다. 결국 1987년 민주화의 성공으로 헌법에 따라 국민이 직접 대통령을 선출하게 되었고 당시 노태우 전 대통령은 야당 후보자들 3인과의 경쟁 끝에 36% 득표로 당선되었으며, 여소야대 국회가 만들어졌다. 노태우 정권 시기에 통일 문제를 국회 중심으로 다루기로 결정했고 국회 내에 통일특위를 만들어 통일 관련 단체들이 자기의 입장을 자유롭게 발표할 수 있는 기회를 주었다. 이렇게 새로운 통일방안을 꾸리는 데 있어서 남북 간의 평화도 중요했지만, 우리나라의 민주 정치에 따른 합의의 움직임이 한민족공동체통일방안의 원동력이었다." 이홍구 전 국무총리는 한민족공동체통일방안의 기본 개념을 이렇게 설명했다. "삼국시대의 고구려, 백제, 신라는 하나의 민족이지만 세 개의 국가공동체인 게 우리에게 어색하지 않다. 한민족공동체통일방안은 현실적으로 우선 하나의 민족공동체와 두 개의 국가체제로 가는 경로를 받아들인 후, 서로 대화를 통해 평화적으로 문제를 해결해가면 통일이 성공할 수 있다고 생각하면서 나왔다. 유럽의 여러 나라가 유럽연합체로 활동하면서도 독립국가로 남아 있다. 한반도도 코리안 유니언을 만들고 공동 번영으로 나아갈 수 있다. 이렇게 한민족공동체통일방안은 국회에서의 다양한 협치를 통해 만들 수 있던 점에서 의의가 있다."

마지막으로 우리는 김일성의 〈고려민주련방공화국 창립방안〉, 천관우의 〈복합국가론〉, 문익환-허담의 〈4·2 공동성명〉, 노태우의 〈한민족공동체통일방안〉, 김영삼의 〈민족공동체통일방안〉, 김대중-김정일의 〈남북 정상 공동선언〉이 분단, 냉전 대결, 탈냉전, 핵위기 그리고 남북 교류-협상 시대를 거치면서 '대결'로부터 '공존'으로 진화하는 과정을 보고 있으며 그 끝이 〈평화통일〉이 될 것이라는 것을 양쪽이 모두 알고 있다.

필자는 1988년 민주화와 탈냉전 시대를 맞이한 한국에서 새로운 남북관계의 설계사와 조율사로 등장한 이홍구 국토통일원 장관이 1960년의 4월 혁명 이래로 제기된 在野와 在朝의 평화통일론과 교류협력론을 씨줄과 날줄로 엮어서 남북의 〈평화공존론)으로 안착시킨 사실에 주목하고자 했다. 북의 핵무장으로 불거진 한반도 핵위기를 풀어갈 〈비핵-평화〉와 〈평화통일〉의 과제는 후학들이 감당해야 할 것이다.

2. 동아시아평화회의와 한반도 평화

해방·광복 70주년이 되는 2015년을 앞두고 일본과 일본인에 대한 우리의 시각을 다시 검토해야 할 시점에 이르렀다는 견해가 이홍구 전 국무총리를 중심으로 제기됐다. 물론 한반도에 대한 일본 집권세력과 우익의 반성 없는 역사 인식과 한국인의 식민 지배 피해의식이 함께 제자리걸음하는 양상을 벗어나지 못했다. 70년의 시간은 한국과 일본의 관계에도 새순이 돋을 만한 세월이었다.

가. '일본 평화헌법 9조를 노벨 평화상 후보로' 추천 운동

2014년 6월 초 민주항쟁 27주년 행사를 준비하는 한국의 시민사회 측에 일본 평화헌법 수호운동 '9조회'(대표 오에 겐자부로 노벨 문학상 수상자)로부터 한-일 평화운동 사이에 연대가 필요하다는 메시지가 전달됐다. 한국 측은 즉시 6월 10일 도쿄 시부야 공회당에서 열리는 '9조회'의 평화헌법 수호 강연회에

일본 평화헌법 9조에 노벨 평화상을 추천하자는 논의를 원로들이 하고 있다.
왼쪽부터 박관용 전 국회의장, 이종찬 전 국정원장, 김원기 전 의장, 이홍구 전 국무총리,
이용훈 전 대법원장, 김형오 전 의장, 이부영 동아시아평화회의 운영위원장

연대사를 보냈다. 김영호 전 경북대 교수(전 산업자원부 장관)가 연대사를 전달했다. 주최 측과 청중은 뜨거운 감사와 연대감을 표시했다. 아베 일본 총리가 집단적 자위권을 각의 결정으로 밀어붙이고 평화헌법을 무력화시키자 일본 시민사회에서도 수호운동이 벌어지고 있었다. 이미 2013년부터 30대 가정주부 다카스 나오미 씨가 자신의 두 아이가 언젠가는 전쟁에 휩쓸릴지 모른다는 위기감을 느끼고 9조에 노벨 평화상을 수여해달라는 서명운동을 벌이고 있었는데 한국에서 호응하고 나섰다. 2014년 12월 9일 프레스센터에서 이홍구 전 국무총리를 중심으로 김원기·박관용·김형오 전 국회의장, 이용훈 전 대법원장, 이종찬 우당장학회장(전 국가정보원장), 김성훈 전 농림부 장관, 이부

영 전 열린우리당 의장 등 8명이 모여 간담회를 갖고 기자회견을 준비하기로 했다. 12월 18일에 프레스센터 외신기자클럽에서 각계 인사 50명의 이름으로 '일본 평화헌법 9조 2015년도 노벨 평화상 추천 서명 한국위원회'를 구성, 사회 각 부문별로 서명을 받기로 했다. 위원회는 서명부와 문서를 한국 주재 노르웨이 대사관에 전달, 노벨 평화상 위원회에 제출했다. 국내외 언론들과 특히 일본의 아사히, 마이니치, 도쿄, 산케이 신문과 교도통신이 보도했고 미국의 뉴욕타임스는 2014년 12월 19일 자에 'South Koreans Back Japan's Peace Constitution as Nobel Prize-Worthy' 제목으로 크게 보도했다. 일본에서는 하토야마 유키오 전 총리, 오자와 이치로 전 민주당 간사장, 노나카 히로무 전 자민당 간사장, 후쿠야마 신고 시민운동 지도자, 오카모도 아츠시 이와나미 서점 사장 등 평화운동 지도자들이 격려 메시지를 보내왔다. '동아시아평화를 지키는 보루'로 여겨지는 일본 평화헌법 9조를 노벨 평화상에 추천하는 서명운동을 전개한 한국 지식인들과 일본의 평화헌법 수호운동 사이에는 확고한 연대감이 만들어졌다.

나. 동아시아평화회의 구성과 국제회의 개최

광복-해방 70주년을 기념하는 동아시아평화국제회의(좌장 이홍구 전 국무총리, 조직위원장 이부영 전 열린우리당 의장)가 2015년 8월 13일 대한상공회의소 대회의실에서 한국, 일본, 미국, 중국, 유럽 등 세계 각지에서 97명이 참여한 가운데 열렸다. 한국에서는 이홍구·고건·정운찬 전 국무총리, 김원기·이만섭·박관용·김형오·임채정 전 국회의장, 이용훈 전 대법원장, 관계에서는 한승헌 전 감사원장, 이어령·김성훈·김영호·김진현·윤여준·이종찬·최상용·서주석, 종교계에서는 김희중·강우일·도법·설정·박남수·안재웅·이선종·한양원·김철봉·황용대, 문화예술계에서는 신경림·고은·백낙청·염무웅·이문열·김병익·박정자·이성림·최불암·황석영·이춘희·조정래, 여성계에서는 이희호·이효재·신인령·정현백, 학계에서는 강만길·김철수·장회익·문정인·이태진, 시민사회에서는 김자동·이세중·이윤배·이창복·강대인·이희자·정성헌·이삼열, 언론계에서는 김중배·임재경·김종철, 국회의원으로는 강창일·권영길·박인상·신성범·원혜영·이종걸·이주영·정병국·진선미 등 74명이 참여했고 일본에서는 무라야마 도미이치·하토야마 유키오 전 내각 총리, 다카스 나오미 헌법 9조 노벨 평화상 추진 운동가, 후쿠야마 신고·이다 데츠나리 시민운동가, 와

다 하루키 도쿄대 명예교수, 곤도 쇼이치 민주당 중의원 의원이자 입헌포럼 대표 등 전·현직 의원을 비롯한 10명이, 미국에서는 글로리아 스타이넘 평화운동가, 스콧 스나이더 미외교협회 선임연구원, 프랭크 자누치 맨스필드재단 대표, 이행우 미주동포전국협회 명예대표 등 7명, 중국에서는 리자오싱 전 외교부장, 옌롄커 작가이자 인민대 교수 등 2명이, 유럽에서는 영국의 너지 데바 유럽의회 한반도 관계 대표단 회장, 요한네스 플루크 독일의 전 연방의원이자 한독의원친선협회 부회장, 아일랜드의 메어리드 맥과이어 노벨 평화상 수상자 그리고 라이베리아의 노벨 평화상 수상자 리마 보위도 참석했다. 한국의 참석자들을 자세히 소개하는 이유는 이념과 지역으로 심각한 분열과 대립을 보이고 있던 당시에 해방-광복 70주년을 기념하는 국제회의에 보수-진보와 지역 그리고 정파를 망라하는 인사들이 각계에서 고루 참여하여 한국 사회의 통합을 향한 노력을 보여주었기 때문이었다.

이들은 회의에서 아래 요약한 '2015 동아시아 평화선언'을 채택했다.

"… 동아시아는 지난 70년간 이어진 전쟁과 냉전, 그리고 탈냉전 이후의 격변의 시대를 겪으면서 가장 극적인 진보와 발전을 성취해온 지역이다. 그러나 동아시아의 잠재력과 가능성이 지금 중대한 도전에 직면하고 있다. 아직 끝나지 않은 전쟁과 냉전, 그리고 새롭게 강화되는 군비 경쟁이 그것이다. 해결되지 않은 북한의 핵문제는 정전체제의 불안전성을 가중시면서 동시에 역내의 핵무기 및 재래식 군비 경쟁을 가파르게 촉발하는 요인이 되고 있다. 더불어 20세기 초 이래 동아시아

2015 동아시아평화국제회의 자료집 표지.

침략전쟁의 주역이 되었던 패전국 일본이 과거에 대한 명확한 반성 없이 군사대국으로 나서고 있어 동아시아의 오래된 갈등 구조에 새로운 긴장을 불러일으키고 있다….″(이하는 제목으로 대체)

1. 일본 평화헌법 9조는 동아시아 평화의 근간이다.
2. 한국전쟁을 끝내지 않고 동아시아 평화를 상상할 수 없다.
3. 한반도 비핵화와 '핵 안전'은 핵 없는 세계로 가는 지름길이다.
4. 평화와 협력을 위한 시민사회와 여성의 역할을 높여야 한다.

하토야마 유키오 전 일본 내각 총리는 8월 13일에 발표될 대

하토야마 전 총리가 서대문형무소 독립운동가들의 처형장 앞에서 무릎 꿇고 사죄하고 있다. 몽양여운형기념사업회 이사장 이부영과 유관순기념사업회 회장 이혜영이 안내했다.

회 기조연설에서 "일본은 평화헌법 하에서 절대로 전쟁에 참가하지 않은 국가로 남아 있어야 한다고 생각한다⋯ 진정한 애국심이란 과거의 역사적인 사실을 부정하지 않으며 잘못한 것에 대해서는 사과할 줄 아는 용기를 가지는 것이다"라고 말할 예정이었다. 그에 하루 앞서 12일 서울 서대문형무소 역사박물관의 한국 독립운동가들의 처형장 앞에서 무릎을 꿇고 사죄했다. 비록 현역 총리는 아니었지만 일본의 최고위직을 역임한 하토야마 전 총리의 사죄는 한국 국민들에게 강렬한 인상을 남겼으며 일본에서도 충격으로 받아들여졌다.

동아시아평화회의는 2015년 이후 2020년까지도 한일관계 특히 아베 정권의 한국에 대한 경제제재 사태와 이의 극복방안에

앞줄 왼쪽부터 김영호 전 산자부 장관, 지명관 선생님, 이홍구 전 총리, 박상증 원로목사, 백낙청 서울대 명예교수, 이현숙 여성외교포럼 명예이사장, 뒷줄 왼쪽부터 남기정 서울대 교수, 김재신 외교부 전 차관보, 양미강 목사, 최상용 전 주일대사, 이삼열 아카데미 이사장, 이부영 동아시아평화회의 운영위원장, 손열 연세대 교수, 박홍규 고려대 교수, 양기호 성공회대 교수.

대해 일본 측의 양식 있는 학계, 시민운동 인사들과 지속적인 대화를 가졌다. 2020년 7월 25일 한일 간의 화상회의를 통해 이홍구 전 국무총리와 일본의 후쿠다 야스오 전 내각 총리가 함께 참여하는 등 화해를 이루지 못하는 양국 정부를 대화로 이끌어 내기 위한 부단한 노력을 기울였다. 동아시아평화회의가 2015년부터 와다 하루키 도쿄대 명예교수, 오카모도 이츠시 이와나미 서점 사장, 후쿠야마 신고 시민운동가 등 일본 시민사회의 평화운동 인사들과 지속적 교류를 해온 탓으로 한국 시민사회에 새로운 대일 시각과 인식을 갖도록 기여했다.

3. 화해상생마당: 중도노선과 지속가능한 평화·생태 보전

2006년 11월 9일 오후 3시 프레스센터 내셔널 프레스클럽에서는 화해상생마당이 창립 모임을 가졌다. 이홍구 전 국무총리를 좌장으로 노융희 서울대 명예교수(전 환경대학원장), 김명혁 목사(한국복음주의협회 회장), 신경림 시인(예술원 회원), 김우창 고려대 명예교수(예술원 회원, 문화평론가), 김지하 시인(생명과 평화의 길 이사장), 박종화 목사(대화문화아카데미 이사장), 김홍진 신부(한국희망재단 상임이사), 윤여준 전 국회의원(전 환경부 장관), 수경 스님(조계종 화계사 주지), 이종대 전 회장(대우자동차), 정성헌 이사장(한국 DMZ평화생명동산), 법륜 스님(평화재단 이사장) 양승규 총장(세종대), 손봉호 총장(동덕여대), 민병석 이사장(한겨레통일문화재단), 권근술 이사장(남북어린이어깨동무), 염무웅 문학평론가, 오재식 원장(아시아교육원), 윤경로 총장(한성대), 이삼열 사무총장(유네스코 한국위원회), 정성철 변호사, 인병선 관장(짚풀생활사 박물관), 손숙 연극인, 배순훈 부총장(한국과학기술원), 박호군 총장(인천대), 안승길 신부(원주교구 부론천주교회), 황상근 신부(인천교구 제물포천주교회), 진민자 이사장(청년여성문화원), 최동수 상임고문(신한은행), 변진홍 사무총장(한국종교인 평화회의), 고두심

앞줄 왼쪽부터 오재식 아시아교육원장, 양승규 세종대 총장, 노융희 서울대 명예교수·전 환경대학원장, 이홍구 전 국무총리, 김지하 시인, 김우창 고려대 명예교수.

방송인, 김형기 교수(북한대학원대학교), 박광서 상임대표(참여불교재가연대, 서강대 교수), 이부영 화해상생마당 운영위원장(전 열린우리당 의장) 등 35명의 창립회원들이 함께했다. 참여한 인사들은 한국 사회의 극단적 분열과 대립을 완화-치유하려고 애써온 주요 지식인들이었다.

이들은 창립 발기문에서 "긴박해지는 한반도 상황과 첨예한 국론 분열의 양상은 불길하게도 대한제국 말기와 6·25 동란 직전의 시기를 연상시킨다"면서 "이 어렵고 민감한 시기에 선명성과 선동성을 앞세운 극단론을 경계하면서 극단주의를 극복할 중도노선을 확신하여 화해와 상생의 기운을 진작시키는 데 힘쓰고자 한다"고 밝혔다. 이 모임은 정치에 개입하지 않기로 했다. 모임은 △남북의 화해공존 △성장과 분배의 형평과 생태계 보존 △교육 현장의 쇄신을 모임의 기본 과제로 꼽았다.

"'화해와 상생의 길'은 상대방의 입장을 배려하는 자세에서 출발한다"면서 "남은 북을 북은 남을, 보수는 진보를 진보는 보수를, 사용자는 노동자를 노동자는 사용자를, 영남은 호남을 호남은 영남을, 노인은 젊은이를 젊은이는 노인을 서로 존중하며 배려하는 입장이어야 한다"면서 "이 운동은 우리 자신의 품격을 높여가겠다고 스스로에게 다짐하는 운동이기도 하다"고 했다. 이 모임은 '화해와 상생의 중도노선의 시대적 의미', '오늘의 외교안보 무엇이 문제인가', '지속 가능한 발전에 대하여', '성장과 분배, 사회적 협약에 대하여', '북한 핵실험에 대한 우리의 대응' 등에 대한 공개 토론을 갖고 성명을 발표하는 등 활동을 벌였다.

◇◇◇ **참고문헌** ◇◇◇

1. 김형기, 남북관계변천사, 연세대 출판부, 2010

2. 천관우선생추모문집간행위원회, 巨人 천관우, ㈜일조각, 2011

3. 정경모, 시대의 불침번, 한겨레출판, 2010

4. 2015 동아시아평화국제회의, 자료집, 조직위원회, 2015

5. 화해상생마당, 화해와 상생의 길, 활동보고 자료집, 2006

세력전이와
한일관계의 미래

김호섭(중앙대 명예교수)

세력전이 이론

세력전이(Power Transition 혹은 Power Shift) 혹은 국력전이 이론이란, 시간(세월)이 장기간 흐름에 따라서 발생하는 국력의 변화에 따라서 국가 간 관계가 변화하며 관계를 맺었던 국가가 그 변화에 적응하지 못하면 갈등과 분쟁이 발생된다고 주장하는 국제정치 이론이다. A. F. K. Organski가 그의 저서인 *World Politics*(1968)와 그의 제자인 Jacek Kugler와 공저한 *The War Ledger*(1980)에서 제시한 이론이다. 최근에는 Graham Allison이 *Destined For War*(『예정된 전쟁』, 2017)에서 '투키디데스의 함정'(Thucydides's Trap)이라는 개념을 이용하여 지배세력에 대한 신흥세력의 도전에 의해서 발생하는 세계질서의 변화와 전쟁 가능성을 분석하였는데, 투키디데스의 함정은 세력전이 현상과 유사한 개념이다.

세력전이 이론은 국가간 전쟁이나 분쟁 발생의 원인을 국가간 권력의 상대적 변화에서 찾아야 한다고 주장하면서 다음과 같이 세 가지 관점에서 세력균형 이론을 비판한다.

국가 간 국력이 균형이 이뤄질 때 평화가 유지된다는 주장은 현실의 국제관계에서 그렇지 않았다고 한다. Organski에 의하면, 제1차 세계대전이 발발한 20세기 초 유럽에서 영국과 프랑스 세력의 압도적 우위 상태가 시현됐을 때는 평화가 유지됐지만, 통일 독일이 국력을 증강하여 영·프 세력과 균형 상태가 되었을 때 전쟁이 발생했다는 것이다. 통일 이전의 독일은 분열되어 국력이 영국이나 프랑스에 비해서 비교할 수 없을 정도로 약하였으나, 19세기 말 통일을 이룩한 독일은 국내 산업화에 집중하여 국력을 증강하였다. 산업화를 먼저 시작한 영국과 프랑스의 국력에 후발 산업화 국가인 독일이 어슷비슷하게 도달한 단계에서 신흥국 독일 주도로 전쟁이 발발하였다고 Organski는 주장한다. 제2차 세계대전의 발발 과정에서도 주축 세력인 독일과 일본이 영국과 프랑스의 국력에 어깨를 나란히 한다고 판단한 단계에서 세계질서를 주도하는 영·프 세력에 도전하여 전쟁이 발발했다고 주장한다. 즉, 연합국 세력인 영·프 세력이 신흥세력인 독일·일본 세력보다 우월할 때 평화가 유지되었으며, 두 세력이 균형 상태가 되었을 때 신흥세력인 독일과 일본이 세계질서를 주도하는 세력에 도전하여 전쟁이 발생했다는 것이다. 즉, 세력균형 이론과 반대로 국가 간 세력균형이 이뤄지면 전쟁이 발발했으며, 세력우위가 지속되었을 때 평화 상태가 유지되었던 것이 제1차, 제2차 세계대전 전후의 상황이었다고 주장한다.

세력전이 이론이 세력균형 이론을 비판하는 두 번째 논점은 동맹에 관련된 사항이다. 세력균형 이론은 약소국이 세력을 증가시키는 가장 중요한 국가의 노력을 동맹이라고 주장한다. 침략하려는 강대국을 억제하기 위해서 약소국은 다른 강대국과 혹은 다수의 약소국들과 동맹을 맺음으로써 세력균형을 만들어 낸다는 것이다. 그러나 세력전이 이론에 의하면 동맹은 국가 간 세력형성에 있어서 근본적 변화를 만들지 못하며, 동맹은 파트너 국가에 따라서 장기간 지속되지 못하기 때문에 세력균형 상태는 가변적이며 불안정하다고 주장한다. 영원한 적도 없고 영원한 친구도 없는 국제관계에서 비밀 동맹에 의해서 기존 동맹국을 배반하는 경우가 많기 때문에 세력균형 이론은 국제정치

현실을 잘 반영하지 못한다고 주장한다.

Organski에 의하면 국력을 근본적으로 변화시키기 위해서는 시간이 오래 걸리더라도 국내적으로 국력의 구성요소를 성장시켜야 국력이 증강된다고 주장한다. 국력을 근본적으로 증강시키기 위해서는 국내적 요소 즉, 인구 변화와 산업화와 세금 징수로 측정되는 국가 능력의 향상이 필요하다는 것이다. 산업화가 늦었던 후발 산업화 국가가 국력의 근본적 상승을 위해서 산업화를 이룩하여야 한다는 것이다. 국력이 표현되는 군사력은 경제력에 의해서 뒷받침되기 때문에 산업 생산력이 증가하면 군사력도 증가한다. 후발 산업화 국가인 독일이 산업화에 집중하여 국력을 증가시켰으며, 약소국이었던 한국의 경우도 1960년대 이후 산업화가 본격적으로 추진되어 2021년 현재 GDP 규모로 세계 10위권 내외에 위치하고 있다. 교육에 의해서 인구의 품질을 상승시키거나 출산율 증가에 의해서 인구 구성에서 생산인구 비율이 높아지면 국력 상승이 이뤄진다. 국가의 능력에서 효율성이 높아지면 국력이 상승하는데 국가 효율성은 GDP에 차지하는 세금의 비율 즉, 징세율로 측정할 수 있다고 주장한다.

세력전이 이론의 세 번째 논점은 세력균형 이론이 국력의 분포 상태를 정태적 혹은 단기간 분석에 의해서 균형 혹은 불균형으로 판단하는 점이다. 세력전이 이론은 국제관계에서 세력의 분포 상태의 변화를 이해하기 위해서 시간(Time)이라는 변수를 도입하여 동태적으로 그 변화를 이해하고자 했다. 즉, 어떤 국가가 국력을 증강하기 위해서는 산업화, 인구 변화, 국가 능력 향상이 필요하며 이를 달성하기 위해서는 시간이 오래 걸린다. 국력을 증강한 신흥국가는 기존 국가들이 이미 만들어 놓은 국제질서에 대해서 불만족을 표시할 수 있다. 신흥국이 표시하는 불만족에 대해서 기존 국가들이 긍정적 혹은 부정적으로 대응하면 국제관계는 변화한다. 이렇게 국력의 분포 상태 즉, 국제관계의 세력 변화는 장기간에 걸쳐서 발생하는 현상이기 때문에 단기간의 관찰로는 세력 변화를 잘 이해할 수 없다고 주장한다.

국력은 장시간에 걸쳐 변하며 국가 간 국력 차이의 가변성에 의해서 국제질서가 변한다는 주장이 세력전이 이론의 핵심이다. 즉, 국제관계에서 강대국과 약소국 간 관계는 강대국이 주도하기 때문에 강대국에게 이익이 되도록 구성되며, 약소국은 불만을 갖는 구조로 설정된다. 기존의 관계에 대해서 불만을 가졌던 약소국이 국력이 강해져서 신흥 강국이 되면 기존 강대국 위주로 설정된 양국 간 혹은 국제질서의 변화를 요구한다. 기존의 질서 하에서 이익을 보며 편안함을 느꼈던 강대국은 변화를 거부하는 것이 일반적이며 신흥 강국은 자국에 불리한 국제질서에 도전한다. 관계 변화를 요구받은 기존 강대국이 신흥 강국의 요구를 거부하는 경우 신흥 강국은 강해진 국력을 배경으로 실력을 행사하면 양국 간 관계는 갈등과 분쟁을 겪게 되며 심한 경우 전쟁이 발생할 수 있다. 신흥 강국의 질서 변화를 위한 실력 행사에 대해서 기존 강대국이 응징에 성공하면 기존 질서가 유지된다. 변화를 요구하는 신흥 강국을 응징하지 못하면 무력감과 좌절감을 느낄 것이다. 응징은 군사적 수단을 이용하지만 경제적 수단을 이용한 경제적 응징을 사용할 수 있다. 기존 강대국의 응징에 대해서 신흥 강국이 대항하고 기존 강대국이 응징에 실패하면 기존 질서가 변화되며 신흥 강국 위주의 질서로 재편된다.

한국과 일본의 세력전이 현상

세력전이 현상을 한국과 일본 관계에 적용할 수 있다. 19세기 말 일본이 근대국가를 건설한 이래 일본과 한반도 관계는 일본이 주도하였으나, 21세기 한국과 일본 간에 상대적 국력의 변화가 발생하여 세력전이로 설명할 수 있는 현상이 발생하고 있다. 19세기 후반 산업화와 근대국가 건설에 성공한 일본은 동아시아 지역의 신흥 강국이 되었으며 동아시아 국제질서 변화를 주도했다. 조선(朝鮮)은 국가 지도자들이 산업화와 근대국가 건설에 적극적이지 않았고 세계정세 변화에 어두웠으며 무엇보다도 동아시아 지역의 기존 국제질서인 중화질서에 순응하였다. 19세기 말 근대적 외교관계를 맺고자 했던 일본에 대해서 조선은 중화질서의 관점에서 대처했다. 신흥 강국인 일본은 청일전쟁의 승리를 통해서 구질서인 중화질서를 붕괴시켰으며, 그 이후 일본은 한반도에서 우위를 차지했으며, 일본 국익을 추구하기 위해서 양국관계를 설정했다. 1876년 강화도 조규는 일본의 강요에 의해서 체결되었으며, 일본인의 영사재판권과 치외법권을 허용한 불평등조약이었다. 조선의 외교권이 박탈된 1905년 을사조약, 1910년 한일 강제병합은 일본에 의해서 강요되었으며 조선은 주권을 상실하고 일본의 식민지가 되었다.

제2차 대전 이후 한일관계는 일본이 패전국이었음에도 불구하고 대체로 주도했다. 1951년 외교 교섭이 시작되어 1965년 체결된 한일 국교정상화 조약에서 일본이 주도하여 의제가 채택되었으며 일본이 원했던 교섭 틀 속에서 진행되었다. 물론 국교 교섭에 임했던 한국의 외교관들이 최선을 다했으나 국력의 큰 차이가 있었기 때문에 한국의 요구가 반영되기 어려웠다. 특히, 1961년 5·16 군사혁명 이후 경제개발을 위한 자본과 기술 등 해외 자원이 필요했던 한국 정부는 일본이 외교 교섭의 틀을 설정하는 대로 국교정상화를 맺었다. 교섭 과정에서 한국과 일본의 요구가 대립되었던 대표적인 사항이 식민지 지배에 대한 일본의 사과와 반성에 관한 것으로 과거사 관련한 일본인의 인식은 국교정상화 공식 문서에 전혀 반영되지 않았다. 또한 한국이 요구했던 식민지 배상을 일본은 거부했으며 그 대신 경제협력 자금이라는 명목으로 청구권협정을 매듭지었다. 한국은 국교정상화와 청구권자금협정에 대해서 불만이 있었지만 1965년 당시 박정희 정부는 경제개발에 필요한 자원을 일본으로부터 도입하고자 했기 때문에 그 불만을 안고 타결했다. 협상을 타결한 이후 일본의 기술과 자본을 이용하여 경제개발 정책을 추진하였다고 해서 국교정상화 조약과 협정에 대해서 불만이 없어진 것은 아니었다. 식민지 과거사 현안은 국교정상화 이후 지속적으로 외교 현안이 되었으며 한국의 국력이 성장함에 따라서 문제 제기의 강도는 강했다.

21세기 들어서 한국과 일본의 국력을 비교하면 그 이전 시기에 비해서 한국이 상대적으로 강해지고 있다. 특히 디지털 변환(Digital Transformation)이 주요 내용인 4차 산업혁명 시기에 한국은 산업과 행정 및 금융 등 서비스 산업에서 디지털 변환에 신속히 대응하여 경제성장으로 연결하고 있다. GDP 규모로 측정되는 경제력은 여전히 일본이 한국보다 우위에 있으나 그 상대적 격차는 줄어들고 있다. 1965년도 GDP 규모는 일본이 한

한일 간 GDP 및 1인당 GDP비교

한일 간 GDP 비교
(단위: 10억 달러, 1965년 단위는 100만 달러; 1인당 GDP 단위는 US 달러)

연도	한국	일본
1965	3.12(1)	90.95(29.1)
1999	295(1)	3,797(12.9)
2014	1,449(1)	4,770(3.3)
2018	1,619(1)	4,971(3.06)
2019	1,647(1)	5,082(3.09)

* 자료: 1965년 www.countryeconomy.com
기타 연도는 World Bank national accounts data
** 괄호 안 숫자는 한국의 GDP를 1로 할 때, 일본 GDP 크기

한일 간 1인당 GDP 비교 (단위: US 달러)

연도	한국	일본
1965	109(1)	920(8.4)
1999	6,359(1)	30,025(4.7)
2014	24,328(1)	38,491(1.6)
2018	31,430(1)	40,850(1.3)
2019	31,762(1)	40,247(1.3)

* 1인당 GDP의 경우도 상대적 차이가 축소되고 있다.

국에 29배 큰 규모였으나 2019년에는 3배로 줄어들었다. 1인당
GDP에 있어서도 1965년 일본이 한국에 8.4배 컸으나 2019년은
1.3배로 줄어들었다. 한국과 일본의 경제규모 변화는 다음의 표
에서 볼 수 있다.

국력의 상대적 변화를 배경으로 일본이 주도하던 양국관계에서 한국이 역사 현안에 관해서 과거에는 일본에게 주장하지 못했던 것을 주장하고 있으며 특히 일본의 우익 역사 인식이 부당하다고 공개적으로 지적하고 있다. 대표적인 예가 종군위안부와 징용공 배상에 관련된 문제이며, 야스쿠니 신사에 일본 정치가들이 참배하는 것에 대해서 한국 외교당국은 공개적으로 우려를 표시한다.

역사 현안 문제는 일본 입장에서는 1965년 국교정상화 협상에서 해결이 완료된 문제이며, 일본 우익 입장에서는 위안부는 매춘부에 불과하며 한국 측이 주장하는 전시 성노예가 아니다. 일본의 주장에 대해서 한국은 국력이 약하고 일본의 협력이 절대적으로 필요할 때는 일본의 주장에 침묵하였으며 적어도 정부 차원에서는 이의를 공개적으로 제기하지 않았다. 그러나 21세기 들어서 한국은 더 이상 역사 현안에 관해서 일본 우익세력의 해석을 받아들이지 않으며 한국의 역사관에 입각한 주장을 하고 있다.

일본이 식민지 지배에 관한 역사 현안에 관해서 반성을 표시해야 한다는 것은 한국의 입장이며, 이러한 반성은 한일 양국관계를 우호적으로 유지하기 위한 전제조건이 되었다. 한국 입장에서는, 식민지 지배에 의해서 한국이 이득을 봤다는 우익 역사 인식을 공개적으로 표시하는 일본 정치세력과는 우호 관계를 맺을 수 없다. 이러한 한국의 입장을 일본은 도전이라고 해석할 가능성이 높다. 일본 입장에선 식민지 지배에 대해서 더 이상 사죄를 표명하기 싫으며 한국의 사죄 요구에 대해서 피로감을 느낀다고 하지만 한국의 도전을 쉽게 물리치지 못하는 현실 상황에서 일본인은 좌절감을 느끼며 정신적으로 한국을 혐오하게 됐을 가능성이 있다.

징용공 배상에 관해서 2018년 10월 한국 대법원의 한국 내 일본 기업에게 지급 책임이 있다는 판결은 일본 입장에서는 청구권 자금에 의해서 이미 해결된 문제이기 때문에 한국이 한일관계의 기존 질서를 일방적으로 파괴하는 행위로 간주한다. 일본 기업이 징용 피해자들에게 법적 배상책임을 지급하라는 판결을 집행하기 위해서 일본 기업이 소유한 한국 내 자산을 압류하고 매각을 위한 법적 절차 진행에 대해서 일본 정부는 한국이 국제법을 위반했으며 국교정상화 이후 한일관계를 기본적으로 관리했던 법적 기반을 파괴한 중대한 문제라고 지적하였다. 일본 정부의 이러한 지적은 신흥 국가인 한국이 한일 간 기존 질서를 일방적으로 파괴하고 있다는 인식과 함께, 기존 질서인 1965년 체결된 청구권자금협정의 징용공 배상은 최종적으로 해결되었다는 규정을 준수하라는 요구다.

일본 정부가 2019년 7월 반도체 제조에 필수적인 3가지 소재에 대해서 한국에 수출을 규제하는 조치를 취하고 일본의 무역 상대국의 백색국가 리스트에서 한국을 제외한 것은 한국이 한일 간 기존 질서를 일방적으로 파괴하는 행위에 대한 응징으로 볼 수 있다. 역사 현안에 관련하여 한일 간 외교 분쟁이 발생한 상황에서 일본 정부가 수출 규제라는 행정조치를 취한 것은 지금까지 한일 간에 암묵적으로 지켜왔던 정경분리 원칙에 벗어난 경제적 응징 조치다. 그러나 그 응징행위는 일본 정부가 목표로 한 결과를 가져오지 못했다. 수출규제에 의해서 반도체 생산에 큰 차질을 빚어서 한국 기업 혹은 한국 정부를 굴복시켜서 징용공 배상과 관련하여 청구권협정을 지키도록 하는 것이 일본 정부의 목표였다면 성공하지 못했다. 오히려, 한국 기업들은 소재 공급망의 안정을 위해서 수입선의 다변화와 국산화로 대응했으며, 일정 부분 성공하였다. 일본이 규제 조치한 3개 품목 중 하나인 불화수소의 대한국 수출은 수출규제 이전에 비해서 90%포인트 줄었다.[1] 한국은 수출규제에 대항하여 민간 차원에서 일본 상품 불매운동을 전개하여 일본의 의류, 음료, 자동차 등 소비재 부문의 2020년도 대한국 수출은 전년도에 비해서 매우 감소했다. 한국이 한일관계를 지배했던 기존 질서를 일방적

---

1) 『日本經濟新聞』(2012년??? 2월 7일).

으로 파괴하는 행위에 대해서 일본 정부는 응징하려고 했으나 성공을 거두지 못한 채 무력감과 좌절감을 느끼고 있을 것이다.

세력전이 현상에 대한 일본의 인식

국가 간에 세력전이가 발생했는가 여부는 사실관계뿐만 아니라 '인식'에 관련되어 있다. G. Allison도 아테네의 국력 부상에 대한 기존 강국인 스파르타의 두려움이 펠로폰네소스 전쟁의 원인이라고 투키디데스가 지적한 것을 인용하여 '두려움'이라는 정신적인 부분을 중시했다. 한일 간 국력의 상대적 변화에 의해서 실제로 세력전이가 발생했는지는 상당한 분석이 필요하다. 이 글에서는 일본 지식인들이 한일 간 세력전이를 최근 자주 언급하고 있으며 이러한 언급은 현재 세력전이가 진행 중에 있거나 혹은 미래에 세력전이가 발생할 가능성이 있다고 '인식' 한 것을 반영한다고 본다.

주한 일본대사를 역임한 오구라 가즈오(小倉和夫) 대사는 일본 내 반일 감정이 확대되고 있는 배경을 파워시프트라는 세력전이의 개념으로 설명하고 있다.[2] 동아시아에 있어서 국력관계

---

2) 小倉紀藏・小針進 編『日韓關係の爭点』(藤原書店, 2014), 293-302.

의 변화가 양국의 국민감정에 영향을 미쳤고 이것이 일본 국내에 넓게 퍼지고 있는 혐한(嫌韓)의 배경이라고 설명한다. 즉, 한국의 현저한 경제발전과 한류 붐 등으로 상징되는 한국의 국제적 영향력의 증대와 국제사회 진출은 바로 일본의 경제력의 저하와 빈번한 정권교체라는 사태와 거의 병행해서 진행되었다. 그 결과 일본에 있어서는 일종의 좌절감을 증폭시켰다고 한다. 이것은 형이 동생에게 추월당했으며, 특히 과거에는 일본의 특기였던 영역에서 추월당했기 때문이라는 것이다. 생각해보면 오구라 대사가 한일 간 관계 변화를 형제간 추월로 비유한 것은 세력전이 현상을 설명한 것이다.

오구라 대사는 국력관계의 변화에 의해서 발생한 한국의 대일감정의 변화와 그 변화에 대한 일본인의 반응을 다음과 같이 분석했다. 즉, 한국의 경제적, 정치적 지위의 향상은 일본으로부터 경제적, 기술적 협력의 필요성이 저하되었으며, 일본과의 대등한 관계의 확립이라는 감정을 강하게 했다고 한다. 한국의 사회심리에는 여전히 과거의 잔영이 있으며 대등관계로 되기 위해서는 일본은 과거를 한층 더 반성하는 태도를 보여야 하며, 그것이 진정한 대등관계를 확립하는 길이라고 한국인들은 생각한다는 것이다. 오구라 대사의 지적은 일본의 우익 역사인식이 공개적으로 표현되는 것을 한국인들은 더 이상 받아들이지 않겠다는 일종의 새로운 질서변화를 일본에게 요구한 것이라고 필자는 해석한다. 생각해보면, 한국의 과거사 반성의 요구를 일본인들은 일방적인 요구라고 반응하기 때문에 군국주의 역사를 긍정적으로 해석하는 일본의 역사수정주의 정치세력과 한국은 갈등을 빚을 수밖에 없는 것이 현재의 한일관계 상황이라고 본다.

그 외 일본 지식인이 한일 간 세력 변이에 관한 인식을 표현한 것은 다음과 같다. 산케이신문 서울지국장인 구로다 카츠히로(黑田勝弘) 기자는 혐한의 배경을 설명하면서 한일 간 상대적 변화를 지적하고 있다. 즉, 한국의 존재가 일본인에게 빠르게 커졌으며 한국인을 의식하게 되었으며 한편으로는 질투심이고 한편으로는 경계심이 생긴 배경이라고 진단하였다.

아사히신문의 와카미야 요시부미(若宮啓文) 前 주간은 일본 사회의 한류문화의 전개가 문화 충격으로 다가온 일본인들에겐 혐한이 되기도 한다고 하였다. 한류현상 즉, 한류 배우와 K-POP 스타들이 많은 일본인의 동경의 대상이 되었으며, 한국의 밝은 진취적 이미지에 비해서 일본은 침체되고 있다고 느끼고 있으며 이웃 국가에 대한 불안하고 불쾌한 감정이 생기기 쉬운 환경이 되었다. 이러한 일본인의 감정은 중국에 대해서는 없다고 한다.[3] 생각해보면 위에서 표현된 한국의 존재감이 일본 사회에서 커졌다거나 한류문화에 일본이 충격을 받았다거나 하는 것은 국력전이의 한 표현이다.

교토대학의 오구라 기죠(小倉紀藏) 교수는 일본인이 한국에 대해서 갖게 된 피해의식이 혐한을 발생시키고 있다고 한다. 즉, 1990년대 이후 일본인에게 한국의 기업에 의해서 경제적으로 박탈되어 피해를 입는다는 인식이 생겼다고 한다. 90년대 초 이래 경제 불황이 지속된 일본에서 일본인 20대, 30대들은 취직이 잘 안 되었으며 그 이유를 한국의 기업이 일본인의 일자리를 뺏었기 때문이라고 인식하기 시작했다는 것이다. 예를 들어서 1990년대 이후 일본의 가전산업이 매우 어려워지고, 인력 감축이 되었으며 언제 해직될지 모르는 사람들이 많이 생겼다. 이러한 사람들은 한국의 삼성전자에 의해서 일본 가전산업이 어려워졌기 때문에 삼성전자로 대표되는 한국 기업이 싫으며, 한국도 싫다로 연결된다는 것이다. 다른 예로서 원래 일본의 자동차 시장이었던 제3국에서 한국 자동차에 의해서 시장을 빼앗기는 경우에도 일본 기업이 망하지 않더라도 한국 기업에 대해서 피해의식을 갖게 된다. 일본의 일반 서민들에게는 한국과 일본이 경제적으로 산업적으로 경쟁하고 있으며, 일본이 점점 밀리고 있다는 피해의식이 최근에는 점점 강하게 형성되어 이러한

---

3) 같은 책.

인식이 혐한으로 연결된다고 본다.[4] 생각해보면 1990년대 이후 일본에서 발생한 대한국 피해의식은 한일 간 세력전이 현상에 대한 일본인의 인식 변화라고 할 수 있다.

세력전이와 한일관계의 미래

한일 간 상대적 국력 변화에 의해서 발생한 세력전이는 한일 관계를 파국으로 이끌고 갈 것인가? 한일관계 미래를 비관적으로 보는 견해에 의하면 한일 양국 간에 발생한 세력전이 현상, 한국의 강해지는 민족주의적 경향과 일본 사회의 보수화 및 우익들의 정치 영향력 확대 등을 한일관계의 미래를 결정할 중요한 요인으로 보고 양국 간에 대립과 반목이 확대될 것으로 본다. 한일관계가 우호적으로 발전하는 데 가장 지장을 초래하는 현안은 양국의 역사 인식 차이로서, 일본의 군국주의 역사에 관한 해석 차이에서 기인하는 한국의 반일감정과 일본의 혐한(嫌韓) 현상이 전반적으로 한일관계의 우호적 발전에 부정적인 영향을 미칠 것으로 본다.

그러나 양국관계가 지속적으로 악화되는 추세에 있다면 물적

---

4) 같은 책.

및 인적 교류도 감소하는 것이 보통일 것이다. 한일관계의 현실을 보면 냉전 종결 이후 2019년 수출규제와 그 이후 코로나 사태 등 예외적인 경우를 제외하면 양국 간 무역량이 1965년 국교정상화 이후 꾸준하게 증가하고 있다. 2019년 7월 일본의 수출규제에 대응한 한국 국내의 자발적 일본 상품 불매운동에도 불구하고 2020년도 한일 간 무역수지는 일본의 대한 무역 흑자의 증가이다. 즉, 2020년도 일본의 대한 무역 흑자는 1조 9284억 엔(円)으로 2019년에 비해 흑자 규모가 6.2% 증가했다.[5] 2011년 3월 동일본 대지진 이후 방사능 문제나 아베노믹스에 의한 엔화 약세현상 등에 의해서 단기적으로 부침은 있으나 한국을 방문하는 일본인 숫자와 일본을 방문하는 한국인 숫자가 장기적으로 증가하는 추세에 있다. 코로나 사태가 종식되면 한일 양국의 인적 교류는 증가하는 상태로 회복할 것이다. 또한, 1998년 이후 한국의 일본문화 개방에 의해서 문화적 교류가 한일 간에 비약적으로 증가하고 있으며, 일본 사회 내에서 한류의 영향력은 문화 개방 이전에는 상상할 수 없을 정도로 커졌다. 한일관계에서 대립이 확대할 것으로 보는 비관적 견해는 양국 간 실질적으로 증가하는 인적, 물적 및 문화적 교류 확대를 설명하기 어렵다.

---

[5] 『한국경제신문』(2021년 1월 23일).

한일관계의 미래가 파국적이지 않을 수 있다는 것을 G. Allison의 『예정된 전쟁』에서 지혜를 얻는다면, Allison은 지난 약 500년 세계역사에서 세력전이 현상이 나타난 16개 사례에서 12개 사례는 전쟁이 발생했지만 4번의 경우는 전쟁을 회피했다고 분석했다. 그는 4번의 평화 사례를 분석하여 평화를 만들어 낼 수 있는 열쇠 12개를 지적했다. 그중 한일관계의 평화적인 미래를 만들어 가기 위해서는 세 개의 열쇠는 의미가 있다. 한일 간 인적 교류와 경제적 상호의존의 현실은 Allison이 세력전이가 발생하더라도 평화를 유지할 수 있는 첫 번째 열쇠의 상황과 유사하다. 즉, 국가들은 역사적으로 '정상적인' 행동을 제약하는 더 큰 경제, 정치, 안보 제도에 단단히 묶여 있는 경우는 분쟁이 심화되지 않는다는 것이다. 여기에서 역사적 '정상적인' 행동은 세력전이가 발생하면 분쟁이나 전쟁이 발생한다는 것이다. 경제적 상호의존의 심화는 전쟁 비용을 높이기 때문에 전쟁 가능성을 낮추는 효과가 있다고 주장한다.[6] 그 주장에 비추어 보면, 한일 간은 자유민주주의라는 체제상의 친근감이 증대되고 있으며 또한 문화, 교육, 스포츠 교류가 활성화되고 있다. 그

---

6) Graham Allison, *Destined For War*. 정혜윤 옮김, 『예정된 전쟁』(세종서적, 2018), 제9장.

외, 환경문제, 재해구조, 민간의 원자력 분야에서도 협력관계가 지속적으로 확대되고 있다. 이러한 다층적 채널은 한일 간 상호 의존관계의 제도적 기반이 되고 있으며, 역사문제나 무역문제를 둘러싼 돌발적 대립이 발생해도 채널은 계속 가동되어 한일 관계가 쉽게 흔들리지 않는다. 2019년 7월 일본 정부에 의한 수출규제가 진행되는 시점에서도 한일 경제인 교류는 진행되었으며, 정치적 논리보다는 경제적 논리에 의해서 한일 양국의 비즈니스맨들은 행동했다.

G. Allison이 지적한 평화를 지키는 두번째 열쇠는 더 높은 권위를 지닌 제3자의 존재다. 제3자가 높은 권위를 갖고 있다면 분쟁 관계인 두 국가가 전쟁에 돌입하지 않도록 도움이 될 수 있다고 했다. 한일관계에 있어서는 양국보다 더 권위가 높은 제3자로서 미국을 들 수 있다. 생각해보면, 한일관계는 양국관계인 동시에 한미일 3국 관계 속에서 움직이는 측면이 강하며, 미국은 한일 간 분쟁이 확대되기보다는 한일 간 협력을 강조한다. 냉전 시기 한일관계를 유사동맹(quasi-alliance) 관계라고 규정한 빅터 차(Victor Cha)는 한일 양국이 공통으로 맺고 있는 미국과의 관계 때문에 한일관계는 협력적으로 될 것으로 본다. Cha는 한일관계를 두 개의 차원 즉, 하나는 미국을 포함해서 한미일 관계로 구성되는 차원과 다른 하나는 한일 양국만으로 구성

되는 차원이 있다고 지적한다. 한미일 차원에서는 냉전 종결 이후 미국이 동아시아에서 군사적 개입을 축소하는 경향이 있으나, 동북아시아에서 안전보장상의 위협이 여전히 남아 있기 때문에, 한미동맹과 미일동맹으로 구성된 한미일 군사안보체제는 여전히 작동하고 있으며 한일관계가 적대적이 될 수 없다고 한다. 한일 간에는 미국을 중심으로 안보협력의 메커니즘이 냉전 종결 이후에도 지속되고 있으며, 특히 북한의 핵위협에 대해서 한일 간 협력은 대체로 문제가 없으며, 방위협력은 실질적으로 증가되었다.

G. Allison이 지적한 평화유지를 위한 세 번째 열쇠는 정치 지도자의 역할이다. 정치 지도자들이 합리적이라면 한일 양국을 둘러싼 구조적 변화인 한일 간 상대적 국력의 변화 즉, 세력 전이 현상이 발생한다면 그 현상을 양국 관계에 반영하는 정치적 행위를 할 것이다. 그러나 정치적 리더십이 언제나 합리적이지 않으며 특히 한일 정치 지도자들은 역사문제에 관해서는 국익에 분명하게 마이너스가 되는 행동을 하는 경우가 많다. 필자는 과거사 마찰이 나타나더라도 양국 정치 지도자들이 외교 목표를 양국 간 우호관계의 증진으로 수립한다면 얼마든지 과거사 마찰을 외교적으로 관리할 수 있을 것이라고 주장한다. 역사 인식이 외교 현안으로 등장하지 않도록 하는 책무는 일본의 보

수 정치가들에게 더 많이 있지만 현실 정치에서 일본 정치가들은 외교보다 국내 정치를 중시하는 경향이 있다. 한국의 경우에 있어서도 2000년대 정치지도자들이 국내정치적 관점에서 대일 외교를 다루는 경향이 강하게 나타났다.

더욱이 한일관계의 구조적 변화 가운데 하나인 상호 커뮤니케이션의 폭과 내용이 풍부해졌다. 상호 커뮤니케이션의 확대는 상호 이해를 넓히는 데 긍정적으로 작용하겠지만, 상호 싫어하는 감정도 순식간에 확대시킬 가능성이 있다. 2005년 3월 이래 한국 국내에서 격렬하게 표현된 반일 데모는 일본 매스컴에 거의 동시간으로 상세히 보도되었다. 2013년 이후 증가하는 일본의 혐한 데모도 실시간 한국에 알려지고 있다. 전자 커뮤니케이션 시대에 양국 국민감정이 악순환적으로 확대 재생산되지 않고, 우호적으로 확대 재생산되도록 양국 지도자들이 노력하여야 한다.

양국의 정치 지도자들은 외교 목표를 현실적으로 실현 가능하게 수립할 필요가 있다. 한국의 대일 외교 목표가 한일 우호 관계를 유지하는 것이라면 과거사 현안이 외교 쟁점이 되지 않도록 양국이 관리해야 한다. 일본의 한국 외교 목표가 우호관계를 유지하는 것이라면 일본 정치가들은 역사문제에 보다 신중해야 한다. 한국의 대일 외교 목표가 과거사 현안을 해결하는 것이라면 그러한 외교 목표는 쉽게 달성되기 어렵다. 과거 역사에 관하여 한일 양국 국민 간에 정서가 비대칭적이며, 과거사 현안은 일본 국내 정치 현안이기 때문에 한국이 원하는 방식으로 해결되기 어렵다. 역사 현안 해결이라는 과제는 양국 우호관계 유지라는 외교 목표의 하위 목표가 되어야 한다.

한일관계의 과거를 보면 과거사 현안이 한일 간에 있어서 언제나 뜨거운 외교 쟁점으로 지속됐던 것은 아니며, 과거사 현안이 한일 양국 외교관계를 전체적으로 언제나 압도했던 것도 아니다. 양국 정치 지도자들이 과거사 문제가 양국 간 외교 분쟁의 도화선이 되지 않도록 지혜를 발휘하여 관리하면 한일 우호관계는 확대될 가능성이 높아질 것이다. 한일 세력전이가 진행되는 시기 정치 지도자들의 역할이 막중한 이유이다.

◇◇◇ 참고문헌 ◇◇◇

김호섭, 「한일관계 형성에 있어서 정치리더십의 역할」, 『일본연구논총』, 2009.

이원덕, 『한일 과거사 처리의 원점』, 서울대학교 출판부, 1996.

A. F. K. Organski, *World Politics*, New York: Alfred A. Knopf, 1968.

A. F. K. Organski & Jacek Kugler, *The War Ledger,* Chicago: The University of Chicago Press, 1980.

Graham Allison, *Destined For War*. 정혜윤 옮김, 『예정된 전쟁』, 세종서적, 2018.

Victor D. Cha, *Alignment Despite Antagonism: The United States-Korea-Japan Security Triangle*. 김일영 · 문순보 옮김, 『적대적 제휴: 한국, 미국, 일본의 삼각 안보체제』, 문학과지성사, 2004.

한국의 통일정책:
과거, 현재, 그리고 미래

백영철(건국대 명예교수, 한반도포럼 전 이사장)

I. 들어가는 말

남북관계는 분단 현실과 통일의 당위가 상호모순적으로 보이는 상황의 이중성(二重性)을 특징으로 한다.[1] 20세기 그리고 21세기에 한 번도 통일된 국민국가에서 살아본 적이 없는 우리 민족은 대립과 대치 그리고 반목을 거듭하며 서로가 서로를 안보의 대상으로서 극복해야 하는 현실을 살고 있다. 동시에 이 현

---

[1] 이홍구, "민족공동체 형성을 통한 통일로의 진전", 효당 이홍구 선생 문집간행위원회 편, 「이홍구문집 III: 민족공동체와 통일」 (서울: 나남출판, 1996), p. 352.

실을 협력과 교류의 관계로 바꾸어 다시 하나의 공동체를 형성해야 하는 당위를 과제로 짊어지고 있다.

더욱이 분단된 우리 민족의 분단과 통일에 영향을 미치는 요인들은 다층적이며 대단히 복잡하다. 일반적으로 국제환경, 남북관계, 남북한 국내적 요인이 상호 작용하며 영향을 미친다. 이것은 남북 분단의 구조와 성격에 그 이유를 두고 있다. 1945년 2차 세계대전 이후 한반도의 분단은 세계적 차원의 분단임과 동시에 동아시아 지역의 분단이었으며, 민족의 분단이라는 3층 구조를 지닌 복합적 분단의 성격을 지닌다.[2]

따라서 한국의 분단은 세계질서와 지역질서, 그리고 남북관계와 더불어 대립과 의존의 복잡한 과정을 통해 형성되고 변전하여 현재에 이르고 있다. 여기에 남북한 각각의 내부 동학에 밀접히 조응하며 진행되는 특성을 보이고 있다. 따라서 남북관계의 발전의 역학관계와 동학을 정확히 이해하기 위해서는 세계와 지역, 그리고 남북한의 내부 모두를 함께 들여다볼 필요가 있다.

요컨대 한국의 통일정책 또는 대북정책은 세계와 지역, 그리고 남북관계와 남한 내부의 복합적이고 다층적인 역학관계의

---

2) 박명림, "한국분단의 특수성과 두 한국 – 지역냉전, 적대적 의존, 그리고 토크빌 효과–", 「역사문제연구」 13 (2004), pp. 241–243.

산물이었다. 이승만 정부부터 현재의 문재인 정부에 이르기까지 통일의 철학과 전망과 과정, 그리고 수단에 대한 규정은 각각 다르지만 통일정책의 생성과 변화 요인들은 그 시대의 환경과 현실, 그리고 그에 대한 인식을 반영하는 역동적 산물이었음을 알 수 있다.

본고는 우리의 통일정책 또는 대북정책의 비전과 방법 그리고 내용을 각 정부별로 검토하여 과거로부터 현재에 이르기까지의 변천과정을 일목요연하게 정리하고 시대별 정책 변화의 배경과 요인을 살펴보고자 한다. 전술했듯 통일정책 또는 대북정책의 변화는 남북관계뿐만 아니라 세계와 지역 그리고 남북한과 남한 내부의 변화를 반영하는 역관계의 결과물이다.

본 연구에서는 통일정책의 형성과 변화에 영향을 미치는 모든 요인들을 분석하기보다는 각 정부 정책의 핵심변화를 중심으로 변화의 바탕에 놓인 현실에 대한 인식과 당면과제와 목표가 무엇이었는지, 어떻게 목표를 달성하려 하였는지를 중심에 두고 살펴보고자 한다. 이를 통해 현재의 남북관계 발전과 북핵문제의 해결, 그리고 한반도 평화에 이바지할 수 있는 정책 방향에 대한 몇몇 제언들을 도출해보고자 한다.

엄밀하게 말하면 통일정책과 대북정책은 그 개념에 있어서 차이를 가진다. 통일정책은 '통일의 목표를 달성하는 수단'으로서의 의미를 지녀 장기적 접근과 정책으로서의 성격을 갖는다. 반면에 대북정책은 '현재적이며 단기적인 대응'의 성격을 갖는, 목표를 달성하기 위한 현실적 기반 조성을 위해 취해지는 선택을 말한다.[3] 본 연구에서는 통일정책과 대북정책의 용어를 구분하면서도 각 정부에서 채택한 용례에 따라 적절히 사용하고자 한다.

각 정부가 통일정책과 대북정책을 구분하여 사용하는 경우 남북문제에 대한 각 정부의 기본적인 철학을 표현하는 경우가 있다. 김대중 정부의 경우 주로 대북정책이라는 용어를 사용했다. 이때 대북정책은 통일을 목적으로 하는 정책의 의미를 포괄하면서도 북한과 관련한 정책, 예를 들면 평화와 공존을 지향하는 남북관계와 관련한 정책을 지칭하는 보다 넓은 의미로 사용하고 있음을 볼 수 있다. 김대중 정부 이후 각 정부는 통일정책이라는 용어보다는 정부의 핵심 정책기조를 표현할 수 있는 용어를 주로 사용하고 있으며, 현 문재인 정부는 통일이나 대북이라는 용어가 아닌 한반도 정책이라는 표현을 사용하고 있다.[4]

---

3) 최완규, "김영삼 정부의 대북정책: 반성과 제안", 한국정치학회 편·백영철 외 공저, 『21세기 남북관계론』(서울: 법문사, 2000), p. 27.

4) 청와대 공식 홈피 역시 '문재인의 한반도 정책'이라는 대항목 아래 '3대 목표', '4대 전략', '5대 원칙'을 제시하고 있다. https://www.koreasummit.kr/Policy/Policy_North

II. 멸공·승공·반공과 실지회복의 통일론

이승만 정부는 물론 박정희 정부 시기까지 분단은 '북한 괴뢰'에 의한 우리 영토의 불법적 점령에 따른 국토의 양단을 의미했다. 해방 후 38선 이북 그리고 한국전쟁 이후 휴전선 이북 지역은 대한민국의 잃어버린 영토였다. 따라서 분단의 극복으로서의 통일은 잃어버린 땅의 회복, 곧 실지회복(失地回復)을 통한 영토의 완전성을 이루어내는 것이었다.

한국전쟁 직후까지 이승만 정부의 공식적인 통일정책은 '유엔 감시하 북한 지역 총선론'과 '북진통일론'이었다. 이승만 정부는 정부 수립 직후 통일문제에 대한 3대 기본원칙을 선포하였다. 첫째, 대한민국 정부는 전 한반도에 대한 주권을 가진 유일한 합법정부이다. 둘째, 북한 지역에서 조속히 민주선거를 실시하여 국회에 공석으로 남겨둔 100석의 의석을 채워야 한다. 셋째, 대한민국은 무력에 의해서라도 북한에 대한 주권을 회복할 권한이 있다.[5] 이 세 원칙이 의미하는 바는 북한에 수립된 정부를 부인함과 동시에 북한 지역을 잃어버린 지역, 수복해야 할 지역으로 규정하고 북한 지역에서 선거를 통해 국회의원을 선출

---

5) 통일부, 『통일부 30년사: 평화·화해·협력의 발자취, 1969–1999』(서울: 통일부, 1999), p. 30.

하여 대한민국에 합류하는 것, 그리고 필요할 경우 무력을 통한 실지회복의 권리를 한국 정부가 보유하고 있다는 것이다. 북한 정권의 존재 자체를 인정하지 않는 실지회복의 통일론이었다.

정전협정 체결 이후 이승만 정부의 통일정책에는 중요한 두 가지의 전환이 이루어졌다. 유엔 감시하 북한 지역에서의 총선 거론은 유엔 감시하에서 남북한 전 지역에서의 자유총선거론으로 바뀌었으며, 무력에 의한 북진통일론은 사실상 좌절되었다. 먼저 유엔 감시하 남북한 지역 총선거론으로의 변화는 1954년 4월부터 6월까지 열린 제네바 정치회담의 결과였다. 제네바 정치 회담 결렬 이후 이승만 정부는 정치회담에 참여한 유엔 회원국들과의 협의를 거쳐 북한만의 단독선거안을 폐기하고 대신 유엔 감시하에 대한민국의 헌법 절차에 따라 인구 비례에 의한 남북한 동시 자유선거안을 제시하였다.

나아가 종전과 한미동맹의 체결은 실지회복주의와 북진통일론의 좌절을 의미했다. 특별히 한미상호방위조약 및 한미합의의사록 체결의 협상과정, 내용, 귀결에서 미국은 한국의 통일문제와 관련하여 무력에 의한 북진통일의 추구를 명백하고도 반복적으로 반대하였다.[6] 더불어 한국군의 작전통제권을 유엔군사령관에게 유보시킴으로써 한국의 독자적인 군사행동 가능성을 봉쇄했다.[7] 이것은 한국에게 남북한의 통일방법은 한미상호

방위조약 체제에 있는 한 사실상 평화적 방법에 의한 통일만이 남아 있다는 것을 의미한다.

장면 정부는 대한민국이 한반도 내 유일한 합법정부이며, 통일은 '유엔 감시하의 남북한 자유총선거론'을 통해 통일을 이루어야 한다는 이승만 정부의 통일정책을 계승했다. 장면 정부 역시 북한 정권을 합법정부로 인정하지 않았으며, 북한 지역에 대한 실지회복을 통일로 이해했다. 그러나 장면 정부의 통일정책은 두 가지 점에서 이승만 정부와는 달랐다. 첫째, 장면 정부는 북진통일론을 공식적으로 부인하고 통일방안으로 택하지 않았다. 둘째, 먼저 경제를 건설한 후에 통일을 이룬다는 '선 건설, 후 통일'의 원칙을 분명하게 밝혔다.

박정희 정부의 통일정책은 유신헌법 이전의 제3공화국의 통일정책과 이후의 제4공화국의 통일정책으로 대별할 수 있다. 특히 1970년을 기점으로 중요한 변화를 보였다. 3공화국 시기의

---

6) Department of State, *Foreign Relations of United States 1952-1954, Vol. XV, Part2: Korea* (Washington: United States Government Printings Office, 1984), pp. 1859–1860, pp. 1875~1882.: 한미상호방위조약과 한미합의의사록 체결과정에 관한 한국의 입장에 관해서는 백두진, 『白斗鎭回顧錄』 (서울: 大韓公論社, 1975), pp. 236–245 참조.

7) 한미합의의사록은 본문과 부록 A, B로 이루어져 있다. 한국군의 작전통제권을 유엔군사령부에 유보시키는 조항은 본문 제2조이다. *Ibid.* p. 1876.

통일정책은 큰 틀에서 장면 정부의 그것과 동일하다. 즉 평화적 방법에 의한 통일, 유엔 감시하의 남북한 자유총선거를 통한 통일, 선 건설, 후 통일론이다. 제2공화국과 다른 면이 있다면 반공을 국시로 함으로써 이승만 정부 시기의 남북대결을 전제로 하고 있다는 점이다. 박정희 정부의 분단 인식과 통일에 대한 인식은 사실 이승만 정부 시기의 그것과 본질적인 차이가 없다. 분단은 일본군에 대한 무장해제를 핑계로 소련과 북한 괴뢰가 이북을 강점한 것이라고 보고 있었다. 따라서 통일은 여전히 실지회복, 즉 국토의 통일로 인식하고 있었다.[8]

그러나 박정희 정부의 통일론은 1970년대 국제적 데탕트를 중심으로 국제환경이 급격히 변화하자 근본에서부터 수정이 이루어졌다. 박정희 정부는 1970년 8월 15일 광복절 경축사를 통해 북한의 유엔 참석을 반대하지 않으며, 남북한 간 선의의 체제 경쟁을 제안하는 내용을 중심으로 하는 '8·15 평화통일구상 선언'(8·15선언)을 발표했다. '8·15선언'은 다음 두 가지 점에서 남북관계에서 대단히 중요한 전환점이었다. 첫째, 우리 정

---

8) 1964년 1월 10일 박정희는 연두교서에서 박정희 정부의 통일방안은 유엔을 통한 자유민주주의 원칙에 따른 통일, 실지회복에 의한 국토 통일임을 밝히고, 통일을 위한 제반 문제에 대비하기 위해 연구태세도 갖추어 나가겠다고 강조하였다. 심지연, "박정희·전두환 정권의 통일정책", 「통일시론」, 1999년 7월호 (1999), p. 170.

부가 공식적으로 북한의 체제를 인정하는 것을 토대로 남북한 간 선의의 경쟁을 제안했다는 점이다. 분단과 북한 정권이 존재하는 현실의 인정 위에 통일을 사유하기 시작한 것이다. 상대의 존재를 인정하지 않는다면 경쟁이란 있을 수 없다. 둘째, 이홍구의 표현을 빌리면 '한국문제의 한국화'(Koreanization of Korean Question) 또는 '분단문제의 한국화' 현상이 8·15선언을 기점으로 시작되었다.[9] 다시 말해 한국 문제는 남북의 당사자들이 직접 논의하여 해결해야 할 문제라는 것을 분명히 확인한 것이다.

8·15선언을 계기로 남북 적십자회담이 진행되었으며, 이는 자주·평화·민족 대단결을 조국 통일의 3대 원칙으로 합의하는 1972년 7월 4일의 남북 공동성명으로 이어졌다. 자주·평화·민족 대단결은 한국문제의 해결에 있어서 초헌법적 원칙을 남북이 합의한 것으로 평가할 수 있다. 그러나 남북한 모두 이 원칙에 근거하여 본격적으로 통일논의를 전진시킬 의지를 가졌다고 할 수는 없었다. 사실 박정희는 남북 공동성명에 큰 의미를 부여하지 않았으며, 또 합의의 내용이 실행될 것으로 생각하지도 않았다.[10] 남북 공동성명의 발표 이후 남북한은 모두 헌법을 수

---

9) 이홍구, "통일정책의 어제와 오늘", 효당 이홍구 선생 문집간행위원회 편, 앞의 책, pp. 281-282.

정하여 일인 통치체제를 공고히 했다.

제4공화국에 들어와서 박정희 정부는 1973년 6월 23일에 '평화통일 외교정책 선언'(6·23선언)을 발표하였고, 1974년 1월 남북한 불가침협정 체결을 제안한 데 이어 8월에는 '평화통일 3대 원칙'을 천명하였다. '6·23선언'은 북한이 유엔에 우리와 함께 가입하는 것을 반대하지 않겠다는 것으로, 선언에서 박정희 정부는 남북한 유엔 동시 가입을 제안했다. 1974년 1월 18일에는 '남북 불가침협정' 체결을 제의하였으며, 동년 8월 15일에는 ① 남북 불가침협정을 체결함으로써 평화를 정착하고, ② 남북 간에 상호 문호를 개방하고 신뢰를 회복하며, ③ 공정한 선거 관리와 감시하에 토착인구 비례에 의한 남북한 자유총선거 실시를 내용으로 하는 '평화통일 3대 원칙'을 천명하였다.[11] 평화통일 3대 원칙은 한국문제의 한국화를 구체화한 것이라고 평가할 수 있다. 다시 말해서 한국의 통일문제는 유엔과 같은 외부세력에 의존하지 않고 남북한 당사자들이 직접 대화와 타협을 통해 해결하겠다는 의지의 표현이었다.

---

10) 김종필 지음, 중앙일보 김종필 증언록팀 엮음, 『김종필 증언록1: JP가 말하는 대한민국 현대사』(서울: 와이즈베리, 2016), p. 399.

11) 통일부, 앞의 책, pp. 51–54.

III. 민족공동체 개념의 등장과 통일론

전두환 정부 시기부터 한국 정부의 통일론은 중대한 변화를 보였다. 변화의 기저에는 한반도의 분단이 무엇을 의미하는가와, 이 분단을 극복하는 것으로서의 통일이 무엇인가에 대한 인식의 전환이 있었다. 먼저, 분단은 단지 해방 이후 외세에 의해서만 국토가 갈라진 것이 아니라 새로운 국가를 건설하기 위한 우리 민족의 국가 건설 구상에 대한 두 개의 서로 다른 노선이 결합된 역사적 결과라는 인식이 그것이다. 일제 식민 상태 이후 어떤 국가를 건설할 것인가에 대한 구상이 민족 내에서 서로 다르게 존재하였고 당시 국제적 이념 대립과 맞물려 분단과 전쟁을 거쳐 현재에 상호 대립하는 두 국가를 형성한 것이 우리의 현실이라는 것이다.

전두환 정부는 출범 초기 아무런 조건 없는 남북 정상회담 개최를 북한에 제의하면서 김일성을 '김일성 주석'이라고 공식적으로 호칭함으로써 북한의 정치체제와 정부의 현실적 존재와 대화의 상대방임을 인정하는 자세를 취했다.[12] 이와 동시에 전두환 정부는 남북한의 체제 경쟁과 같이 대결적인 표현을 사용하기보다는 통일과정에 있어서 민족의 화합을 강조했다. 전두

---

12) 동아일보, 1981년 1월 12일 자.

환 대통령은 통일에 관해 언급하는 경우 민족의 중요성을 수시로 강조했다. 1983년 1월 18일 국정연설에서는 통일의 기반과 원동력은 남북이 하나의 민족이라는 것에 있음을 강조한 바 있으며, 1982년 1월 22일 국정연설에서 '남북한 기본관계에 관한 잠정협정'을 체결할 것을 제안하면서 남북한 쌍방이 관계를 정상화하고 그 기초 위에서 민족의 화합을 실현해 나가는 것을 희망한다고 밝혔다.

남북한이 하나의 민족이라는 것 그리고 민족의 화합이 남북한의 평화를 위해 중요하다는 인식은 전두환 정부의 통일방안에 잘 나타나 있다. 전두환 정부는 1982년 1월 22일 '민족자결, 민주적 절차, 평화적 방법'에 의한 통일을 원칙으로 하는 '민족화합 민주통일방안'을 발표하여 통일에 이르는 일련의 과정에 대한 정부 구상을 구체적으로 제시했다. '민족화합 민주통일방안'은 크게 두 부분으로 나누어져 있다. 먼저 통일에 이르는 방식에 대한 3단계의 통일과정안이다. 전두환 정부는 남북 정상회담을 통해 민족공동체 헌장을 채택하여 남북연합을 형성하여 민족공동체를 회복하는 단계를 거칠 것을 규정했다. 이후 통일헌법이 정하는 바에 의해 총선거를 실시하고 하나의 통치구조를 형성하는 것을 구체적인 통일의 단계로 제시했다. 둘째, '남북한 기본관계에 관한 잠정협정'을 체결할 것을 제안했다.[13) 이것은 통일을 달성하기 전까지의 남북관계를 규율할 조치로서 남북한을 통일 이전까지 잠정적으로 규율하는 헌법의 성격을 지닌다.

전두환 정부의 통일방안에서 남북연합 단계에서 민족통일협의회가 기초한 통일헌법을 기초하고 이 헌법을 통일 한국의 헌법으로 한다는 구상을 제시했다는 점을 주목할 필요가 있다. 이 구상은 결국 남과 북이 직접 통일국가 건설의 과정과 절차는 물론 체제의 형태 문제를 직접 논의하여 결정하자는 것으로 남북한의 통일문제는 민족 내부의 문제로서 우리 민족 스스로 결정하자는 것을 인정하고 있음을 말하는 것이다.

노태우 정부의 '한민족공동체 통일방안'을 비롯하여 일련의 적극적인 통일 관련 구상과 제의들은 민족과 남북관계에 대한 새롭게 변화된 인식을 기초로 하고 있다. 따라서 통일은 단순히 국토의 결합만을 말하지는 않는다. 통일은 서로 다른 길을 택해 대립하고 싸웠던 민족의 화해와 재결합을 의미하며, 두 체제를 다시 연결하여 관계를 회복하고 평화롭게 하나의 공동체로 통합하는 것이다.

---

13) 전두환, 『전두환 회고록 2: 청와대 시절 1980-1988』(서울: 자작나무숲, 2017), pp. 448-449.

즉 통일은 단순히 분단 전의 민족공동체로 되돌아가는 것을 말하지 않는다. 분단과 전쟁 이후 오랜 시간 형성된 민족의 이질성을 극복하고 어떻게 하나의 민족공동체를 형성할 것인가의 문제이다. 이러한 구상과 정책을 최초로 정초한 이홍구의 언명처럼, 우리의 통일문제는 새로운 민족공동체를 형성하는 문제로서 그것은 남과 북이 어떻게 하나의 사회공동체, 경제공동체, 복지공동체, 그리고 궁극적으로 정치공동체로 나아가느냐의 문제이다.[14]

따라서 노태우 정부의 통일정책은 일종의 패러다임 전환으로 불릴 만한 것이었다. 노태우 정부는 1988년 7월 7일 '민족자존과 통일번영을 위한 특별선언'(7·7선언)에서 남북한이 분단 현실을 극복하지 못하고 있는 근본적인 이유로 "남과 북이 민족공동체라는 의식을 등진 채 서로를 대결의 상대로 여겨 적대관계를 격화시켜온 데 있다"고 지적하고, 과거 적대적 남북관계 또는 경쟁관계를 청산하고 동일 민족으로서 남북이 선의의 동반자 관계를 구축해 나가자는 것을 강조했다. 또한 남과 북의 교역을 국가와 국가 간의 교류가 아닌 민족 내부의 교류로 인정,

---

14) 분단의 성격과 통일의 의미에 대한 획기적인 재규정은 이홍구의 다음 글에 잘 나타나 있다.. "통일정책의 어제와 오늘", 효당 이홍구 선생 문집간행위원회 편, 앞의 책, pp. 271–292.

활성화해야 한다고 주장함으로써 남북관계는 민족 간, 민족 내부의 문제라는 것을 분명하게 밝혔다.[15]

1989년 9월 11일 발표된 '한민족공동체 통일방안'은 남북이 어떻게 민족공동체를 형성해나갈 것인가에 관한 장기적 구상을 담고 있다. 이 방안은 현재까지 우리 정부의 기본적 통일정책으로 이어지고 있다. '한민족공동체 통일방안'은 '자주·평화·민주'를 3대 원칙으로 하고 민족공동체헌장 채택 단계와 남북연합 단계를 거쳐 궁극적으로 통일된 단일 민주공화국을 건설한다는 단계적 통일방안이다. 특히 과도적 단계로서의 남북연합은 남과 북이 국가의 형태를 온전히 유지하면서 민족공동체라는 지붕 아래 국가연합의 형태를 갖추게 되지만 이때 남과 북은 국가와 국가 간의 관계로서의 연합국가가 아니라 민족 내부의 특수관계라는 성격을 지니게 된다는 점을 강조했다. 또한 '한민족공동체 통일방안'은 남북 정상회담을 통해 통일된 정치공동체를 형성하기 전까지 남북관계를 규율할 '민족공동체헌장'을 제정할 것을 규정하고 있다.

노태우 대통령은 취임 초기부터 남북 정상회담을 개최할 것을 제의하는 등 적극적으로 통일정책을 전개했다. 소련, 중국 등

---

15) 동아일보, 1988년 7월 7일 자.

사회주의 국가들과의 관계 정상화를 통해 강하게 북한을 압박하는 북방정책도 병행했다. 나아가 '남북 사이의 화해와 불가침 및 교류협력에 관한 합의서(남북기본합의서)' 체결을 통해 남북관계를 규율하는 '사실상의 기본규범'의 성격을 갖는 합의가 체결될 수 있었던 것도 노태우 정부의 적극적인 대북 제의와 노력의 성과였다. 1991년의 남북한 유엔 동시 가입은 국제무대에서 대결적 관계를 지양하고 협력적 관계를 형성하기 위한 정책 노력의 성과였다. 동시에 소련과 중국을 향한 적극적인 북방외교를 통해 북한을 변화시킨 하나의 커다란 성공이었다.

특히 남북기본합의서는 남북관계에 있어서 획기적인 전환점을 이루는 문서이다. 우선 형식 면에서 쌍방 최고책임자가 비준한 최초의 남북 정부 간 포괄적인 합의문으로 화해와 협력의 단계를 규율하는 한시적인 문서이다. 내용 면에서도 기존의 대립적이고 갈등적인 남북관계의 성격을 근본적으로 재해석하여 남북 양측이 잠정적인 특수관계[16]라는 협력적 인식에 기초하여 남북문제를 풀어나가려 하였다는 점이다. 이와 함께 그동안 남

---

[16] 한반도에 현존하는 두 정치적 실체는 대한민국과 조선민주주의인민공화국이라는 주권국이지만, 이들 간의 관계를 나라와 나라 사이의 관계가 아닌 통일에 이르는 과정에서 형성되는 '특수관계', 즉 분단국을 구성하고 있는 두 정치 실체 간의 관계로 규정한 것이다. 임동원, "남북기본합의서와 6·15남북공동선언", 「역사비평」, 겨울호 (2011), p. 122.

북한이 교류협력 문제 우선 해결과 정치군사 문제 우선 해결로 맞서왔으나 이러한 소모적 논쟁에 종지부를 찍고 모든 사안을 병행적으로 협의하고 이행해 나가게 되는 계기로 작용했다.

김영삼 정부의 통일정책의 기초는 민족공동체 형성을 위해 노력했던 노태우 정부의 기조를 유지하고 계승했다. 김영삼 대통령은 특히 취임 초부터 민족의 중요성을 강조했다. 김영삼 대통령은 취임사에서 "어느 동맹국도 민족보다 나을 수 없고 어떤 이념이나 사상도 민족보다 더 큰 행복을 가져다주지 못한다"고 밝히는 등 취임 초기부터 민족 우선의 통일관을 피력했다.[17] 또한 실제로 비전향 장기수 이인모를 조건 없이 북송하고 인도적 분야에 있어서 적극적으로 지원을 시도하는 등 남북관계 개선을 위한 노력을 기울였다.

김영삼 정부는 노태우 정부의 한민족공동체 통일방안을 더욱 정교하게 가다듬었다. 1994년 8월 15일 제49주년 광복절 대통령 경축사를 통해 천명된 '민족공동체 통일방안'은 통일 과정의 1단계로 '화해협력단계'를 설정함으로써 전두환, 노태우 정부의 통일정책과 맥을 같이하는 동시에 이들 구상들을 보다 현실화하고 세련되게 다듬었다. 우선 김영삼 정부는 자유민주주의 이

---

17) 동아일보, 1993년 2월 25일 자.

념의 구현과 민족공동체 건설을 기본 이념으로 자주, 평화, 민주를 기본원칙으로 제시했다. 통일의 과정은 화해협력단계, 남북연합단계, 통일국가단계의 3단계론으로 구성하였다. 노태우 정부의 한민족공동체 통일방안과 다른 점은 1단계를 남북이 적대와 대립을 청산하고 상호신뢰 구축을 발판으로 화해하며 교류협력을 통해 평화적 공존을 이루어나가는 민족의 '화해와 협력'의 단계로 구성하였다는 점이다. 이것은 1992년에 발효된 '남북기본합의서'와 '한반도 비핵화 공동선언'을 반영한 결과이다. 남북연합단계와 통일국가단계는 노태우 정부의 '한민족공동체 통일방안'의 내용과 크게 다르지 않다.

김영삼 정부는 동시에 한반도의 평화체제 구축은 반드시 남북한 당사자가 협의하여 해결하자는 '한반도 평화정착 구상'(1995. 8.)을 발표했다. 또한 1997년 8월 15일 광복절 경축사를 통해서는 평화는 무력의 포기, 상호존중, 신뢰 구축, 상호협력의 원칙에 기초한다는 '평화정착을 위한 4대 원칙', 그리고 북한 경제와 식량난을 구조적으로 해결할 수 있는 실질 협력을 추진하고, 북한이 국제사회에 일원으로 진입할 수 있도록 돕겠다는 '남북협력 4대 방안' 등 남북관계 개선은 물론 민족공동체 형성을 위한 기초를 마련하기 위한 여러 원칙과 제안들을 천명했다.[18]

그러나 김영삼 정부의 실제 대북정책은 민족의 화합을 강조한 통일정책의 원칙과 괴리되어 있었다. 특히 북한 핵문제와 관련하여서는 공식적인 통일정책 방향의 일관성을 유지하지 못했다. 1993년 3월 12일 북한의 핵확산금지조약(NPT) 탈퇴 선언 이후 북핵문제 우선 해결의 원칙에 기초하여 포용보다는 "핵을 가진 상대와는 악수할 수 없다"는 강경한 입장을 취하고 북핵문제에 대한 일괄타결안을 반대함으로써 제네바 협상에 당사자로서 참여하지 못했다.[19] 결과적으로 제네바 회담에 참여하지 못한 채 경수로 건설의 비용만을 부담하게 되는 결과를 초래하였다.

IV. 북핵문제, 그리고 평화와 공존의 대북정책

북한의 핵무기 개발은 우리의 안보를 기저에서 흔드는 중차대한 위협으로 북핵 문제가 표면에 떠오르고 국제적 문제가 된 이후 우리 정부의 통일·대북정책은 핵개발 또는 핵보유의 저지를 제일의 목적에 두게 된다. 김대중 정부의 햇볕정책, 노무현 정부

---

18) 동아일보, 1997년 8월 16일 자.

19) 김영삼 대통령은 1993년 6월 3일 취임 100일 기념 기자회견을 통해 "핵을 가진 상대와 악수할 수 없다"고 함으로써 북핵 문제에 강경하게 대응할 것을 밝혔다. 동아일보, 1994년 6월 4일 자.

의 평화번영정책은 평화에 기초한 공존공영을 도모함으로써 이러한 정책 목표를 달성하고자 했다. 김대중 정부는 '통일정책'이라는 표현보다는 주로 '대북정책'이라는 말을 사용하였다. '통일문제'와 '남북관계'와 '북한문제'를 구분하기 시작한 것이다.

통일 한국에 관한 장기적 비전과 방향, 그리고 통일에 이르는 과정은 김영삼 정부에서 기초한 '민족공동체 통일방안'을 계승하는 것을 전제로 하나, 북한을 단지 통일의 대상으로만 보지 않는다는 인식의 전환이 대북정책이라는 표현으로 나타난 것이다. 첫째, 통일은 궁극적으로 남북한의 평화를 위해 지향해야 할 상태임에는 분명하지만 통일이 북한을 대하는 목적이 되어서는 오히려 남북한의 평화를 저해할 우려가 크다. 남한과 마찬가지로 북한 역시 생존이 중요하기 때문이다. 둘째, 통일은 남북관계의 진전에 따른 결과이지 남북관계의 목적이 아니다. 통일은 남북한이 평화로운 상태로 공존함으로써 오는 결과이며 미래세대가 통일된 국가의 체제를 결정할 문제이다. 이러한 문제의식을 기초로 김대중 정부는 당장의 통일을 이루는 것보다는 남북한이 평화롭게 공존하면서 함께 번영하는 상태를 만드는 것을 대북정책의 목표로 삼았다.

평화적 공존과 공영을 위해 김대중 정부는 3대 원칙을 제시했다. 1998년 2월 25일 대통령 취임사를 통해 김대중 대통령은

"첫째, 북한의 일체의 무력 도발도 결코 용납하지 않겠다. 둘째, 북한의 붕괴를 꾀하거나 흡수통일을 기도하거나 하지 않겠다. 셋째, 남북한 간에 가능한 분야부터 화해와 협력을 적극적으로 추진하겠다"고 천명하였다.[20] 이러한 대북정책 3원칙은 김대중 정부 전반을 거쳐 일관되게 유지되어온 핵심 준거로서 기능했다.

평화적 공존공영의 목적과 대북정책 3원칙에 기초하여 김대중 정부는 남북기본합의서의 이행과 실천, 정경분리 원칙 준수를 통한 남북경협의 활성화, 인도적 문제의 우선 해결, 미국과 일본, 한반도를 둘러싼 주요 국가들과의 협력체제를 구축함으로써 한반도에 평화환경 조성 등 대북정책의 추진 방향을 설정하고 이를 관철시켜 나갔다.

우선 '남북경협 활성화 조치'를 시행하는 등 경제적으로 남북교류의 활성화를 위한 제도적 장치들을 마련했다. 이를 통해 남북한의 정치적 상황에 종속되지 않고 지속적으로 경제교류를 증진시키기 위해 가능한 한 정경분리의 원칙하에 남북교류를 진행시켰다. 또한 민간 사이의 경제교류 활성화를 통한 북한의 개방을 유도하였으며, 남한의 자본·기술을 북한의 인력과 결합시켜 남북한의 경제개발을 촉진하고 남북협력을 타 산업부문으

---

20) 동아일보, 1998년 2월 26일 자.

로 확산시키고자 했다. 이러한 대북 경제협력 노력에 따라 금강산 관광사업과 개성공단 사업 등의 대규모 경제협력 사업들이 김대중 정부 시기에 시작되거나 그 기초를 마련하였다.

김대중 대통령은 2000년 3월 9일 베를린 선언을 통해 북핵문제에 있어서도 포괄적 북핵 해결 방식을 통해 한반도의 안보문제를 해결하려 하였다. 북한이 핵과 장거리 미사일 개발을 포기하면 북한의 체제 안전을 보장하고, 경제적 지원을 제공하며, 북한이 다른 국가들과의 관계를 구축하는 것을 적극적으로 지원하겠다는 것을 천명했다. 김대중 정부의 포괄적 북핵문제 해결방안은 미국의 '페리 보고서'의 핵심적 대안이 되었으며, 현재까지 유의미한 북핵문제 해결방식으로 기능하고 있다.

2000년 6월 김대중 정부는 최초로 남북 정상회담을 성사시켜 남북한 간에 자주적 통일의 원칙을 확인하고 통일방안의 공통성에 관해 일정한 합의에 도달했으며, 남북한 간 인도적 문제의 해결과 경제협력의 활성화를 위한 중요한 진전을 이루어냈다. 그러나 남북 정상회담을 통해 북핵문제에 관한 논의와 언급이 없었다는 점에서 김대중 정부가 비록 포괄적 북핵 해결방안을 제시하는 등 북핵문제를 해결을 위한 논리적 관점을 제공하는 것에는 기여하였으나, 실제로 북한의 핵개발을 저지하는 데에는 한계를 노정했다.

노무현 정부의 통일정책은 김대중 정부의 포용정책을 계승한 평화번영정책이었다. 평화번영정책은 김대중 정부의 대북 화해협력정책의 기조를 유지하면서 내용과 형식에 있어서 한반도는 물론 동북아 지역으로 보다 확장시키고자 하는 것을 목적으로 두었다. 다시 말해서 노무현 정부의 평화번영정책은 먼저 한반도에 평화를 증진시키고 남북 공동번영을 추구함으로써 평화통일의 기반 조성과 동북아 경제 중심 국가로 발전하는 토대를 마련하고자 하였다. 김대중 정부의 대북 화해협력정책이 북한을 대상으로 한 것이라면, 평화번영정책은 한반도와 동북아 지역으로 대상 범위를 넓힌 것이라 할 수 있다.

노무현 정부의 평화번영정책은 한반도의 평화 증진과 남북한 공동번영을 목표로 하고 있다. 북한의 고농축우라늄(HEU) 개발 의혹으로 불거진 2차 북핵 위기 상황에서 출범한 노무현 정부는 북핵문제를 해소하고 포용정책의 결과 조성된 활발한 남북교류와 안정적 남북관계를 유지, 발전시키고자 했다. 이를 위해 한국이 주도적인 입장에서 북핵문제를 평화적으로 해결하고, 남북한 간에 실질적인 교류와 협력을 증진시키며, 군사적 신뢰 구축을 실현함으로써 한반도에 평화를 정착시키는 것을 남북관계의 전략으로 삼았다.

노무현 정부는 한반도의 평화 증진과 남북한 공동번영의 목표와 관련해 당면한 북핵문제의 해결과 남북관계의 발전을 병행전략을 통해 달성하고자 했다. 평화문제와 공동번영의 문제를 서로 연계시키지 않고 동시에 병행해서 추구하는 것으로 일종의 정경분리 원칙을 통해 평화와 번영이라는 두 국가 목표를 성취하고자 한 것이다.

노무현 정부는 대화를 통한 문제해결, 상호신뢰와 호혜주의, 남북 당사자 원칙, 국민과 함께하는 정책 등의 4대 원칙을 제시하고, 군사적 신뢰 구축을 위한 조치들을 북한과 협의하에 시행하면서 남북한을 비롯하여 동북아 지역의 이해관계국인 미국, 일본, 중국, 러시아 등이 참여하는 다자안보협의체 내지 다자안보체제를 구축할 수 있도록 노력했다. 또한 남북한 간 평화의 제도화를 중요한 대북정책으로 추진했다. 남북한이 당사자가 되어 정전체제를 해소하고 평화체제로 전화시키며 미국, 중국 등 유관국이 이를 보장하는 평화의 제도화를 마련하는 것이다. 이것은 장기적으로 남북경제공동체와 동북아 평화협력체를 형성하는 토대로 기능하도록 한다.

노무현 정부는 북핵문제의 해결을 위해 6자회담을 적극적으로 추진하여 2005년 9·19 공동성명과 2007년 2·13 합의를 도출해 내는 등 북핵문제의 안정적 관리와 안보위기 해소에 상당한 기여했다. 또한 경제적으로 3대 주요 경제협력 사업인 철도·

도로 연결 사업, 개성공단, 금강산 관광사업을 정치적·군사적 위기에도 지속적으로 시행함으로써 남북 교역액의 증가 등 인적·물적 교류가 활발하게 이루어질 수 있도록 뒷받침했다. 그러나 주지하듯 2006년 10월 북한의 최초의 핵실험은 노무현 정부의 대북정책의 성과를 크게 제약하는 요소로 작용했다.

북한의 핵실험은 김대중·노무현 정부 10년 동안의 대북 포용정책을 심각한 위기로 몰아넣었다. 이명박 정부의 '상생공영의 대북정책'은 김대중, 노무현 정부의 대북 포용정책이 북한의 핵개발을 저지하고 협력을 이끌어내는 데 한계가 있다는 판단에 기초하여 성안되었다. 이명박 정부는 한반도의 평화 구축에 실질적인 토대를 구축한다는 비전하에 평화공동체, 경제공동체, 행복공동체 건설을 목표로 하며, 실용과 생산성, 유연한 접근, 국민의 합의, 그리고 남북협력과 국제협력의 조화라는 4가지 원칙을 제시하였다.

이명박 정부의 '비핵·개방 3000' 계획은 '상생공영의 대북정책'의 핵심적 추진전략이다. 이명박 정부는 북한이 핵무기를 폐기하는 경우 경제, 교육, 재정, 인프라, 생활 향상의 분야에 대한 5대 프로젝트를 통해 10년 내에 북한 주민의 1인당 소득을 3000달러 수준에 이르도록 돕겠다고 선언했다. '비핵·개방 3000'은 북한의 핵 폐기의 이행 단계를 북한의 핵 시설 불능화 완료, 북한의 핵 폐기 이행, 북한의 핵 폐기 완료 등 3단계로 구분하여 각 단계가 진전함에 따라 경제적 지원을 제공하는 것을 주된 내용으로 하였다.[21]

이러한 정책은 북한에게 수동적으로 쫓아가는 대북정책이 아닌 '전략적이고 원칙 있는 대북 포용정책'의 수립과 실행이 필요하다는 인식에서 비롯되었다. 특히 대북정책은 '철저하면서도 유연한 접근'에 중점을 두었다. 이것은 북한의 핵무장을 절대 용납하지 않는다는 우리의 원칙을 철저히 지키는 동시에, 9·19 공동성명의 완전한 이행을 이끌어내는 것에 있어서는 유연하게 대응하는 자세를 의미했다. 또한 같은 민족인 북한 주민의 삶의 질을 개선하고 북한의 개혁·개방을 통해 화해와 공존, 통일로 가기 위한 대북정책을 목적으로 했다.[22]

'비핵·개방 3000'은 2009년에는 북한과 관련한 모든 문제를 한 테이블에서 동시에 논의하고, 핵심적인 사안들로부터 협상을 진행시키자는 '그랜드바겐' 정책으로 이어졌다. '그랜드바겐'은 6자회담이나 남북대화를 통해 북한에게 핵심적인 핵프로그

---

21) 비핵·개방·3000 정책의 자세한 내용은 다음의 연구를 참조. 서재진, 「남북 상생·공영을 위한 비핵·개방·3000 정책의 이론적 체계 연구」 (서울: 통일연구원, 2009).

22) 「비핵·개방 3000 구상」 기자회견문(2007. 6. 14.).

램을 폐기시키게 하고 그 대신 북한에 대해 확실한 안전보장을 해주고 경제지원을 제공한다는 방안이다. 이러한 이명박 정부의 대북정책은 북한의 특수성과 예외성보다는 국제적 보편성에 기초했다고 볼 수 있다. 즉 경제논리보다는 정치논리를 우선시하고 이념과 민족의 이름으로 추진되는 남북경협은 한계가 있을 수밖에 없다는 것이다.[23] 또한 김대중·노무현 정부와는 달리 북한의 비핵 개방과 남한의 경제지원을 연계시키는, 주는 만큼 받는다는 엄격한 상호주의를 적용한 정책으로의 선회라고 평가할 수 있다.

박근혜 정부의 '한반도 신뢰 프로세스'는 포용정책은 물론 이명박 정부의 '비핵·개방 3000'이 북한의 변화를 이끌어내지 못했다는 비판의식에 기초하여 구상되었다. 박근혜 정부가 말하는 신뢰는 일종의 제도화된 신뢰로서 남북한 간에 오간 계약이나 약속 등을 제도적으로 보장하는 것을 말한다. 이것은 그동안 남북한 간에 수많은 합의가 이루어졌음에도 남북관계를 규율하는 제도로서 기능하지 못한 이유는 정권이 바뀔 때마다 유화와 강경 사이를 오가며 지속적인 대북정책 집행이 이루어지지 못

---

23) 최진욱, "국민들의 대북인식 변화와 대북정책 평가: 국민 여론조사를 바탕으로 한 분석", 통일연구원, 「이명박 정부 2년 대북정책 성과 및 향후 추진 방향」(서울: 통일연구원, 2010), p. 33.

하고 단절되었기 때문이다. 따라서 이러한 불신을 넘지 않는 한 남북관계의 진전은 불가능하므로 국민적 합의를 바탕으로 남북한 간에 쉬운 영역부터 신뢰를 구축함으로써 한반도를 갈등의 지역에서 신뢰의 지역으로 변화시켜 지속 가능한 평화를 쌓아 한반도는 물론 동북아 지역에 평화질서를 구축하겠다는 것이 신뢰 프로세스의 기본적 정책 의도이다.

한반도 신뢰 프로세스의 목표는 남북관계를 정상화함으로써 지속 가능한 평화를 구축하여 통일의 초석을 다지는 것이다. 남북관계의 정상화는 정치군사적 신뢰 구축과 사회경제적 교류협력의 증진을 통해 남북관계를 안정화시키는 것을 말했다. 지속 가능한 평화란 북한이 핵과 미사일 개발이 아니라 경제개발을 통해 북한 주민들의 삶의 질을 향상할 수 있도록 북한을 유도함으로써 한반도의 평화를 신뢰할 수 있는 수준에 도달하도록 노력하는 것을 의미했다. 신뢰 프로세스의 종국적 목표는 남북한이 지난한 신뢰 구축 과정을 거침으로써 통일의 초석을 다지는 것이다. 물론 통일은 신뢰 프로세스의 영역을 벗어나는 것으로 궁극적으로 경제적, 정치적 공동체 형성을 의미하는 것이다.

한반도 신뢰 프로세스는 박근혜 정부 초기에 제기되었던 통일대박론과 드레스덴 선언에 그 기초를 두고 있다. 통일대박론은 통일에 대한 부정적 시각에서 벗어나 통일을 이루었을 때 얻을 수 있는 이익이 무엇인가를 고려함으로써 통일을 긍정적으로 인식하고자 하는 통일론이다. 다시 말해서 통일에 대한 부정적 인식을 극복하고 통일을 기회와 희망으로 보는 긍정적 통일 담론을 말한다.[24] 드레스덴 선언은 통일대박론을 실현하기 위한 이행 구상의 하나로, 평화통일 기반 조성을 위해 인도적 지원, '민생 인프라' 구축, 남북한 주민 간 동질성 회복이라는 3대 대북 제안을 중심 내용으로 했다. 이때 북한 민생 인프라는 전통적인 국가안보 차원의 접근을 넘어 가난, 인권, 여성 및 아동의 권리, 등 인간 삶의 질을 보장하는 '인간안보' 개념에 기초한 인프라를 말했다.

그러나 박근혜 정부의 '한반도 신뢰 프로세스'는 시작도 하기 전에 김정은 정권의 핵실험과 장거리 미사일 발사로 인해 좌초하였다. '튼튼한 안보'와 '신뢰 프로세스'는 남북관계를 더 이상 진전시킬 수 없었으며, 박근혜 정부의 구상과 무관하게 김정은 정권의 공세적 위협전략으로 인해 남북한 갈등은 더욱 악화되었다. 북한의 4차 핵실험(2016. 1. 6.)과 장거리 로켓 '광명성 4호' 발사(2016. 2. 7.)로 인해 남북관계의 중심 연결고리였던 개성공단까지 정부에서 폐쇄(2016. 2. 10.)함으로써 이후 남북관

---

24) 통일연구원, 「드레스덴 구상과 행복한 통일」 (서울: 통일연구원, 2014), p. 7.

계는 단절되었다.

2017년 5월 10일 문재인 정부가 출범할 당시 남북관계와 안보 상황은 대단히 심각한 위기였다. 남북관계는 개성공단 전면 폐쇄 이후 완전히 단절되고 적대적이었다. 안보 상황은 더욱 심각했다. 북한은 2017년 초부터 다수의 장거리 미사일 발사실험을 단행한 데 이어 9월에는 제6차 핵실험을 실시했다. 당시 미국은 실제로 북한을 타격하는 것을 심각하게 고민했던 것으로 알려졌다. 이러한 북한의 도발에 대해 국제사회는 2017년에만 모두 네 차례의 유엔안보리 결의를 채택했다. 특히 2017년 11월 북한이 화성-15형 대륙간 탄도미사일 발사 이후 적용된 유엔 대북제재 2097호는 북한에 유류 공급을 제한하는 것은 물론 식량과 농산물까지 대단히 엄격하게 규제함으로써 사실상 북한과의 교류 자체를 막았다.

이러한 위기 상황에서 문재인 정부는 적극적으로 대화를 제의하고 평화 구축을 위한 대안 제시를 계속했다. 문재인 정부의 평화에 대한 의지는 2017년 7월 6일 독일의 쾨르버 재단 초청 연설(베를린 구상)을 통해 분명하게 천명되었다. 이날 문재인 대통령은 "우리가 추구하는 것은 오직 평화입니다"라고 강조함으로써 과거의 정부와 다르게 정부 정책의 기초가 평화를 추구하는 것임을 확고하게 밝혔다. 또한 북한의 붕괴나 흡수통일 등 인위적인 과정은 추구하지 않을 것이며, 북한의 체제가 확고하게 유지되는, 다시 말해서 북한의 체제 안전을 확실하게 보장하는 바탕에서 남북한의 공존과 공영을 위해 모든 노력을 다할 것을 재확인하고 이러한 기조를 바탕으로 한반도의 평화와 동북아시아 지역의 공존과 공영을 위해 노력할 것을 약속했다. 그리고 한반도 평화 프로세스를 다시 시작할 수 있도록 교류와 협력을 재개할 것과 한반도 비핵화를 비롯하여 모든 것을 테이블 위에 올려놓고 이야기할 수 있는 남북 정상회담 개최를 제안했다. 평화 중심의 문재인 정부의 입장은 동년 8월 15일 광복절 경축사를 통해서도 재확인하였다. 특히 한반도의 평화 정착을 통한 분단 극복을 '광복을 진정으로 완성하는 길'이라고 규정하고, 북핵문제를 제재와 대화를 병행하여 해결해 나갈 것임을 재차 확인했다.

문재인 정부의 대북정책인 '문재인의 한반도 정책: 평화와 번영의 한반도'는 이러한 평화적 남북관계 구축을 위한 제안들을 체계화한 것으로 평화를 최우선의 가치이자 남북한의 번영을 위한 토대로 규정하고 남북한이 평화적으로 공존하며 함께 번영하는 한반도를 정책 비전으로 제시하고 있다. 또한 문재인 정부는 북핵문제 해결 및 항구적 평화 정착, 지속 가능한 남북관계 발전, 한반도 신경제공동체 구현을 한반도 정책의 목표로 설정하였다. 또한 대북정책의 목표를 달성하기 위한 전략으로 단계적·포괄적 접근, 남북관계와 북핵문제의 병행 진전, 제도화를 통한 지속 가능성 확보, 호혜적 협력을 통한 통일 기반 조성이라는 4대 전략을 제시했다.

북한은 2018년 1월 1일 신년사를 통해 평창 동계올림픽에 참가 의사를 표명하고 나섰다. 이후 남북 고위급회담 재개를 시작으로 활발하게 남북대화가 이루어졌으며, 북한의 평창올림픽 참가, 3차례의 남북 정상회담과 3차례의 북미 정상회담이 이루어지는 등 남북관계는 새로운 국면으로 진입했다. 먼저 2018년에만 모두 3차례의 남북 정상회담이 이루어졌다. 남북 정상은 2018년 4월 27일 '판문점 선언'을 통해 "한반도에 더 이상의 전쟁은 없을 것이며 새로운 평화의 시대가 열리었음을 8000만 우리 겨레와 전 세계에 엄숙히 천명"하고, "완전한 비핵화를 통해 핵 없는 한반도를 실현한다"는 것을 공동의 목표로 확인한다는 것을 밝혔다. 특히 연내에 종전을 선언하고 정전협정을 평화협정으로 전환하기로 합의했다.

2018년 9월 19일의 '평양 공동선언'을 통해서는 '판문점 선언'을 철저히 이행할 것과 '한반도의 완전한 비핵화'를 추진해나가는 과정에서 긴밀하게 협력할 것을 재확인했다. 남북 정상회담 이후 군사, 철도, 도로 등 분야별 협력 이행방안을 구체화하기 위한 후속 조치들이 협의되었으며, 남북 정상 간 직통전화를 비롯해 군 당국 간의 연락채널을 복원하고 개성에 남북공동연락사무소를 개소하는 등 남북한 상시 소통채널이 구축되었다.

남북 정상회담과 더불어 모두 3차례의 북미 정상회담이 이루어졌다. 2018년 6월 12일에 있었던 역사상 최초의 북미 정상회담을 통해 양 정상은 새로운 북미관계의 수립, 평화체제 구축, 한반도의 완전한 비핵화, 6·25 한국전쟁 전사자 유해 송환 등의 4개 항에 합의하였다. 이어 2019년 2월 27일과 28일 이틀에 걸쳐 2차 북미 정상회담이 열렸으나 회담은 성과 없이 결렬되었다. 2019년 6월 30일 오사카에서 있었던 G20 정상회의 이후 트럼프 대통령의 방한을 계기로 판문점에서 3차 북미 정상회담이 약 1시간에 걸쳐 진행되었으나 역시 성과를 거두지 못하였다.

분단 이후 가장 빈번한 남북 및 북미 정상회담이 개최되었음에도 불구하고 문재인 정부하에서도 북핵문제와 남북관계는 별다른 진전 없이 공전을 거듭하고 있다. 비핵 평화와 교류협력의 진전은커녕 심지어 남북관계 자체가 다시 심각한 대화 단절상태를 노정하고 있다.

V. 맺는말: 평가와 제언

지금까지의 논의를 통해 우리의 통일정책은 크게 큰 틀에서 두 번의 패러다임 전환이 이루어졌음을 알 수 있다. 첫째, 대결과 승공의 통일론에서 민족의 화합과 민족공동체 건설의 통일론으로의 전환이다. 둘째, 북핵문제를 계기로 통일에서 남북 평화공존론으로의 전환이다.

먼저, 대립과 승공의 통일론에서, 다시 말해서 실지회복으로서의 통일론에서 민족공동체 통일론으로의 전환은 분단과 통일에 대한 근본적인 인식의 변화를 중심요인으로 한다. 분단과 전쟁을 경험한 직후 한국의 통일정책은 분단 극복 자체에 초점이 맞추어져 있었다. 분단은 38선 이북 그리고 전후에는 휴전선 이북 우리의 영토를 외세와 공산주의자들에게 강탈당한 상태를 의미했다. 강탈당한 영토는 곧 잃어버린 영토였고 분단의 극복, 다시 말해서 통일은 이 잃어버린 영토를 되찾고 그곳에 거주하는 주민들을 다시 우리의 국민으로 복귀시키는 것이었다.

그러나 민족의 화합과 민족공동체 형성을 통한 통일론은 실지회복론과는 분단과 통일에 대한 인식을 크게 달리하고 있다. 분단은 단지 영토 분단만을 의미하는 것이 아니라 민족의 분단을 뜻하는 것이며, 통일은 영토적 통합과 더불어 나누어진 민족을 다시 하나의 공동체로 복귀시키는 것을 말했다. 따라서 중요한 것은 어떻게 이질화되어가는 민족을 다시 사회적, 경제적, 정치적 공동체로 통합해내는가 하는 과제를 해결해나가는 과정이다. 따라서 통일을 이야기할 때 가장 중요한 것은 민족의 화합이며 민족이 하나가 되는 것이었다.

두 번째 전환은 북한의 핵개발과 핵실험에 따라 이루어졌다. 북한의 핵개발과 핵보유는 민족의 공멸을 초래할지도 모를 핵전쟁 위기를 의미한다는 점에서 대북정책의 기조와 방향, 내용의 중대한 변화가 수반되었다. 비핵 평화와 공존이 민족의 통일에 앞서 이루어져야 하는 기본 가치가 되었다. 북한의 핵문제는 한국으로서는 반드시 풀어야 할 과제가 아닐 수 없다. 안보상의 이유는 물론 정치, 경제적으로도 그리고 남북관계에 있어서도 우리가 반드시 해결해야 하는 문제이다.

북한이 핵을 보유하는 한에 있어서는 남북관계의 실질적 진전은 기대할 수 없다. 북한이 핵을 갖는다는 상황은 우리의 생존과 안보가 걸린 문제인 동시에 국제사회가 용납하지 못하는 상태이기 때문이다. 북한의 핵은 동북아 지역의 힘의 균형과 안정을 그 핵심에서부터 파괴할 것이며 우리와 일본을 비롯하여 여러 나라가 핵보유를 선택하노록 강요받지 않을 수 없게 할 것이다. 한국과 미국을 포함한 모두가 북핵문제 해결을 제일의 대북정책 목표로 삼는 이유이다.

현재 평화와 공존을 대북정책의 핵심에 둔 문재인 정부의 노력에도 불구하고 남북관계는 고착상태를 벗어나지 못하고 있다. 국제사회의 강력한 경제제재를 배경으로 미국의 바이든 행정부 역시 조건 없는 북미대화를 제의함에도 불구하고 북한은 별다른 움직임을 보이지 않고 있다. 체제안보를 목적으로 핵을 개발하고 보유하기에 이른 북한이 핵포기 결정을 쉽게 내릴 것으로 예측할 수는 없다.

격화되는 미국과 중국의 전략적 대립국면은 북핵문제 해결을 더욱 어렵게 만들 전망이다. 세계와 지역에서 미국과 중국의 대립이 격화될수록 중국은 안정적인 북한을 필요로 하게 될 것이다. 중국은 북한핵이 지역의 핵 도미노 현상을 일으키지 않는 선 내에서, 자신들의 국익과 북중관계를 고려하여 북한의 핵 보유와 개발을 묵시적으로 용인하고 관리할 가능성이 높다. 북한핵과 관련한 중국의 이해관계는 한반도의 비핵화를 목적으로 하는 한국 정부에게는 대단히 풀기 어려운 과제가 될 것이다.

바이든 정부 들어서도 행동 대 행동의 원칙과 철저한 검증을 요구하는 미국의 입장은 일관되게 유지되고 있다. 유엔을 비롯한 국제사회의 대북제재 시스템은 북한에 반입되는 물품 하나하나를 점검할 수 있을 정도로 대단히 촘촘하게 짜여져 있다. 우리 정부는 세계를, 미국을, 중국을 그리고 북한을 설득해야 하는 참으로 어려운 과제를 짊어지고 있는 형국이다. 현 정부가 세 번의 남북 정상회담을 열고, 세 번의 북미 정상회담을 중재 했으면서도 실질적인 성과를 거두지 못한 이유가 여기에 있다. 북한 핵문제는 우리에게 있어 가장 최대의 안보문제이자 민족 문제이면서도 세계의 문제이기 때문이다. 또한 북핵문제가 세계문제이기 때문에 우리의 결단만으로 해결되지 못하는 구조적 소이이다.

향후 우리의 통일정책 또는 대북정책은 우리가 직면한 문제와 환경 그리고 과거와 현재 정책의 상호 대화 속에서 찾아 나가야 할 것이다. 현재 우리 남북관계와 북핵문제의 고착과 답보 상태를 풀어내기 위한 몇 가지 방향에 관하여 간단하게 제언하고 글을 맺고자 한다.

첫째, 현재의 북핵문제와 남북관계는 분리하기 어려울 정도로 대단히 밀접한 관계에 있음을 이해할 필요가 있다. 북핵문제가 진전되지 않는 한 남북관계 역시 정체상태를 면하기 어렵다. 강조컨대 북핵문제는 우리의 문제임과 동시에 세계문제이기 때문이다. 우리 사회가 국제사회로부터 고립되어 북한과 같은 길을 걷는 선택을 하지 않는 이상 북핵문제와 남북관계 개선을 따로 분리하여 추진하는 것은 불가능하다.

따라서 앞으로의 통일정책은, 기존의 화해협력-남북연합-통일국가의 3단계 중, '화해협력'을 '비핵 평화협력'으로 수정 보완하여야 할 것으로 보인다. 그럴 때 북한의 비핵화와 연동하여 한반도 평화체제 구축과 경제협력을 함께 증진시켜 통일의 기반을 조성하고, 궁극적으로는 남북한 주민의 선택에 의한 통일국가를 실현하여야 할 것이다.

둘째, 따라서 북핵문제에 있어서 우리의 독자적 비핵 평화방안을 갖고 우리가 제일 당사자로서 역할을 해낼 수 있어야 할 것이다. 중재자나 촉진자의 입장에서 북핵문제에 접근하는 경우 우리의 입장을 관철하고 우리의 입지를 확보하기 어려워질 것이다. 북핵문제는 주로 미국과의 협상을 통해서 해결할 문제이고 남북한은 민족 간의 문제로 접근함으로써 남북관계의 진전을 선순환으로 하여 북미관계의 개선을 이끌어낼 수 있다고 가정하는 것은 북핵문제의 성격상 성공을 거두기 어렵다. 더욱이 북한의 핵보유는 우리에게 있어서는 치명적 안보문제이다. 북한의 핵보유가 인정되는 경우 우리에게는 재앙과도 같은 결과가 초래될 것은 명약관화하다.

셋째, 우리 내부의 정책적 비일관성 그리고 제도적 장벽들을 수정해나갈 필요가 있다. 무엇보다도 선거를 통한 정부의 교체를 넘어 지속 가능한 원칙과 정책을 채택하고 합의하는 것이 중요하다. 북한의 핵개발 의도는 분명히 체제 유지에 있다. 그동안 북한은 한국은 물론 국제사회와의 약속을 수없이 어기며 지속적으로 핵과 미사일 실험을 감행했다. 북한은 2012년에 헌법에 핵보유국임을 명기하였으며 2017년 말에는 핵무력 완성을 선포했다. 최근 북한의 잇단 성명이나 언술들을 종합하여 보면 북한은 핵을 포기할 의사가 없다. 북한에게 핵무기는 현재 단순히 외부로부터의 위협에 대한 체제 생존을 위한 무기이면서 동시에 대내적 정통성과 정치를 위한 도구로서 기능하고 있기 때문이다. 따라서 우리 역시 5년 단임의 정권을 넘어 장기적으로 일관된 대북정책을 지속할 필요가 있다.

나아가 북한의 변화의 촉진과 평화적 공존을 위한 상호 접근도 중요하다. 즉 헌법상 영토조항, 국가보안법 등 우리 사회가 갖는 여러 법·제도적 요소들을 북한과의 상호주의 원칙하에 장기적인 관점에서 개선해나가는 노력이 그것이다. 물론 공존과 평화를 저해하는 북한 내 제도와 정책들에 대한 수정 역시 강력히 요구해야 할 것이다. 일인 세습체제인 북한을 변화시키기 위해서라도 우리의 자유민주주의는 대북정책과 접근에서 가장 중심적인 가치이자 원칙이기 때문이다.

넷째, 이제는 남북관계를 민족의 내부 문제로 보는 관점을 재검토할 때가 되었다고 판단된다. 그동안 남북관계를 민족 내부 문제로 보는 데에는 두 가지 이유가 있다. 첫째는 민족공동체를 다시 형성해나가는 특수한 관계라는 것, 둘째는 국가 대 국가의 관계일 경우 발생하는 여러 제반 법률적·국제적 문제들을 감안한 고려가 반영된 선택이라는 것이다.

그러나 이제는 한반도 평화공존을 위한 과정에서 남북관계는 민족의 내부 문제인 동시에, 체제의 성격문제를 포함한 남한과 북한 각각의 내부의 문제이며, 나아가 북핵문제와 한미관계–북미관계를 포함한 국제문제라는 점을 깊이 인식할 필요가 있다. 그러한 복합적 인식에 기반하여 정전체제의 평화체제로의 전환을 포함한 남북관계의 바람직한 미래상을 설계할 때 비로소 이상적인 동시에 현실적인 정책을 추구할 수 있을 것이다. 남북관계 발전, 비핵 평화, 평화체제 구축, 통일 추구 각각은 모두가 독자성과 연결성의 통합적인 결합 지평에서 접근되어야 하기 때문이다.[25]

---

25) 한반도포럼, 《남북관계 3.0: 한반도 평화협력프로세스》 (한반도포럼. 중앙일보, 2012)

한반도의 평화철학과 실천: 이홍구의 코먼웰스 구상을 중심으로

박명림(연세대 교수)

들어가는 말: 이홍구, 그리고 패러다임 전환

본고는 한국의 한 탁월한 정치학자인 효당(曉堂) 이홍구 교수(이하 존칭 생략)의 한반도 평화철학과 실천을 그의 한반도 코먼웰스 구상을 중심으로 분석하려는 목적을 갖는다. 필자가 이해하기에, 이홍구의 70년대 중반[1]부터의 코먼웰스 구상에 기반한, 민주화 이후의 통일정책과 남북관계를 정초한 1989년의 한민족공동체 통일방안은 사실상 제2의 6·29선언과 민주화 이행에 해당하였다.

6월 항쟁과 6·29선언이 한국 사회 내부의 민주화 타협을 위한 결정적 돌파구였다면 한민족공동체 통일방안은 통일정책과 남북관계의 타협과 공존의 돌파구 역할을 수행한 것이었다. 이홍구가 말하듯 그것은 남북기본합의서와 한반도 비핵화 공동선언의 바탕을 이루었다.[2] 필자가 한민족공동체 통일방안을 패러다임 전환이라고 부르는 이유다. 이렇게 보면 노태우 정부는 한국 내부와 한반도 문제 모두에 걸쳐 대화와 타협의 질서를 연 시기로 기록될 수 있을지 모른다.

결론부터 말해, 노태우 정부 시기의 코먼웰스 구상과 접근방식을 통일문제와 남북관계 이해에서 하나의 패러다임 전환이라고 할 때 그 요점은 아래와 같다. 첫째는 평화와 통일의 목적과 수단 관계, 우선순위와 위계에 대한 이해의 전복이다. 그 과정에서 분단에 대한 이해 역시 적대냐 통일이냐의 이분법을 넘어 교

---

1) 필자의 조사로는 이홍구의 코먼웰스 구상의 최초는 1976년 8월과 12월에 발표한 논문 "The Korean Commonwealth and Asain Community: A Vision for a New Strategy for Peace"에서였다. 이 논문은 효당 이홍구 선생 문집간행위원회 편, 『이홍구문집 V: Social Conservation and Political Development』(나남출판, 1996), pp.283-291에 실려 있다. 코먼웰스에 대한 구상을 제시한 초기 글들은 모두 1970년대에 집필된 것이었다. 이를 보면 그의 코먼웰스 구상이 얼마나 빨리 나왔는지를 알 수 있다. 이것은 그가 정부에 참여하기 훨씬 이전이며, 냉전 해체와 민주화라는 환경의 변화가 있기도 훨씬 이전이었다.

2) 이홍구, "7·7선언과 민족공동체 통일"(2008), 『전환 시대의 위기, 통일 한국의 미래』(지식산업사, 2010), pp.46-48.

류와 협력, 평화와 공존의 제3의 지평으로 대체될 수 있었다. 둘째는 반공주의·민족주의·통일주의 사이의 전통적으로 분리 불가능한 집단주의적 연결고리를 과감하게 끊고 개인과 공동체의 자유·민주·평화·복지 문제로 나아간 것이다. 셋째는 이를 통해 코먼웰스 본래 의미, 즉 안과 밖, 내부와 외부, 개인과 공동체의 자유와 안정(안전)과 평화(평안)의 문제가 타협·연립·연합·공존을 통해 함께 발양되고 발전할 수 있다는 관점이다.

오늘의 시점에서 돌아보건대 이홍구의 혁신적 주장은 이제 하나의 대세이며 일반적 동의의 수준에 도달해 있다. 기실 필자가 그의 코먼웰스 구상을 처음 주목하게 된 계기는 사반세기 전 순전히 그의 전집 편찬을 위한 편집 실무 작업에 참여할 행운을 얻게 되면서부터였다.[3] 처음에 비교적 부담 없이 단순 편집을 위해 그의 모든 원고를 읽어가던 필자는 그 글들이 갖고 있는 철학적 깊이, 분석적 내용, 이론들의 도저한 폭과 수준 및 고전성과 현대성의 공존, 역사적 사건 및 현실세계에 대한 해석의 균형과 독창성, 그리고 시야의 포괄성과 전체성에 매료되어 이내 편집 작업보다는 연구자로서 정독에 빠져들기 일쑤였다. 이번

---

3) 당시 최장집 교수와 백영철 교수의 제안으로 실무 편집 작업에 참여한 필자는 김남국 교수의 보조 역할을 맡았다.

글 역시 편집 작업 당시의 많은 메모와 단상들이 기초가 되었다.

전집에 들어있는 인간화, 비인간화, 인간 소외, 사회 보존, 사회계약, 근대화, 민주화, 자유주의, 민주주의, 민족주의, 맑스주의, 이데올로기, 사회복지, 정치 발전, 공동체, 민족공동체, 평화, 통일, 코먼웰스, 콘도미니움, 남부문제, 그람시(Antonio Gramsci), 역사적 대타협, 트라스포르미스모(*trasformismo*), 카시키스모(*caciquismo*), 한나 아렌트(Hanna Arendt), 반자유주의적 민주주의, 반자유주의적 민주투쟁, 상황의 이중성, 세계화…에 이르는 광대한 범위의 정치철학과 개념들, 그리고 주제의 포괄성과 해석의 설득력에 비추어 훗날 급진주의자들과 보수주의자들이 그의 이론적 자장으로 수렴되는 현상을 충분히 예견할 수 있었다.

특히 1970-80년대 한국 상황에서 체제 옹호와 체제 부정, 독재 편향과 급진주의의 양자택일과 흑백논리를 넘어 현실 관조와 현실 개입의 한복판에서 그가 한 사람의 정치학자로서 일관되게 보편적 자유주의를 견지할 수 있었다는 점은 하나의 예외로 다가왔다. 필자는 그 한 중심이 자유와 민주, 평화와 복지의 궁극적 지향의 철학으로서 코먼웰스 구상이라고 판단한다.

이 글에서 필자는 이홍구의 정치사상과 이론을 현실 분석 및 이해와 연결하여 코먼웰스 구상을 중심으로 간략하게 정리해

보고자 한다. 사실상 코먼웰스는 근대 이래 사상적·현실적으로 인간 사회의 적대와 갈등을 해결하는 최선의 구상 가운데 하나였다. 여기에서 이에 대한 이론문제를 상론할 여유는 없으나 최선의, 또는 좀 더 완전한 정치체를 향한 인류의 자유주의적 구상들은 근대 이래 주로 민주공화국, 혼합정체, 대의제, 연립체, 연방체제로 모아졌기 때문이다.

그러나 주제의 크기로 인해 매우 긴 초고를 편집진의 요구에 맞추어 1/3로 대폭 압축하는 과정에서 일정한 논리의 비약과 사실의 극단적인 생략이 많을 것으로 보인다. 이로 인해 있을지도 모를 필자의 실수와 오독 가능성에 대한 양해를 미리 부탁드린다.

2. 자유, 자유주의, 민족적 자유주의

이홍구에게 한반도 평화와 공존의 근본이념과 가치는 자유주의였다. 특별히 그는 서구적 경험과 한국의 조건을 결합하여 '민족적 자유주의'를 우선적으로 실현되어야 할 가치로 생각하고 있었다.[4] 요컨대 평화에 관한한 오늘날 세계 정치학과 국제관계학과 평화학의 주류 흐름으로 자리 잡은 자유주의 평화, 민주적

---

[4] "민족적 자유주의", 『이홍구문집 III』, p.35. 이하 논문과 전집 권수와 쪽수만 표기.

평화, 공화제적 평화를 말한다.

무엇보다 그에게 자유는 '추상이 아니라 구체'였다. 그가 반복하여 강조하는 '민족적 자유', '민족적 자유화', '민족적 자유주의'는 '자유가 4000만 동포에 의해 향유되는, 자유가 평등화한 사회'였다. 그는 민족과 자유를 결합하여, 분단의 계선을 넘는 하나의 통합 가치와 이념으로 제시하고 있다. 민족과 통일, 민족과 반공을 결합하던 이항대립 구도를 수정하여 그는 민족과 자유를 연결한다. 한국의 이념 현실과 지식 풍토에서 전체 민족이 반공이나 통일이 아닌 개인의 자유와 만난다는 것은 커다란 전환이 아닐 수 없다.

이때 이홍구가 말하는 민족적 자유의 내포는 빈곤으로부터의 자유, 무지로부터의 자유, 폭력으로부터의 자유, 비굴로부터의 자유였다.[5] 이들은 이홍구의 4대 자유라고 부를 수 있을지 모른다. 그리하여 자유는 자연스레 그가 제시하는 통일의 핵심적인 미래상이자 미래 가치인 민족·민주·자유·복지의 한 기축을 구성한다. 이홍구가 보기에, 그리고 일반적으로 말해 그것들은 곧 남한과 북한 모두에게 걸치는 보편적 이념 지향이었다. 당대에 불가능하다면 거시적으로라도 마땅히 그러해야만 했다.

---

5) "통일이념으로서의 민주와 자유", III., pp.260-262.

따라서 이홍구의 네 가지 자유는, 그가 남한과 북한을 넘어 한국민족 전체의 현실과 자유주의의 핵심 가치, 둘 모두를 정확하게 파악하고 있었음을 보여준다. 그의 민족공동체의 기저 출발 사상은 자유와 자유주의였던 것이다. 동시에 그러한 양면 이해로부터 도출된 것이 빈곤·무지·폭력·비굴로부터 벗어나기 위한 그의 한반도 평화 구상이었다는 점은, 현대 인류의 자유주의와 민주주의와 공화주의 실현의 뚜렷한 始原의 하나가 바로 코먼웰스 사상이자 제도요 체제였다는 점에서, 그의 구상이 갖는 규범성과 실천성을 동시에 함축한다.

그런데 이홍구에게 그 근본 기저는 근대와 근대화의 목적으로서의 '개인의 발견'이었다.[6] 개인의 자유를 위한 민족적 자유의 추구였다. 말을 바꾸면 개인의 자유 없는 민족의 자유는 바람직하지도 가능하지도 않다. 그가 자유를 배제한 '반자유주의적 민주주의', '반자유주의적 민주투쟁'을 수용하지 않는 이유였다. 따라서 그에게 있어 "개인의 자유를 초월한 민족의 자유는 허위"였다. 그가 한국적 자유를 겨레의 대행진으로, 민족적 자유주의를 한국적 자유의 구현을 위한 진지한 시도로 본 뒤, 미래의 모든 정치적 행동은 민족적 자유주의에 규율되어야 할 것이

---

6) "통일이념으로서의 민주와 자유", III., p.257.

라고 주장하는 소연이다.[7] 나아가 그가 보기에 통일을 부르짖으면서 개인의 자유를 속박한다면 그것은 반민주적인 동시에 반민족적이다. 당연히 그에게 공산주의나 전체주의는 틈입할 여지가 추호도 없다.

따라서 자유주의에 관한 한 전문지와 실천지를 포함해, 권위주의 체제라는 당시 현실에서 이홍구의 역할과 위상은, 한국전쟁과 4·19가 서로 반대 방향에서 정초한 한국적 자유주의의 제약 조건에서, 가능한 최대한도로 자유의 내용을 흡수하고 발양한 정도에 상부한다. 그것은 사실과 당위, 개인과 전체, 이론과 현실, 보편과 특수를 합리적으로 결합할 수 있는 자만이 누릴 수 있는 지평일 것이다. 이홍구 전집 작업에 실무자로 참여하며 사반세기 전에 받았던 학문적 충격과 인상은 전집을 다시 읽은 이번에도 변하지 않았다는 점에서 그의 관견은 일정하게 시대 구속성을 넘지 않았나 싶다.

요컨대, 집단적 열정과 열광주의가 강한 한국적 현실에서 평화와 통일의 중심 가치가 민족주의가 아니라 자유주의라는 점은 가장 주목할 지점이 아닐 수 없다.[8] 그러나 그는 민족주의의

---

7) "민족적 민주주의", III., pp.31-36. ; "민족적 자유주의: 한국적 자유론의 서장", III., pp.43-55. ; "한국통일을 위한 정치이념의 전개", III., pp.179-187.

이해 자체에서도 성큼 더 나아간다. 그는 민족주의에 대해서도 당시 한국 사회 현실 및 지식공동체와는 매우 다른 선구적인 이해의 지평을 보여준다. 즉 그의 민족주의 이해는 민족주의의 이론적 흐름 중 이른바 종족주의나 시원주의(primordialism)가 아닐뿐더러, 시원주의와 근대주의 사이의 양자택일도 아닌 통합적이고 균형적인 접근이었다. 그의 이러한 민족주의 이해는 훗날 한반도 평화와 통일을 위한 철학과 실천의 중추를 이루게 된다.

이홍구는 한국 민족주의의 성격을, 3·1운동에 대한 독보적인 해석을 포함해, 여러 중요한 논문들을 통해 근대 초 이후 실제 민족주의의 등장과 전개과정을 분석하면서 이론적인 동시에 역사적으로 분석해내고 있다.[9] 그의 민족주의 이해는 오늘의 세계 최신 이론들에 비추어봐도 매우 적확한 이해가 아닐 수 없다. 기본적으로 근대적 현상이라는 이홍구의 민족주의 이해는 당시

---

8) 민족과 자유, 민족주의와 자유주의, 통일과 평화 각각에 기반한 분단·통일문제 및 남북관계 이해와 접근이 갖는 차이에 대해서는 생략한다. 추후 심층 비교연구가 반드시 필요한 영역이기 때문이다. 다만 문익환·강만길·황석영과 강원용·이홍구·이호재를 원문에 근거하여 비교할 경우 우리의 예상보다 훨씬 더 근본적인 반대와 차이들이 존재한다는 점만은 지적하고자 한다.

9) "역사의 재창조와 정치규범: 3·1운동의 정치사상을 중심으로", III., pp.15-29. (1969) ; "한국 민족주의의 본질과 방향", III., pp.75-88. ; "한국민족주의 연구를 위한 기초적 사고", III., pp.93-127. ; "한국민족주의를 보는 새 시각의 모색 — 그 전개과정의 시대구분을 위한 시론", III., pp.129-143.

한국 사회에서는 찾아보기 힘든 지경이었다.

그는 정당하게도 "민족주의를 포함한 모든 이데올로기는 인위적으로 구축된 규범체계이지 자연적으로 솟아난 믿음이나 환상이 아니다", "민족주의가 인위적으로 구축된 이데올로기로서 인위성과 근대성을 갖는 것이지만 역사성을 부인하는 것은 아니다"라고 본다. 따라서 민족주의는, 민족국가에 대해 의식적으로 표현된 일체감이며, 정치적 동기나 목표와 연결된 의식이나 이념으로서, 민족 구성원 대다수로부터 광범위한 동조를 받고 상당한 기간을 통하여 일관성 있게 전개된 의식이념이다.

요컨대, 이홍구에 따르면, "궁극적으로 민족주의를 포함한 모든 이데올로기의 근대성을 재확인하지 않으면 안 된다. 민족주의의 인위성과 역사성을 말하는 것은 그것이 역사적 경험에 대한 인식을 토대로 하여 인위적으로 구축된다는 것이지, 민족주의가 역사 속에 존재하여 왔다는 것은 아니다. 엄격한 의미에서 전근대적 민족주의란 존재할 수 없는 것이다."[10]

민족주의에 대한 이러한 역사적인, 그러나 근대적인 이해가 없었다면 그의 한반도 평화철학과 실천은 산생될 수 없었을 것이다. 그러한 민족주의 이해가 자유주의 및 평화의 정치이론과

---

10) "한국 민족주의의 본질과 방향", III., p.77-79.

만나면서 상황의 이중성과 한반도 코먼웰스 구상으로 연결될 수 있었던 것이다.

3. 새 시각, 새 해석: '상황의 이중성'

무엇보다도 이홍구는 남한과 북한의 관계가 갖는 적대 지향성과 통일 지향성, 즉 적대 대상과 통일 대상이라는 존재의 이중성, 관계의 이중성을 '상황의 이중성'이라는 말로 간결하게 꿰뚫는다. 그의 '상황의 이중성' 문제의식과 발언은, 그가 남북관계를 담당하고 있을 동안 정부 담화, 국회 답변, 언론 인터뷰를 통해 자주 반복되었다.[11] 그에 바탕한 한민족공동체 통일방안 역시 같았다. 이러한 문제의식은 그가 남북관계를 한 단계 진전시킬 수 있었던 근본 원천이었다. 하여 상황의 이중성은 오늘날 남북관계에 대한 정부·사회·학계에 하나의 사회적 합의이자 상식이 되었다.

둘째로, 상황의 이중성은 남북관계 개선의 추구와 분단 현실의 인정을 말한다. 즉 대립과 투쟁으로 이루어진 분단 현실의 인

---

11) 경향신문 1989년 5월 22일, 동아일보 1989년 6월 22일, 1989년 9월 22일, 1994년 5월 1일, 1994년 11월 16일, 한겨레신문 1990년 1월 1일, 1994년 5월 1일 등 참조. 전집에는 매우 세련되게 정리되어 있다.

정으로부터 역설적으로 남북관계 개선과 통일 이상의 추구가 가능하다는 것이다. 현실과 이상이 극히 모순돼 보이는 조건에서 초래되는 이중성인 것이다.[12] 따라서 한반도 코먼웰스 구상은 현실과 이상의 이 간극을 메우려는 구상이었던 것이다. 상황의 이중성은 바로 현실 인정에서 출발하는 논리체계였던 것이다.

상황의 이중성을 그는 상황의 특수성으로 설명하기도 한다. 이는 분단 상황과 통일과업, 국가안보 강화와 남북관계 개선 추구로 드러나기도 한다.[13] 그것은 그가 종족·언어·혈통과 같은 생래적 전통적 조건보다 국가·주권·헌법과 같은 인위적 근대적 현실을 정치현상의 주요 요인으로 파악하고 있기 때문에 가능한 조합이었다. 이는 물론 그가 사회계약을 중시하는 이유이기도 하다.

끝으로, 세 번째 차원에서 '상황이 지닌 2원성'이란 "평화와 통일이라는 두 목표의 공존"을 뜻한다.[14] 이 말은 일단 평화와 통일의 둘을 '두 목표'라고 분명하게 분리하려는 뜻을 담는다. 그러면서 "평화통일, 또는 평화로운 통일이라는 표현이 상황의 이원성을 은폐하는 것으로 오해할 수 있다"고 날카롭게 비판한

---

12) "민족공동체 형성을 통한 통일로의 전진", III., p.352.

13) "제6공화국의 통일정책 기조와 과제", III., p.373.

14) "민족화합 민주통일 방안의 역사적 이념적 조명", III., p.207.

다. '평화통일'이라는 당위성과 관념적 구호에 매몰되어 어느 누구도 분리하여 사유하지 않던 시점의 예리한 통찰이었다. 그리고 그것이 초래할 현실 왜곡을 짚어내고 있다. 이홍구의 눈은 그 깊은 곳까지 도달해 있다.

이홍구에 따르면 "민족통일 못지않게 중요한 것이 평화 유지"이다. 따라서 평화는 그 자체가 목적이지 단순히 통일을 위한 수단이 아니다. 그가 볼 때 이러한 목표의 이원성을 명시하지 못하면, 통일만이 지상목표라는 환상적 입장에 얽매이든지, 통일보다는 평화가 우선 중요하다는, 따라서 통일을 경시하는 듯한 분단주의자로 오인될 소지가 충분하다. 그리하여 상황의 이중성 논리는, 조국 통일이라는 단일 목표에만 집착하는 북한에 대한 비판과 직결되어있다.[15] (상술할 여유는 없지만 이홍구가 보기에 이러한 상황의 이중성을 최초로 반영한 통일안은 전두환 정부 시절의 민족화합민주통일 방안이었다.)

이 세 차원과 수준을 종합하여, 통일문제와 남북관계의 이중성에 대한 이홍구의 개념적 설명체계는 아주 명징하다.[16] 그는 이를 두 개의 사실명제와 두 개의 당위명제로 압축한다. 곧 상

---

15) "민족화합 민주통일 방안의 역사적 이념적 조명", III., p.208.

16) "통일환경과 정책방향", III., pp.344-348.

황의 이중성은 명제의 이중성이라고 할 수도 있다. 남과 북은 하나의 민족이라는 사실명제와, 남과 북에는 서로 다른 두 개의 체제가 존재한다는 또 하나의 사실명제가 존재한다. 이로부터 두 개의 당위명제가 도출된다. 첫째, 남과 북은 하나의 통일된 민족국가로 되어야 한다는 당위명제와, 둘째, 하나의 민족국가를 형성하기 위해서는 민족이 체제나 이념에 우선해야 하고, 그렇기 때문에 체제와 이념이 다르더라도 그 존재를 인정해야 한다는 명제이다.

이 네 가지 명제의 설정과 설명은 얼마나 선명하고 명쾌한가? 필자의 공부가 부족한 탓인지 한국의 정치학과 역사학과 다른 학문 분야를 통틀어 분단과 통일, 남북관계 문제에 대해 당시까지 이토록 설득력 있는 설명틀을 제시한 학자는 이홍구를 제외하고는 아직 없었다.[17] 여기에 이르면 그가 복잡한 현실로부터 바로 본질로 육박하여 이를 명쾌하게 정리하는 탁월한 능력을 보유한 이론가라는 점을 깨닫게 된다.

이홍구는 일찍부터 한반도의 통일문제를 기본적으로 국제정

---

17) 이홍구와 유사한 설명틀을 지속적으로 제시한 학자는, 오래도록 냉전 시각의 극복을 강조해온 이호재였다. 그러나 그의 시각은 국제정치 중심이었다는 점에서, 자유주의 이념과 국내 정치를 동시에 고려한 이홍구와는 차이가 컸다. 둘의 비교는 추후의 과제로 미룬다.

치·국제관계·국제환경의 문제로 보면서도 이를 필요조건이지 충분조건은 아니라고 본다. 따라서 충분조건은 바로 국내 정치를 말한다. 그가 통일문제를 국내 '정치문제'이자 정치적 의지와 제도, 특별히 민주주의의 문제로 접근하는 소이다.[18] 한국의 지정학과 3·1운동 이후의 민족사, 그리고 분단의 과정에 비추어 그의 관견은 사실적인 동시에 정확하다.

따라서 이홍구에게 연합·연립·연립정치·연립체제는 매우 중요하다.[19] 오늘에 이르기까지 다양한 형태의 정치연합과 연립체제들은, 근대 초기 영국과 네덜란드와 스위스를 포함하여, 갈등의 완화와 타협, 그리고 국정의 연속을 위한 코먼웰스의 가장 구체적인 통치 형태이자 정부 구조에 해당하였다. 한국에서 권위주의 절정의 시기에 그는 연립을 통한 타협과 국정의 단절이 아닌 연속과 계승을 말한다. 이는 근대 의회주의와 정당정치와 민주공화국 설계사들의 파쟁 극복을 위한 가장 근원적인 회원이었다. 통일과 남북관계를 민주화 이전부터 내부의 정치 연합과 연립으로부터는 찾는 이홍구의 탁견은 지금 들어도 상쾌하고 신선하다.

---

18) "민족통일에의 의지와 논의"(1970), III., pp.163–177. ; "한국통일을 위한 정치이념의 전개 – 그 필요와 방향"(1971). III., pp.179–187.

19) "70년대의 의의와 통일의 정치"(1972),I II., pp.198–199.

필요조건으로서 20세기 말 국제 냉전의 해체와 부분적 충분조건으로서 6월 항쟁과 민주화에 뒤이어, 그가 정부에 참여하고 자신의 오랜 신념체계이자 이론 구상인 동시에 제도 디자인이었던 민족공동체 통일방안을 제안하고 추진한 것은 우연이 아니었다. 이상적 현실주의자인 동시에 현실적 이상주의자였던 그에게 정부 참여와 구상의 실현을 위한 조건들이 일정하게 충족되었던 것이다. 국제 변화와 국내 민주화가 만나는 조건에서 그는 사회계약과 공동체를 향한, 6월 항쟁-6·29 타협-민주선거-민주정부 출범이라는 민주화의 토대 위에 한반도 코먼웰스를 형성하기 위한 구상을 추진하였던 것이다.

4. 한반도 코먼웰스의 구상과 내용: 자유·민주·평화·복지의 철학과 실천

코먼웰스는 잘 알려진 바와 같이 공화국, 대의제, 대표체, 공동체의 뜻을 갖는 근대어였다. 한민족공동체는 한민족 코먼웰스의 다른 말이었다. 그는 먼저 계약공동체에 대해 논의한다. 이홍구에게 공동체는, 당연하고도 주목할 만하게도, 운명공동체가 아니라 '갈등의 다원화'에 기초한 '계약공동체'였다. 물론 이때 계약은 루소(J. J. Rousseau)와 로크(John Locke) 이래의, 합의

(consensus)에 기초한 서구의 사회계약(론)을 의미한다. 그런데 그는 한반도 전체에 걸친 민족공동체, 즉 한반도 코먼웰스를 논하기 이전에 역사적 지평에서 한국적 계약공동체와 사회계약을 먼저 말한다. 이는 그의 코먼웰스 구상이 얼마나 정교한 이론적 배치와 역사적 지반 위에 구축되었는가를 보여준다.

그는 계약공동체의 의미를 참여·정의·복지라는 세 차원으로부터 출발하여, 이들을 민주주의·사회정의·사회복지의 문제로 접근한다. 그것은 또한, 롤스(John Rawls)의 이론을 빌려 차등의 원칙(principle of difference)이자, '바람직한 불평등 사회'를 말한다. 이때 불평등은 차이를 말한다. 따라서 그는 비로소 차이와 합의를 함께 고려한 사회계약의 연장으로서 한반도 전체의 계약공동체, 즉 민족공동체 통일방안을 말하는 것이다. 그럴 때 그것은 '아름다운 차이'에 근거한 계약공동체가 될 것이다. 여기에 그가 통일문제를 기술적인 '관리'의 문제보다는 공동체 '형성'의 문제로 보는 핵심 요체가 놓여 있다.[20]

흥미로운 것은 Korean Commonwealth를 그 스스로는 '한국복지공동체'로 번역하고 있다는 점이다.[21] 동시에 그는 Commonwealth

---

20) "공동체의 논리와 윤리"(1994), III., pp.145–159.

21) "민족화합 민주통일 방안의 역사적 이념적 조명", III., p.211.

를 '공익'이라고도 번역한다.[22] 나아가 이를 자주 공동체 (community)와 일치시키기도 한다. 이홍구에게 commonwealth가 공동체·복지·공익이라는 세 가지 뜻을 함께 갖고 있다는 점은 거듭 흥미로운 지점인데, 아마도 한반도 평화 구상으로서의 한민족공동체가 궁극적으로는 한민족복지공동체 및 한민족이익 공동체를 지향한다고 보았기 때문이 아니었을까 싶다.

그의 구상에 비추어 복지의 전제는 자유와 민주라는 점에서, 민족공동체는 자유와 민주를 통하여 구성원 전체의 삶의 질이 보장되는 공동체를 말한다. 그에게 복지란 단순히 물질적 혜택만이 아니라 배분적 정의를 포함하여 총체적 생활의 질을 뜻한다.[23] commonwealth라는 말 자체가 애초에 공화국, 공동재화, 공동복리, 공동복지, 공동행복, 전체 안전, 전체 평안(온전·평화)이라는 포괄적인 뜻을 갖고 있었음을 고려할 때 이홍구의 중층적 해석과 적용은 적확하다고 하지 않을 수 없다.

민족 전체의 평안과 복리라는 그의 구상에 비추어, 그는 통일의 주체를 정부나 권력체제에 두지 않고 민족을 구성하는 시민과 국민과 민중에게 두듯이, 민족 화합과 민족통일의 목적 역

---

22) "한국민족주의 연구를 위한 기초적 사고", III., p.119.
23) "분단시대의 역사인식과 통일문화 창조", III., p.228.

시 민족과 국민과 민중 전체의 복리와 복지와 평안에 두자고 주장한다.[24] 그가 반복해서 일부 계층과 일부 민중의 이익을 위한 급진 편향을 비판하는 연유다. 복지 중심의 접근과 평화 공존을 위해, 그는 때 이르게 이미 70년대부터, 유엔 동시 가입의 필요성을 제기한다. 영구 분단론에 대한 역설적 비판이다. 분단과 통일의 관점에서는 다소 엉뚱해 보이지만, 코먼웰스와 국제 조건의 구축 관점에서는 당연한 귀결이었다.

그런데 한민족 코먼웰스를 그는 통일은 물론 무엇보다도 평화를 위한 비전으로 간주하고 있다.[25] 그리고 이 점이 바로 이홍구 코먼웰스 구상의 근본 출발점이자 기본 목적이었다. 그는 통일은 유일한 목표요 평화는 그를 위한 수단이라는 기존의 전통적 이분법을 수용하지 않는다. 우리가 추구해야 할 것은 '평화 통일'이 아니라 '평화'와 '통일'이다. 즉 평화는 더 이상 통일을 위한 수단이 아니라 그 자체가 목적이다. 따라서 통일과 평화는 둘 모두가 목적이 된다. 게다가 둘은 반드시 상보적이지도 않다. 따라서 통일에 대한 맹목적 추구는 평화의 파괴로 연결될 수도

---

24) "민족화합 민주통일 방안의 역사적 이념적 조명", III., pp.211-217.

25) "The Korean Commonwealth and Asain Community: A Vision for a New Strategy for Peace"(1976),V., pp.283-291. ; "The Korean Commonwealth: A Road to Unification"(1978). V., pp.423-434.

있다. 반대로 평화는 즉각적인 민족통일에 대한 저지를 의미할 수도 있다. 따라서 평화와 통일의 두 목표를 모두 달성할 수 있는 경로는 코먼웰스의 수립, 즉 한민족공동체의 수립이 아닐 수 없다.

이때 코먼웰스는 정체에 대한 사회의 우위라는 이홍구의 기본 정치철학으로부터 발원한다. 첫째, 사회는 정체의 필요조건이지만, 정체는 반드시 사회의 필요조건은 아니다. 둘째, 정치체제는 사회체제의 하위체제로 존재한다. 이것은 이홍구가 데이빗 흄(David Hume) 정치철학의 한 충실한 계승자임을 의미한다.[26] 이홍구에게 코먼웰스의 구상은 정부나 국가들의 연방을 의미하지는 않는다. 대신 민족, 또는 국민, 시민의 공동체를 말한다. 한국의 경우 한국민족의 공통의 합의와 일반적 복지에 근거한 공동체를 말한다. 그에게 민족공동체는 곧 복지공동체였던 것이다. 연방 형태는 정당하지도 않을 뿐만 아니라 현실적이지도 않은 동시에, 사회를 통합하기보다는 오히려 사회의 항구적인 분단에 기여한다.

코먼웰스를 지향하기에 통일문제에 관한 한 이홍구는 기존의 북진통일론·무력통일론과, 환상적 이상론과 교조주의 모두를

---

26) "Social Conservation and Political Development", V., pp. 18–22.

통일과 분단문제를 보는 도식화된 고정관념이라고 매섭게 비판한다. 이들이 오히려 통일관의 벽을 쌓아 올렸다는 것이다. 조급한 흡수통일론 역시 이에서 멀지 않다. 그가 일관되게 비판하는 북진통일론은 말할 필요도 없고, 그는 '민족지상'과 '통일지상'주의에 대해서도 강력한 비판을 가한다. "'통일은 민족의 지상목표'란 구호는 통일문제에 대한 심각한 인식의 분열을 일시적으로 은폐할 수 있을지 몰라도, 그러한 분열을 극복하고 합의를 자아내는 데는 전혀 도움이 될 수 없다…. 통일문제에 관한 대화의 자유를 보장하는 것은 괴리와 분열을 초월한 통일문화 창조의 일차적 필요조건이라고 할 수 있다."[27]

하여 그는 민족적 목표와 개인의 권리 사이의 교조적 선택이 아니라 둘을 적절히 융합시키는 대화와 타협을 강조한다. 따라서 통일문화 창조의 필요조건은 민주화가 아닐 수 없다.[28] 그러나 동시에 남한의 민주화가 통일의 충분조건은 아니다. 왜냐하면 북한의 반응이나 변화 없는 남한만의 민주화로 통일을 성취할 수는 없기 때문이다. 그가 민족적 시스템을 사유하는 이유였다.

그에게 "'선 평화, 후 통일'이라는 것은 통일이 중요하지 않다

---

27) "분단시대의 역사인식과 통일문화 창조", III., p.233.
28) "분단시대의 역사인식과 통일문화 창조", III., p.239.

는 것이 아니라, 평화를 버리면서 통일을 할 수는 없다는 얘기"
였다. 즉 통일보다 평화가 더 중요한 가치로 이해된다. 통일은
단순한 국토의 통일이 아니고, 갈라진 두 체제를 다시 연결시키
는 문제였다. "남한과 북한의 두 국민은 단 한 번도 통일된 국가
에서 살아본 적이 없는 사람들"이었기 때문에, 통일은 "새로운
공동체의 형성과정이지 원상복귀를 뜻하는 것이 아니다."[29] 통
일은 과거에 존재했던 민족공동체의 복원이 아니라 존재하지
않았던 새로운 민족공동체의 형성이었던 것이다.

기존 통일론을 매섭게 비판하는 동시에 그는 분단주의도 넘
어선다. 자신 스스로 the Korean National Community Unification
Formula로 명명하고 있는 한민족공동체 통일방안을 그는 민족
공동체에 기반한 통일공화국(unified republic)의 설립을 원칙으
로 한다고 설명한다.[30] 해당 논문의 제목과 내용에 비추어 여기
에서 Commonwealth는 곧 통일공화국과 공동체(Community)
를 함의한다. 그는 그것을 위한 보다 현실적인 실현방법으로

---

29) "통일정책의 어제와 오늘", "한국의 통일정책과 북방외교", III., pp. 284. 289.
291. 303.

30) 이하는, "Unification through a Korean Commonwealth: Blueprint for a
National Community", V., pp.611-626. ; "Call for Building National Community:
As a Prerequisite to Reunification," V., pp.627-646.

는 한반도에서 상당 기간 두 체제의 공생(cohabitation)과 공존을 위한 독립된 체제들의 공동주권과 공동통치, 복수주권과 복수통치, 즉 condominium을 말한다. 그에 따라 군사적 신뢰 구축에 기반해 정전협정은 평화협정으로, 비무장지대는 평화지대(Peace Zone)로 변화된다.

그가 사용하고 있는 핵심적인 이론적·제도적 개념과 용어들, 이를테면 사회계약·민주주의·복지·연립을 포함하여 common wealth·republic·community·condominium의 언어적·역사적·정치적인 의미, 등장, 역할 및 상호 관련성에 비추어볼 때 이홍구의 일련의 구상은 인간공동체 안과 밖, 대내 및 대외 모두의 자유와 복지와 평화를 추구하는 데 있었음을 알 수 있다. 이 점에서 그는 흄, 루소, 로크, 몽테스키외, 칸트, 매디슨,『페더럴리스트 페이퍼』, 제퍼슨을 잇는 사회계약과 자유, 민주주의와 평화 이론의 계승자의 위치에 선다고 할 수 있다. 그리고 그러한 보편적 이론을 한반도의 특수한 상황에 적용하여 최고의 가치로서 나라와 개인의 평화를 추구하려 하였다고 할 수 있다.

따라서 이홍구가 분단과 통일 사이에 평화를 목적으로 한 코먼웰스를 구상한 것은 북한의 연방제 방안에 대한 대응의 성격도 지녔다. 그에 따르면 연방을 형성하는 단위는 많은 동질성과 원칙에 대한 합의를 갖고 중앙정부를 구성한다. 그러나 남북한

처럼 이질적인 체제로는 그것은 불가능하다.[31] 그는 연방제 성립의 핵심 중의 핵심 조건을 지적하고 있다. 이 말은 이홍구가, 몽테스키외가 주장하는 민주공화 및 연방과 관련한 평화사상의 골간과 완전 일치하고 있음을 보여준다. 그는 『법의 정신』에서 말한다. "연방국가는 동질국가(the states of same nature), 무엇보다도 공화국들(republican states)로 구성되어야 한다."[32]

그리스 시대의 여러 실험 이래 근대를 거쳐 오늘에 이르기까지의 각종 연맹과 연방의 역사가 보여주듯 동질국가가 아니면 연방은 제대로 형성될 수도, 성공할 수도 없었다. 몽테스키외의 통찰과 이홍구의 관견이 정확하게 보여주듯 민주공화국 대한민국과 전체주의 세습국가 조선민주주의인민공화국 사이에는 연방을 통한 통일의 추구는 원천적으로 불가능하다.

이론적으로 볼 때 실제로 초기부터 commonwealth는 republic 및 representative democracy와 같이 쓰였다. 초기에 코먼웰스 논의에 중요한 논거를 제공한 밀턴(John Milton)에게 "commonwealth

---

31) "민족공동체 형성을 통한 통일로의 전진", III, p.356.

32) Montesquieu, translated by Anne M. Cohler, Basta, and Harold Stone, *The Spirit of the Laws* (Cambridge University Press, 1989), p.132. 이 장은 연방의 본질에 대한 핵심적인 내용을 담고 있다. 이를 포함해 『법의 정신』은 정체(공화국)와 평화, 상업과 평화의 관계를 비롯해 근대의 평화철학에 관한 최고의 책의 하나로 불려도 손색이 없다.

는 republic과 representative democracy의 동의어(synonymous)였다."33)(원문 그대로) 이는 〈완벽한 코먼웰스에 대한 구상〉을 통해 코먼웰스, 대의제, 작은 공화국과 광대한 공화국에 대한 중요한 논점을 제공하여 이후 코먼웰스, 공화국, 의회제, 연방제 논의에 상당한 영향을 끼친 흄의 경우도 다르지 않았다.34)

이홍구는 민족공동체를 사회공동체, 경제공동체=복지공동체, 문화공동체, 정치공동체로 나누어 명명한다.35) 따라서 그에게 복지공동체는 이중의 의미를 담는다. 크게는 민족공동체 전체를 의미하기도 하고, 작게는 경제적 복지제체를 말한다. 그에게 통일은 이 네 가지 공동체를 형성하는 과정이었다. 그러나 이홍구에게 통일문제는 궁극적으로 정치적 공동체의 형성 문제였다. 그리고 그것이 가장 어려운 작업이었다.36)

---

33) John Milton, *The Readie and Easie Way to Establish a Free Commonwealth.* (Yale University, 1660,1915), pp.9,10,34,46,54,100.

34) David Hume, "Idea of a Perfect Commonwealth". Edited by Thomas Hill Green and Thomas Hodge Grose, *The Philosophical Works*, Vol.3. *Essays: Moral, Political, and Literary* (Darmstadt, Germany: Scientia Verlag Aalen, 1882,1964), pp.480–493. 흄의 이 중요한 글에 대한 해석은 다음을 참조. Will R. Jordan and Scott Yenor, "Federalism and David Hume's Perfect Commonwealth", in An Ward and Lee Ward Eds., *The Ashgate Reseacch Companion to Federalism* (Ashgate, 2009), pp.121–135.

35) "통일정책의 어제와 오늘", "한국의 통일정책과 북방외교", "민주화 시대의 통일정책", "통일환경과 정책방향", III, pp. 290. 304. 315–317. 346.

문화공동체나 경제공동체는 역사적 요인이나 경제적 이익이 추동하는 코먼웰스 형성의 한 과정이나 측면일 수는 있어도 본질은 아니었다. 통일문제는 궁극적으로 정치의 문제이고 체제의 문제이면서 권력과 주권의 문제였다. 그가 통일문제에서 민주주의를 강조하는 소연이다. 또 통일체제와 이념 이전에 그가 민주화와 민주주의를 거듭 요청하는 연유였다. 그에게 자유민주주의가 아닌 인민민주주의나 민중민주주의는 한국 사회와 통일체제의 경로와 대안이 아니었던 것이다.[37]

결국 이홍구의 코먼웰스 구상은 바른 정치제도를 형성함으로써 전체 한반도에서 개인의 평화와 공동체의 평화를 함께 추구하려던 철학이자 실천이었던 것으로 다가온다. 정치공동체와 복지공동체의 구현, 즉 자유와 민주, 삶의 질과 복지라는 근본 가치를 코먼웰스라는 평화 구상을 통해 전체 한반도에서 실현하려 하였던 것이다.

---

36) "한국의 통일정책과 북방외교", "민주화 시대의 통일정책", III, pp. 304, 315.

37) "민주화 시대의 통일정책", III, pp.323-325.

5. 학문적 실천과 실천적 지혜의 사이

이홍구의 코먼웰스 구상이 여러 단계의 논의를 거쳐 한국 정부의 공식적인 평화와 통일정책으로 채택된 배경은 무엇보다 내용의 탁월성 및 정교함과 시의성이 들어맞았기 때문이었다. 그의 구상은 당시 가장 체계적인 통일문제 및 남북관계 공식(formula)이자 디자인이요 구상이었다. 그의 오랜 연찬과 조탁을 거친 탁월성과 조율 능력이 없었다면 현실 정책으로서의 채택은 불가능하였다.[38]

나아가 민주화, 사회주의 붕괴와 냉전 해체, 그리고 북한의 위기, 남북관계의 남한 우위라는 절묘한 상황들의 동시 도래 역시 코먼웰스 구상의 채택에 커다란 호조건이었다. 군부 권위주의 정부의 지속, 격렬한 국제 냉전 대결과 남북 적대, 또는 남한의 대북 열위(劣位)였다면 남북의 상호 인정과 대등성, 장기 공존과 대화를 전제한 코먼웰스 구상의 정부 공식 방안으로의 채택은 불가능하였다. 단순한 학문적 구상과 제안에 머물렀을 가능성이 컸다는 점이다.

민주화 이후 아래로부터의 통일 열망의 폭발 역시 중요한 요인이었다. 재야와 대학생들을 포함해 당시 아래로부터의 통일 열기는 절정으로 치달았다. 전국 곳곳에서 민주에서 통일로 옮아온 흥분과 열정이 열화처럼 불을 뿜었다. 즉 역사적으로 통일문제의 재출현은 분단으로 인해 두 개의 한국을 정초한 초기 균열의 재등장을 의미했다. 따라서 그 균열은 언제나 한국 사회의 기저 균열구조를 가장 예리하게 가를 것이었다. 즉 통일운동의 분출은 6월 항쟁과 뒤이은 정치적 개방(abertura)의 산물이었다.[39]

---

38) 이 점은 당시 야당 지도자였던 김대중 전 대통령의 직접 언명을 통해서도 확인된다. 이홍구는 한국이 주빈국으로 참여한 2005 프랑크푸르트 국제도서전의 부대행사로서 2005년 10월 15–16일 이틀간 독일에서 진행된 "한국과 독일의 민주주의, 통일과 평화" 학술회의의 기조연설자로 참석한 바 있다. 아시아와 유럽을 대표하는 두 분단국가인 한국과 독일의 주요 지식인과 작가들이 참여하는 학술회의였다. 애초에는 한국의 김대중 전 대통령과 독일의 슈미트 전 총리가 기조연설자로 예정되어 있었으나, 건강상의 이유로 갑자기 둘 모두 참석이 불가능했다. 따라서 위의 주제를 포괄할 수 있는, 김대중과 슈미트를 대체할 만한 인사를 찾는 일이 시급하였다. 두 지도자의 참석이 불가능한 상태에서 이홍구 전 총리와 디트리히 겐셔 외상으로 변경하였고, 김대중과 슈미트는 주저 없이 동의하였다. 프랑크푸르트 주빈국 조직위원회와 노무현 정부, 독일의 에버트 재단 역시 흔쾌히 동의를 하였다.

당시 필자는 이 학술 행사의 기획자로서 회의 주제 선정과 발표자 섭외를 책임지고 있었다. 출발을 앞두고 인사차 이홍구 교수가 10월 13일 김대중 대통령 사저로 그를 방문하였을 때 김대중―이홍구의 대화에 배석하여 대화 내용을 직접 들을 수 있었다. 이때 김대중은 통일부 장관으로서 한민족공동체 통일방안을 만들 때 이홍구의 최고의 전문성과 탁월한 교량 역할에 대한 인정에 인색하지 않았다. 그는 "이 총리가 아니었다면 한민족공동체 통일방안은 만들어질 수 없었을 겁니다. 정부와 야당 사이의 의견 조정도 쉽지 않았을 거고요…. 이 총리의 탁견은 나의 오랜 구상과도 일치하는 게 많았습니다. 아시다시피 당시는 여소야대로 야3당이 국회의 주도권을 쥐고 있을 때였어요. 그런데 이 장관은 야당 지도자들과도 모두 교류가 깊었지요." 남북관계에 대한 서로의 식견과 역할에 대한 김대중과 이홍구의 상호 존중은 상당히 인상적이었다. 당시 김대중 전 대통령은 필자에게 학술회의 주제가 왜 "분단과 통일"이 아니라 "민주주의, 통일, 평화"인지를 질문하여, 취지를 설명하니 전적으로 공감을 표하였다.

39) 최장집, "한국정치균열의 구조와 전개", 『한국민주주의의 이론』(한길사, 1993), pp.185–188.

절정의 민족주의 열망과 통일 열기를 반영하여 시위와 요구와 각종 대안과 방북(訪北) 시도가 분출하였고, 실제로 일부 인사들의 북한 방문은 벌써 실현되고 있었다. 노태우 정부로서는 민주화 이후 첫 정부로서 이러한 아래로부터의 민족주의적 열망을 앞선 권위주의 정부들과는 달리 민주적으로 적절히 수용하면서도, 동시에 정부 당국으로서 중심성을 갖고 관리·통제해야 하는, 유리하면서도 불리한 이중 상황에 직면하고 있었다.

정부로서는 대북 우위의 현실과 공존의 당위성, 내부 민주화, 그리고 아래로부터의 통일 열기를 절묘하게 통합하고 결합하지 않으면 안 되는, 기존의 접근과는 다른 새 방안이 절실했다. 새로운 철학과 방식을 제시하지 않는다면 4월 혁명 직후처럼 민간에게 통일 논의의 이니셔티브를 넘겨주고 정부는 중심성과 주도권을 상실할지도 모를 상황에 놓였던 것이다.

거기에 여와 야, 정부와 의회, 민간과 당국, 학문과 현실을 결합하는, 타협을 통한 탈출구이자 중간지점이 존재했다. 밖으로부터는 사회주의 붕괴와 동구 해체, 독일 통일과 북한의 위기라는 하나의 거대한 흐름이, 그리고 안에서는, 주체사상그룹을 비롯하여 일부 북한 편향적인 학생운동을 포함해, 아래로부터의 통일 열기의 집중적인 분출이라는 또 하나의 흐름이 서로 상반되게 존재하면서 서로 시대적인 균형을 찾아가고 있었다. 마치 물리적 힘들처럼, 사회적 힘들의 길항이 빚어낸 균형이었다. 그 길항과 균형의 산물이 사회적·정치적 협약으로서의 한민족공동체 통일방안이었다.

이들 요소에 더해 당시, 이홍구가 말하듯 "정부가 취할 수 있는 최선의 포용력을 보여준" 노태우 대통령의 리더십 역시 중요하였다. 노태우 대통령은 국정운영에서 장관들의 전문성을 인정하여 남북문제의 경우 이홍구에게, "자신의 생각과도 같다"며 역할과 재량권을 대폭 인정하였다.[40] 그리하여 민주적 조정자로서의 대통령은 국회-내각-부처[통일부] 사이의 분업과 협업과 합의에 거의 전권을 부여하였다. 민주화 이행기에 격렬하게 충돌하는 통일문제를 둘러싼 정치지형에서 대통령의 온건한 리더십과 국정운영 스타일이 아니었다면 이홍구의 결정적 기여와 주도는 쉽지 않았을 것이다. 그런 점에서 학자장관이었던 그는 행운이었다.

다른 한 요인은 당시 정당체제와 의회정치였다. 특별히 당시 국회가 여소야대 및 다당체제[4당체제]였다는 점이 중요했다. 어쩌면 이점이 합의과정에서는 가장 중요했는지도 모른다. 정부·여당은 주요 국정 의제와 현안에서 의회 및 세 야당들의 의

---

40) 이홍구, "특별강연", 통일부·통일연구원, 《《한민족공동체 통일방안 30주년의 의의와 과제》》 (2019년 9월 9일. 서울 웨스틴 조선호텔), p.186. p.189.

견을 존중할 수밖에 없었다. 한민족공동체 통일방안이 건국 이래 최초로 의회에서 국회의 논의를 중심으로 4당 합의로 공식 채택된 것은 그러한 조건에서였다. 여기에는 오랜 정당 지도자이자 의회주의자였던 김영삼과 김대중과 김종필의 역할이 결정적이었다.

당시 정당들과 의회는 분단국가에서 이념적으로 격렬하게 대립할 수밖에 없던 통일문제와 통일방안에 대해 의회정치의 정수를 통해 가장 높은 수준의 합의를 이루어내었던 것이다. 요컨대 한민족공동체 통일방안이 이후에도 진보-보수 정부를 넘어 오늘에 이르기까지 한국 정부의 통일방안으로 살아남은 이유는 그것이 4당 합의의 산물이었기 때문이었다. 동시에 이는 당시 합의의 수준이 얼마나 높았는가를 증거한다.

물론 개인적으로는 이홍구와 세 지도자들의 관계 역시 중요했다. 상호 존중과 이해였다. 그는 통일원 장관으로서 "내각의 누구보다 국회의 4당, 특히 야3당 총재와 협의해 절충을 거듭하여 민족공동체 통일방안을 마련하게 된 것"이었다.[41] 김영삼 정부하에서 그는 통일부 장관, 국무총리와 여당 대표를 역임하였

---

41) 이홍구, "민족공동체 통일방안 살리자"(2003), 이홍구, 『전환시대의 위기, 통일한국의 미래』 (지식산업사, 2010), pp.16-18.

고, 김대중 정부하에서는 가장 중요한 외교 상대인 미국 대사를 역임하였다. 이는 노태우 대통령에 이어 김영삼 대통령 및 김대중 대통령과의 개인적 신뢰 역시 매우 높았음을 보여준다.

끝으로는 시대정신이었다. 이홍구의 관견과 주장은 당시의 국민적 합의에 맞았다. 한 방대한 조사 분석에 따르면 당시 국민 일반의 집합의지는 그의 주장과 거의 같았다. 그리고 그것은 일종의 상식이었다. 분단과 통일에 대한 견해를 묻는 질문에 대해, 무력통일보다는 차라리 분단 상태를 선호한다는 응답이 무려 67%에 달했다. 다음으로는 전쟁 위협이 없다면 굳이 통일할 필요는 없다는 답변이 20.3%였다. 같은 질문에서 무력 동원되는 한이 있더라도 통일은 절대로 필요하다고 응답한 비율은 최하 비율로서 고작 12.3%였다.[42]

87.3%에 달하는 앞의 두 응답 비율은 사실 동일한 내용이다. 즉 전쟁이 없는 한 현재와 미래에 모두 통일보다는 분단과 평화를 선호한다는 확고한 의사의 표현이었다. 한국 사회의 오랜 민족주의적 오해 및 편견과는 달리, 통일과 평화를 일치시키는 것이 아니라, 평화주의의 관점에서 분단과 평화를 일치시

---

42) 이호재, 오택섭, 최상용, 안문석 공저, 『한국인의 평화의식과 통일관』(고려대학교 평화연구소 연구총서 제2집 (법문사,1989), pp.121–123.

키는 혁명적인 의식 전환이 일어나고 있었던 것이다. 국민들의 놀라운 현실주의였다. 이홍구의 철학과 정책은 국민의지와 시대성(necessità)에서 맞았던 것이다. 같은 조사에서 당시 절반(49.2%)에 달하는 국민들은 통일을 추구하기보다는 민주주의를 정착시키는 것이 통일을 앞당기는 것이라고 보고 있었다.[43]

6. 결론: 또 다른 새 패러다임을 찾아서

한마디로 이홍구의 분단·통일문제 접근은 패러다임 전환이었다. 그것은 당시까지 한국 사회가 관습적으로 반복해온 반공주의와 민족주의 각각과 통일의 모순적 결합. 이른바 양가적 이율배반(antinomy)을 극적으로 넘는 돌파였다. 반공주의와 통일을 맹목적으로 결합하거나 민족주의와 통일의 연계를 필사적으로 고수하려는, 두 개의 불합리하고도 비현실적인 극단주의에 맞서 그는 무엇보다 먼저 통일문제와 남북관계를 반공주의 및 민족주의 두 가지로부터 떼어 내어 증류화하려고 노력했다. 그러나 그의 증류화는 현실을 배제한 증류화가 아니라 오히려 현실로 제대로 들어가기 위한 광신주의와 이데올로기로부터의 증

---

43) 『한국인이 평화의식과 통일관』, p.122.

류화를 의미했다.

정부 재직 당시 그에게 남과 북은 "두 개의 한국이 아니다." 정부 역시 "결코 두 개의 한국정책을 표방한 일도 없으며 그렇게 되지도 않을 것"이었다.[44] 당시 그는 남과 북은 "국가 대 국가의 관계가 아니다. 민족 내부의 두 체제 사이의 문제", "국제관계가 아니라 체제관계(inter-state)"라는 말을 쓰고 있다.[45] 개인이 아닌 정부 당국자로서 헌법과 법률에 근거한 불가피한 공식적 정부 입장의 천명이었다. 그러나 코먼웰스 구상과 정책의 실제 속살은 평화공존을 위한 "사실상의 두 개의 한국" 노선이었다. 게다가 오늘날 북한이 핵무장을 하고, 상호 분단독립을 통한 평화공존의 현실이 도래하면서 상황의 이중성의 강조점의 이동은 더더욱 불가피하다.

이홍구는 한민족공동체 통일방안 30주년 기념 특별강연에서 한민족공동체 구상을 하나의 민족공동체와 두 개의 국가체제로 가는 경로로 설명하고 있다. 그러면서 예거한 사례는 하나의 민족이지만 세 개의 국가공동체를 형성하였던 삼국시대였다. 나아가 국민들 사이의 공통된 인식이 형성되었기 때문에 가능하

---

44) "통일환경과 정책방향"(1988), Ⅲ. p.343.

45) "민족공동체 형성을 통한 통일로의 전진"(1989), Ⅲ. p.357.

다고 봤다.[46] 더 선명해진 코먼웰스 문제의식이었다. 필자는 여기에 통일신라와 발해로 이루어진 2국가 시대를 같은 논리에서 추가하고자 한다.

이홍구에 따르면 한민족공동체 통일방안은 '두 국가체제'가 공존·협력하는 제도화를 통해 평화의 구축과 통일에 이르기 위한 처방이었다. 사실상의 두 국가론인 것이다. 이 구상은 남북기본합의서, 유엔 동시 가입, 한반도 비핵화 공동선언으로 이어졌다. 하지만 남한과 북한 사이에는 물론 두 국가체제의 안정화를 위한 국제적 보장의 기제를 마련하는 데는 실패했다. 그는 지금도 시간적·규범적 차원에서 평화의 제도적 구축이 우선되어야 한다고 한다. 그리고 국제사회는 두 국가체제의 평화적 공존을 보장하고 지원할 필요가 있음을 강조한다.

"평화통일이란 목표는 누구나 쉽게 받아들일 수 있다. 그러나 평화와 통일은 시간적 차원에서나 규범적 차원에서 우선순위를 달리하는 선택의 대상이다. 시간적 차원에서의 평화는 당장 필요한 반면 통일은 미래를 내다보며 달성해야 할 목표다. 한편

---

46) 이홍구, "특별강연", 통일부·통일연구원, 《한민족공동체 통일방안 30주년의 의의와 과제》(2019년 9월 9일. 서울 웨스틴 조선호텔)

규범적 차원에서 선택에 직면한다면 평화가 통일에 우선한다고, 즉 전쟁을 통한 통일보다는 분단 상태에서의 평화를 원하는 사람이 훨씬 많다고 추정된다. 한걸음 나아가서 분단체제만이 현존하는 국가체제의 유지를 보장한다는 전제에 따라 통일, 특히 흡수통일에 대한 공포와 내부 분열을 촉발하는 평화와 개방에 대한 거부감이 작동할 수도 있다.

이렇듯 분단 상황에 내재하는 평화와 통일에 대한 구조적 공포와 거부감을 중화시키기 위해 냉전의 끝자락인 1989년 9월 민주화의 흥분 속에서 여야 합의로 확정한 한민족공동체 통일방안은 한반도에서 두 국가체제가 상당 기간 공존·협력하는 제도화를 처방한 것이었다. 이 한국판 양국체제해결안(two states solution)에 따라 91년 남북기본합의서, 유엔 동시 가입, 비핵화 공동선언이 이뤄졌다. 만약 그 시기에 유일 초강대국이었던 미국이 주도해 남북 간 합의된 양국체제해결안에 대한 국제적 보장의 틀을 지체 없이 마련했더라면 한반도의 평화통일로의 진입이 가능하지 않았을까 하는 아쉬움은 아직도 남아 있다."[47]

이홍구의 이 사후적 회고와 성찰은 깊은 잔상과 울림을 준

---

47) 이홍구, "평화통일을 위한 분단체제의 제도화", 중앙일보, 2015년 9월 14일.

다. 민주화, 사회주의 붕괴, 냉전 해체, 북한 위기, 유엔 동시 가입, 남북 합의라는 물결이 한꺼번에 폭풍처럼 밀려들던 거대한 전환의 시점에 미국과 우리가, 비스마르크가 말하는 "성큼 뛰어올라 신의 옷자락의 끝단을 붙잡지"("then leap up and grasp the hem of His garment.")[48] 못한 아쉬움이 짙게 배어 있다. 필자 역시 깊이 공감한다. 문제는 언제나 오늘이다. 한국의 G7·D10 국가 수준으로의 발전, 북한의 핵국가로의 등장, 중국의 대국으로의 부상, 미중 갈등, 그리고 인류 대감염이라는 또 다른 대격변의 시점에 우리는 이 모두를 고려한 테두리 위에 또 하나의 새로운 패러다임을 안출해야 할지 모른다.

오늘날 우리가 이홍구의 구상이 갖는 중심 논점을 오늘의 우리 학문 및 현실과 비견하여 볼 때 과거의 보수주의와 급진주의, 좌파와 우파, 분단주의와 통일주의의 두 흐름이 자유와 민주, 평화와 복지를 매개로 그의 자장으로 일정하게 수렴되는 현실을 목도하고 있다. 이것은 필자가 보기에 그 골간이 인간 사회의 복합적이고도 다층적인 갈등을 넘기 위한 그의 도저한 코먼웰스 구상에서 발원한다고 본다. 근대 이후의 인류사를 돌아

---

48) A. J. P. Taylor, *Bismarck: The Man and the Statesman* (Vintage Books, 1955), p. 115.

볼 때 자유와 복지, 안의 안정·평화와 밖의 안정·평화, 평화와 번영은 바람직한 코먼웰스를 중심 고리로 삼아 서로 밀접하게 연결되어 있기 때문이다. 에라스무스, 흄, 밀턴, 매디슨, 칸트, 제퍼슨, 안중근, 간디의 일관된 사유와 실천들이 보여주었듯 이는 실제의 역사와 현실에 부합한다.

말을 바꾸면 이홍구에게 인류의 자유주의와 민주주의, 대의제와 복지체제에 대한 일관된 이해가 없었다면 한반도 코먼웰스 구상은 등장할 수 없었던 것이다. 당시까지 아무도 사유하지 않았던 코먼웰스 구상을 오래도록 벼리고 제안하고 실천함으로써, 그는 일대 패러다임 전환을 통해 개인의 자유와 공동체의 자유, 개인의 복지와 공동체의 복지, 개인의 평화와 공동체의 평화라는 근대 이래 인류의 궁극적인 소망을, 자신의 정치학 지식을 전부 바쳐 이 땅에서 실현해보고자 하였던 것이다. 그 점에서 그는 시대와 맞는 행복한 정치학자였던 것이다.

남북관계와 공동올림픽의 추진, 물 건너간 과제의 복기
– 북한 제8차 당대회 이후 –

박홍규(국립외교원(전 외교안보연구원) 정년퇴임교수,
서울대 아시아연구소 국제자문위원)

임현진(서울대 사회과학대학 명예교수, 대한민국 학술원 회원)

1. 하노이 이후, 남북관계의 현실

2019년 베트남 하노이에서의 북미회담 실패는 곧 남북관계의 교착을 의미했다. 북미회담의 순조로운 성사 및 합의→ 유엔 대북 제재의 (일부) 해제→ 남북 교류 협력의 증진→ 한반도 평화 체제의 구축 등을 희망했던 우리로서는 이 모든 과정과 희망이 물거품이 되는 순간이었다. 여기에는 2018년 평양에서 합의했던 공동올림픽 개최도 포함된다.

2018년의 남북 합의는 한반도 냉전구조 해체를 위한 중대한 내용을 담고 있다. 한반도의 비핵화와 종전선언, 그리고 나아가서는 평화체제 구축을 위한 남북의 협력 등 한반도 평화와 공존, 그리고 교류와 협력의 증진을 위한 내용을 담고 있다. 사실, 한반도의 비핵화와 종전, 평화체제의 구축은 한반도 평화를 위한 가장 근본적인 문제라고 할 수 있다. 그리고 이의 성과적인 추진은 북미관계의 개선과 더불어 일본, 중국, 나아가 러시아까지 포함하는 동북아시아 '대(大)평화'의 전제이자, 결과라고 할 것이다. 문제는 이러한 합의를 이행하는 데서 우리 자체의 힘만으로는 역부족이라는 점이다. 즉, 한반도의 종전과 평화, 비핵화 등은 남북의 합의가 중요하지만, 동시에 남북의 합의를 뛰어넘는 것이다. 그런 점에서 2019년의 베트남 하노이에서의 협상 실패는 이 모든 것을 위기에 빠뜨린 것이라 할 수 있다.

하노이 교착 이후, 남북관계 역시 교착을 넘어 후퇴하고 말았다. 2018년 판문점 합의에 따라 그해 9월 문을 열었던 개성의 공동연락사무소가 2020년 6월 한순간에 폭파되어 사라졌고, 남북의 연락 채널마저 단절되고 말았다. 금강산은 대북 제재의 우회를 위한 개별 관광에 대한 우리 정부의 조치에도 불구하고 실현되지 못한 채로, 이제는 금강산의 시설물마저 철거될 위기에 놓이게 되었다. 급기야 지난 1월에 열렸던 북한의 제8차 노동당 대회에서는 남북 관계를 '판문점 선언 이전의 시기로 돌아갔음'을 선언하고, 더 이상의 선의를 베풀지 않을 것임을 공언하였다.

현재의 남북관계가 위기로 치닫게 된 근본 원인이 북미관계의 교착에 있다고 하지만, 다른 한편으로는 남북관계의 지나친 북미관계에의 종속성에 있다고 할 것이다. 남북의 합의가 결국은 북미관계와 연계되면서, 사실상의 진전이 가로막히게 되었고, '운전자'를 주장한 우리 정부 역시 미국의 대북정책에 의해 아무런 자율성을 갖지 못한 채 북미관계의 향방에 따라 합의의 실질적인 이행을 하지 못한 것에 원인이 있다 할 것이다. 물론, 북한 역시 북미관계의 교착, 그리고 남북관계에서 별다른 융통성을 보여주지 못했다는 점에서 현 상황을 불러온 책임으로부터 자유롭지 못하다.

지금의 남북관계는 채널의 단절, 소통의 단절, 그리고 합의된 사항에 대한 이행의 단절 등 3가지 단절에 의해 교착상태를 지속하고 있다. 그리고 지난해부터의 COVID-19 팬데믹으로 인해 남북관계는 잠시 뒤로 젖혀놓게 되었고, 북한 역시 국경을 봉쇄하는 초강도의 방역조치를 실시하면서 외부와의 교류와 협력은 자연스레 단절되었다. 지금과 같은 상황이 지속된다면, 평양 공동선언에서 합의한 공동올림픽은 사실상 불가능한 꿈이 될 가능성이 높다 하겠다. 2018년 평창에서의 공동 입장과 여자 아이스하키 단일팀 구성, 이어진 인도네시아 자카르타-팔렘방 아시안 게임에서의 공동 입장과 몇몇 종목의 단일팀 구성, 더욱 중요하게는 김정은 집권 이후, 북한의 국제 스포츠 대회의 적극적인 참여 등으로 2032년의 서울-평양 공동올림픽의 가능성이 그 어느 때보다 높았던 것이 사실이다. 2018년 남북관계의 진전과 때를 같이하여 김정은 위원장이 토마스 바흐 IOC 위원장과 면담을 갖고, IOC가 남북 간의 관계 개선에 큰 기여를 한 것에 감사를 표하는 한편, IOC는 북한의 체육 발전에 앞으로도 긴밀하게 협력할 의사를 표명하는 것으로 상호 주고받는 등의 분위기를 연출함으로써 국제적인 우호적 분위기도 높아진 것이 사실이었다.

그동안은 올림픽이 정치화되었다는 비판에서 자유롭지 못했다. 우리의 경우에도, 1988년 서울올림픽은 당시 집권 정부의 정당성 결핍을 메꾸기 위해 유치되었다. 그렇지만 성공적으로 치른 올림픽은 한국을 국제적으로 알린 중요한 계기가 되었고, 그에 따른 사회경제적 효과도 컸었다. 스포츠는 잘 활용하면 보약이지만 그렇지 않으면 아편이다. 그것은 사회 통합을 위해 기여할 수도 있지만, 정치적 갈등 봉합을 위해 악용될 수도 있다. 남북의 관계 증진에도 올림픽은 보약이 될 수도 있지만, 자칫 서로에 대한 정치적 악용의 수단으로 동원될 수도 있다. 이는 유럽과 라틴 아메리카 국가들 사이의 차이에서도 나타난다. 따라서 올림픽을 정치적 목적 달성보다는 남북한 사이의 이해 증진과 신뢰 구축을 위해 더욱 적극적으로 활용하는 발상을 가져야 한다. 남북이라는 장소 마케팅을 통해 꾸준한 대면을 통해 대화(對話)를 대화(大和)로 이어가고, 공감을 통해 동감(同感)을 동감(動感)으로 바꿔나가야 한다는 것이다.

이런 점에서 남북의 공동올림픽 추진은 남북관계를 증진시키고, 나아가서는 동아시아의 평화에 기여할 수 있는 기회가 될 수도 있다고 본다. 그러나 안타깝게도 현재의 남북관계는 공동올림픽을 추진하기에는 쉽지 않은 상황이다. 다행스럽게 올 초에 진행된 제8차 노동당 대회에서 '남조선 당국의 태도 여하에 따라, 3년 전과 같은 분위기로 돌아갈 수도 있음'을 내비치는 등, 미래의 남북관계 개선에 대해 한쪽 문을 열어 놓고는 있다. 그렇다면, 지금부터라도 남북관계를 되돌리기 위한 정부의 적극적인 대책이 있어야 할 것이다. 무엇보다도 남북이 북미관계로부터 일정한 자율성을 갖고, 어느 정도는 스스로 풀어나갈 수 있는 지혜를 모아야 할 것이다. 이에 대해서는 북한도 예외일 수는 없다.

2. 최근 북한의 동향과 그 의미

2019년 '하노이 교착'은 북한에게 새로운 길을 모색하도록 만들었다. 영변의 핵 시설과 제재의 일부를 교환하고자 했던 의도가 가로막히자, 북한은 '정면 돌파'를 선언하고, 미국에 의한 제재를 상수로 놓고 자신들의 국가전략을 모색하기로 하였다. 자력갱생, 즉, 내부 자원의 동원을 통한 경제 발전이 그것이었다. 지난 제8차 노동당 대회에서도 '경제 실패'를 공식적으로 시인하면서, 그 해결책으로서 내부의 자원 동원 즉, 자력갱생을 다시 한번 강조하였던 것이다.

사실, 자력갱생은 북한이 김일성 시대부터 주장했던 바이고, 따라서 김정은 시대에 그것이 되풀이된다고 하여 그리 놀랄 일은 아니다. 다만, 자력갱생의 결과 북한의 경제가 세계로부터 단절되고, 1990년대 이후에는 거의 붕괴 직전에 이르렀던 역사적 경험을 보면 자력갱생이 근본적인 해결책이 될 수 없다는 것 또한 자명하다. 그럼에도 북한은 자력갱생의 정신을 다시 한번 가다듬고 있다. 그 이유는 비교적 간단하다. 현재의 대북 제재 국면 속에서 자력갱생이 강제되고 있다는 점이고, 다른 하나는 미국과의 빅딜이 실패한 조건에서, 그리고 당연히도 안보의 문제가 해결되지 못한 상황에서 '핵과 미사일'을 쉽게 내려놓을 수 없는 처지에 있기 때문이다.

김정은 시대의 북한은 그동안 여러 면에서 많은 변화를 보여주었다. 모란봉 악단의 등장이 그러하였고, 앞서 지적했듯이 스포츠 분야에서의 국제적인 규칙을 준수하는 달라진 모습이 그러하였고, 경제적으로는 관광을 중심으로 대외적인 개방의 폭을 넓히고 있는 모습도 보여주고 있다. 다행스럽게, 지난 8차 당대회에서 관광을 중요하게 지적하며, 일명 백두산 지구, 양덕 지구, 원산-금강산 지구의 3대 관광지를 개방할 수도 있음을 넌지시 내비치고 있다.

　이와 더불어 지난 8차 당대회에서 당의 사회주의 외교를 책임지는 국제부장을 중국통인 김성남으로 교체하고, 그간 11년 이상을 주중 대사로 일했던 지재룡 또한 리용남 전 무역상으로 교체하였다. 이는 앞으로 중국과의 더욱 밀착된 행보 특히, 경제적으로 더욱 강화된 협력을 추구할 것임을 암시하는 것이라 생각된다. 이런 움직임은 그간 대북 제재, 자연 재해, 그리고 COVID-19라는 3중고 속에서 경제적인 어려움을 겪었던 북한이 내부적으로는 자력갱생을 통한 자원 동원을, 다른 한편으로는 중국을 중심으로 한 대외적인 협력을 강화할 것임을 말해준다. 이러한 움직임은 2018년 이후, 남북 경제협력을 통해 남북이 함께 만들어 가야 했던 '공간'에 2019년 하노이 교착을 거치면서, 그리고 여전한 대북 제재의 국면 속에서, 그리고 또

COVID-19의 상황 속에서, 중국이 그 자리를 대신할 가능성이 크다는 것이다. 이 역시 우리로서는 달갑지 않은 상황이라 할 것이다.

북한은 지난 8차 당대회에서도 그렇고, 이미 김여정 부부장의 잇단 강경 발언 속에서도 드러냈듯이, 인도적 지원이나 방역 협조 등의 소위 말하는 사회문화적 협력 혹은 비본질적 협력에 대해서는 강경한 거부감을 보이면서 2018년 합의했던 판문점 선언, 그리고 평양 공동선언의 이행을 강력하게 요구하고 있다. 특히, 한반도의 평화적 환경의 마련을 위한 종전선언, 군사적인 대결구조의 해체 등을 강력하게 요구하고 있는 것이다. 이뿐이 아니다. 2019년 김정은의 신년사에서 주장했던 금강산 관광의 재개에 대해서도 연이어 불만을 표하고 있고, 결국에는 금강산 시설의 해체를 강력하게 지시하고 있는 형편이다. 이러한 움직임은 결국 '합의의 이행'을 문제 삼고 있는 것이고, 그 너머에는 우리 정부의 대북정책이 미국에의 종속에서 벗어나지 못함을 꼬집고 있는 것이다. 그리고 그 대표적인 행태로서 당장의 한미 군사훈련의 중단을 요구하고 있는 상황이다.

우리로서는 여러모로 안타깝고, 아쉬운 대목이 아닐 수 없다.

사실 한반도의 평화 문제는 우리 정부가 단독으로 취할 수 있는 것이 별로 없으며, 구조적으로 보더라도 한반도 평화는 남과 북, 그리고 미국, 중국, 일본, 러시아 등의 주변국들과의 협력이 절대적인 것이라 할 것이다. 물론, 여기서 핵심은 남과 북, 그리고 미국이 될 것이며, 중국 또한 핵심 당사자라고 할 수 있다. 따라서 북한이 주장하는 근본적인 문제에 대한 요구는 그것이 정당하다 할지라도, 현실적으로는 보다 더 유연성을 갖추는 주장으로 정책화되는 것이 합리적이라 할 수 있다. 물론, 가장 중요한 것은 그럼에도 불구하고 우리 정부가 합의의 이행에 대한 강력한 의지, 그리고 할 수 있는 부분에서의 최대한의 실천력을 보여주는 것이 전제되어야 할 것이다.

3. 남북 공동올림픽 추진 의의

최근 북한의 체육 동향을 살펴보면, 김정은 체제에 들어와 체육의 활성화가 이루어지고 있다. 뿐만 아니라 국제 스포츠 무대에도 적극적으로 참여하고 있다. 이를 위해 국가체육지도위원회를 창설하고 참여를 늘리고 있다. 그리고 이와 함께 국제적인 스포츠 규칙 수용도 나타나고 있다. 예를 들어, 평양에서 태극기 게양 및 애국가 연주 등이 이루어지고 있고, 세계적인 수준의 대회 개최도 이루어지고 있다. 이는 2013년 아시아역도선수권대회, 2015년 여자축구 아시아선수권대회 예선전, 2018년도 세계주니어역도선수권대회 등에서 확인할 수 있다. 비록 지난 2019년에 열렸던 카타르 월드컵 남자축구 예선이 평양에서 무관중으로 열리면서, 찬물을 끼얹긴 했지만 국제 스포츠 무대에 적극적으로 참여하고자 하는 북한의 의지가 후퇴했다고 보기는 어렵다.

비단 스포츠 분야에서의 변화만이 아니다. 2018년 방한했던 삼지연 악단의 공연은 파격을 넘어, 남한의 대중가요를 그들 나름대로 소화하고 있음을 보여주었고, 이는 문화적으로도 과거에 비해 개방과 수용의 정도가 커지고 있음을 보여준 것이었다. COVID-19로 인한 국경 봉쇄 등의 조치에도 불구하고, 최근 북한 내부에서 보여지는 문화 공연의 모습은 이보다 더한 개방성과 통속성을 보여주고 있다. 무대 위의 가수와 흔히 말하는 백댄서의 등장, 아직은 어설프지만 부분적으로 한 구절 한 구절 끊어서 부르는 '랩(rap)'을 연상시키는 발성 등은 외부의 문화를 꾸준히 수용, 흡수하고 있음을 보여주고 있다. 이는 북한을 국제사회와 더 많은 접촉, 남북관계의 더 많은 교류를 통해 이러한 변화를 더욱 확장시키고, 스포츠 등의 사회문화적 교류와 협력을 통해 남북의 관계를 활성화시킬 수 있는 잠재적인 자원이라

할 것이다. 이런 점에서도 공동올림픽은 남북관계, 나아가 북한의 변화와 관련해서도 여러 가지 의미를 갖는다고 할 수 있다.

가. 공동올림픽 개최 추진의 의의

공동올림픽 개최 추진의 의의로는 네 가지가 있다. 첫째, 공동올림픽 개최 추진은 현 남북관계의 개선과 발전의 상황에서 상징적인 협력 사업이다. 정치적으로 올림픽은 국제사회에 남북의 전쟁 중지 및 협력을 명시적으로 약속하는 상징적인 의미를 가진다. 이번의 평창 올림픽이 '평화'의 올림픽으로 이미지화되었듯이, 한반도의 서울-평양 올림픽은 '평화'의 올림픽이자, 동시에 분단된 국가의 '통일' 올림픽이라는 이미지를 구축할 수 있을 것이다. 그리고 이를 국제사회에 약속할 수 있을 것이다. 이와 더불어 공동올림픽 개최 추진은 추진의 과정 및 결과 등에서 남북의 교류와 협력을 강화시킬 것이다.

둘째, 공동올림픽 개최를 추진하는 것은 군사적으로 현재 남북한의 '평화' 만들기를 남북 및 국제사회에 확실하게 각인시키는 효과를 낳을 것이다. 현재 남북 간 군사적 긴장 완화가 논의되고 있으며, 장기적으로는 군축까지 논의되고 있는 상황이다. 올림픽은 이를 돌이킬 수 없는 약속으로 만들어 남북 및 국제사회에 약속하는 효과를 가져다 줄 것이다. 즉, 올림픽을 통해 남북의 관계를 평화적인 관계로 각인시키고 국제사회가 이를 확인함으로써, 불가역적인 평화를 만드는 효과가 있을 것이다.

셋째, 공동올림픽 개최 추진은 경제사회적으로 남북한 사이의 교류와 협력을 이끌어낼 수 있을 것이다. 올림픽은 준비 및 실행의 전 과정에서 남북의 협력을 전제로 하게 된다. 경제적으로는 남북 간 도로, 철도 연결 등이 필수적으로 이루어져야 한다. 그렇기 때문에 이를 위한 경제적 협력이 다방면으로 진행될 수 있게 된다. 특히, 올림픽 개최를 위해서는 IOC가 요구하는 최소한의 조건이 요구되며, 이를 충족시키기 위해서는 올림픽 개최에 요구되는 사회 및 스포츠 기반 건설이 필수적으로 요청된다. 남북이 이러한 스포츠 기반 구축에 협력할 수 있게 된다면, 이는 자연스럽게 경제적 협력으로 연결될 수 있을 것이다. 사회적으로는 올림픽을 통해 여러 사회문화적 교류를 활성화하게 될 것이다. 무엇보다 북한이 올림픽이라는 국제 규칙을 수용하게 되고, 이를 남측이 전파하는 효과가 있을 것이다. 즉, 북한에게 국제적인 규칙과 규범을 전파하고 이를 남북이 함께 또다시 전 세계에 전파함으로써 북한의 개혁-개방을 촉진할 수 있는 좋은 기회를 제공하게 될 것이다.

넷째, 공동올림픽 개최 추진은 남북 스포츠 교류의 다양화를 가능하게 할 것이다. 공동올림픽 개최는 '올림픽'이라는 이벤트에 앞서, 남북의 다양한 스포츠 교류를 활성화시킬 것이다. 통일농구대회 등과 같은 정부 차원의 스포츠 교류를 넘어서 지자체 나름의 스포츠 교류, 민간 스포츠 교류 등으로 나아갈 수 있을 것이다. 그리고 이는 올림픽 공동 개최에 대한 사회적 합의의 수준을 높이는 준비 과정이 될 것이다. 이와 더불어 스포츠를 매개로 한 다양한 협력들의 강화는 북한이 스포츠 국제 무대에 더욱 적극적으로 참여하게 하고, 결과적으로 경제적인 개혁-개방만이 아니라 사회문화적인 개혁-개방에도 의미 있는 영향을 주게 될 것이다.

이와 더불어 올림픽 공동 개최 및 단일팀 구성이 주는 사회문화적 교류 활성화 효과도 클 것이다. 예를 들어, 과거 동-서독은 1956년, 1960년, 1964년 세 차례에 걸쳐 전 독일 팀을 구성하고 참가한 경험이 있다. 1970년대 이후, 단일팀 구성은 되지 않았으나, 동-서독 관계가 발전하면서 정부 및 지자체, 사회단체 간의 스포츠 교류 활성화가 나타나기 시작했으며, 동-서독 도시 간 자매결연 및 스포츠 교류 및 행사의 개최가 이루어졌다. 이는 곧 동-서독 간 사회문화체육 교류의 새로운 시대를 만들어내게 되었다. 뿐만 아니라 정부 차원 및 일부 민간단체의 참여와는 구별되는 생활체육(생활문화)의 교류로 발전하게 되었으며, 이는 정치적 변화에도 불구하고 지속되었다. 중요한 것은 이처럼 아래로부터의 교류와 협력이 구조화됨으로써, 동-서독 간 사회문화적 교류가 장기적으로는 통합의 밑거름으로 작용했다는 것이다.

나. 한반도 '평화 국가' 만들기의 지렛대 역할

공동올림픽 개최 추진은 세 가지 차원에서 한반도 '평화 국가' 만들기의 중요한 지렛대 역할을 할 것이다. 첫째, 공동올림픽 개최 추진은 한반도 '평화 국가' 이미지의 국제적 확인을 가능하게 할 것이다. 오랫동안 한반도는 전쟁 혹은 분쟁 지역이었다. 그러므로 올림픽의 개최는 한반도를 전쟁 국가에서 평화 국가로 이미지화하는 결정적인 계기가 될 수 있다. 우리는 이를 통해 한반도의 평화, 통일에 대한 국제적인 지지와 협력을 획득할 수 있게 될 것이다.

둘째, 공동올림픽 개최 추진은 국제적으로도 해외 동포의 '분단'을 종식시킴으로써 해외에서의 남북의 평화 및 통일에 대한 국제적인 역량을 구축하는 데에도 큰 기여를 할 것으로 예상된다. 특히, 올림픽 및 단일팀의 구성은, 1991년 지바 세계탁구선수권대회가 재일교포 총련과 민단의 협력을 이끌어냈듯이, 해외 동포들의 '코리아'에 대한 단결을 증진시킴으로써 해외에서의 해외 동토의 분단을 약화시키는 데 큰 역할을 할 수 있을 것이다.

셋째, 공동올림픽 개최 추진은 우리 사회의 민주주의의 발전에 커다란 기여를 할 수 있을 것이다. 만약 남북의 올림픽 공동 개최가 합의되고 이를 IOC와의 협력을 통해 추진해 나간다면, 우리 사회 내부에 존재하는 냉전적 사고 및 냉전 세력의 비합리적인 행동, 그리고 군사적 긴장을 격화시키고자 하는 '안보' 상품화를 막아낼 수 있게 될 것이다. 이는 우리 사회의 민주주의의 발전에 커다란 기여를 할 수 있다는 점에서 그 무엇보다도 중요하다.

또 하나 지적할 것이 있다. 지난 평창 올림픽에서 단일팀 문제를 둘러싼 갈등, 특히 젊은 세대의 반대와 비판은 지금까지의 맹목적인 '통일'에의 주장에 대한 성찰을 요구하는 것이었다. 그러나 이들의 비판은 불공정, 기회 박탈 등의 문제제기였으며, 평창 올림픽에서의 남북의 공동 입장에 대해서는 압도적 다수가 찬성을 하기도 하였다. 즉, 단일팀에 대한 반대 여론이 높은 것과는 별도로 남북이 단일기(한반도기)를 들고 개막식에 공동 입장하는 것에 대해서는 찬성 53%, 반대 39%로 상반된 결과가 나왔다는 점이다. 단일기를 앞세운 공동 입장은 단일팀 구성과는 달리 별다른 불공정과 기회 박탈 등의 '정의' 문제와 충돌하지 않는 것이자 동시에 '평화'라는 보편적 가치의 실현이라는 점에서 반대의 여지가 크지 않았던 것으로 해석된다. 이렇게 본다면, 공동올림픽은 '평화'의 올림픽이자 동시에 화합의 올림픽으로서, 오히려 국제사회에서 평화로운 한반도를 보여줄 수 있는 것으로 하여 우리 내부의 세대 간 갈등을 줄이는 효과도 클 것으로 기대된다.

현 시기 공동올림픽에 대한 여건이 대단히 불리한 것이 사실이다. 호주 브리즈번, 인도 뭄바이, 인도네시아 자카르타, 카타르 도하, 독일 라인-루르 등이 하계올림픽 유치를 희망하는 과정에서 최근 국제올림픽위원회(IOC)는 2032년 올림픽 우선협상 개최지로 호주 브리즈번을 추천했다. 올림픽 개최지 선정은 통상 차기 올림픽 7년 전에 이루어지지만, 2025년 이전에 결정하는 새로운 방식을 채택했기 때문에 서울-평양 공동올림픽은 거의 불가능하게 되었다고 볼 수도 있다. 지금까지 남북관계 정상화를 외친 정부가 과연 무엇을 했는지 실망스럽다. 다만 도쿄 올림픽의 개최 향방에 따라 연속적으로 하계올림픽이 순연이 될 여지가 없지는 않다. 아직 공동올림픽을 완전히 포기하기에는 이르다. 정부 차원의 올림픽 공동 개최에 대한 굳은 의지와 범국민적 차원의 동의를 기반으로 한 추진이 지속될 필요가 있는 것이다. 지난 2018년 평양회담에서 북측이 올림픽 공동 개최에 합의한 만큼, 범국민적 차원의 동의를 확대해 나가는 것이 필요하다. 물론 정부가 이를 주도하되, 지자체 및 민간의 역량까지 힘을 합할 수 있는 방식으로 진행되는 것 또한 중요하다. 이 과정에는 체육계 및 문화예술계, 그리고 사회단체가 힘을 합쳐 공동올림픽 추진을 위한 정부, 지자체, 민간의 역할 분담 및 협력체계를 이루어나가는 것이 필요할 것이다.

다. 추가 고려사항

다만 우리는 두 가지 사항에 대하여 고려를 해야 한다. 먼저, 공동올림픽 개최의 사회적 합의의 문제이다. 지난 평창 동계올림픽에서는 여자 아이스하키 단일팀 구성을 둘러싼 논란이 야기되었다. 과거와 달리 '단일팀' 구성에 대한 무조건적인 지지는 이제 더 이상 불가능하다. 현재 우리 사회의 젊은 세대가 보편적 가치 즉, 정의와 공정함 등에 민감하다는 점을 고려할 때, 공동올림픽 개최 혹은 단일팀 구성 등의 과정에서 우리 선수들의 불공정 및 기회 박탈의 문제가 발생하게 된다면 이에 대한 반대가 나타나게 될 것이다. 그러므로 이와 관련된 문제에 대하여 사회적인 설득력과 정당성을 구축하는 문제가 중요할 것으로 보인다.

다음으로 공동올림픽 개최의 사전 준비와 사후 처리 문제에 대해서도 고려해야 한다. 올림픽은 막대한 비용이 요구된다. 더욱이 공동 개최의 경우에는 북한의 스포츠 인프라 시설까지 우리가 상당 부분 책임져야 할 수도 있다. 이와 관련해서 북한에 대한 스포츠 인프라 구축 과정에서 제기될 수 있는 '퍼주기' 논란을 사전에 방지해야 하고, 앞으로 이러한 시설들을 어떻게 활용할지에 대해서도 면밀하게 고려해야 한다. 따라서 북측의 체육 관련 시설 등에 대한 광범위한 공동 조사와 올림픽에 맞는 수준과 그렇지 못한 수준에 대한 평가가 있어야 할 것이고, 종목에 따른 배치와 관광 및 그에 수반하는 여러 가지 문제점 등에 대한 면밀한 조사, 합의 과정이 있어야 할 것이다. 다행인 것은 북한이 김정은 시대에 들어와, 관광을 중요한 경제 활성화의 분야로 설정하고, 이에 대한 여러 가지 투자를 증대시켜왔다는 점이다. 이미 원산-갈마지구 개발, 양덕 온천 등지의 개발, 백두산 지구의 개발 등을 진행시켜 왔으며, 체육 시설 또한 개보수 작업을 거쳐 이전보다는 훨씬 더 현대화된 시설로 바꾸어왔다. 이런 점 등을 잘 살펴서 미시적인 분야까지도 사전에 준비할 수 있어야 할 것이다.

4. '공동올림픽'을 넘어 남북의 '교류'로!

남북 공동올림픽이 이루어지기 위해서는 무엇보다 남북관계의 개선이 이루어져야 한다. 지금과 같은 남북의 교착상태에서 공동올림픽의 추진은 국민적 관심과 합의도 어렵지만, 무엇보다 공동올림픽의 전제가 되어야 할 남북의 합의가 이루어지기 어렵다. 지난 평양 공동선언에서 공동올림픽이 합의되었다고는 하지만, 지금과 같은 남북 교착상태에서는 말뿐인 합의로 그칠 뿐이다. 남북 당국의 노력, 무엇보다 우리 정부의 노력을 통해서 지금의 교착상태를 벗어나 남북의 관계가 개선될 필요가 있다. 그래야만 평양 공동선언의 이행, 그 내용의 하나인 공동올림픽을 위한 공동의 행동을 이끌어낼 수 있을 것이다.

현재 예정되어 있는 올림픽은 연기된 2020년 도쿄 하계올림픽(2021년 도쿄 올림픽), 2022년 베이징 동계올림픽, 2024년 프랑스 파리 하계올림픽, 2026년 밀라노 동계올림픽, 그리고 2028년 미국 LA 하계올림픽 등이다. 현재 우리가 추진하고자 하는 하계올림픽 공동 개최는 2032년 서울-평양 올림픽이다. 따라서 이 기간 동안 다양한 교류를 추진해 나가야 한다. 그리고 이를 남북한 및 동아시아 스포츠 교류로 발전시켜 나갈 필요성이 있다. 예를 들어, 여자 아이스하키 등의 경우, 동아시아 리그 등을 통해 북한이 국제적인 스포츠 교류에 정규적으로 참여할 수 있도록 하는 틀을 만들어내는 것이 필요하다. 이 과정은 다른 한 편으로 북한 스포츠에 대한 지원 효과도 가져올 것이다.

우리는 또한 '스포츠'가 가지는 감동의 정치를 잘 활용할 수 있어야 한다. 스포츠는 감동의 무대이다. 그러므로 우리는 남북한 공동올림픽 및 단일팀 등의 향후 전망에서 이러한 감동의 무대를 잘 관리하고 활용할 수 있어야 한다. 다른 한편, 남북의 공동올림픽과 단일팀 구성이 국제적인 경쟁력을 갖출 수 있어야 한다. 즉, 단일팀 구성의 경우, 일정한 정도 이상의 성적을 받을 수 있어야 한다. 그 이유는 그래야만 단일팀 구성 및 스포츠 교류의 정당성과 사회적 설득력을 높일 수 있기 때문이다. 이와 관련하여, 과거 노무현-김정일 정상회담 당시, 체육계가 남북이 단일팀을 의제로 제기했을 당시, 김정일은 실력 차이가 나는 상황에서 단일팀 구성의 어려움과 부정적인 측면을 이야기한 바 있다. 단일팀이라는 명분이 중요한 것은 사실이지만, 이것이 빛을 발하기 위해서라도 실력과 성적이라는 실리를 놓치는 우를 범해서는 안 될 것이다.

과거 '탁구'가 미중 관계 개선의 중요한 계기가 되었듯이 스포츠가 남북의 정치·경제적 관계의 발전을 지향하는 중요한 계기로 작용할 수 있을 것이다. 물론 남북한 간의 합의만으로 올림픽 공동 개최가 가능한 것은 아니다. 국제정세 특히 동아시아 지역정세가 중요한 변수가 될 가능성이 크다. 동아시아 지역 정세 안정화의 차원에서, "분단국의 공동 개최"와 "한반도 평화와 협력"이라는 명분을 내걸고, 남북한이 함께 적극 노력한다면 올림픽 공동 개최가 꼭 불가능할 것이라고는 생각되지 않는다. "합의 이행"의 실현으로 공동올림픽이 개최된다면 우리는 정말로 "한 번도 경험해 보지 않은 세상"을 보게 될지도 모른다. 전 세계가 참여하는, 국제행사인 올림픽의 큰 틀 속에서 이루어지는 남북 간의 스포츠 교류는 한반도의 정치·군사적 긴장을 완화시킬 것이며, 이러한 분위기 속에서 우리는 올림픽 준비를 위한 체육, 예술 등 교류를 넘어선 사회문화적 교류의 확대 및 발전을 지향해 나가야 한다. 이 과정은 더 많은 접촉과 더 많은 이해, 더 많은 협력을 지향하는 것이 되어야 할 것이다. 바로 이 과정이 과정으로서의 통일이자 마음과 마음의 통합을 준비하는 길인 것이다.

◇◇◇ 참고문헌 ◇◇◇

박홍규·정홍익·임현진,『스포츠사회학』, 나남, 1992.

이홍구,『민족공동체와 통일』, (이홍구 문집 III, 이홍구 선생 문집간행위
　　원회편), 나남, 1996.

임현진, "2032년 남북공동올림픽의 과제와 전망", 국회 남북문화체육협력
　　특별위원회 주최, 기조발표문, 2018.

임현진, "사회문화적 접근을 통한 남북통합의 모색: 현실과 과제",『통일연
　　구』, 1999. 3(1): 329-371.

임현진·정영철,『21세기 통일한국을 향한 모색: 분단과 통일의 변증법,
　　서울대학교 출판부, 2005.

이홍구 선생 미수 기념 문집

대전환기의 한국 민주정치

초판 1쇄 | 2021년 10월 28일

지은이 | 이정복 외 16인

대표이사 겸 발행인 | 박장희
부문 대표 | 이상렬
제작 총괄 | 이정아
편집장 | 조한별
디자인 | 변바희, 김미연

발행처 | 중앙일보에스(주)
주소 | (04513) 서울시 중구 서소문로 100(서소문동)
등록 | 2008년 1월 25일 제2014-000178호
문의 | jbooks@joongang.co.kr
홈페이지 | www.joongangbooks.co.kr
네이버 포스트 | post.naver.com/joongangbooks
인스타그램 | @j__books

© 이홍구, 2021
ISBN 978-89-278-1263-0 03340